HISTOIRE DE L'UNION EUROPÉENNE

Charles Zorgbibe

HISTOIRE DE L'UNION EUROPÉENNE

FONDATION ROBERT SCHUMAN

Albin Michel

TITRE PREMIER

PRÉHISTOIRE DE LA CONSTRUCTION EUROPÉENNE

I

Le temps des précurseurs

Longtemps, l'idée de l'union de l'Europe s'est confondue avec celle d'organisation du monde : à l'Europe se résumait, sinon le monde connu, du moins le monde « utile ».

Cette assimilation apparaît chez la plupart des grands précurseurs de l'« idée européenne ». Leurs projets européens ne reflètent pas la prise de conscience d'un « régionalisme européen » : ils expriment le souhait d'une organisation internationale de sécurité collective. A travers l'Europe, ils évoquent une idéale « société des nations ».

Dans cette perspective s'inscrivent nombre d'auteurs à partir du XVIIe siècle. Emeric Crucé, contemporain de Louis XIII, prêtre et professeur de mathématiques, publie, en 1623, le *Nouveau Cynée*, ouvrage dans lequel il préconise l'organisation de la paix internationale par l'arbitrage : une assemblée permanente siégerait à Venise à cet effet et permettrait à la fois le maintien de la paix et le développement des échanges économiques. Sully, l'ancien ministre d'Henri IV, attribue au monarque qu'il a servi des idées qui lui sont propres ; sous le titre de *Grand Dessein d'Henri IV*, il développe sa conception d'une Europe remodelée en quinze Etats coiffés par un conseil commun : le « Conseil très chrétien ». William Penn, ce quaker anglais qui sera le législateur de la future Pennsylvanie, propose dans son *Essai pour la paix présente et future de l'Europe* (1693) un schéma d'allure singulièrement moderne : une Diète grouperait les représentants des Etats européens ; les décisions y seraient prises à la majorité des trois quarts

– incontestable atteinte aux souverainetés – et surtout pourraient être effectivement sanctionnées, la Diète étant dotée d'une force armée.

Au début du XVIIIe siècle, l'abbé de Saint-Pierre attache son nom au fameux *Projet de paix perpétuelle* (1712) dans lequel il esquisse l'image d'un Sénat européen, qui aurait des compétences législatives et judiciaires. Dans son *Plan d'une paix universelle et perpétuelle*, rédigé en 1789 mais publié seulement en 1839, Jérémie Bentham introduit une idée nouvelle, qui sera souvent confirmée à l'époque contemporaine : celle de pression de l'opinion publique internationale. Bentham suggère, en effet, la création d'une Diète qui se contenterait de donner des avis, d'émettre des opinions sur les problèmes d'intérêt commun... la pression de l'opinion publique internationale étant censée suffire pour inscrire ces avis dans les réalités. Autre *Projet de paix perpétuelle* » : celui de Kant, en 1795, dont l'influence sera considérable sur le président Woodrow Wilson. Préconisant l'établissement d'une « Société des Nations » sur la base d'un « Etat de droit » international, Kant esquisse une véritable théorie pacifiste et internationaliste : il tente, pour la première fois, l'étude scientifique des causes de la guerre ; en posant l'exigence de conformité constitutionnelle des Etats membres de la Société des Nations, il lie pour la première fois démocratie et internationalisme.

Au XIXe siècle, une véritable exaltation de l'idée européenne est annoncée par Mme de Staël lorsqu'elle écrit : « Désormais, il faut avoir l'esprit européen » – exaltation aux multiples facettes idéologiques : libre-échangiste, quaker, mazziniste, socialiste avec Proudhon, voire socialiste technocratique avec Saint-Simon... Mais, cette fois encore, l'idée européenne se confond avec celle de sécurité collective internationale. Les écrits de Victor Hugo sont, à cet égard, révélateurs : « Un jour viendra où les bombes seront remplacées... par le vénérable arbitrage d'un grand Sénat souverain qui sera à l'Europe ce que l'Assemblée législative est à la France. » Et Victor Hugo de présider, en 1849, le Congrès des Amis de la paix qui lance un appel pour les Etats-Unis d'Europe...

Le Concert européen

Le XIXe siècle n'est pas seulement le siècle de l'épanouissement de l'idée européenne ; il connaît, en outre, les premières tentatives d'organisation de la société européenne. Mais, l'Europe dominant le monde, la mise en place d'un Directoire européen apparaît très vite comme l'essai d'organisation d'un directoire mondial : la doctrine de Monroe ne sera-t-elle pas élaborée pour répondre aux menaces d'intervention de la Sainte-Alliance en Amérique du Sud ?

Le Directoire européen prend forme après l'échec du système napoléonien, lequel constituait déjà, à sa manière, une entreprise d'unification de l'Europe... qui se heurta à des obstacles économiques – l'hostilité des « entrepreneurs », pour lesquels l'Angleterre, puissance maritime et industrielle, était un pôle d'attraction –, administratifs – Napoléon ne disposait pas des moyens techniques nécessaires à un gouvernement efficace de l'ensemble de l'Europe – et surtout politiques – les conquêtes françaises ayant souvent eu pour effet de réveiller le sentiment national. Le Directoire des grandes puissances européennes qui suit l'ère napoléonienne a, dans un premier temps, un statut juridique stable, reposant sur un ensemble de conventions internationales formelles : c'est, au sens large, le « système de la Sainte-Alliance » dû à l'inspiration mystique du tsar Alexandre et, plus concrètement, au « relativisme » diplomatique de Metternich. Par le traité de Chaumont de 1814, les quatre « Grands » – Angleterre, Autriche, Prusse, Russie – décident de se concerter sur les moyens propres à garantir le maintien de la paix ; de fait, le congrès de Vienne (septembre 1814-juin 1815) symbolise bien la reconstruction politique de l'Europe sous la tutelle des « Quatre ». Le « pacte de la Sainte-Alliance » du 26 septembre 1815 tend à prolonger et à alourdir cette tutelle commune, en consacrant le principe d'une garantie mutuelle non seulement de l'intégrité territoriale, mais aussi de la forme de gouvernement de chaque Etat européen. Le pacte a, cependant, peu de consistance : la solidarité qu'il proclame est fictive ; ses dispositions restent vagues ; l'Angleterre, politiquement libérale et heurtée par l'idée de garantie du statu quo politique, refuse son adhésion.

Pourtant, l'épisode des Cent Jours incite à la reconstitution du front des quatre « Grands ». Il faut décidément mettre au point un système de surveillance de la France : c'est le traité de Paris du 20 novembre 1815, qui consacre la Quadruple Alliance, singulièrement plus efficace que le pacte. Alliance automatique pour le cas où un Bonaparte remonterait sur le trône de France, engagement de consultation dans l'hypothèse où une nouvelle révolution embraserait la France, le traité de Paris institutionnalise, en son article 6, le concert des grandes puissances qui examinera les mesures propres à maintenir la paix et à faire respecter « les grands intérêts communs ». En 1818, la France réhabilitée est admise au sein du Directoire. Malgré les réticences anglaises, la Quadruple Alliance apparaît progressivement comme un instrument de défense des souverains légitimes contre toutes les formes de subversion ; elle mène plusieurs et retentissantes actions répressives contre les mouvements révolutionnaires. 1820 : le roi de Naples est convoqué au congrès de Troppau et sommé de faire régner l'ordre dans son Etat. 1821 : l'Autriche est invitée à intervenir en Italie pour y rétablir l'ordre. 1823 : la France est mandatée pour mettre fin à l'agitation révolutionnaire en Espagne. Ainsi le système de Metternich prend-il l'aspect caricatural que l'Histoire retiendra. Les nouvelles structures internationales avaient été acceptées par l'Angleterre sous l'influence de Castlereagh, si profondément engagé qu'il finira par être incompris de ses compatriotes ; en 1823, son successeur, Canning, hostile à l'ingérence dans les affaires internes des petits Etats, fait éclater l'ensemble du système.

Le Directoire européen revêt, dès lors, une forme plus pragmatique : celle de conférences diplomatiques dont la périodicité et les participants eux-mêmes sont éminemment variables. L'efficacité du nouveau système, dit du « Concert européen », n'en est pas moins certaine : de 1823 à 1914, nombre de questions politiques intéressant l'ensemble du continent sont réglées dans ce cadre. La Conférence de Londres, en 1830, résout l'affaire belge ; celle de Paris, en 1856, consacre l'entrée de l'Empire ottoman dans le Concert européen. Le Congrès de Berlin, en 1878, est consacré à l'examen des problèmes balkaniques ; la Conférence de Berlin, en 1885, aux affaires coloniales, particulièrement au partage du bassin du Congo. La Conférence d'Algésiras, en 1906, a pour thème la question du Maroc. Le Concert européen ne répugne d'ailleurs pas totalement aux interventions militaires : en fait preuve l'envoi de corps expéditionnaires en Crète en 1896, en Chine en 1900, en Macédoine en 1903-1904 ; en 1897, l'Administration internationale de la Crète semble préfigurer celle de l'Allemagne en 1945 – un secteur international est établi, en même temps qu'est opéré un partage de l'île entre les différentes puissances, chacune d'elles occupant sa zone avec de petits contingents militaires. Mais le Concert européen se révèle inefficace – comme les Nations unies pendant la guerre froide – lorsque deux grands Etats s'affrontent : ce fut le cas en 1870, et surtout en 1914... lors du déclenchement de la première « guerre civile européenne », ce premier coup de semonce au leadership mondial de l'Europe.

Le débat européen, entre les deux guerres mondiales

Au lendemain du premier conflit mondial – en un temps où les blessures infligées à nombre d'Etats européens incitent à la prise de conscience d'un certain déclin politique de l'Europe –, le problème de l'organisation de l'Europe en tant que continent, en tant que région du monde, commence à être clairement perçu. Et déjà apparaît l'opposition, qui aura un si bel avenir, entre deux conceptions de la construction de l'Europe : une simple coopération, qui ménagerait les souverainetés étatiques existantes ; un dépassement des souverainetés par un processus d'unification, d'« intégration » dira-t-on plus tard, de l'Europe.

La seconde conception, franchement fédéraliste, est surtout exposée par des auteurs qui, pour ne pas être nécessairement isolés, n'en sont pas moins de simples personnes privées. Le comte Coudenhove-Kalergi, né à Tokyo en 1894 d'un père ambassadeur de l'Autriche-Hongrie et d'une mère japonaise, devenu citoyen de la jeune République tchécoslovaque après le traité de Saint-Germain, publie à Vienne, en 1922, son manifeste *Paneurope* : « La question de l'Europe, écrit-il, se résume en deux mots : unification ou écroulement » ; en 1926, il réunit à Vienne le congrès constitutif de l'Union paneuropéenne auquel prennent part 2 000 personnes. Moins connu, le Danois Heerfordt publie en 1924 un essai intitulé *Europa Communis*, qui comporte à la fois une vive critique de la Société des Nations, dont la faiblesse indique déjà qu'elle n'interdit pas véritablement le recours à la guerre – elle est « sans valeur réelle comme instrument de paix » – et l'analyse détaillée de ce que pourraient être les institutions de l'Europa Communis, le futur Etat fédéral européen. Outre une assemblée interparlementaire, un directoire des chefs d'Etat disposant d'un droit de veto et un ministère fédéral responsable devant l'Assemblée, Heerfordt, doué d'une certaine prémonition, va jusqu'à prévoir un régime spécial pour l'agriculture et une période de transition avant la réalisation d'une union douanière.

Au niveau intergouvernemental, au sein de la classe politique européenne, la seule conception exprimée est celle d'une prudente coopération entre Etats. L'Europe qu'envisage Edouard Herriot – le leader radical lui consacre un ouvrage en 1930 – est une entente européenne dans le cadre de la Société des Nations, une organisation régionale européenne imitée de l'Union panaméricaine, avec ses conférences périodiques et son secrétariat permanent. Plus retentissante est l'initiative d'Aristide Briand, ministre français des Affaires étrangères, dans les années 1929 et 1930. Le discours que prononce l'homme d'Etat français, le 7 septembre 1929, devant la 10e session de l'Assemblée de la SDN, et qui impressionne tant l'opinion publique de l'Europe, est cependant ambigu. Sans doute Briand a-t-il l'habileté de présenter sa proposition comme l'aboutissement de plusieurs siècles de préparation idéologique : l'idée européenne, déclare-t-il, « qui a hanté l'imagination des philosophes et des poètes... cette idée a progressé dans les esprits ». Sans doute se rallie-t-il à la notion de fédéralisme : « Je pense qu'entre des peuples qui sont géographiquement groupés, comme les peuples d'Europe, il doit exister une sorte de lien fédéral. » Mais c'est pour préciser aussitôt que le « lien fédéral » ne devra « toucher à la souveraineté d'aucune des nations qui pourraient faire partie d'une telle association ».

Un lien fédéral... qui ne porterait pas atteinte aux droits souverains des Etats membres : l'équivoque n'est pas levée dans le mémorandum plus détaillé sur l'« Union fédérale européenne », rédigé par le secrétaire général du Quai d'Orsay, Alexis Leger, et présenté à l'assemblée de la SDN le 1er mai 1930. Il est vrai que, même ainsi amputée de toute conséquence pratique, l'idée d'un fédéralisme européen soulève de très nombreuses objections dans les milieux gouvernementaux : parmi les membres de la SDN, seule la Yougoslavie manifeste son adhésion au projet ; l'Angleterre se contente d'évoquer – déjà – ses liens spéciaux avec le Commonwealth ; quant à l'Allemagne, les élections du 14 septembre 1930 sont celles des premiers succès de Hitler. L'Europe devra encore faire la preuve de ses divisions et de son impuissance avant de se convaincre de la nécessité de son organisation.

Au sortir du second conflit mondial semble, par contre, s'ouvrir pour l'Europe l'ère des réalisations effectives. Dans l'Europe occupée, de nombreux mouvements de résistance se sont prononcés en faveur d'une future unité européenne : en France, le mouvement Combat, en Italie, le groupe dit Parti d'action. Le « Projet de déclaration des résistances européennes », élaboré à Genève en 1944, constate : « Dans l'espace d'une seule génération, l'Europe a été l'épicentre de deux conflits mondiaux qui ont eu avant tout pour origine l'existence sur ce continent de trente Etats souverains. Il importe de remédier à cette anarchie par la création d'une Union fédérale entre les peuples européens. » Dans une Angleterre devenue le pôle de l'Europe libre, la même préoccupation anime les milieux gouvernementaux : dès octobre 1942, Winston Churchill adresse à Anthony Eden un mémorandum sur les « Etats-Unis d'Europe ». La paix retrouvée, l'homme d'Etat britannique revient sur le même thème, lors d'une conférence à l'université de Zurich, le 19 septembre 1946 : il préconise la création d'Etats-Unis d'Europe avec l'ambition de « reconstituer la famille européenne et de lui fournir une structure qui lui permette de vivre et de croître en paix, en sécurité et en liberté ». Mais, alors que ces mots sont prononcés, déjà se confirment le « schisme » entre les grands vainqueurs et la division du monde qu'il va susciter : seuls les gouvernants et les peuples de l'ouest du continent prendront part – pendant quarante-cinq années, jusqu'à la chute du Mur de Berlin, à l'effondrement du système communiste et aux grandes « retrouvailles » de la « famille européenne » – au grand mouvement de construction politique de l'Europe.

II

Les premiers chantiers

« Aucun de nos pays ne peut prétendre, seul, à une défense sérieuse de son indépendance. Aucun de nos pays ne peut résoudre, seul, les problèmes que lui pose l'économie moderne. A défaut d'une union librement consentie, notre anarchie présente nous exposera demain à l'unification forcée, soit par l'intervention d'un empire du dehors, soit par l'usurpation d'un parti du dedans. »

Le vigoureux « Message aux Européens » adopté par le congrès de La Haye le 10 mai 1948 est trompeur. Dans l'immédiat après-guerre, l'impulsion à la construction de l'Europe occidentale est bien donnée de l'extérieur par les Etats-Unis d'Amérique. Il s'agit, pour le « grand protecteur », de faire comprendre aux Etats européens resurgis de leurs ruines les bienfaits d'une coopération en vue de la reconstruction de leurs économies, puis bientôt, dans le contexte de la guerre froide, de la réorganisation de leur défense. Le relèvement de l'Europe apparaît comme une nécessité : il suscite, de manière très pragmatique, la création d'organisations européennes de coopération dans les domaines économique, militaire, politique – organisations du type le plus traditionnel.

Le plan Marshall et l'OECE

« La guerre a laissé des ruines telles que les besoins de l'Europe sont plus grands que sa capacité de paiement. Il est nécessaire d'envisager une aide supplémentaire, sous peine de s'exposer à une dislocation économique, sociale et politique... » Le 5 juin 1947, dans un discours prononcé à l'université Harvard, le Secrétaire d'Etat américain, le général Marshall, propose aux Etats européens de prolonger et d'accroître l'aide économique nord-américaine qui avait revêtu diverses formes dès la fin du conflit mondial. Mais les Etats-Unis mettent une condition à cette offre ; les Etats bénéficiaires devront participer à une institution chargée de la gestion collective de l'aide et de l'élaboration d'un programme de reconstruction européenne : « Il ne serait ni bon ni utile que le gouvernement des Etats-Unis entreprenne d'établir unilatéralement un programme destiné à remettre l'économie de l'Europe sur pied. C'est là l'affaire des Européens. »

Une Conférence de coopération économique européenne se tient à Paris le 12 juillet 1947 pour dresser le bilan des besoins économiques communs. Le 16 avril 1948 est signée la convention instituant l'Organisation européenne de coopération économique. Seize Etats sont parties à cette convention, l'Autriche, la Belgique, le Danemark, la France, la Grèce, l'Irlande, l'Islande, l'Italie, le Luxembourg, la Norvège, les Pays-Bas, le Portugal, le Royaume-Uni, la Suède, la Suisse et la Turquie – ainsi que les zones d'occupation occidentales en Allemagne et le territoire de Trieste. Entre-temps, l'Union soviétique a dissuadé les « démocraties nouvelles » d'Europe centrale et orientale d'accepter l'offre américaine – particulièrement la Tchécoslovaquie qui s'était ralliée à la proposition Marshall. Deux Etats seront ultérieurement admis à l'OECE : la République fédérale d'Allemagne en 1955, l'Espagne en 1959.

De fait, l'OECE va efficacement assurer la solidarité des Etats européens dans leur relèvement et leur faire progressivement abandonner la condition d'assistés des Etats-Unis. Outre la répartition de l'aide américaine, l'organisation s'emploiera à la coordination des politiques économiques nationales, à la mise en place d'un système multilatéral de paiement – mécanisme de compensation multilatéral qui pallie l'absence de convertibilité des monnaies –, à la poursuite de la libération des échanges, en particulier par l'établissement de « codes de libération » et par la suppression des restrictions quantitatives. Douze ans plus tard, le relèvement économique de l'Europe réalisé, l'heure sera à la réforme de l'OECE : la convention du 14 décembre 1960 lui substituera l'Organisation de coopération et de développement économiques ; l'entrée des Etats-Unis dans la nouvelle organisation consacrera la constitution d'une communauté de fait plus large – celle des Etats industrialisés – au sein de laquelle doivent être désormais recherchés une idéale solidarité ou tout au moins le respect des équilibres dans le développement.

Les traités de Dunkerque et de Bruxelles

En 1947, la coopération en vue du redressement européen ne concerne pas seulement les économies, mais aussi les appareils militaires. Des alliances sont conclues, destinées à assurer la sécurité collective des parties. Elles sont d'abord inspirées par la crainte d'une résurrection du danger allemand – de même qu'une éventuelle résurgence du « danger bonapartiste » était à l'origine du traité de Paris, au lendemain des Cent Jours. Progressivement, elles vont prendre une signification nouvelle dans le contexte de la guerre froide.

A une éventuelle menace allemande répond le traité d'alliance et d'assistance mutuelle signé le 4 mars 1947 par les ministres français et britannique des Affaires étrangères, Georges Bidault et Ernest Bevin, en cette ville de Dunkerque qui évoque les heures difficiles de 1940 : nulle alliance formelle ne liait jusque-là les deux puissances. Mais la tension internationale croissante – dont les signes se multiplient : refus soviétique de participer au plan Marshall ; création du Kominform en septembre 1947 ; échec, en novembre-décembre 1947, de la Conférence de Londres qui réunissait les quatre « Grands » en vue de régler les questions allemande et autrichienne – donne à penser que l'« ennemi virtuel » n'est pas forcément le vaincu du dernier conflit... En février 1948, la France et la Grande-Bretagne invitent les trois Etats du Benelux à participer au système de garantie mutuelle institué à Dunkerque. Un nouveau traité, dit de l'« Union occidentale », est signé à Bruxelles le 17 mars 1948 : il comporte un engagement d'assistance automatique contre toute agression – même si l'Allemagne est toujours expressément visée ; il organise un réseau de relations non seulement militaires, mais aussi politiques, économiques et culturelles. Surtout, des instances militaires de l'alliance sont mises en place dès le temps de paix, symbolisées par l'installation d'un état-major interallié à Fontainebleau.

L'organisation qui résulte du traité de Bruxelles évoque déjà celle du traité de l'Atlantique Nord. Au plan politique, un conseil consultatif, composé des ministres des Affaires étrangères, siège alternativement dans les capitales des Etats membres ; dans l'intervalle de ses sessions, il est doublé par une commission permanente, installée à Londres, qui réunit les ambassadeurs en Grande-Bretagne des Etats parties et un représentant du Foreign Office. Au plan militaire, le Comité des ministres de la Défense est assisté de divers comités spécialisés, chargés notamment de la planification stratégique et de l'armement. Des forces militaires communes sont constituées, ensemble de divisions à placer en cas de guerre sous un commandement commun – celui du comité des commandants en chef, présidé par le maréchal Montgomery. Dans son essai sur *L'OTAN et l'Europe*, le général Beaufre a décrit, de l'intérieur, et d'un point de vue souvent critique, l'expérience de l'Union occidentale : « Cette polysynodie, inévitable dans les grands états-majors pléthoriques de la guerre, ne correspondait pas à la petite organisation que nous formions à l'époque avec une vingtaine d'officiers pour chaque commandement, alors que nous devions résoudre rapidement une montagne de problèmes, portant sur le statut des forces alliées, l'inventaire de ces forces, le choix d'une stratégie et l'organisation du commandement. » Surtout, l'Union occidentale n'est guère crédible face à une éventuelle menace soviétique : « Nous ne disposions au début d'un conflit que d'une dizaine de divisions stationnées en Allemagne... C'était un bilan désolant, face aux 22 divisions soviétiques d'Europe centrale qui pouvaient être renforcées facilement et portées à plus de 100 divisions. »

Reste à élargir le nombre des Etats participant à la défense occidentale. Après le coup d'Etat de Prague, en février 1948, et le blocus de Berlin, en juin 1948, le Sénat des Etats-Unis, renonçant à toute velléité d'isolationnisme, autorise, par la résolution Vandenberg, le gouvernement de Washington à ouvrir des négociations en vue de renforcer le système de sécurité européen. Le traité de l'Atlantique Nord est signé à Washington le 4 avril 1949 par les cinq Etats du traité de Bruxelles auxquels se joignent le Canada, le Danemark, les Etats-Unis, l'Islande, l'Italie, la Norvège et le Portugal. L'Union occidentale est pratiquement vidée de sa substance, ses organes militaires sont absorbés par les comités permanents atlantiques ; elle survivra pourtant, avec son système de sécurité automatique, jusqu'à son profond renouvellement d'octobre 1954.

Le congrès de La Haye et le Conseil de l'Europe

Dans les années 1946 et 1947, les organisations privées de partisans de l'Europe unie se multiplient. Certaines sont l'expression des grands courants politiques européens, tels le Mouvement socialiste pour les Etats-Unis d'Europe, les Nouvelles Equipes internationales, d'inspiration démocrate-chrétienne, animées par le député MRP Robert Bichet, le Mouvement pour l'Europe unie fondé par Winston Churchill et le parti tory. Une autre organisation est l'émanation des milieux d'affaires : la Ligue européenne de coopération économique créée par l'homme d'Etat belge Paul Van Zeeland. Deux mouvements, enfin, regroupent les « maximalistes » de l'Europe unie : l'Union européenne des fédéralistes et l'Union paneuropéenne reconstituée par Coudenhove-Kalergi... Une première tâche s'impose donc aux différents mouvements qui combattent pour l'unification de l'Europe : l'unification des mouvements européens eux-mêmes.

En décembre 1947, les plus influents des mouvements européens constituent, sous la présidence du ministre britannique Duncan Sandys, un Comité international de coordination pour l'Europe unie. Ce comité convoque, du 7 au 10 mai 1948, à La Haye, un grand congrès de l'Europe qui rassemble 800 personnalités de 19 pays, parmi lesquelles seize anciens chefs de gouvernement et une vingtaine de ministres en exercice. Dans sa résolution politique finale, le congrès demande la constitution d'une « Assemblée parlementaire européenne » qui serait élue par les parlements nationaux ; cette proposition est transmise, en août 1948, par le gouvernement français, aux Etats membres de l'Union occidentale.

Ainsi une initiative de caractère privé va-t-elle susciter la création d'une organisation internationale de droit public : il faudra seulement un an pour « couler » dans une convention internationale les principes exposés par la résolution politique du congrès de La Haye. Pourtant, deux thèses s'affrontent au sein du Comité permanent pour l'étude et le développement de la Fédération européenne, constitué par les cinq Etats du traité de Bruxelles. Les représentants britanniques souhaitent une organisation très proche du modèle traditionnel de la coopération intergouvernementale, une assemblée strictement dépendante des gouvernements puisque ses membres seraient choisis et mandatés par les exécutifs. Selon la thèse franco-belge, au contraire, les nouvelles institutions devraient exprimer directement l'opinion publique européenne ; l'assemblée devrait avoir un véritable caractère parlementaire et être dotée d'une compétence étendue. Un compromis est finalement atteint, qu'entérine le traité portant statut du Conseil de l'Europe, signé à Londres le 5 mai 1949 : le Conseil de l'Europe comportera une assemblée internationale de caractère parlementaire, mais purement consultative et tenue en lisière par un comité intergouvernemental de type classique. La formule est relativement nouvelle : le précédent essai d'organisation de l'Europe occidentale – le traité de Bruxelles – était encore exclusivement fondé sur la coopération des gouvernements ; elle satisfait les dix membres originaires du conseil – les cinq de l'« Union occidentale », l'Irlande, l'Italie, et trois pays scandinaves, le Danemark, la Norvège, la Suède – que rejoindront successivement la Grèce et la Turquie (1949), l'Islande (1950), la République fédérale d'Allemagne (1951), l'Autriche (1956), Chypre (1961), la Suisse (1963), Malte (1965), le Portugal (1976)... L'ambiguïté du compromis est ailleurs : un large domaine d'intervention est reconnu au Conseil de l'Europe, mais ses moyens d'action effectifs sont très limités.

L'article 1 du statut assigne, en effet, à la nouvelle organisation des objectifs fort vastes : « Le but du Conseil de l'Europe est de réaliser une union plus étroite entre ses membres afin de sauvegarder et de promouvoir les idées et les principes qui sont leur patrimoine commun et de favoriser leur progrès économique et social. » L'union plus étroite n'est pas le but final du statut, mais le moyen de préserver et de développer le patrimoine européen commun. Les compétences conférées au Conseil s'étendent normalement aux domaines économique et social, culturel, scientifique, juridique... Seules sont explicitement exclues « les questions relatives à la défense nationale » (art. 1, al. d), la volonté des Etats neutres de ne pas participer à une organisation de caractère militaire rejoignant ici le souhait des « engagés » d'éviter tout empiétement sur les compétences des alliances auxquelles ils adhèrent. Pourtant, le Conseil de l'Europe a souvent abordé les problèmes de défense nationale : en 1950, l'Assemblée consultative recommande la création immédiate d'une armée européenne ; le Comité des ministres lui rappelle son incompétence ; l'Assemblée réplique en demandant l'abrogation de l'article 1, alinéa d ; le Comité des ministres refuse, mais suggère, en 1951, la reprise de débats consacrés à la poursuite de « la paix fondée sur la justice et la coopération internationale » – termes figurant dans le préambule du statut. Depuis, l'Assemblée se reconnaît le droit d'exprimer son opinion sur les aspects politiques des problèmes militaires ; elle n'écarte de sa compétence que les problèmes de pure technique militaire.

Les moyens dont dispose le Conseil de l'Europe sont, par contre, très faibles : ils se ramènent, selon l'article 1, alinéa b, à « l'examen des questions, la conclusion d'accords, l'adoption d'une action commune ». Cette situation a suscité, dès la mise en place des organes du Conseil de l'Europe, la prolifération des propositions de révision du statut – la première d'entre elles est déposée le 16 août 1949, huit jours après le début de la première session de l'Assemblée. Propositions limitées à la simple rationalisation des institutions européennes, voire projets plus ambitieux de création d'un fédéralisme global à partir du Conseil : le 6 septembre 1949, l'Assemblée consultative adopte un amendement Mackay considérant « comme le but et l'objectif du Conseil de l'Europe de créer une autorité politique européenne dotée de fonctions limitées mais de pouvoirs réels ». Tentatives vouées à l'échec du fait des évidentes réticences d'Etats souverains jaloux de leur particularisme – réticences que parviendra à surmonter, l'année suivante, le plan Schuman.

TITRE II

LA NAISSANCE DES COMMUNAUTÉS

III

Du plan Schuman aux traités de Rome

Dans les années cinquante, l'initiative de la construction de l'Europe revient aux Etats européens eux-mêmes : à la France en 1950, aux gouvernements du Benelux en 1955. L'ambition est plus vaste : l'entreprise des six Etats d'Europe occidentale tend à un véritable dépassement des souverainetés ; un processus d'unification progressive est engagé. Les méthodes utilisées sont, cette fois, révolutionnaires : c'est l'époque de la constitution des premières organisations supranationales, les Communautés européennes.

Le plan Schuman et la Communauté européenne du charbon et de l'acier

Lorsque, le 9 mai 1950, dans le salon de l'Horloge du Quai d'Orsay, le ministre des Affaires étrangères Robert Schuman rend publique l'offre faite par la France à la République fédérale d'Allemagne de mettre en commun leurs productions de charbon et d'acier, sa communication vient d'être approuvée par le Conseil des ministres ; mais l'opération a été tenue si secrète – ni les administrations concernées ni les dirigeants des charbonnages et de la sidérurgie n'ont été consultés ou informés –, puis révélée si soudainement que tous les membres du gouvernement français ne semblent pas en avoir saisi l'exacte portée. La surprise est évidemment encore plus grande dans l'opinion.

Pourtant, la création d'un pool des industries lourdes de l'Europe occidentale avait déjà été suggérée. Le 1er janvier 1949, le chancelier Adenauer, soucieux de voir lever le contrôle unilatéral exercé, depuis la fin du conflit, par les vainqueurs sur la Ruhr, avait proposé que lui soit substituée une « association de droit international à base coopérative » : « Dans cette association, l'Allemagne ferait entrer la Ruhr, la France son minerai de Lorraine, la France, l'Allemagne, la Sarre, le Luxembourg, la Belgique leurs industries lourdes. » La même idée avait été, par la suite, reprise par le député travailliste Frederik Lee devant l'Assemblée consultative du Conseil de l'Europe ; elle figurait dans les recommandations de l'Assemblée au Comité des ministres.

Mais le plan Schuman marie cette solution technique à un plus vaste dessein politique. Les buts sont ambitieux, à la mesure des rêves de réconciliation franco-allemande de Robert Schuman, élu député au Parlement français en 1919 : « Le rassemblement des nations européennes exige que l'opposition séculaire de la France et de l'Allemagne soit éliminée » ; il importe de réaliser « les premières assises concrètes d'une fédération européenne indispensable à la préservation de la paix ». La méthode proposée reflète l'empirisme de Jean Monnet et de ses collaborateurs du commissariat au Plan qui ont conseillé Schuman, leur scepticisme pour les « constructions d'ensemble » : l'Europe « ne se fera pas d'un coup », mais « par des réalisations concrètes créant d'abord une solidarité de fait » – la réalisation consistant ici dans la mise en commun des industries lourdes, laquelle, par son dynamisme, devra être « le ferment d'une Communauté plus large et plus profonde ». Les institutions ne sont qu'esquissées ; elles n'en laissent pas moins apparaître le pouvoir « supranational » confié à une « Haute Autorité nouvelle, dont les décisions lieront la France, l'Allemagne et les pays qui y adhéreront » – une Haute Autorité composée de membres indépendants des gouvernements nationaux, et dont les décisions, exécutoires dans les différents Etats membres, pourront être l'objet de recours juridictionnels (le contrepoids d'une assemblée parlementaire commune sera précisé dans le traité).

L'offre était faite expressément au gouvernement allemand ; mais la future communauté était également ouverte aux autres Etats d'Europe. De fait, l'accueil de l'Europe fut favorable :

l'adhésion allemande avait été recueillie au préalable ; l'Italie d'Alcide de Gasperi était acquise à l'idée européenne ; les Etats du Benelux se rallièrent à l'entreprise. La Grande-Bretagne, hostile à toute aliénation de souveraineté, méfiante à l'égard de cette nouvelle « Lotharingie » trop influencée, selon le Labour Party, par la démocratie chrétienne, refusa de participer aux négociations.

Une conférence internationale, réunissant les six Etats, s'ouvrit donc à Paris le 20 juin 1950. Après dix mois de travaux, un projet de convention, élaboré par les experts, est paraphé le 19 mars 1951, puis, après un ultime examen des articles « réservés » par les ministres, le traité instituant la Communauté européenne du charbon et de l'acier est signé le 18 avril 1951. Un marché commun du charbon et de l'acier est instauré, qui implique la suppression des droits de douane et des restrictions quantitatives à la libre circulation des produits, l'interdiction des mesures discriminatoires et des subventions ou aides accordées par les Etats. Le marché est dominé par le principe de libre concurrence, mais la Communauté contrôle son approvisionnement régulier et la fixation des prix au plus bas niveau. La réalisation du marché unique est progressive : deux périodes, préparatoire puis de transition, doivent permettre l'adaptation des industries nationales aux conditions nouvelles.

Paradoxalement, c'est en France que la ratification subira le plus de retards : le gouvernement se trouve en proie à la double opposition du Parti communiste et du Rassemblement du peuple français, le général de Gaulle ayant dénoncé, au cours d'une conférence de presse en décembre 1951, la CECA comme un « faux-semblant ». Finalement, l'ensemble des ratifications obtenues, le traité entrera en vigueur le 25 juillet 1952 ; une fois achevée la période préparatoire au cours de laquelle sont mises en place les institutions, le Marché commun sera ouvert le 10 février 1953 pour le charbon, le minerai de fer et la ferraille, le 1er mai 1953 pour l'acier.

Le traité de Paris sur la CECA était conclu pour une durée de cinquante années, qui a pris fin le 23 juillet 2002. Pour célébrer l'événement, le lointain successeur de la Haute Autorité, la Commission des Communautés, présidée alors par Romano Prodi, avait organisé une exposition rétrospective à Bruxelles sur les mérites de la CECA – l'amélioration des conditions de travail et la modernisation de l'outil de production dans les secteurs des charbonnages et de la sidérurgie... Ce qui suscita la philippique, justifiée, de Ferdinando Riccardi, éditorialiste de l'Agence Europe, sur un « enterrement bâclé » : « Presque rien sur la signification politique de ce premier pas. Une présentation mesquine et utilitaire. Les objectifs de Jean Monnet, de Robert Schuman et de ceux qui, dans les pays voisins, les ont suivis, relevaient davantage de la politique, de la civilisation et de l'éthique que de l'économie... C'était une initiative d'une audace insensée, à un moment où les blessures de la guerre étaient encore brûlantes, les destructions immenses et les rancunes tenaces. »

La querelle de la Communauté européenne de défense

Le 26 septembre 1950, le Conseil atlantique réuni à New York dans le climat d'inquiétude tissé par les hostilités de Corée envisage, pour la première fois, la possibilité d'une contribution de l'Allemagne à la défense occidentale. Or, jusque-là, la mise en place du dispositif atlantique avait été présentée comme ayant, parmi d'autres avantages, celui d'exclure tout réarmement de l'Allemagne. A ce réarmement, l'opinion publique européenne n'est pas préparée. L'idée va donc être lancée, par les dirigeants français, d'une transposition de la technique du plan Schuman au domaine militaire, d'une nouvelle expérimentation de ce « fédéralisme partiel » qui est en voie de réussir en matière de charbon et d'acier. Winston Churchill n'a-t-il pas proposé, le 11 août 1950, devant le Conseil de l'Europe, la « création immédiate d'une armée européenne unifiée soumise à un contrôle démocratique » ? Ainsi pourrait-on réarmer les Allemands, sans ressusciter l'armée allemande...

Le 24 octobre 1950, René Pleven, président du Conseil, développe à la tribune de l'Assemblée nationale l'esquisse d'une « Communauté européenne de défense (CED) », préparée par les experts qui ont élaboré le plan Schuman. Il s'agit de créer une armée européenne commune, dont les contingents seraient fournis par les Etats membres et incorporés au niveau de la plus petite unité possible. Cette armée serait « rattachée à des institutions politiques de l'Europe unie » : elle serait placée sous l'autorité d'un ministre européen de la Défense, nommé par les gouvernements nationaux, assisté d'un Conseil des ministres et responsable devant une Assemblée européenne. Le financement serait assuré par un budget commun. L'Assemblée nationale approuve le projet par 348 voix contre 224, et fait confiance au gouvernement pour mener les négociations à bonne fin. En réalité, selon le général Stehlin, qui suit alors la question du réarmement allemand au cabinet du ministre de la Défense, Jules Moch, il n'existe encore ni plan ni même une simple ébauche d'organisation : « Dans la nuit, immédiatement après l'approbation donnée par l'Assemblée nationale, le ministre de la Défense... nous demande, à brûle-pourpoint, d'établir un plan d'armée européenne ; il a besoin de ce "papier" pour la réunion du Conseil atlantique... »

Cette fois, l'accueil des gouvernements étrangers et de l'opinion publique est plutôt défavorable. Pour les uns, il s'agit d'une mesure dilatoire tendant à retarder le réarmement de l'Allemagne : c'est la position originaire des Etats-Unis, dont les représentants préconisent la mise sur pied immédiate de deux divisions allemandes, et qui ne se rallieront, avec vigueur, au projet français qu'à partir de l'été 1951. Pour les autres, le plan de CED n'est qu'un moyen détourné d'obtenir le réarmement de l'Allemagne : cette conception est celle d'une grande partie de l'opinion publique française ; des cercles traditionnellement considérés comme « européens » répugnent à voir la technique fédéraliste étendue au domaine militaire ; l'opposition antieuropéenne classique, formée par le RPF et le Parti communiste, sera appuyée, en la circonstance, par la majorité du groupe parlementaire socialiste SFIO et par près de la moitié des députés radicaux. En Allemagne même, la confusion est grande : le mouvement pacifiste, conduit par le pasteur Niemöller, s'oppose à tout réarmement ; le chef de l'opposition sociale-démocrate, Kurt Schumacher, revendique pour l'Allemagne fédérale l'égalité des droits et une défense puissante sur l'Elbe ; le gouvernement de Bonn sera longtemps hésitant – jusqu'à la nomination du député Theodor Blank à la tête de sa délégation.

Le Conseil atlantique prend acte du projet français et admet le principe de deux négociations simultanées. La première réunira, au château du Petersberg, près de Bonn, les hauts-commissaires des trois puissances occidentales occupantes et les représentants du gouvernement de la République fédérale, afin de définir la participation militaire allemande à l'Alliance atlantique et de fixer les garanties qui seraient imposées à l'Allemagne. La seconde s'engagera à Paris, en vue de poser les principes qui régiraient la constitution d'une armée européenne ; seuls l'Italie, la Belgique, le Luxembourg et l'Allemagne fédérale accepteront de prendre part à la conférence sur le projet français ; la Grande-Bretagne, les Pays-Bas (qui se joindront plus tard aux Cinq), le Danemark et la Norvège n'enverront que des observateurs – au même titre que les Etats-Unis et le Canada.

Le combat pour la CED va se dérouler sur un double plan. D'une part, il importe de garantir au gouvernement de Bonn que le régime qui lui sera appliqué ne sera pas excessivement discriminatoire. Les experts, constitués en comité exécutif à Paris, à partir du 22 février 1951 – l'ambassadeur Hervé Alphand représente la France, le professeur Hallstein l'Allemagne fédérale – sont donc conduits à réenvisager l'aménagement technique de la future armée européenne. Lorsque le traité instituant la CED est signé à Paris le 27 mai 1952, l'intégration des forces militaires n'est plus réalisée qu'au niveau de la division, ce qui laisse une large personnalité aux différentes participations nationales.

D'autre part, il importe de rassurer l'opinion publique – et singulièrement l'opinion française, que semble casser en deux la « grande querelle de la CED » – en multipliant les garanties politiques, c'est-à-dire les garanties de contrôle démocratique de la future armée unifiée. Le chef du gouvernement italien, Alcide de Gasperi, a fait introduire dans le traité instituant la CED un article 38 aux termes duquel l'Assemblée parlementaire européenne, chargée du contrôle de la future armée commune, devra présenter des propositions tendant non seulement à son élection au suffrage universel mais surtout à l'établissement d'une structure fédérale ou confédérale qui assurera la coordination des communautés déjà créées ou à venir. Le dessein tactique est évident : il s'agit d'envelopper l'Europe militaire en formation dans les charmes d'une future Europe politique. Allant plus loin, les six ministres des Affaires étrangères, réunis en septembre 1952, décident que la

« prime » que constitue la Communauté politique sera accordée en même temps que cette Communauté militaire qui soulève tant de réticences : ils anticipent sur la ratification du traité instituant la CED et mettent en vigueur l'article 38. Une assemblée *ad hoc* est convoquée – qui est composée des membres de l'assemblée de la CECA, renforcés de membres supplémentaires afin d'atteindre le nombre de parlementaires prévu par le traité pour l'Assemblée de la CED – et qui a pour mission de préparer, dans un délai de six mois, un projet de traité « instituant une communauté politique européenne ». Le 10 mars 1953, l'assemblée *ad hoc*, présidée par Paul-Henri Spaak, remet solennellement aux représentants des gouvernements un projet de convention. Le projet est d'inspiration nettement fédéraliste. C'est aller trop vite pour les gouvernements nationaux qui, après avoir multiplié les hommages aux membres de l'assemblée *ad hoc* – qualifiés de « fondateurs d'un empire » –, en viennent à voir dans leurs travaux « une improvisation funeste ». Un nouveau projet doit donc être élaboré, cette fois au niveau intergouvernemental. Les réunions des ministres des Affaires étrangères, puis de leurs suppléants, se succèdent, pendant les années 1953 et 1954, à Rome, à Paris, à Baden-Baden, puis de nouveau à Rome. Mais, entre-temps, l'hostilité des milieux politiques français à la CED s'est encore affirmée.

A Paris, le nouveau président du Conseil, Pierre Mendès France, l'un des hommes d'Etat de grande valeur de la IVe République, est relativement indifférent aux problèmes de défense. Ainsi a-t-il défini sa conception de l'Alliance atlantique comme étant celle d'« une coopération cordiale entre associés qui débattent en commun des intérêts communs, tandis que chacun reste juge de ses intérêts essentiels et vitaux » – laxisme révélateur chez un gouvernant au « volontarisme » reconnu. Sur le problème de la CED, la majorité qui a investi Pierre Mendès France affiche des positions diamétralement opposées. Le président du Conseil confie à deux de ses ministres, l'un favorable, l'autre hostile au projet, le soin de préparer un compromis : mais le général Koenig et M. Bourgès-Maunoury ne peuvent que dresser un catalogue des arguments positifs et négatifs. Le chef du gouvernement propose alors, le 18 août 1954 à Bruxelles, à ses cinq partenaires européens, divers aménagements de nature à atténuer le caractère supranational de la CED : mais quatre des pays qui participent à la Conférence ont déjà ratifié le traité, tel qu'il a été voulu par la France et rédigé par ses diplomates et ses juristes ; le refus des Cinq est net... Le 30 août 1954, l'Assemblée nationale écarte la CED par le vote d'une simple question préalable – par 319 voix contre 264 –, le président du Conseil n'ayant pas posé la question de confiance.

L'échec du projet de CED laissera des cicatrices profondes en France. Dans les milieux parlementaires : le Mouvement républicain populaire manifeste désormais une franche hostilité envers Pierre Mendès France, accusé d'être à l'origine de l'échec du plan d'armée commune par le fait même qu'il s'est refusé à le défendre. Dans l'appareil d'Etat surtout : les experts associés à l'élaboration du projet ont le sentiment d'avoir été « trahis » par les gouvernements successifs qui, tous, ont craint d'aborder de front le difficile problème de la ratification ; le divorce s'annonce entre la haute fonction publique et la classe politique de la IVe République – il sera prononcé en mai 1958.

En fait, il semble bien qu'un grand nombre de députés français aient voté comme s'ils avaient le choix entre réarmer l'Allemagne et ne pas la réarmer. Mais, dans la réalité, il n'était pas en leur pouvoir de refuser le réarmement allemand : la détermination des partenaires occidentaux était trop forte. Après le rejet du traité instituant la CED, seule restait à trouver une nouvelle formule technique permettant la reconstitution de l'armée allemande et son association à l'ensemble occidental... Le Premier ministre britannique, Anthony Eden, a alors l'idée de redonner vie à l'Organisation du traité de Bruxelles, tombée en léthargie, et d'y faire admettre l'Allemagne et l'Italie. Ainsi seront assurés à la fois un certain contrôle européen sur la future armée allemande et la participation de la Grande-Bretagne au dispositif militaire ouest-européen – le refus de Londres de se joindre aux négociations sur la CED avait fortement inquiété les milieux politiques français. A la suite des conférences de Londres (28 septembre-3 octobre 1954) et de Paris (20-22 octobre 1954), les accords signés à Paris le 23 octobre 1954 mettent fin au régime d'occupation de l'Allemagne fédérale, modifient le traité de Bruxelles par la création d'une Union de l'Europe occidentale conçue comme un relais entre les Etats européens et l'Alliance atlantique et consacrent l'adhésion de l'Allemagne fédérale et de l'Italie à la nouvelle organisation.

Le Marché commun et Euratom

Les ministres des Affaires étrangères des six pays se réunissent le 1er juin 1955 à Messine, en Sicile, à l'invitation du député du lieu, M. Martino qui est en même temps le chef de la diplomatie italienne. Session placée, en principe, sous le signe de l'échec de la construction communautaire : Jean Monnet, devenu entre-temps président de la Haute Autorité de la CECA, s'est démis de ses fonctions à la suite du refus de ratification du traité sur la CED par le Parlement français ; les six ministres, constitués en Conseil spécial de ministres de la CECA, doivent pourvoir à son remplacement. Mais la réunion de Messine va être l'occasion d'un renouveau de la politique d'intégration européenne : le 20 mai précédent, les trois pays du Benelux ont ajouté un second thème à son ordre du jour ; ils ont communiqué à leurs partenaires de la CECA un ambitieux plan de relance de l'Europe, tendant à la création d'un marché commun général des six pays, au sein duquel serait réalisée la libre circulation des marchandises et des services, des capitaux et des travailleurs.

Le ministre des Affaires étrangères des Pays-Bas développe, devant le Conseil spécial, le plan du Benelux ; il est vivement appuyé par le représentant de l'Italie, favorable à l'idée d'une intégration économique générale. Les porte-parole allemand – Walter Hallstein, alors secrétaire d'Etat aux Affaires étrangères, Européen fervent mais porteur d'instructions précises qui reflètent les craintes du ministre de l'Economie, Ludwig Erhard – et surtout français – Antoine Pinay, qui s'exprime au nom d'un gouvernement rendu prudent par l'échec de la CED – manifestent leur préférence pour des intégrations « partielles », par secteurs, dans les domaines des transports et de l'énergie, tant classique que nucléaire. Les futures institutions font également problème : étendra-t-on simplement à d'autres secteurs la compétence de la CECA ? Cette solution est rapidement écartée. Les Allemands envisagent, cependant, de confier à une nouvelle « haute autorité » les actions communes à mener. S'agira-t-il d'une institution supranationale ? La délégation française fait part de son souhait d'éviter toute nouvelle discussion théorique sur ce thème. Finalement, la conférence de Messine ne prend pas de décision de principe ; elle confie à un comité d'experts, qui devra être animé par un homme politique – la procédure, originale, apparaît aux six ministres comme une garantie d'efficacité – l'étude d'un important programme : l'établissement d'un réseau européen de voies de transport, le développement des échanges de gaz et de courant électrique, l'organisation commune de l'utilisation pacifique de l'énergie atomique, la préparation progressive d'un Marché commun sans droits de douane et sans licences d'importation.

Placé sous l'active présidence de Paul-Henri Spaak, le comité intergouvernemental ouvre ses travaux, le 9 juillet 1955, au château de Val-Duchesse, près de Bruxelles ; il se subdivise en quatre commissions chargées de défricher les problèmes de l'énergie traditionnelle, de l'énergie nucléaire, des transports et travaux publics, du Marché commun ; les négociations débutent rapidement, les chefs des délégations française et allemande, Félix Gaillard et Walter Hallstein, ayant manifesté une attitude très constructive. Lorsque, le 6 septembre, à Noordwyk, près de La Haye, M. Spaak présente un premier rapport aux six ministres des Affaires étrangères, l'ordre de priorité des questions dégagé à Messine semble inversé : les transports et l'énergie traditionnelle apparaissaient comme les secteurs d'élection d'un nouvel effort d'intégration, mais l'examen des problèmes qu'ils posent n'a guère connu de progrès ; au contraire, le projet de Marché commun général, qui n'avait pas obtenu, trois mois plus tôt, l'écho souhaité par les pays du Benelux, fait désormais l'unanimité ; reste, il est vrai, le dossier de l'énergie atomique qui, de Messine à Bruxelles, est toujours au premier plan.

Le 23 avril 1956, le comité Spaak remet aux six ministres un rapport très précis tendant à la création d'une Communauté économique européenne et d'une Communauté européenne de l'énergie atomique – rapport qui est examiné et approuvé lors de la conférence de Venise (29-30 mai 1956). D'ultimes affrontements vont marquer, de mai 1956 à mars 1957, la mise au point des projets de convention. Les exigences de la France concernent le Marché commun général : elles portent, d'une part, sur l'inclusion des activités agricoles et des problèmes considérables qu'elles sous-tendent, d'autre part, sur l'association des territoires d'outre-mer, et sur une certaine prise en charge commune du financement de l'aide qui leur est apportée. L'Allemagne fédérale porte son attention sur les mécanismes de la communauté atomique : elle est hostile à l'établissement d'un bureau d'achat unique et exclusif des matières fissiles, concentrant tous les approvisionnements des pays membres. Dans le même temps, à l'appel de Jean Monnet, trente-quatre leaders politiques et syndicaux des six pays forment le Comité d'action pour les Etats-Unis d'Europe, qui s'emploie à préparer les opinions publiques et parlementaires à la ratification des traités. Les derniers obstacles levés au cours de la conférence qui réunit à Paris, du 16 au 19 février 1957, les experts puis les ministres des Affaires étrangères, enfin les chefs de gouvernement, les deux traités sont signés à Rome le 25 mars 1957 : parmi les deux signatures françaises, on relève celle du secrétaire d'Etat Maurice Faure, qui a nettement influencé la rédaction du traité sur la CEE.

Le traité instituant la Communauté économique européenne se propose d'établir un Marché commun entre les six Etats contractants afin de « promouvoir un développement harmonieux des activités économiques dans l'ensemble de la Communauté, une expansion continue et équilibrée, une stabilité accrue, un relèvement accéléré du niveau de vie et des relations plus étroites entre les Etats qu'elle réunit ». Le Marché commun implique la réalisation d'une « union douanière », comportant à la fois l'élimination des droits de douane et des restrictions quantitatives entre les Etats membres, et l'instauration d'un tarif douanier commun ; dans une union douanière, selon l'image de Claude-Albert Colliard, « le cordon douanier est reporté aux frontières qui délimitent, vis-à-vis des Etats extérieurs à la Communauté, les territoires des Etats membres de celle-ci ». A cet égard, le désarmement douanier, la suppression des restrictions quantitatives, l'établissement du tarif extérieur commun s'opèrent progressivement, au cours d'une période de transition de douze années divisées elles-mêmes en trois étapes – qui seront, en fait, accélérées. Le Marché commun signifie également l'abolition des obstacles à la libre circulation des personnes, des services, des capitaux entre les Etats membres – qui doit être effective, au plus tard, à l'expiration de la période de transition ; le marché étant fondé sur le principe de la libre concurrence, des dispositions du traité prohibent certaines formes d'ententes entre entreprises, ainsi que les aides des Etats – à l'exception de celles revêtant un caractère social. Au-delà de l'union douanière, le fonctionnement du Marché commun rendra, enfin, nécessaire l'élaboration de politiques communes : la première d'entre elles, qui concerne l'agriculture, est prévue mais non pas définie par le traité ; ses principes directeurs seront énoncés par l'exécutif communautaire, sous l'impulsion de M. Mansholt, après la Conférence agricole de Stresa (3-12 juillet 1958), puis précisés par nombre de règlements et décisions du Conseil de ministres de la CEE, après d'âpres discussions qualifiées de « marathons agricoles » par les observateurs... Le but assigné par le second traité de Rome à la Communauté européenne de l'énergie atomique est d'une nature différente : il ne s'agit plus de mettre en commun des activités économiques déjà existantes, mais de contribuer à la formation et à la croissance d'une industrie nucléaire européenne. Les tâches qui en procèdent sont multiples : développer les recherches et diffuser les connaissances techniques ; assumer une fonction de régulation dans l'approvisionnement des Etats membres en minerais et combustibles nucléaires ; inciter à l'investissement de capitaux dans l'industrie nucléaire et à la réalisation des installations nécessaires à cette industrie. Mais les deux traités se rejoignent dans leurs dispositions définissant les institutions communautaires : dans le cadre de la CEE comme dans celui de l'Euratom, un exécutif indépendant des gouvernements nationaux est créé – la Commission. Ses pouvoirs sont cependant inférieurs à ceux de la Haute Autorité de la CECA : dans les deux nouvelles communautés, l'organe intergouvernemental, le Conseil de ministres, détient l'essentiel des compétences. Il est vrai que les deux commissions ont un droit d'initiative exclusif : l'arme se révélera précieuse.

Les deux traités de Rome sont rapidement ratifiés par les six Etats entre septembre et décembre 1957. Ils entrent en vigueur le 1er janvier 1958. Seule reste encore ambiguë la position de la Grande-Bretagne à l'égard des nouvelles communautés. Invité à participer aux négociations de Val-Duchesse, le gouvernement de

Londres n'a pas été long à s'en retirer : il hésite à adhérer à un marché européen dont la frontière douanière, le tarif extérieur commun, séparerait le Royaume-Uni du Commonwealth ; à l'union douanière, il oppose la formule de la zone de libre-échange, par laquelle les Etats membres abaissent leurs barrières douanières internes mais conservent leur tarif national vers les pays tiers. En apparence plus souple, le système de la zone de libre-échange est, en réalité, très complexe : les services douaniers internes doivent s'assurer que les produits importés ont bien pour origine l'industrie d'un des partenaires, et, dans le cas contraire, faire payer la différence entre le tarif national et celui perçu à l'entrée de la zone. Mais l'origine exacte d'un produit n'est pas toujours aisée à déterminer ; comment déceler les « détournements de trafic » ? Surtout, la formule libre-échangiste présente l'inconvénient d'être à finalité purement économique ; elle ne saurait fonder un véritable processus politique – au contraire du Marché commun, discipliné par l'existence d'un tarif extérieur commun et transcendé par l'élaboration de politiques communes.

Les dirigeants anglais doutent probablement, lorsque leurs représentants s'excluent des délibérations de Val-Duchesse, de l'efficacité de la relance européenne. Mais, bientôt, les divers Etats ouest-européens qui ne font pas partie du groupe des Six s'estiment menacés par le nouvel ensemble européen en formation : le Marché commun ne va-t-il pas susciter un déplacement des courants commerciaux, au détriment des non-membres ? Une nouvelle négociation s'engage donc, afin de créer une grande zone de libre-échange qui associerait, sur une base multilatérale, les six de la CEE et les autres membres de l'Organisation européenne de coopération économique : préparée par un comité spécialisé de l'OECE animé par le diplomate et homme politique belge Jean-Charles Snoy et d'Oppuers, elle se développe au sein du comité intergouvernemental présidé par le ministre conservateur Reginald Maudling. Mais les Six font front aux revendications des autres membres de l'OECE : la seule fausse note sera donnée par Ludwig Erhard qui, à la fin de 1960, dans les colonnes d'*Handelsblatt*, organe des milieux d'affaires, s'attaquera aux « petits Européens » au nom du mondialisme économique. Le 15 novembre 1958, les négociations sont suspendues au sein du comité Maudling. A l'approche des premières mesures de désarmement douanier entre pays du Marché commun, prévues pour le 1er janvier 1959, les Etats non membres tentent désespérément d'obtenir l'extension à l'ensemble de l'Europe occidentale des avantages que les Six vont se concéder dans leurs rapports mutuels. Les porte-parole des Six se déclarent prêts à accorder à leurs partenaires de l'OECE le bénéfice de la plupart des mesures douanières qu'ils vont mettre en œuvre... à l'exclusion de celle qui consiste dans l'ouverture d'un contingent égal à 3 % de la production nationale dans certains secteurs de haut niveau technologique jusqu'ici fermés à toute importation, telle que l'industrie automobile... C'est la rupture, qui intervient lors de la séance du 15 décembre 1958 du Conseil de l'OECE, et qui est dramatisée par la solennelle condamnation, prononcée par les ministres suédois, suisse et britannique, de la discrimination dont leurs Etats estiment être les victimes.

L'ultime moyen de pression sur les Six ne serait-il pas dans la constitution d'une organisation rivale du Marché commun, qui prouverait la viabilité de la formule libre-échangiste ? Le 1er juin 1959, les experts de sept des Etats restés extérieurs aux traités de Rome – Grande-Bretagne, Suède, Danemark, Norvège, Suisse, Autriche et Portugal – commencent l'étude, à Saltjosbaden, d'un plan suédois de désarmement douanier progressif ; la Convention instituant l'Association européenne de libre-échange, signée à Stockholm le 3 janvier 1960, entre en vigueur le 3 mai suivant. Suivre le plus exactement possible le rythme de libération des échanges adopté par les Six, mais sans s'encombrer de l'appareil supranational des Communautés : tel était le but des promoteurs de l'Association. Mais l'intérêt économique de l'AELE se révélera limité, du fait du caractère disparate des économies concernées et de la dispersion géographique des Etats membres. Et le moyen de pression aura finalement été illusoire : dès le 9 août 1961, la Grande-Bretagne posera sa candidature à l'entrée au Marché commun. Entre-temps, il est vrai, l'atmosphère générale de la construction européenne se sera considérablement modifiée.

IV

Du plan Fouchet à la crise du Marché commun

Renaissance de la « stratégie des hommes d'Etat », substituée aux « constructions des utopistes » : ainsi George Liska saluait-il, en 1962, la politique européenne du général de Gaulle. Et l'auteur américain d'esquisser un séduisant rapprochement entre les processus d'unification de l'Allemagne et de l'Europe : la phase du dessein constitutionnel et économique dépassée – les libéraux du Parlement de Francfort sont comparés aux fédéralistes européens, le Zollverein au Marché commun –, un homme d'Etat d'abord considéré comme exclusivement attaché à la conservation des structures existantes – Bismarck, de Gaulle – s'empare de l'idée d'unification et l'insère dans les réalités par des procédés diplomatiques et militaires.

Lyrisme d'intellectuel prompt à s'illusionner sur les mouvements de l'Histoire ? Malraux, par contre, révèle un de Gaulle en proie au plus grand scepticisme dès la visite que lui fit à Paris, les 4 et 5 juillet 1958, le secrétaire d'Etat Foster Dulles : « Ou bien il y a un Occident et il y aura une politique commune à l'égard du reste du monde ; ou bien... mais il n'y aura pas d'Occident. »

De fait, le changement de régime politique en France, en 1958, a fondamentalement infléchi les conditions psychologiques de la construction européenne. La crise française de mai-juin 1958 a permis l'accès au pouvoir d'une nouvelle équipe de gouvernants dont les « valeurs » ne sont plus celles, à bien des égards identiques, des grandes familles politiques pratiquement majoritaires, depuis la fin du second conflit mondial, dans les différents pays d'Europe occidentale : démocratie chrétienne, socialisme démocratique, libéralisme démocratique. Nouvelle conception des rapports entre les organes de l'Etat, mais aussi, et surtout, nouvelle vision des relations internationales : au Parlement européen, les députés gaullistes siégeront seuls, à l'écart des trois grands groupes européens... Plus précisément, les dirigeants de la Ve République vont, de plus en plus nettement, contester les deux postulats de l'Europe en formation : la supériorité des constructions supranationales sur la coopération interétatique traditionnelle ; l'orientation diplomatique d'une Europe occidentale arrimée aux Etats-Unis dans un grand ensemble atlantique.

Le procès de la supranationalité

Procès de la supranationalité : dans ce domaine, les conceptions du général de Gaulle ne se sont jamais modifiées. Tout au plus peut-on relever parfois, dans l'exposé de ses idées, certaines imprécisions de terminologie : dans son discours du 25 juin 1950 devant les assises du Rassemblement du peuple français, puis dans sa conférence de presse du 22 juin 1951, le Général prononce les mots de « fédération européenne » ; mais, lorsqu'il précise sa pensée, dans sa conférence de presse du 25 février 1953 tenue pendant la controverse sur la Communauté européenne de défense, il évoque la possibilité d'une construction confédérale et non plus fédérale ; plus tard, lorsque ses experts établiront divers plans d'union européenne, les mécanismes proposés seront ceux non d'une confédération, mais d'un colloque périodique entre chefs d'Etat et de gouvernement à la manière du « Concert européen » du XIXe siècle...

Si les circonstances n'ont pas permis l'épanouissement de l'Europe gaullienne, l'opposition du Général à l'Europe intégrée, supranationale, à l'Europe des Communautés, a été maintes fois clairement exposée depuis 1958. Le 5 septembre 1960, le chef de l'Etat s'en prend à « certains organismes plus ou moins extranationaux, qui ont leur valeur technique, mais n'ont pas, ne peuvent avoir d'autorité et, par conséquent, d'efficacité politique » – les piliers de l'Europe devant être les Etats, « seules entités qui aient le droit d'ordonner et le pouvoir d'être obéies ». Le 15 mai 1962, le Général souligne qu'il considère l'Europe intégrée comme une « espèce hybride, incapable d'avoir une politique et vouée à se mettre à la suite de quelqu'un... » : la conférence de presse devient ici l'équivalent d'une déclaration devant l'Assemblée en régime parlementaire classique ; elle provoque, du même coup, la démission des ministres membres du Mouvement républicain populaire, la rupture avec le « parti européen ». Le 9 septembre 1965, un nouveau rendez-vous solennel avec la presse fournit au chef de l'Etat l'occasion de prononcer ce que certains observateurs interprètent comme l'oraison funèbre du Marché commun : il pourfend « les mythes abusifs et chimériques opposés au bon sens et à la réalité », et les différents composants de l'Europe communautaire, une « figuration d'exécutif », une « figuration de législatif », et une « technocratie en majeure partie étrangère », un « aréopage technocratique apatride et irresponsable ». Il est vrai que, trois mois plus tard, l'élection présidentielle de décembre 1965 manifeste que l'ensemble de l'opinion française n'adhère pas totalement aux vues européennes du chef de l'Etat : Jean Lecanuet qui s'adresse, en ardent partisan de l'Europe unie, à la même clientèle électorale que le président sortant, obtient 16 % des voix et provoque le ballottage ; le candidat de la gauche, François Mitterrand, réplique, pour sa part, aux partisans du général de Gaulle, que seul un pouvoir politique européen issu du suffrage universel pourra maîtriser l'action des hauts fonctionnaires européens, et éviter ainsi la formation d'une « technocratie apatride ». Mais ce pouvoir politique issu du suffrage universel n'a pas place dans la conception gaullienne de l'Europe : entre les deux tours du scrutin présidentiel, le Général se contente de réaffirmer – sa formulation est cependant plus modérée – que « l'Europe ne sera pas supranationale ».

Cette vive confrontation entre deux visions de l'organisation constitutionnelle de l'Europe éclaire la succession d'échecs et de crises, voire une certaine difficulté d'être, de l'Europe communautaire.

Le plan Fouchet

Le premier échec est, dans les années 1961-1962, celui des importantes négociations dites de la « commission Fouchet », qui apparaissent aujourd'hui comme la grande occasion européenne manquée de la présidence gaullienne.

« Contribuer à bâtir l'Europe occidentale en un groupement politique, économique, culturel et humain, organisé pour l'action et pour la défense, c'est ce à quoi la France veut s'appliquer... » Le 31 mai 1960, deux semaines après l'échec dramatique du « sommet » Est-Ouest de Paris, le général de Gaulle annonce une initiative française qui paraît rejoindre la détermination exprimée par les Hautes Parties contractantes dans le préambule du traité de Rome instituant la Communauté économique européenne d'« établir les fondements d'une union sans cesse plus étroite entre les peuples européens ». Sans doute sait-on déjà que la vision gaullienne des relations internationales procède d'une conception du politique plus classique que celle des fédéralistes européens. Pour ceux-ci, la communauté politique européenne doit naître de la solidarité de fait créée par la solidarité de production : l'accent doit donc être mis sur le développement interne des communautés économiques existantes ; le progrès de l'Europe résultera de l'extension des compétences communautaires. Pour le Général, il importe de rompre avec cette vision « fonctionnelle » et « mécaniste » de la construction européenne, il importe de rejeter l'extension de la logique communautaire aux domaines politique et militaire. Mais l'heure n'est-elle pas, de chaque côté, à la conciliation ? Les articles publiés dans *Le Monde*, en septembre 1960, par Alain Peyrefitte, tenu pour le porte-parole officieux du chef de l'Etat, sont d'une grande modération : le plaidoyer pour la création d'une confédération n'exclut pas la profession de foi communautaire ; l'appel à surmonter « la guerre des mythes » est accueilli avec sympathie dans les capitales européennes. L'offensive diplomatique française ébranle Paul-Henri Spaak, alors secrétaire général de l'OTAN, et Jean Monnet qui intervient auprès du chancelier Adenauer. Le 11 février 1961, les chefs d'Etat et de gouvernement des six pays de la CEE, réunis à Paris, chargent une commission d'études de présenter des propositions concrètes concernant la construction politique de l'Europe. Cinq mois plus tard, la conférence au sommet de Bonn se termine par la publication de la « Déclaration de Bad Godesberg » : les chefs d'Etat et de gouvernement « décident de donner forme à la volonté d'union politique, déjà implicite dans les traités qui ont institué les Communautés européennes ». C'est l'euphorie : l'Europe politique semble née, ce 18 juillet 1961, à Bonn...

Ici s'ouvre l'un des épisodes les plus confus de l'histoire diplomatique contemporaine. Un premier document français est présenté par Christian Fouchet, le 19 octobre 1961, à la commission d'études intergouvernementale, qu'il préside depuis le 7 septembre. L'Union d'Etats, dont la création est préconisée par la France, apparaît comme une organisation internationale du type le plus traditionnel. « Un secrétariat politique et des réunions périodiques de Premiers ministres ou de ministres des Affaires étrangères pour s'efforcer de coordonner leur politique européenne », résume le président du Sénat belge, Paul Struye. Devant l'Assemblée parlementaire européenne, le député démocrate-chrétien hollandais Schuijt critique « un projet hétérogène, hybride... C'est un bateau intergouvernemental avec un petit pavillon communautaire commandé par un capitaine sans matelots », tandis que son compatriote Van der Goes Van Naters décèle un « faux-semblant de supranationalité » dans le collège de fonctionnaires nationaux qui prend la place et l'apparence d'un exécutif commun. Surtout, l'article 16 du premier plan Fouchet prévoit une révision générale du traité sur l'Union d'Etats, trois ans après son entrée en vigueur, afin d'établir « une politique étrangère unifiée » et de constituer progressivement une « organisation centralisant, au sein de l'Union, les Communautés européennes » existantes. Une telle « centralisation » était déjà prévue, en 1953, dans le plan de Communauté politique européenne – parallèle à celui de Communauté européenne de défense. Mais la Communauté politique projetée avait alors un caractère fédéral et supranational : elle était dotée d'un exécutif, d'un législatif, d'un judiciaire indépendants des Etats. Placer, en 1961, sous la tutelle d'un organe de simple coopération interétatique les Communautés existantes, ne serait-ce pas, cette fois, menacer leurs structures « intégrées » ?

Le 4 décembre 1961, le gouvernement français fait tenir à ses partenaires, par la voie diplomatique, un « second plan Fouchet », qu'il présente comme la synthèse des suggestions émanées des diverses délégations nationales. En réalité, le nouveau projet représente toujours le seul point de vue français ; il suscite la vive réaction des gouvernements belge et hollandais qui envisagent de demander le remplacement de M. Fouchet à la tête de la commission intergouvernementale. C'est alors que des concessions décisives semblent bien avoir été faites par la France : l'économie générale du projet est sauvegardée, mais le lien entre la politique commune de défense et la collaboration à établir au sein de l'OTAN est reconnu, tandis que des éléments « communautaires » sont introduits – un secrétaire général indépendant disposant d'un personnel hors de l'emprise des Etats, une assemblée parlementaire dont les pouvoirs excéderaient progressivement la simple consultation, une clause de révision précisée afin d'éliminer toute incertitude sur l'intégrité des structures communautaires. Le 15 décembre 1961, les ministres des Affaires étrangères des six pays posent – dans la perspective de la candidature britannique – un principe fondamental : les Etats qui, dans l'avenir, demanderont à adhérer aux Communautés économiques s'engageront automatiquement à adhérer à l'Union. Les Six semblent, une fois de plus, sur le point de réussir... Las ! le 18 janvier 1962, M. Fouchet fait distribuer aux membres de la commission intergouvernementale une troisième version de son « plan » : aucune des concessions attendues n'y figure ; l'allusion à la « coopération avec les autres nations libres » – référence indirecte à l'OTAN – est supprimée ; la révision prévue à l'article 16 aura pour objet de « simplifier, rationaliser et coordonner les diverses modalités de la coopération entre Etats membres »... terminologie particulièrement laxiste s'agissant des institutions communautaires. Ce brutal retour en arrière suscite l'émotion parmi les cinq autres délégations. M. Fouchet peut bien tenter de démontrer que seules des modifications de forme sont intervenues : la grande entreprise de l'Europe politique tourne court. Le 17 avril, les Pays-Bas et la Belgique prendront la responsabilité de la rupture.

Sur le déroulement des négociations, sur le jeu des acteurs, bien des incertitudes subsistent. Longtemps a prévalu l'idée d'un désaccord profond entre les Cinq et la France : les services du Parlement européen n'avaient-ils pas diffusé, en même temps que les versions successives du plan Fouchet, les « textes alternatifs des Cinq » ? En fait, les positions des parties étaient plus complexes : deux études d'histoire diplomatique, dues à M. Robert Bloes et à Mme Susanne Bodenheimer, le démontrent.

Dans un ouvrage très important – véritable « somme » sur le problème de l'Europe politique – Robert Bloes montre que seuls la France et les Pays-Bas avaient une politique précise : pour ceux-ci l'Europe des Six n'est pas l'Europe, l'adhésion de la Grande-Bretagne est la pierre d'angle de l'avenir européen ; pour celle-là, il importe d'instituer une autorité politique nouvelle, non supranationale – la participation de la Grande-Bretagne étant repoussée au jour où elle sera plus « européenne » qu'« atlantique » ; les quatre autres pays considèrent qu'il est dans l'intérêt commun d'aboutir à une solution, fût-elle minimaliste. L'auteur a donc le mérite d'éclairer l'ambiguïté de l'attitude hollandaise – qui tourne parfois à l'intransigeance totale – et l'impact constant de la candidature britannique. Parfois, ses sympathies pour les lignes directrices de la diplomatie française affleurent nettement, mais son ton redevient vite impartial. Ainsi déplore-t-il le « style français de négociations » : le recours à des entretiens bilatéraux pour obtenir l'appui de l'Allemagne fédérale et de l'Italie a l'avantage de préparer d'avance les esprits, mais il irrite les petits Etats qui craignent une hégémonie franco-allemande ; la tactique des « coups de boutoir » a pour objet de brusquer les partenaires dans les moments d'enlisement, mais elle les mécontente et les unit en un « front » solide, et finalement elle se retourne contre la délégation française, isolée. Quant aux méthodes hollandaises, elles sont particulièrement mises en relief dans l'essai brillant de Susanne Bodenheimer : l'écart est constant entre les affirmations fédéralistes et le comportement nationaliste du gouvernement néerlandais – lequel se fait l'avocat de la supranationalité sans être jamais réellement disposé à aller au-delà d'institutions à finalité purement économique, prometteuses de libre-échange. Puis, étendant son enquête au jeu politique interne des Pays-Bas, Mme Bodenheimer rappelle les positions très « atlantistes » du « cercle de Rotterdam » – ultime témoignage de la glorieuse époque des « Indes orientales » –, cet ensemble informel de familles de tradition libérale, qui contrôle les transports et les principaux secteurs industriels, et dont l'influence au sein du ministère des Affaires étrangères est grande.

Sans doute était-il trop simpliste d'avancer, avec l'Américain David Calleo, que le plan Fouchet « n'aurait pu nuire à la cause européenne » et qu'il offrait « un pas en avant authentique » : en fait, deux visions du monde, et de l'avenir des structures étatiques, se heurtaient. Stanley Hoffmann prédisait cependant que toute nouvelle entreprise fédérale ou confédérale aurait, au départ, une grande parenté avec le plan Fouchet : en 1970, les dispositions du rapport Davignon, élaboré après le sommet de La Haye, lui donneront raison...

La crise du Marché commun

Le débat sur la nature et le rôle des institutions communautaires resurgit à partir de l'été 1965, à propos du fonctionnement même de la Communauté économique européenne, et provoque la grave « crise du Marché commun » qui se prolongera jusqu'au début de l'année 1966. Le prétexte de la crise est fourni par la mise en place du Marché commun agricole. Le 15 décembre 1964, le Conseil de ministres de la CEE a demandé à la Commission de lui présenter des propositions sur la manière de financer la politique agricole commune dans les années 1966-1970. A l'adoption de règles de financement, la France attache une grande importance : l'accord des Six concrétisera la préférence communautaire et facilitera les exportations nécessaires pour assurer l'équilibre des marchés. Mais, usant de son pouvoir de proposition, la Commission, sous l'impulsion de son président, Walter Hallstein, va prendre une audacieuse initiative de caractère politique. Le 31 mars 1965, avant même d'avoir informé les gouvernements nationaux, le professeur Hallstein expose devant le Parlement européen son plan de règlement des problèmes agricoles. La Communauté prendrait en charge les conséquences financières de la politique agricole commune : interventions destinées à régulariser les marchés ; soutien des prix ; restitutions à l'exportation vers les pays tiers – alors que, jusque-là, les dépenses communes étaient, en partie, assumées par des contributions des différents Etats selon une clé de répartition fixée d'un commun accord. Mais cette mission nouvelle exigerait des ressources nouvelles : le « prélèvement » perçu aux frontières de la Communauté sur les importations en provenance des pays tiers – prélèvement destiné à ramener le prix des produits agricoles achetés à l'extérieur de la CEE à un niveau légèrement supérieur à celui des denrées produites à l'intérieur – serait versé directement dans les caisses communautaires. Ainsi des ressources importantes seraient-elles octroyées à la Communauté : le budget de la CEE prendrait les allures d'un véritable budget fédéral, la Communauté étant amenée à gérer annuellement, selon les prévisions, plus d'un milliard de dollars. Bien plus, Walter Hallstein, pour contrôler l'emploi de ces ressources, souligne la nécessité d'un renforcement des attributions du Parlement européen, qui devrait, notamment, participer à la procédure budgétaire : or la reconnaissance d'un pouvoir budgétaire aux parlements nationaux a souvent été à l'origine de la consécration de leur pouvoir législatif.

Le problème n'est donc qu'apparemment technique ; les compétences du Parlement européen sont, désormais, au centre des controverses. Le 15 juin 1965, Joseph Luns, chef de la diplomatie néerlandaise, met en garde le Conseil de ministres contre tout malentendu sur la fermeté des positions de son gouvernement : La Haye n'acceptera pas de conférer des ressources propres à la CEE sans les placer sous le contrôle du Parlement européen ; et l'exécutif hollandais est stimulé par le législatif – la Commission des Affaires étrangères de la deuxième chambre des états généraux vient de réclamer à l'unanimité, pour le Parlement européen, un droit de veto sur le budget, des compétences législatives, une élection au suffrage universel. Le même jour, l'intervention du ministre français des Affaires étrangères, M. Couve de Murville, déconcerte le Conseil : la France, championne du Marché commun agricole, accepte paradoxalement de ralentir le rythme de prise en charge par la Communauté des dépenses agricoles communes... afin de couper court aux propositions politiques de la Commission, qui ne sont que le corollaire de propositions techniques fort avantageuses pour la production française. Le 30 juin, les six ministres constatent leur désaccord sur le financement de la politique agricole : pour la première fois, ils n'ont pas recours aux « sessions marathons » et à l'arrêt des pendules qui avaient été en honneur de 1962 à 1965...

Le refus français est d'autant plus ferme qu'il répond à une préoccupation lancinante : avec la troisième phase de la période transitoire du Marché commun, qui doit s'ouvrir le 1er janvier 1966, la règle de la décision majoritaire sera d'application à peu près générale, au sein du Conseil de ministres, aux lieu et place du principe d'unanimité, expression la plus sûre de l'intangibilité des souverainetés nationales. Paris appréhende donc le passage à la troisième phase et prend prétexte de la crise du 30 juin 1965 pour réaliser unilatéralement une sorte de « mise en hibernation » du Marché commun : le Conseil des ministres français du 1er juillet 1965 déclare qu'il va tirer « les conséquences économiques, politiques et juridiques de la situation créée entre les Six » ; le représentant permanent de la France auprès du Marché commun est rappelé ; le gouvernement français ne participe plus qu'aux organismes chargés d'expédier les affaires courantes de la Communauté – c'est la politique qui sera dite « de la chaise vide ».

De fait, le réexamen de la procédure de vote au sein du Conseil de ministres des Communautés sera présenté comme le problème essentiel, par la délégation française, lorsque s'ouvrira, le 17 janvier 1966, à Luxembourg, la réunion des ministres des Affaires étrangères qui apportera une solution – provisoire – à la crise. Provisoire, car la déclaration commune du 29 janvier 1966 sur la procédure de vote est loin d'exclure toute difficulté : 1. les six Etats déclarent que pour « les questions présentant des intérêts très importants pour un ou plusieurs partenaires », il sera nécessaire de rechercher un accord unanime dans un délai raisonnable... mais aucune procédure n'a été prévue pour déterminer quelles questions « présentent des intérêts très importants » ; 2. la délégation française souligne que la discussion devra se poursuivre jusqu'à la réalisation d'un accord unanime... mais cette déclaration d'intention française paraît peu compatible avec le traité de Rome ; 3. les six Etats constatent leurs divergences sur la solution à donner en cas d'échec de la conciliation – il s'agit en réalité d'un nouvel accord sur un désaccord. En principe, le traité n'est pas modifié ; les Cinq n'ont pas consenti à la France la moindre concession.

Mais dans la pratique le « compromis de Luxembourg » va fausser le jeu des institutions : par crainte d'un rebondissement de la crise, les membres du Conseil de ministres renonceront à toute procédure majoritaire, voire à tout vote formel, sans considérer l'importance des intérêts nationaux en cause.

La fusion des exécutifs communautaires et le destin des communautés spécialisées

Le contexte psychologique européen des années soixante, fait de querelles d'intentions et de méfiances juxtaposées, altère même les entreprises positives de l'Europe des Six – celles tendant à un renforcement de la cohésion des communautés. Ainsi les difficultés affrontées lors de la fusion des exécutifs communautaires sont-elles caractéristiques. Sans doute le but à atteindre – l'unification des organes d'action, supranationaux et intergouvernementaux, des trois communautés – était-il dans la logique de la construction européenne, les trois communautés n'ayant été créées séparément que pour des raisons historiques et de prudence politique, et l'objectif ultime consistant dans la fusion des trois traités. Mais nombre d'obstacles seront à surmonter avant d'aboutir à la signature d'un traité réalisant l'unification des exécutifs, le 8 avril 1965, à Bruxelles. Le premier concernait les pouvoirs de la future Commission exécutive unifiée : seraient-ils alignés sur ceux de la Haute Autorité de la CECA, exécutif le plus indépendant des gouvernements selon la lettre des traités, ou sur ceux des commissions du Marché commun ou de l'Euratom ? En fait, le débat était purement théorique : la pratique avait bien montré que la Commission du Marché commun était le plus important des exécutifs communautaires ; du moins, l'attention portée à des considérations juridiques formelles marquait bien la persistance des arrière-pensées politiques. D'autres problèmes, soulevés par certaines délégations, étaient le signe du réveil larvé des égoïsmes nationaux : celui du nombre des commissaires, les Pays-Bas tenant à compter deux ressortissants dans la future commission unique ; celui du siège des institutions, Luxembourg s'avérant peu désireux de renoncer à son rang de capitale de la CECA... Le traité de Bruxelles signé et ratifié, une ultime difficulté surgit : plusieurs gouvernements décident de subordonner le dépôt des instruments de ratification à un accord sur la nomination des membres de la commission unique. De fait, les gouvernements d'Allemagne fédérale et des Pays-Bas soutiennent la candidature de Walter Hallstein, président sortant de la Commission de la CEE, à la présidence de l'exécutif unifié ; le gouvernement français, au contraire, préconise l'institution d'une « rotation » de la présidence qui lui permettrait d'écarter l'un des tenants les plus résolus de l'Europe supranationale. Finalement un faux compromis est, ici encore, réalisé, qui ne confie à M. Hallstein qu'un mandat de six mois – mandat que le président de la Commission de la CEE déclinera, ce court délai ne lui permettant pas la mise en place d'une administration unique. C'est à ce prix que le traité de Bruxelles peut entrer en vigueur, le 1er juillet 1967, dix-huit mois après la date primitivement prévue.

La « difficulté d'être » de l'Europe des Six, le déclin de la solidarité communautaire imprègnent, pendant la même période, le fonctionnement des deux communautés spécialisées, la CECA et l'Euratom. La Communauté du charbon et de l'acier a connu une longue période de stagnation. Conçus en une époque de pénurie de charbon, ses mécanismes n'étaient pas adaptés à la double crise de surproduction qui a résulté de la diminution de l'importance du charbon comme source d'énergie et du progrès technique améliorant le rythme de la production sidérurgique. L'élaboration d'une politique commune de l'énergie, en collaboration avec la CEE pour le pétrole et avec l'Euratom pour l'énergie nucléaire, s'avéra très difficile. Les oppositions nationales furent très vives entre les Etats producteurs de charbon désireux de maintenir une activité raisonnable dans ce secteur, et ceux qui, comme l'Italie, voyaient dans le déclin de ce combustible face au pétrole une revanche sur le XIXe siècle... Avec l'accession de M. Del Bô à la présidence de la Haute Autorité de la CECA, un redressement est perceptible : en janvier 1964, la Haute Autorité, redécouvrant ses compétences supranationales, décide une hausse des tarifs douaniers sur l'acier afin de parer au développement de la sidérurgie dans les pays tiers. A la fin de février 1965, la Haute Autorité présente son testament politique : elle souhaite voir maintenue, par les futurs exécutifs unifiés, une politique industrielle, qui serait le pendant de la politique agricole commune, et qui pourrait comporter la publication de barèmes, la déclaration des investissements, l'étude d'objectifs – procédures par lesquelles, pour sa part, la CECA a préfacé une éventuelle planification industrielle.

La Communauté européenne de l'énergie atomique sembla longtemps promise à une plus grande efficacité : elle avait entrepris, sous la présidence d'Etienne Hirsch, d'orienter et parfois de diriger les activités nucléaires des Etats membres. Mais cette conception fut jugée dangereusement supranationale à Paris, et M. Hirsch remplacé à l'expiration de son mandat par l'ancien ministre de l'Intérieur, Pierre Chatenet, qui entreprit de « décaper » de toute supranationalité la Communauté atomique, jusqu'à lui ôter tout dynamisme... Euratom a donc limité ses activités à l'exécution de programmes dits « complémentaires » qui ne concernent parfois que quelques Etats membres. De par le principe du « juste retour », chaque pays s'estime en droit de recevoir, sous forme de commandes, l'équivalent de sa contribution au budget commun. La Communauté n'est pas parvenue à mettre au point le plan pluriannuel de recherches prévu pour le 1er janvier 1968 – ce qui a conduit le Parlement européen à dénoncer, le 25 janvier 1969, « le renoncement à un effort commun de recherche scientifique » qui aboutirait à une « démission de l'Europe ». La crise de l'Euratom a été aggravée par ce que les commentateurs ont baptisé la « guerre des filières » – les filières étant un type de réacteur. La France souhaitait, en effet, que l'Euratom se prononçât en faveur des centrales atomiques de type français, alors que ses partenaires portaient également intérêt aux réacteurs de puissance et aux installations d'origine américaine. Le gouvernement de Paris accusa alors la Communauté atomique d'être un « cheval de Troie » et de procéder à de véritables « détournements de fonds » au profit des industries d'outre-Atlantique. Ici transparaît, à côté de la classique querelle de la supranationalité, l'autre débat ouvert en 1958 : celui sur l'orientation internationale de l'ensemble européen.

Le procès de l'atlantisme

Procès de l'atlantisme : dans un premier temps, l'intention proclamée de Charles de Gaulle est d'obtenir une nouvelle répartition du pouvoir au sein de l'Alliance atlantique, correspondant à ce qu'il estime être la véritable situation mondiale. Dans sa déclaration d'investiture du 1er juin 1958, le Général, dénonçant la dégradation de l'Etat, avait cité entre autres exemples « notre position internationale battue en brèche au sein de nos alliances ». La première action en vue de redresser cette position est l'envoi au président Eisenhower, le 24 septembre 1958, d'un mémorandum dont le journal de Düsseldorf, *Der Mittag*, révèle l'existence un mois plus tard. Dans son éditorial, le quotidien allemand assure : « La France veut se réserver un rôle particulier en tant que grande puissance. » De fait, le mémorandum contient une proposition fondamentale, qui est de « créer une organisation tripartite habilitée à prendre des décisions conjointes sur les problèmes qui intéressent le globe », les trois parties étant les Etats-Unis, la Grande-Bretagne et la France. La demande française tend donc à la constitution d'un directoire à trois de l'Occident, qui se verrait confier, entre autres tâches, le soin de dresser et de mettre à exécution les plans stratégiques de l'alliance, particulièrement ceux concernant « l'utilisation des armes atomiques partout dans le monde ».

Présentée sous cette forme, la requête française éveille la méfiance des autres gouvernements européens. La revendication de « décisions conjointes » en matière stratégique paraît exorbitante venant de cette France qui, en septembre 1958, n'est pas encore une puissance atomique, et dont la contribution aux forces conventionnelles de l'alliance est très inférieure à celle de l'Allemagne fédérale. Surtout la signification de la demande française n'apparaît pas clairement : la France tente-t-elle de s'insérer dans le « système décisionnel » de l'appareil stratégique atlantique parce que l'Europe, qui n'existe pas encore politiquement, doit être introduite par personne interposée ? Ou, au contraire, le Général parle-t-il au nom de la France seule ? Le président Eisenhower a beau jeu de répondre par un refus le 20 octobre 1958, officiellement parce qu'il ne veut pas donner aux autres alliés l'impression que des décisions fondamentales pourraient être prises sans leur participation... mais sans doute aussi parce que les stratèges du département d'Etat et du Pentagone n'entendent pas avoir les mains liées lors de l'emploi éventuel de l'arme atomique. Quatre ans plus tard, le président Kennedy, dans un discours prononcé à Philadelphie le 4 juillet 1962, opposera à la conception française d'un directoire tripartite l'idée d'une association entre deux partenaires totalement égaux, les Etats-Unis et l'Europe unifiée : c'est le « grand dessein » américain des années soixante, qui échouera dans le domaine strictement militaire avec les longues mésaventures du projet de force atomique multilatérale, mais dont la transposition économique et commerciale sera couronnée de succès lors des négociations dites du Kennedy Round qui se termineront le 16 mai 1967 à Genève – la Communauté des Six, partenaire principal et presque exclusif des Etats-Unis, s'affirmant alors comme un acteur majeur, capable d'imposer à la première puissance économique du monde un dialogue approfondi.

Le mémorandum français du 24 septembre 1958 incluait également une menace, pour le cas où les propositions qu'il contenait ne seraient pas retenues : la France « subordonnerait » sa participation à l'Organisation militaire atlantique intégrée (OTAN) à son « égale participation » à une stratégie globale.

Dès mars 1959, le gouvernement français commence à distendre les liens de la France et de l'OTAN en accomplissant un premier geste, plus politique que militaire ; il revient sur la promesse de mettre, en temps de guerre, à la disposition du commandement atlantique certaines unités des forces navales de Méditerranée. Une longue série de décisions et de refus suivra, qui aboutira au retrait français de l'OTAN, annoncé lors de la conférence de presse du chef de l'Etat, le 21 février 1966 ; le 7 mars, un aide-mémoire français affirmera même l'inutilité de toute négociation sur les conditions du retrait, les partenaires de la France semblant tous partisans du statu quo et la France étant ainsi conduite « à prendre par elle-même les mesures qui lui semblent s'imposer ». Entretemps, il est vrai, la querelle atlantique aura changé de nature. En 1958, le débat porte sur l'aménagement interne de l'alliance sur le fond, le « front atlantique » reste intangible ; bien plus, lorsque le gouvernement soviétique, par sa note du 27 novembre 1958, affirme la caducité des droits d'occupation des alliés occidentaux à Berlin-Ouest et exige la transformation du statut de l'ancienne capitale allemande, l'attitude française est la plus ferme et le général de Gaulle va jusqu'à rejeter l'idée de conversations exploratoires destinées à déterminer les intentions soviétiques ; pour le chef de l'Etat français, les dirigeants soviétiques ont érigé un système antinaturel, ils sont constamment obligés de détourner l'attention par des aventures extérieures, l'Occident doit donc résister à l'agressivité soviétique et non pas s'en arranger. A partir des années 1962-1963, le débat porte sur le principe même, et non plus seulement sur les modalités, d'une défense occidentale commune : le général de Gaulle croit discerner un changement fondamental dans la politique soviétique ; il observe, le 23 juillet 1964, que « la répartition du monde en deux camps répond de moins en moins à la situation réelle » et accepte, en février 1965, la proposition soviétique de concertation entre Paris et Moscou sur l'Asie du Sud-Est. Plus généralement, l'Europe géographique – cette prophétique « Europe de l'Atlantique à l'Oural », apparue en 1949 dans le vocabulaire gaullien – lui semble désormais le seul cadre possible du règlement des problèmes européens.

Le retrait de la France de l'Organisation militaire atlantique représente un important tournant dans l'histoire de l'alliance. Le traité de l'Atlantique, tel qu'il avait été conclu le 4 avril 1949, ne révélait qu'une alliance du type le plus traditionnel : la définition de la défense commune est, certes, très extensive et peut nécessiter l'examen des questions politiques, économiques, scientifiques et techniques ; l'ensemble atlantique est, certes, qualifié de « système régional de sécurité collective » ; mais le déclenchement du mécanisme de l'assistance mutuelle n'est pas automatique – chaque partie est libre de déterminer les décisions à prendre.

Par la suite, ce caractère très limité des engagements contractés à l'origine avait été effacé par le renforcement constant des structures de l'alliance. Une fois encore, la guerre de Corée avait joué un rôle décisif : pour éviter la répétition en Allemagne des événements d'Extrême-Orient, pour parer à toute surprise en un temps de guerre éclair, il était apparu essentiel de préparer l'alliance « de longue main ». Deux séries d'organes, civils et militaires, s'étaient développées, leur ensemble – l'Organisation du traité de l'Atlantique Nord ou OTAN – apparaissant comme une « projection » naturelle de l'alliance : le Conseil, composé des représentants des Etats membres et habilité à évoquer toute question civile ou militaire intéressant la défense commune ; le Comité militaire, dont l'organe exécutif restreint, le « groupe permanent », qui correspondait à la structure tripartite souhaitée par la France en 1958, allait disparaître en 1966, paradoxale victime du retrait français ; le secrétariat, vaste administration organisée en directions spécialisées ; les agences opérationnelles, chargées de l'infrastructure commune ; les entreprises communes de production d'engins ou d'appareils mis au point par les Etats-Unis... Surtout, l'OTAN comprenait une série de commandements géographiques : le commandement suprême en Europe, avec ses commandements subordonnés par subdivision géographique, Nord-Europe, Centre-Europe, Sud-Europe, Méditerranée ; les commandements suprêmes de l'Atlantique et de la Manche ; le groupe stratégique régional Canada-Etats-Unis. Ici ont joué l'expérience des deux guerres mondiales, les difficultés de mise en place d'un commandement unique après des années de combat, des erreurs, des échecs et des pertes. Il importait donc d'établir, dès le temps de paix, un commandement unique de l'Alliance atlantique. Encore faut-il préciser qu'en temps de paix le commandant suprême n'a pas de véritable pouvoir de commandement : il se contente de préparer des plans, de surveiller l'entraînement et la préparation des forces, de coordonner infrastructure et logistique ; il ne se substitue pas aux gouvernements qui conservent leurs prérogatives. Certes, en temps de guerre, il en va différemment : le commandant suprême dispose alors des pouvoirs nécessaires pour diriger l'effort de guerre et résister à l'ennemi. Mais le passage même de la paix à la guerre reste à l'entière discrétion des gouvernements – au sein du Conseil de l'Alliance, les décisions sont prises à l'unanimité. La mise en état d'alerte des forces n'est pas abandonnée à l'autorité militaire.

La thèse française, telle qu'elle s'exprime à partir de la conférence de presse du général de Gaulle, le 21 février 1966, est fondée sur la distinction de l'alliance et de l'organisation. L'organisation, progressivement mise en place depuis les années 1951-1952, est le fruit d'une véritable déviation de l'esprit atlantique : il est urgent de revenir à l'alliance des premiers temps, une alliance qui serait conforme au texte même du traité de 1949.

Cette distinction entre l'appartenance à l'OTAN et la participation au traité du 4 avril 1949 – reprise, en 1974, par la Grèce – est-elle fondée dans son principe ? A l'appui du point de vue français, on a fait valoir que les formules utilisées par le traité – « les parties agissant individuellement et conjointement », « la capacité individuelle et collective » de résistance, le droit de légitime défense « individuelle et collective » – n'impliquaient pas la mise en place d'une organisation, et que le terme même d'« organisation » n'est pas inséré dans le traité – il apparaît, pour la première fois, avec la convention d'Ottawa du 20 septembre 1951 qui reconnaît à l'OTAN, c'est-à-dire au Conseil et aux organes subsidiaires, la capacité de contracter, d'acquérir et d'aliéner des biens meubles et immeubles, le droit d'ester en justice et le bénéfice d'une immunité de juridiction. A quoi on peut répondre que, justement, l'organisation n'est pas dissociable du traité : l'organisation n'est pas un sujet de droit dans l'ordre international, mais simplement un ensemble de moyens, d'administrations, de services, placés directement sous l'autorité des Etats parties au traité par l'intermédiaire du Conseil – un ensemble auquel la Convention de 1951 octroie la personnalité interne aux fins du commerce juridique dans l'ordre des Etats membres, et non pas la compétence de réaliser par une action propre des objectifs communs. En fait, on se heurte ici au problème de l'importance respective des organes principaux et des organes subsidiaires d'une institution internationale. Comment concilier la distinction française avec la nécessité de fonctionnement des alliances de la guerre froide, si fréquemment institutionnalisées ? Peut-on vraiment faire table rase d'un édifice institutionnel progressivement mis en place, pour revenir à un traité de base dont les dispositions sont très sommaires ? Quel avenir concevoir pour une organisation, si le nombre et l'importance de ses organes subsidiaires l'emportent sur les organes principaux ?

Les partenaires atlantiques n'ont pas cru opportun de contester, dans son principe, le point de vue français ; mais ils n'ont pas manqué de déplorer les conséquences juridiques qu'il comportait – c'est-à-dire la violation d'une série d'engagements internationaux souscrits par le gouvernement de Paris. Ainsi les Etats-Unis ont-ils fait valoir que la décision de la France de ne plus tolérer sur son territoire la présence de troupes étrangères entraînait la caducité d'une série d'accords, jusque-là tenus secrets, conclus entre 1951 et 1958 par la France et les Etats-Unis, et relatifs aux installations et à l'infrastructure mises à la disposition des forces américaines : or ces accords avaient été conclus pour une durée égale à celle du traité atlantique et leur dénonciation n'était possible que par le consentement mutuel des deux parties. Ainsi l'Allemagne fédérale a-t-elle refusé de faire droit à la demande du gouvernement de Paris, lequel entendait maintenir ses forces sur le territoire allemand, et non plus de par une affectation à l'OTAN, mais sur la base des accords de Paris de 1954 et dans un cadre purement bilatéral. A cette requête, Bonn répondait que, si le stationnement des forces françaises avait bien été prévu par les accords de 1954, la présence de contingents étrangers en Allemagne n'en était pas moins étroitement liée à leur affectation à l'OTAN – les accords de 1954 faisant une référence explicite au commandement suprême allié en Europe. De fait, le statut des forces françaises ne fut pas seulement envisagé au plan des rapports franco-allemands, mais aussi à celui, multilatéral, de l'OTAN : en firent preuve les deux séries d'échanges de lettres intervenues, en décembre 1966, entre la France et l'Allemagne fédérale – disposant que les forces françaises resteraient sur le territoire allemand... dans la mesure et aussi longtemps que le gouvernement fédéral y consentirait – puis, en septembre 1967, entre le commandement suprême allié en Europe et le chef d'état-major français, précisant dans quelles conditions lesdites forces pourraient agir en collaboration avec l'OTAN en cas d'agression.

En réalité, la distinction préconisée par le gouvernement français entre le traité de 1949 et l'organisation issue du traité a abouti non à un retour à l'« alliance des premiers temps », mais à une sorte de dédoublement de l'alliance. La France et ses alliés constituent une alliance rudimentaire, conforme à la lettre du traité de l'Atlantique ; mais les quatorze partenaires de la France – ils ne seront plus, officiellement, que treize en 1974, après le retrait prononcé, pour un temps, par le gouvernement d'Athènes – sont toujours membres de l'organisation militaire atlantique « intégrée ».

La France participe au Conseil atlantique dans la mesure où il aborde des questions civiles, politiques, car elle le considère comme l'organe de l'alliance ; les représentants français n'apparaissent pas lorsque le Conseil traite de problèmes militaires, car il est censé agir en organe de l'OTAN – dans cette seconde hypothèse, le Conseil a été rebaptisé, pour mieux marquer le dédoublement institutionnel, « Comité des plans de défense ». Depuis 1966, le gouvernement français a, en plusieurs occasions, solennellement manifesté sa volonté de ne pas se retirer du traité de l'Atlantique Nord : il est vrai que, le traité interprété littéralement ne comportant aucun mécanisme d'assistance automatique, la France ne souscrit guère d'obligation juridique en réaffirmant sa participation ; en revanche, elle s'octroie, à ce titre, le droit de collaborer à la mise en place de certains éléments d'infrastructure qui lui sont indispensables, et notamment à l'installation radar (NADGE) ; le système français d'alerte aérienne, qui est la condition de l'emploi éventuel de la force de frappe nationale, est, en effet, considéré comme strictement inefficace s'il n'est pas relié à un système d'alerte couvrant l'ensemble de l'Europe occidentale. Dans le même temps, l'Alliance « intégrée » a continué de se développer, avec ses quatorze associés et sans la France : ainsi a-t-elle esquissé une double riposte au renforcement de la flotte soviétique en Méditerranée, en novembre 1968, par la création d'un commandement aéronaval pour la surveillance de la flotte soviétique, en janvier 1969 par le rassemblement d'une Force d'urgence de l'OTAN en Méditerranée.

Bien plus, à partir du 13 novembre 1968, sur l'initiative du secrétaire à la Défense du gouvernement britannique, M. Denis Healey, dix des Etats européens de l'OTAN ont décidé de se constituer en Groupe européen dans l'Alliance atlantique, ou Eurogroupe. « Pour autant que je puisse le prévoir, avait déclaré le ministre britannique, la sécurité militaire de l'Europe occidentale restera tributaire de la participation de l'Amérique, en tant que membre de l'OTAN, à la défense collective. Mais, dans le domaine de la coopération militaire, des possibilités sont offertes aux membres européens de l'OTAN sans l'être toujours aux Etats-Unis, car l'unité de l'Europe proprement dite crée certains intérêts communs qui ne peuvent être exploités à fond que dans le cadre d'une politique commune. » Ces propos ont, alors, une résonance particulière, du fait à la fois de la tentative d'adhésion de la Grande-Bretagne aux Communautés et des pressions ressenties aux Etats-Unis en vue de l'allégement du dispositif militaire américain en Europe... Les Etats membres de l'Eurogroupe auront pour double objectif d'augmenter leur effort de défense, conformément aux vœux américains, mais aussi d'unifier et de rationaliser leurs politiques de défense, afin de diminuer le coût de l'armement moderne. Institution très souple, reflétant l'approche pragmatique des Britanniques, l'Eurogroupe n'a évidemment pas de personnalité juridique : sa présidence est assurée à tour de rôle par chacun des pays membres ; son secrétariat, simplement « officieux », est assuré par la délégation du Royaume-Uni. Pourtant l'Eurogroupe a, au moins partiellement, atteint ses buts. D'une part, une augmentation substantielle de la contribution de ses membres à l'infrastructure commune de l'OTAN a résulté du programme européen d'amélioration de la défense (EDIP), adopté le 1er décembre 1970, et prévoyant une dépense supplémentaire d'un milliard de dollars en cinq ans. D'autre part, divers sous-groupes ont été établis afin de promouvoir une coopération pratique dans les différents secteurs de l'effort de défense : ceux de l'instruction militaire (Eurotrain), de la logistique (Eurolog), de la médecine militaire (Euromed), des systèmes de télécommunications (Eurocom), du matériel d'approche des aéroports (Euroland). Deux sous-groupes ont acquis une grande importance : Eurosched, qui harmonise les plans nationaux d'achats d'armes, et Euronad, qui sélectionne un nombre limité de projets pouvant faire l'objet d'une production coordonnée... Engagés dans une vive compétition avec les Etats-Unis pour la vente d'avions et d'engins militaires, les gouvernants français, pressés par certains de leurs amis et alliés, en viendront à se demander, quelques années plus tard, si une participation aux travaux d'Euronad (qui rassemble les directeurs nationaux des armements) ne serait pas une étape utile sur le chemin de l'« Europe européenne ».

L'indépendance européenne par la coopération intergouvernementale ?

Les deux procès faits par la France à l'Europe occidentale organisée – le premier portant sur ses structures supranationales, le second concernant son orientation internationale – ne sont pas nécessairement complémentaires. S'il peut paraître légitime de rejeter l'extension de la « logique communautaire » à des domaines nouveaux, est-il réaliste de concevoir une volonté européenne autonome sans autorité européenne authentique, indépendante des gouvernements nationaux – cette autorité indépendante dont certains dirigeants gaullistes, tel M. Michel Debré, avaient semblé, au lendemain du conflit mondial, percevoir la nécessité ?

Certes, les deux thèmes d'une Europe strictement interétatique et d'une Europe totalement indépendante sont étroitement liés dans la pensée des gouvernants de la Ve République : ainsi le plan Fouchet tendait-il non seulement à placer les Communautés sous une tutelle interétatique, mais encore à confier à ce Concert européen nouvelle manière la détermination de la politique de défense commune qui aurait été ainsi enlevée à l'Alliance atlantique... Mais, le plus souvent, les deux thèmes s'avèrent contradictoires dans leurs implications : l'important problème de la candidature britannique à l'entrée dans les Communautés en fournit la preuve.

En effet, si la Grande-Bretagne demande, par deux fois – les 9 août 1961 et 11 mai 1967 –, à adhérer à l'Europe des Six, c'est, en partie, parce que le contexte économique et technique s'est modifié : l'économie britannique connaît une crise qui peut s'atténuer grâce aux débouchés que le Marché commun, qui a fait la preuve de son efficacité, est susceptible de lui ouvrir ; les échanges commerciaux entre la Grande-Bretagne et les pays du Commonwealth sont en déclin, et, du même coup, le problème de la « préférence impériale » perd de son acuité ; Londres prend conscience de l'avance technologique des Etats-Unis et de la nécessité d'une mise en commun des investissements scientifiques européens. Mais c'est surtout parce que, politiquement, la vision gaullienne d'une Europe purement interétatique ne peut que rassurer le gouvernement de Londres : les milieux politiques et l'opinion britanniques ont toujours été hostiles aux constructions supranationales ; or l'évolution des Six dans un sens fédéral semble arrêtée et l'Europe des Etats, chère au général de Gaulle, rejoint totalement la conception britannique de l'organisation européenne.

Paradoxalement, si le chef de l'Etat français repousse, par deux fois, avec vigueur, lors de ses conférences de presse du 14 janvier 1963, puis du 16 mai 1967, la candidature du seul Etat qui serait favorable à ses vues sur les structures de l'Europe organisée, c'est, en partie, pour des raisons économiques et techniques – telle la charge que la politique agricole commune constituerait pour la balance des comptes britanniques, tel le rôle de la livre comme monnaie de réserve qui menace sa stabilité et poserait le problème de la garantie communautaire. Mais c'est surtout parce que, politiquement, la Grande-Bretagne apparaît au général de Gaulle comme le « cheval de Troie » des Etats-Unis, la Grande-Bretagne n'étant pas encore prête à « s'amarrer au continent... sans restriction, sans réserve, et de préférence à quoi que ce soit ». En fait, le général de Gaulle voulait réaliser une Europe de style britannique, mais sans la Grande-Bretagne. Il est vrai que la position de nos partenaires n'était guère plus logique puisqu'ils entendaient combattre à la fois pour le progrès du fédéralisme européen et pour l'adhésion d'une Grande-Bretagne traditionnellement hostile à une véritable fédération du continent – donnant ainsi la mesure des contradictions qui imprégnaient alors le dialogue européen, ces contradictions qu'une nouvelle génération de dirigeants politiques allait tenter de réduire.

V

Du sommet de La Haye à l'entrée de la Grande-Bretagne

Denis de Rougemont a décrit de Gaulle « tristanien dans son nationalisme altier » : « Son Iseut, c'est la France – il est bien près de le dire en plus d'une page de ses *Mémoires.* » Mais la vraie passion tristanienne doit aboutir à quelque « malheur exemplaire » : l'Histoire n'a pas déjoué la logique du mythe. Les divers événements de l'année 1968 provoquent, en effet, la douloureuse révision de la politique européenne gaullienne sous la présidence même du général. L'invasion de la Tchécoslovaquie mutile – pour deux décennies – le grand dessein d'une Europe qui s'étendrait « de l'Atlantique à l'Oural ». Surtout, la montée des revendications internes de tous ordres enlève une grande part de leur crédibilité aux défis diplomatiques de la France. A l'étape initiale de « consolidation nationale et de renouveau français », à la période centrale de mise en œuvre d'une politique d'indépendance nationale, succède une phase finale marquée par des contraintes sévères et le bouleversement de la stratégie gaullienne – ce bouleversement que symbolisent l'accueil chaleureux ménagé à Paris au président Nixon et les propositions officieuses, mal interprétées à Londres, faites à l'ambassadeur Soames.

Le jeu de la France s'est rétréci : le fait sera encore plus évident après 1969, lorsque le guide charismatique cède la place à un président qui, d'instinct, cherche à apparaître comme un Français ordinaire. « Continuer le gaullisme tout en l'humanisant », telle est, selon la formule de Jean-Baptiste Duroselle, la mission que s'assigne Georges Pompidou. Il importe désormais d'agir comme une puissance moyenne : la vocation mondiale de la France s'estompe, ses liens avec ses proches sont resserrés, le développement économique du pays, l'entrée dans le jeu concurrentiel international deviennent les objectifs premiers de sa diplomatie.

L'ouverture des Communautés européennes à la Grande-Bretagne est d'autant plus nécessaire que les partenaires de la France l'ont érigée en condition de la revitalisation de la construction européenne : en levant le veto français lors du sommet de La Haye (1969), Georges Pompidou choisit l'apaisement. Trois ans plus tard, au sommet de Paris (1972), il tente de frayer la voie à un nouveau réalisme européen, entre la « confédération » et la « fédération » : c'est l'« Union européenne » de l'horizon 1980, dont le profil général reste énigmatique, mais qui semble impliquer la renonciation à certains secteurs de souveraineté, comme le confessera Michel Jobert en 1974 – « On ne peut pas à la fois vouloir l'Europe indépendante et jurer que les Etats n'abandonneront aucune prérogative. » Le tournant est fondamental : la très ancienne contradiction gaullienne – volonté de promouvoir l'indépendance de l'Europe, mais refus de toute autorité politique européenne de nature à asseoir cette indépendance – semble surmontée. Ainsi, émerge un « gaullisme européen », qui consiste à poursuivre pour l'Europe, et non plus pour la France seule, les objectifs d'indépendance vis-à-vis des Etats-Unis et de constitution d'une « troisième force », mais aussi à accepter une véritable direction commune des pays de la Communauté européenne.

Pourtant, le choix stratégique n'est pas définitif. Comme le montre, en 1973, un analyste du Quai d'Orsay, Jean-Louis Gergorin, d'autres voies restent ouvertes : l'extrapolation de la politique gaullienne, qui se réduit à un comportement manœuvrier, à une série de réactions tactiques destinées à minimiser les conséquences dommageables des initiatives de l'extérieur ; ou encore la totale transposition sur l'échiquier économique des ambitions individualistes de la France gaullienne – l'idée de la « France, Japon de l'Europe », répandue par les travaux de l'Institut Hudson. En fait, la présidence Pompidou semble surtout avoir reculé l'heure du choix : la crise britannique et les réticences intérieures en France, qui provoquent l'échec relatif du référendum du 23 avril 1972, minimisent l'option européenne du président ; la détermination nouvelle des dirigeants américains de s'ingérer dans le processus de décision européen ranime, à Paris, le style français de négociation avec ses à-coups brutaux, la réaction affective de rejet de la « puissance anglo-saxonne », et des procès d'intention parfois paradoxaux – les Etats-Unis étant « simultanément accusés d'impérialisme et de velléités d'abandon ». Finalement, des stratégies trop diverses se télescopent : dans la tourmente d'octobre 1973, la France, prisonnière de ses amitiés arabes, refuse son soutien aux Pays-Bas, et altère ainsi, par avance, cette recherche d'une identité européenne dont elle se voulait le champion.

Le triptyque de La Haye

L'idée d'une conférence au sommet des chefs d'Etat ou de gouvernement des six pays membres des Communautés avait été évoquée par le candidat Georges Pompidou, le 22 mai 1969. Elle est reprise lors de sa première conférence de presse, le 10 juillet, par le nouveau président, qui précise l'esprit dans lequel il abordera la construction européenne : d'abord, achever l'œuvre communautaire dans les délais prévus, sans prolongation de la période transitoire qui expire à la fin de l'année (« Notre premier effort est... de passer à la période définitive. C'est à cela que nous donnons la priorité de nos préoccupations ») ; en second lieu, approfondir la vie communautaire, par la mise en œuvre de nouvelles politiques communes (« Il est de très nombreux domaines dans lesquels des progrès importants pourraient être réalisés, qu'ils soient techniques, scientifiques, qu'il s'agisse d'énergie, de transports, du droit des sociétés, ou encore de la politique financière et monétaire ») ; enfin, élargir la Communauté après une sérieuse concertation des Six (« Nous n'avons pas [...] d'objection de principe à l'adhésion éventuelle de la Grande-Bretagne ou de tel pays à la Communauté, mais nous pensons qu'il convient d'abord que les Six [...] se mettent d'accord sur les conditions de cette adhésion et les conséquences qu'elle pourrait avoir sur l'avenir et la nature même de la Communauté »). Achever, approfondir, élargir : tel est, dans les mois qui suivent, le triple « mot d'ordre » de la diplomatie française.

La conférence au sommet se réunit, les 1er et 2 décembre 1969, à La Haye – capitale de l'Etat auquel revient, jusqu'à la fin de l'année, la présidence du Conseil des Communautés. Dans l'après-midi brumeux du 1er décembre, de jeunes militants fédéralistes européens manifestent leur impatience devant le Palais des Cavaliers... Très attendu, le discours introductif du président français déçoit : Georges Pompidou reprend son triptyque, mais il reste dans les généralités et le laxisme de son exposé rend possibles toutes les issues – parmi lesquelles le renvoi à une date lointaine de la phase de l'élargissement. Le *Times* juge l'intervention « déplorable ». *L'Express* cite la réaction d'un diplomate italien : « Du de Gaulle moins le talent. » En fait, c'est le nouveau chancelier de l'Allemagne fédérale qui, par sa réplique au chef d'Etat français, va donner son élan à la rencontre. Visage buriné de navigateur hanséatique, Willy Brandt, qui s'apprête à développer sa mission historique de réconciliation de l'Allemagne avec l'Est européen, énumère avec fermeté les « quatre raisons » de l'élargissement : un ajournement de l'examen de cette question paralyserait la vie communautaire – menace voilée de report de cet « achèvement » souhaité par la France ; une Communauté élargie sera mieux à même de tenir son rang face aux géants économiques et technologiques et d'assumer ses responsabilités mondiales ; l'élargissement est particulièrement nécessaire en cette période de rapprochement Est-Ouest ; enfin – et le leader allemand ne craint pas de retourner ici l'argumentation esquissée par le général de Gaulle dans son entretien avec l'ambassadeur Soames – « quiconque craint que le poids de l'économie de la République fédérale d'Allemagne ne provoque un déséquilibre dans la Communauté devrait, pour cette raison même, être favorable à l'élargissement de la Communauté ». Le Premier ministre des Pays-Bas, Piet de Jong, propose alors que priorité soit donnée au problème de l'élargissement ; désagréablement surpris, Georges Pompidou répond que l'achèvement de la politique agricole commune doit être discuté en premier – et il obtient satisfaction. Sans doute le président français était-il plus « européen » que son prudent discours introductif ne l'avait laissé croire, mais les contraintes politiques internes empêchaient son engagement public en termes trop formels : il semble, au cours d'un entretien privé dans la soirée du 1er décembre, avoir rassuré le chancelier Brandt. Le lendemain, l'atmosphère est détendue : Georges Pompidou rend hommage aux institutions communautaires ; il donne l'assurance que la France n'est pas hostile à l'élargissement et que les travaux préparatoires devront être « menés de la façon la plus rapide, la plus active et la plus positive possible ». Le long communiqué final de la conférence est rédigé en cinq heures seulement ; il établit un programme de travail ambitieux, inspiré du triptyque français :

Achever : les participants réaffirment leur volonté « de passer du stade de transition au stade définitif de la Communauté européenne »... et donc de conclure les règlements financiers agricoles, vivement souhaités par la France.

Approfondir : « En étroite collaboration avec la Commission, un plan par étapes sera élaboré au cours de l'année 1970, en vue de la création d'une union économique et monétaire. »

Elargir : « Pour autant que les Etats candidats acceptent les traités et leurs finalités politiques, les décisions intervenues depuis l'entrée en vigueur des traités et les options prises [...] les chefs d'Etat et de gouvernement ont marqué leur accord pour l'ouverture d'une négociation entre la Communauté, d'une part, et les Etats candidats, d'autre part. »

Achever la construction communautaire, c'était essentiellement parfaire la politique agricole commune, qui opère un important transfert financier au profit de la France dont les agriculteurs sont les plus nombreux et la production la plus importante. Il s'agit de fixer les nouvelles règles de financement de l'Europe agricole et de résoudre les problèmes sous-jacents : ceux des ressources de la Communauté et des pouvoirs de contrôle du Parlement européen. Financer les dépenses communautaires, non par des contributions étatiques, mais par des ressources propres : dès le 22 janvier 1969, les ministres des Six ont décidé que les « prélèvements » – perçus sur les produits agricoles importés pour amener leurs prix au-dessus de ceux des produits communautaires – iront totalement dans la caisse des Communautés ; de même seront progressivement attribués aux Communautés – et totalement en 1975, exception faite d'une dîme de... 10 % pour frais de perception – les droits de douane sur les produits industriels ; enfin, la différence entre les dépenses de la Communauté et ses futures recettes sera couverte, à partir de 1975, par un impôt européen qui pourrait atteindre 1 % des sommes imposables à la taxe sur la valeur ajoutée. Mais ces décisions n'ont été prises que sous conditions : encore faut-il mettre au point les clauses sur le contrôle parlementaire ; encore faut-il préciser, au-delà des dispositions générales sur le financement de la politique agricole commune, les règlements particuliers d'organisation des marchés concernant certains secteurs agricoles particulièrement « sensibles ». Le 19 janvier 1970, six semaines après le sommet de La Haye, les ministres des Six reprennent leurs négociations. Il est déjà acquis que le Parlement pourra amender et qu'il arrêtera définitivement le budget communautaire préparé par la Commission et établi par le Conseil. Mais, sous l'impulsion du ministre de la Défense Michel Debré, héraut du gaullisme orthodoxe, la position française se durcit : les parlementaires européens ne pourraient se voir accorder un droit que n'ont pas certains de leurs homologues nationaux – celui d'augmenter le volume global des dépenses. Les gouvernants néerlandais, toujours très attachés aux droits du Parlement européen, refusent toute amputation de ses compétences budgétaires... mais une trop longue résistance de leur part ne peut que retarder l'heure de l'ouverture des négociations avec la Grande-Bretagne ; au demeurant, l'attribution de trop larges pouvoirs au Parlement européen n'est-elle pas de nature à gêner le ralliement d'une opinion britannique peu encline à laisser entamer la « souveraineté » du Parlement de Westminster ? Le 9 février 1970, après vingt-deux heures de négociations ininterrompues, un compromis est établi : le Parlement européen exercera directement son pouvoir de contrôle et de décision sur environ 3,80 % du budget communautaire, les dépenses administratives – les autres dépenses consistant en interventions, notamment agricoles, qui sont la conséquence des règlements adoptés par le Conseil. Les dépenses de son ressort, le Parlement pourra les accroître, mais dans les limites d'un indice calculé en tenant compte de la croissance du produit national de la Communauté, de celle des budgets nationaux et de l'augmentation du coût de la vie... Ultimes difficultés : les négociateurs italiens proclament qu'ils refuseront les règles de financement de la politique agricole commune tant qu'elles ne s'appliqueront pas à la production viticole ; les Allemands repoussent le règlement viticole car la situation de leurs propres viticulteurs, moins favorisés que leurs concurrents méridionaux, n'est pas prise en considération. Ultimes concessions : le 22 avril 1970 à 1 heure du matin, à Luxembourg, est conclu l'accord qui couronne l'ensemble de la politique agricole commune – le « règlement 729/70 » du Conseil.

Approfondir la vie communautaire, selon l'interprétation de La Haye, consistait simplement à ne pas interrompre des travaux tels que ceux sur l'union économique et monétaire pendant les négociations avec les Etats candidats à l'adhésion. De cette condition, il sera finalement peu fait état... Le 12 février 1969, le mémorandum de la Commission sur la politique monétaire, présenté par Raymond Barre, avait préconisé l'examen en commun des objectifs de politique à moyen terme (production, emploi, prix, solde de la balance des paiements), des consultations préalables sur les décisions de politique économique courante susceptibles d'avoir un impact sur les économies des partenaires de la Communauté, l'élaboration d'un mécanisme de soutien monétaire, comportant l'examen de la situation de l'emprunteur. Dans l'élan du sommet de La Haye, le Conseil du 26 janvier 1970 organise une coopération monétaire à court terme, résultant d'un accord entre banques centrales de la Communauté : chaque pays s'engage à fournir aux autres, sur simple demande, un crédit pour trois mois, renouvelable une fois – le total de ces « crédits Swaps » étant d'un milliard d'unités de compte. Plus ambitieux, le rapport présenté, le 16 octobre 1970, par le président du gouvernement luxembourgeois, Pierre Werner, définit un objectif idéal, celui de la substitution aux monnaies nationales d'une monnaie commune. A défaut de monnaie commune, les monnaies nationales doivent être interchangeables selon une parité fixe – régime qui exclut les modifications unilatérales des parités et qui implique l'élimination des marges de fluctuation entre les monnaies. L'union monétaire signifie, par ailleurs, la libération totale des paiements et des transferts et la constitution d'un véritable marché commun des capitaux. Mais l'étroite solidarité monétaire exigée par le rapport Werner ne saurait être illimitée en faveur d'un même Etat, d'une même monnaie : elle suppose un développement comparable des économies nationales, voire la mise en place d'une politique économique d'ensemble. Pierre Werner propose donc l'établissement d'un centre de décision commun pour la politique économique et d'un système communautaire des banques centrales. Le rapport Werner servira de base à la résolution adoptée par le Conseil, le 22 mars 1971, véritable engagement politique de la Communauté pour une union économique et monétaire... Mais de multiples perturbations internes et internationales vont suivre : les décisions du président Nixon, le 15 août 1971, édictant un embargo sur l'or et instituant une surtaxe de 10 % sur les importations ; l'accord de Washington du 18 décembre 1971 qui modifie la parité des monnaies par la dévaluation du dollar et la réévaluation du mark et du yen ; les graves crises de la livre sterling en juin 1972 et du dollar en février-mars 1973 ; la crise pétrolière qui achève de disloquer le système monétaire international. Dans la tourmente, certains des Etats membres de la Communauté tentent de maintenir cette personnalité monétaire embryonnaire que symbolise l'existence d'un « serpent européen » – accord conclu au sein du Conseil, en mars 1973, en vue de resserrer les marges de fluctuation entre monnaies nationales... mais tous les Etats membres de la Communauté n'y sont pas soumis, alors que des Etats tiers y sont associés. En avril 1975, le bilan dressé par Robert Marjolin, au nom d'un groupe de réflexion constitué par la Commission, est franchement pessimiste : « Les efforts entrepris depuis 1969 sur le chemin de l'union économique et monétaire se sont soldés par un échec. »

Elargir : l'ultime préalable à l'ouverture des pourparlers avec les Etats candidats était la définition d'une politique commune des Six en vue de la négociation. Le 6 février 1970, le débat est engagé entre les Six sur les conditions de l'adhésion. Cinq mois plus tard, Pierre Harmel présente aux pays candidats les conclusions du Conseil : les Etats membres de la Communauté posent en principe que les candidats acceptent les traités et leurs finalités politiques, les décisions de toute nature intervenues depuis l'entrée en vigueur des traités et les options de développement ; les négociations ne pourront donc porter que sur l'établissement de mesures transitoires et non sur la modification des règles existantes ; les mesures de transition seront limitées dans le temps, assorties d'un calendrier précis et de réductions tarifaires « significatives » dès l'entrée en vigueur des traités d'adhésion ; les progrès dans la libre circulation du Marché commun agricole devront être parallèles ; dans le domaine des échanges, la durée de la période de transition devra être la même pour tous les nouveaux adhérents – dans les autres domaines, cette durée pourra varier selon les matières et les candidats ; les différents traités d'adhésion devront entrer en vigueur à la même date ; le principe d'une responsabilité accrue de la Communauté élargie à l'égard des pays en voie de développement est réaffirmé.

Les promesses de La Haye ont été tenues : le 30 juin 1970 s'ouvrent solennellement, à Luxembourg, les négociations avec les pays candidats. Seule surprise : le 18 juin, les élections à la Chambre des communes ont vu la victoire inattendue du Parti conservateur – l'Europe n'a, au demeurant, joué aucun rôle dans la campagne ; le cabinet travailliste d'Harold Wilson, qui a préparé la négociation, vient de céder la place à l'équipe tory menée par Edward Heath ; à Luxembourg, le discours introductif du ministre conservateur Anthony Barber est fondé sur une première version préparée pour son prédécesseur travailliste, George Thomson...

Les négociations pour l'entrée de la Grande-Bretagne, du Danemark et de l'Irlande

« Tout Etat européen peut demander à devenir membre de la Communauté. Il adresse sa demande au Conseil, lequel, après avoir pris l'avis de la Commission, se prononce à l'unanimité. Les conditions de l'admission et les adaptations du présent traité que celle-ci entraîne font l'objet d'un accord entre les Etats membres et l'Etat demandeur. Cet accord est soumis à la ratification par tous les Etats contractants en conformité de leurs règles constitutionnelles respectives ». C'est sur la base de l'article 237 du traité sur le Marché commun – les dispositions de l'article 205 du traité sur l'Euratom sont identiques, celles de l'article 98 du traité sur la CECA sont analogues – que quatre Etats sont officiellement candidats depuis mai 1967 : la Grande-Bretagne, le Danemark, l'Irlande et la Norvège.

Qui négociera au nom des Communautés ? En 1961, lors de la première tentative britannique, une conférence s'était tenue entre les six Etats membres et les Etats candidats – la Haute Autorité de la CECA et les commissions du Marché commun et de l'Euratom agissant en simples conseillers des Six. Neuf ans plus tard, le retour à un tel « multilatéralisme sauvage » est exclu : les Six craignent qu'il ne facilite l'exploitation de leurs divergences internes, les candidats redoutent la confusion qu'il pourrait engendrer. Paradoxalement, la France serait disposée à confier à l'exécutif supranational, à la Commission, la conduite des pourparlers ; les Cinq s'avèrent moins « européens » au plan de la procédure : c'est le Conseil des Communautés qui négociera. Encore importe-t-il d'éviter un retour oblique au multilatéralisme : le président du Conseil sera le seul porte-parole communautaire, les cinq autres ministres n'assistant aux confrontations qu'en observateurs silencieux... après avoir participé, il est vrai, à la prise de décision communautaire. Mécanisme particulièrement lourd, que reconstitue Uwe Kitzinger dans sa relation de la négociation avec la Grande-Bretagne, *Diplomatie et persuasion*. « Le président du Conseil pourrait lire aux candidats une formule de compromis soigneusement rédigée et établie par les Six, mais il ne pourrait presque jamais répondre spontanément à une quelconque déclaration de candidats qui n'accepteraient pas les conditions de la Communauté : il devrait ajourner la séance pour que les Six puissent se mettre d'accord sur une nouvelle formule pour chaque nouvelle situation. » L'essentiel de la négociation officielle se développe, en réalité, entre les Six eux-mêmes, les délégués de l'Etat candidat se retirant « pour jouer au bridge ou au poker à l'étage inférieur pendant que la réunion se transforme en Conseil de ministres » – scénario maintes fois répété puisque les discussions sont menées avec chaque Etat candidat séparément. Encore tous les problèmes ne seront-ils pas traités au plan ministériel : les représentants permanents, en leur qualité de suppléants des ministres, vont souvent conduire la négociation, dans le progrès de laquelle ils joueront un rôle crucial – aidés, à partir de l'été 1971, par les « représentants permanents adjoints », spécialisés dans l'examen du dossier de l'« élargissement », et eux-mêmes constitués en comité.

Lente guerre de positions ou gigantesque « trompe-l'œil » ? Les interprétations des négociations avec la Grande-Bretagne varient selon les observateurs. Du moins peuvent être recensés les points qui suscitèrent les divergences politiques majeures entre Londres et les Six. Contribution de la Grande-Bretagne au budget communautaire : le fait même d'avancer la notion de « contribution nette », et de mesurer la contribution britannique aux avantages attendus en retour, allait à l'encontre de la philosophie communautaire – de même que le concept de « juste retour », qui, cher au gouvernement de Paris, avait eu raison de l'Euratom... En outre, l'offre initiale de 3 % (du budget communautaire total) formulée par la délégation britannique ne pouvait apparaître que comme une manœuvre tactique – Georges Pompidou devait la qualifier de « manifestation de l'humour britannique ». Questions du sucre du Commonwealth et du beurre néo-zélandais : ces deux ultimes séquelles de la préférence impériale apparaîtront longtemps comme deux des principaux écueils susceptibles de faire échouer les négociations – la Grande-Bretagne étant liée aux pays du Commonwealth, jusqu'au 31 décembre 1974, par le Commonwealth Sugar Agreement, qui lui assure un double avantage, un prix du sucre importé inférieur au coût de production du sucre britannique, et, en contrepartie, des préférences pour ses produits manufacturés ; des engagements similaires existent avec la Nouvelle-Zélande, engagements d'autant plus importants psychologiquement qu'il s'agit, cette fois, d'une nation avec laquelle les liens familiaux et culturels sont intenses. Application de la préférence communautaire : la Grande-Bretagne n'ignore pas qu'elle devra se plier à la politique agricole commune, c'est-à-dire adopter le mécanisme communautaire de soutien des prix qui est à l'opposé du système britannique de subventions versées directement aux agriculteurs ; mais elle espère encore que la substitution se fera par étapes, afin d'éviter une brutale réorientation des courants commerciaux. La réponse des Six est négative : la préférence communautaire devra être intégralement appliquée dès 1973, la Grande-Bretagne, membre à part entière de la Communauté, devant, dès lors, assumer l'intégralité de ses devoirs. Sur tous ces thèmes, les conversations semblent dans l'impasse. En outre, le 18 mars 1971, une nouvelle question est soulevée par la France, qui paraît encore plus difficile à résoudre que les précédentes : celle de l'avenir des balances sterling et de la situation privilégiée de la place financière de Londres. Jusqu'ici, la Grande-Bretagne avait cherché à éviter de faire de la livre le sujet d'une négociation quasi publique autour du tapis vert européen, et avait souhaité des « sites » de discussion plus discrets – entretiens bilatéraux, voire réunions techniques dans le cadre du Fonds monétaire international ou de la Banque des règlements internationaux de Bâle. Dès lors, les champions de l'entrée de la Grande-Bretagne s'interrogent – non sans découragement : ne s'agit-il pas d'un nouveau « veto » français, habilement camouflé ?

En réalité, le président Pompidou ne semble pas encore avoir fixé sa position. La délégation française négocie aussi durement que possible, dans les limites du maintien de la nécessaire cohésion des Six, mais sans instructions véritables. Le chef de l'Etat français entend surtout « tester » la détermination politique de la Grande-Bretagne d'entrer en Europe : à défaut des problèmes de défense, qui lui paraissent susciter trop de dilemmes, à défaut de la question agricole, trop secondaire, le test crucial sera la volonté britannique de résoudre le problème de la livre. Test positif : le 20 mai 1971, Georges Pompidou reçoit à Paris le Premier ministre Edward Heath ; les deux hommes d'Etat esquissent les grandes lignes de l'accord qui sera précisé, quelques semaines plus tard, à Luxembourg. Le 7 juin, en effet, le ministre britannique Geoffrey Rippon dépose, afin qu'elle soit annexée au futur traité, une déclaration d'intention prévoyant, à terme, la suppression du rôle de la livre comme monnaie de réserve – déclaration rédigée en termes généraux et qui, à vrai dire, n'apportait pas d'élément nouveau. Après le départ de M. Rippon, le ministre français des Finances, Giscard d'Estaing, déclare – à la grande surprise des Cinq – qu'il tient la déclaration pour tout à fait satisfaisante. Au nom de la Commission, Raymond Barre, s'il déplore, avec raison, l'absence de précautions et de garanties nécessaires sur un problème aussi important, ne peut que prendre acte de l'accord ainsi intervenu... Désormais, les éléments de blocage s'effacent : le problème du sucre du Commonwealth est replacé dans le cadre plus général des relations privilégiées à établir avec le tiers-monde – la Communauté élargie assurera un marché permanent aux pays producteurs et acceptera des quantités d'importation équivalentes à celles prévues par les accords du Commonwealth ; de même, la Nouvelle-Zélande obtint un quota d'exportation vers la Grande-Bretagne, dans la perspective plus générale d'un accord mondial effectif sur les produits laitiers, que la Communauté s'engageait à promouvoir ; quant à la question économiquement bien plus importante de la contribution britannique au budget communautaire, elle sera réglée par un accord sur un schéma de participation progressive des pays candidats – la contribution de la Grande-Bretagne sera ainsi fixée en 1973, début de la période de transition, à 45 % de ce qu'eût donné l'application intégrale du règlement financier, pour atteindre 92 % en 1977, fin de ladite période.

Depuis septembre 1970, les négociations avec l'Irlande, le Danemark, la Norvège sont également engagées : elles portent sur les problèmes propres à chacun des trois Etats candidats, mais elles ne peuvent pas ne pas être influencées par les solutions retenues pour la Grande-Bretagne. Les situations sont, cependant, diverses. La politique agricole commune correspond aux intérêts du Danemark et de l'Irlande, pays à dominante agraire, qui souhaitent son entrée en vigueur le plus tôt possible ; elle est, par contre, difficilement ajustable à la Norvège, qui n'a que 3 % des terres cultivables de l'éventuelle Communauté des Dix, et dont les prix, deux fois plus élevés que ceux du Marché commun, permettent le maintien d'une population dans ses régions septentrionales : l'application des règles communautaires conduirait donc à un grave recul du revenu des agriculteurs norvégiens. Le tarif industriel commun peut faire problème entre les candidats eux-mêmes lorsqu'il s'agit de produits sensibles : la Norvège, grand producteur d'aluminium, s'élève contre la demande britannique d'une dérogation à la préférence communautaire en faveur de l'aluminium canadien. Le droit d'établissement suscite des difficultés à la fois avec le Danemark, la Norvège et l'Irlande – les trois Etats craignant d'éventuels achats massifs de terres par d'autres ressortissants de la Communauté. Les liens naguère tissés dans le cadre nordique gênent le Danemark et la Norvège : le Marché commun nordique du travail, les résultats de la coopération économique scandinave seront-ils remis en question ? Mais c'est le régime de la pêche qui provoque les tensions les plus vives avec la Norvège. Faibles producteurs, les Six s'étaient plus souciés de soutenir les prix pratiqués par leurs vendeurs de poissons que de protéger leurs eaux territoriales. La préoccupation de la Norvège, qui produit à elle seule la moitié du poisson de la Communauté élargie, est fort différente : les gouvernants d'Oslo s'en prennent au principe même de l'égal accès des pavillons communautaires aux eaux territoriales des divers Etats membres. Le 15 janvier 1972, un accord est enfin conclu avec les Norvégiens sur la pêche : un régime dérogatoire sera consenti à Oslo, même au-delà du 31 décembre 1982, selon des règles à déterminer par le futur Conseil des Dix – les Six donnant l'assurance solennelle qu'ils tiendront compte des problèmes économiques, sociaux, démographiques que pose la pêche norvégienne.

Le traité d'adhésion est signé le 22 janvier 1972, au palais d'Egmont à Bruxelles. Il entrera en application le 1er janvier 1973, après sa ratification par tous les signataires à l'exception de la Norvège – le référendum norvégien du 26 septembre 1972 donnant une majorité de 53,9 % au « non ». La « petite Europe » des années cinquante est devenue une communauté de neuf Etats, peuplée de 256 millions d'habitants, réalisant une production annuelle de 700 millions de dollars et constituant le plus important des partenaires du commerce international.

Le premier sommet de la Communauté élargie

L'élargissement réalisé, l'achèvement n'apparaissant plus que comme un épisode limité et déjà lointain, l'heure n'est-elle pas venue d'une nouvelle tentative d'approfondissement communautaire ? Le plan Werner d'union monétaire, après avoir suscité les appréhensions de la France du fait de ses incidences institutionnelles, est pris dans les remous monétaires provoqués par la crise du dollar. Les « progrès dans le domaine de l'unification politique », souhaités dans le communiqué final de La Haye (point 15), sont ramenés, par le rapport Davignon adopté le 20 juillet 1970 par les ministres des Affaires étrangères des Six, à l'organisation, deux fois par an, de réunions des chefs des diplomatics des pays de la Communauté – dans le but d'assurer « par une information et des consultations régulières, une concertation des attitudes en matière de politique étrangère et éventuellement d'arrêter des actions communes »... « Maintenant que la montagne a accouché d'une souris, il faut aller travailler », commentera le ministre néerlandais des Affaires étrangères, M. Luns.

Approfondissement ou révision de l'action communautaire ? A l'été 1971, Ralf Dahrendorf, membre allemand de la Commission, a soutenu, dans *Die Zeit*, sous le pseudonyme de « Wieland Europa », la nécessité d'une distinction entre les Communautés telles qu'elles avaient fonctionné pendant deux décennies et la nouvelle construction à neuf pour laquelle il préconise des formules différentes. Dans une autre perspective, le vice-président de la Commission, M. Mansholt, prendra bientôt une initiative retentissante : dans une lettre personnelle au président de l'exécutif supranational – charge qu'il va, au demeurant, assumer lui-même, après la démission, le 7 mai 1972, de l'Italien Franco Maria Malfatti, qui quitte Bruxelles pour se présenter aux élections législatives italiennes – le dynamique commissaire néerlandais, membre du Club de Rome, soulignera que l'avenir communautaire ne peut s'exprimer seulement en termes de croissance ; cette lettre, divulguée par le secrétaire général du Parti communiste Georges Marchais, sera l'objet d'une vive controverse, en France, à la veille du renouvellement de l'Assemblée nationale.

Pour Georges Pompidou, un nouvel effort d'explication et de rapprochement des points de vue s'impose. Le 5 novembre 1971, il suggère, par l'intermédiaire de son ministre des Affaires étrangères, Maurice Schumann, la réunion d'une conférence au sommet des Six et des Etats candidats, afin de dresser le programme de travail de la Communauté élargie. La proposition est bien accueillie par les Etats candidats ; le sommet ne sera cependant convoqué qu'à la fin de 1972, afin de ménager la susceptibilité des électeurs dans ceux des pays où un référendum sur l'adhésion est prévu. Entre-temps, un brusque changement d'attitude se manifeste à Paris. Le 2 juin 1972, recevant le Premier ministre belge Eyskens, le président français exprime sa déception et son irritation : « Je ne prendrai pas la responsabilité d'inviter neuf chefs de gouvernement, s'il n'en doit résulter que des accords sur des points mineurs, ou pis encore des désaccords mal camouflés. » Et le chef de l'Etat de délivrer un avertissement collectif : « Le sommet ne se réunira que s'il permet d'aboutir à l'affirmation de l'Europe comme entité distincte, avec une voix distincte, l'affirmation de son individualité par rapport aux superpuissances. » Mauvaise humeur engendrée par les résultats médiocres du référendum français sur l'élargissement ? Deux raisons plus profondes coexistent : d'une part, Georges Pompidou, en envisageant, dans sa conférence de presse du 16 mars précédent, la création d'un « secrétariat politique » intergouvernemental, qui siégerait à Paris, a réveillé les polémiques explosives nées avec le plan Fouchet ; d'autre part, le président français laisse libre cours à son scepticisme devant la façon dont certains de ses partenaires abordent la préparation du sommet : plusieurs gouvernements entendent mettre à profit la discussion de l'union économique et monétaire pour présenter des projets d'un financement difficile – l'Italie, la Grande-Bretagne, l'Irlande réclament une aide communautaire pour leur politique régionale, leur reconversion industrielle, la résorption de leur chômage...

Sans doute eût-il été difficile au président français d'ajourner un sommet qu'il avait lui-même proposé. Dans sa conférence de presse du 22 septembre 1972, Georges Pompidou estime que les Etats européens ont accompli des progrès sensibles sur la voie de leur coopération monétaire : un an plus tôt, le flottement du mark et du florin semblait réduire la compétitivité commerciale de l'Europe et compromettre le Marché commun agricole ; depuis, les monnaies européennes – à l'exception de la livre – sont revenues à des parités fixes. Le 19 octobre, à Paris, les neuf chefs d'Etat et de gouvernement de la Communauté élargie se rencontrent, pour la première fois. Le 21, après l'ultime combat mené par le Premier néerlandais Biesheuvel pour le développement des compétences du Parlement européen, un important programme d'action est établi : irréversibilité de l'union économique et monétaire, aide aux régions non développées ou en déclin, participation croissante des partenaires sociaux aux décisions économiques et sociales, volonté d'étendre le champ d'action communautaire en matière de politique industrielle, de science, de technologie, d'environnement, d'énergie ; préparation d'une politique européenne d'ensemble vis-à-vis du tiers-monde, des Etats-Unis, des pays socialistes...

Objectif majeur : transformer pour 1980, dans le respect absolu des traités, l'ensemble des relations entre les Etats membres en une Union européenne. Mais objectif imprécis : quelle Europe souhaitent réellement les neuf chefs d'Etat et de gouvernement ? Ici resurgit le vieux débat sur les moyens institutionnels de l'unification européenne. Georges Pompidou l'affirmait, dès le 21 janvier 1971 : « La querelle de la supranationalité est une fausse querelle. Si un jour la Confédération européenne est une réalité, il faudra qu'il y ait un gouvernement dont les décisions s'imposeront à tous les Etats qui en seront membres », étant entendu que « les décisions importantes ne peuvent être prises que d'un accord unanime et qu'il s'agit là d'une évidence politique bien plus que d'une règle juridique ». Le chancelier Brandt interprète, par contre, la formule de l'Union européenne en champion du « fédéralisme fonctionnel » ; le 13 novembre 1973, il déclare, devant le Parlement européen : « La République fédérale a fait de l'Union européenne sa mère patrie... L'Etat national classique est la forme de vie d'hier. Ce n'est pas notre avenir. L'Union européenne ne naîtra pas d'une révolution supranationale ni du renversement des poteaux frontières, mais d'une accélération de l'effort fragmentaire fonctionnel pour l'union économique et monétaire, l'union sociale, l'union politique. »

Une « superpuissance en gestation » ?

1973 devait être « l'année de l'Europe » : les dirigeants américains l'avaient affirmé – et d'abord Henry Kissinger qui, dans son discours du 23 avril 1973 sur la « Nouvelle Charte atlantique », tentait d'ouvrir une négociation transatlantique globale sur les problèmes commerciaux et monétaires comme sur ceux de la défense ; les chefs d'Etat et de gouvernement européens s'étaient, par avance, ralliés à ce slogan prometteur avec leur ambitieux programme d'action communautaire défini à Paris ; certains observateurs extérieurs en venaient à s'inquiéter de l'hégémonie naissante de la Communauté européenne, cette « superpuissance en gestation » – ainsi le Norvégien Johan Galtung, chef de file de l'Ecole de la « Recherche sur la paix », écrivait-il : « La Communauté européenne s'étend vers l'extérieur comme un cercle qui s'agrandit à partir d'un même centre : Bruxelles. Elle acquiert de nouveaux membres et consolide ses liens. Ceci a des répercussions profondes aux Etats-Unis, dans le tiers-monde et les pays socialistes, ainsi que dans le reste du monde. Depuis la conférence au sommet de La Haye l'initiative est manifestement entre les mains de la Communauté européenne et il est probable qu'elle y restera quelque temps. Le reste du monde assiste au spectacle et tâtonne, essayant d'obtenir des avantages à court terme sous la forme d'accords commerciaux, d'associations et même en devenant parties à l'intégration communautaire sans envisager les conséquences à long terme... » Mais l'Histoire s'avance masquée ; elle invite à l'humilité les experts en « prospective ». A l'automne 1973, l'onde de choc de la guerre du Kippour ébranle l'ensemble communautaire et révèle sa vulnérabilité : 1973 ne sera pas l'année de l'Europe mais celle de la montée des périls.

Périls externes. Face aux pays socialistes, une certaine unité de vues avait pu être préservée entre les Neuf au cours de la première phase de la conférence sur la sécurité et la coopération en Europe, ouverte à Helsinki en novembre 1972 ; mais l'absence de la France de la conférence de Vienne sur la réduction mutuelle et équilibrée des forces rappelait le désaccord des Neuf sur les problèmes de défense, sur les conditions militaires de la sécurité européenne. Face aux Etats-Unis, les tensions intra-européennes habituelles s'étaient manifestées lors du débat sur la revitalisation de l'Alliance atlantique – qu'allait accentuer, le 12 février 1974 à Washington, le refus de la France de participer au « groupe de coordination » des pays consommateurs d'énergie. Mais c'est surtout face aux Etats producteurs de pétrole que la désunion de l'Europe va apparaître, chacun des membres de la Communauté réagissant selon ses intérêts immédiats et tentant d'assurer par des accords bilatéraux la sécurité de ses approvisionnements et la garantie de ses exportations – alors que les Etats arabes producteurs, en sanctionnant les Pays-Bas comme Etat ennemi, introduisaient un clivage au cœur de la Communauté et niaient la personnalité même de l'ensemble communautaire. Pourtant, le 20 novembre 1973, à Copenhague, les ministres des Affaires étrangères des Neuf adoptent une déclaration sur l'identité européenne : « Les Neuf, agissant en tant qu'entité distincte, s'appliqueront à promouvoir des rapports harmonieux et constructifs avec les pays tiers : ces rapports ne doivent ni compromettre ni retarder ou affecter leur volonté de progresser, selon les échéances prévues, vers l'Union européenne. Lors des négociations futures qui mettront en présence les Neuf, collectivement, et d'autres pays, les cadres et procédures choisis devront permettre que soit respecté le caractère spécifique de l'entité européenne. Dans leurs contacts bilatéraux avec d'autres pays, les pays membres de la Communauté se baseront dans une mesure croissante sur des positions communes établies entre eux. » Heureux rappel à l'ordre, en plein séisme international...

Périls internes. Avant même l'automne 1973, le désenchantement s'installait : il était décidément plus facile d'abolir les frontières douanières que d'adopter des politiques communes, plus simple de faire jouer les mécanismes libéraux que de mettre en œuvre une concertation susceptible de mener au sacrifice d'intérêts particuliers ; en avril 1973, à Luxembourg, lors d'un nouveau « marathon agricole », une vive polémique entre le ministre français de l'Agriculture, Jacques Chirac, et son collègue allemand, Joseph Ertl, témoignait de la dégradation du climat communautaire. Les 14 et 15 décembre 1973, le sommet de Copenhague suscite d'éphémères espérances : ainsi les chefs d'Etat et de gouvernement décident-ils la création d'un Fonds européen de développement régional ; mais, deux jours plus tard, leurs ministres, réunis en Conseil des Communautés, ne parviennent pas à un accord sur la dotation à accorder audit Fonds. Enlisés dans la crise, les neuf Etats membres tendent désormais à pratiquer, à l'encontre des règles communautaires, la politique du fait accompli. Le 19 janvier 1974, le gouvernement français annonce le flottement du franc pour six mois – sans la consultation de ses partenaires, qui eût été nécessaire selon les accords sur le « serpent » européen. Le 12 mars, le nouveau cabinet britannique – les travaillistes ont remporté une courte victoire aux élections législatives du 28 février – exprime sa ferme détermination d'une « renégociation fondamentale de ses engagements » à l'égard de la Communauté. Bientôt, l'Italie puis le Danemark édicteront unilatéralement des mesures protectionnistes contraires au traité de Rome – dépôt sans intérêts de la moitié de la valeur des produits importés en Italie, taxe sur les produits importés au Danemark...

Printemps 1974 : la majorité des chefs d'Etat et de gouvernement qui, à la fin de l'année précédente, étaient réunis en « conférence au sommet » à Copenhague, ont quitté la scène politique. La relève affecte, parmi d'autres Etats membres, la France et l'Allemagne fédérale qui, dans la tourmente, apparaissent comme l'axe fondamental d'une éventuelle relance européenne.

A Bonn, le chancelier Brandt, estimant sa responsabilité politique engagée du fait de la présence dans son entourage immédiat d'un espion est-allemand, a démissionné le 6 mai 1974. Son successeur, l'ancien ministre des Finances Helmut Schmidt, a inspiré les mesures de stabilisation adoptées en Allemagne fédérale bien avant la crise de l'automne 1973 ; la hausse des prix a été contenue, la balance commerciale est excédentaire malgré le ralentissement conjoncturel. Moins sensible que Willy Brandt à la nécessité d'une « politique vers l'Est » dont il trace, avec franchise, les limites, le chancelier Schmidt a pour préoccupation prioritaire l'aire ouest-européenne : il importe de ranimer la Communauté par une action pragmatique et réaliste dans les domaines politiques, de défense, énergétique et surtout par une liaison entre la discipline interne des différents Etats membres et les efforts communautaires. Le chancelier allemand est, en effet, dans une position inconfortable : il exige des sacrifices de sa propre opinion publique mais il doit, en même temps, lui faire accepter l'aide aux partenaires les plus menacés – ainsi l'Allemagne fédérale accorde-t-elle un crédit de 51 milliards à l'Italie. Sa capacité d'intervention financière donne au gouvernement de Bonn une place prééminente dans le concert ouest-européen ; mais elle le conduit à imposer à ses associés des principes de gestion rigoureux. Il n'y a donc plus de domaine proprement communautaire : l'harmonisation doit porter sur les politiques économiques internes. Helmut Schmidt le précise dans un entretien avec l'hebdomadaire *Die Zeit* : « La RFA est prête à faire des sacrifices économiques, mais à deux conditions : 1. qu'ils s'accompagnent d'un progrès politique au sein de la Communauté ; 2. que les autres membres accomplissent, sur le plan intérieur, les efforts nécessaires pour surmonter la crise. » Et Karl Kaiser, directeur de l'Institut de recherches de la société allemande de politique étrangère, de proposer, dans les mêmes termes, une relance franco-allemande de l'Europe : « L'Europe pourra seulement être sauvée si les bonnes dispositions allemandes en vue d'utiliser les ressources économiques et financières de la RFA pour le bien de la Communauté rencontrent, du côté français, de bonnes dispositions pour doter celle-ci de vraies compétences et introduire dans sa propre politique extérieure et économique les aménagements correspondants. »

A Paris, la disparition prématurée de Georges Pompidou relance le grand débat sur les options européennes de la France. « La politique européenne ne fait plus partie de notre politique étrangère ; elle est autre chose et ne se sépare plus du projet fondamental que nous formons pour nous-mêmes », soulignait le Premier ministre Jacques Chirac dans son discours d'investiture du 5 juin 1974. Trois mois plus tard, dans son allocution télévisée du 27 août 1974, le président Giscard d'Estaing annonce une initiative française en vue de relancer le processus d'unification européenne. Logiquement, la vision « mondialiste » dont se réclame le chef de l'Etat, appliquée à cette Europe de l'Ouest où tant de liens transnationaux ont été tissés depuis deux décennies, devrait susciter un retour aux grands projets juridico-constitutionnels des années cinquante – et la déclaration de Jacques Chirac semblerait s'inscrire dans une telle perspective... En fait, les objectifs des dirigeants français sont plus modestes, et leur démarche plus pragmatique, comme le prouvera le sommet de Paris de décembre 1974 : la diplomatie française entend se défier de tout activisme institutionnel ; mais, soucieuse d'éliminer les sources de conflits avec les gouvernements partenaires, elle n'entend pas faire obstacle à des transferts de compétences que le développement de politiques communes rendrait nécessaires. A cet égard, la limitation de l'usage du veto au sein du Conseil des Communautés, préconisée par le chef de l'Etat, ne signifiait pas l'annulation du compromis de Luxembourg du 29 janvier 1966, par lequel s'était terminée la grave crise du Marché commun, mais simplement la définition, par des critères objectifs, de la notion d'« intérêts très importants ». De même, l'élection du Parlement européen au suffrage universel est présentée comme une initiative modeste par les exégètes de la diplomatie giscardienne, car l'élément fondamental du nouveau système politique européen ne sera pas le corps délibérant de Strasbourg mais le Conseil des chefs d'Etat et de gouvernement qui se réunit, désormais, trois fois par an, en tant que Conseil des Communautés mais aussi au titre de la coopération politique : c'est le schéma général du régime présidentiel, et non pas parlementaire, qui serait transposé au plan européen ; le plan Fouchet – certes démocratisé, et raccordé partiellement aux structures communautaires – serait ainsi ressuscité.

VI

Le traité de Bruxelles et l'unification des organes communautaires

Pour leurs « pères fondateurs », les Communautés répondaient à la fois à un objectif économique immédiat – créer un marché qui rationaliserait la production et augmenterait le bien-être général – et à un objectif politique fondamental – préparer l'union politique, l'union fédérale des peuples d'Europe occidentale. Le but politique ne pouvant être atteint de front, il importait de le poursuivre par le biais de l'union économique. La finalité politique des Communautés, contestée après la rupture du consensus des années cinquante, a été solennellement réaffirmée par les chefs d'Etat ou de gouvernement réunis à La Haye, le 2 décembre 1969 : « Entrer dans la phase définitive du Marché commun, ce n'est pas seulement consacrer le caractère irréversible de l'œuvre accomplie par les Communautés, c'est aussi préparer les voies d'une Europe unie... » Le 20 octobre 1972, la conférence au sommet de Paris a reformulé, sur la proposition de Georges Pompidou, le but politique final, et a fixé sa réalisation dans le temps : l'ensemble des relations entre les Etats membres des Communautés devrait être transformé (en 1980 !), dans le respect absolu des traités de fondation, en une Union européenne.

De fait, les trois Communautés ont été conçues selon les principes, non du droit international, mais du droit public interne. Sans doute le traité de Paris sur la CECA et les traités de Rome sur le Marché commun et l'Euratom sont-ils des accords interétatiques ; mais leur originalité tient aux organes qu'ils instituent. L'exécution des traités n'est pas laissée à la discrétion des Etats comme dans le droit international général, mais confiée à de véritables pouvoirs constitués : c'est de l'action de ces pouvoirs que résulte la limitation normative de la souveraineté des Etats membres. Les Communautés peuvent lier l'Etat contre son gré, par une procédure majoritaire de vote au sein de l'organe « interétatique », ou encore du fait de l'indépendance statutaire de l'organe ; et le lier par une véritable décision, obligatoire dans le but comme dans les moyens, à moins qu'elle ne laisse les moyens à la discrétion de l'Etat.

Les traités de Rome et de Paris apparaissent ainsi comme la première constitution des Communautés : ils définissent l'organisation et les compétences des pouvoirs publics communautaires. Mais ces pouvoirs sont-ils à même d'assumer progressivement, non seulement l'objectif économique réel, mais aussi l'objectif politique potentiel des Communautés ?

Communautés distinctes, organes communs

Leur commune originalité institutionnelle n'altère pas la personnalité des trois Communautés. Les chartes constitutives ne présentent pas, matériellement, les mêmes caractères : le texte du traité de Paris sur la Communauté du charbon et de l'acier est complet, précis, assez rigide, et contient toute la réglementation applicable à un secteur relativement limité, à la manière d'un code économique ; à l'opposé, le traité de Rome sur le Marché commun est un traité-cadre qui énonce simplement des principes généraux – sauf en matière d'union douanière. Les conceptions économiques sous-jacentes peuvent également diverger : Euratom et la CECA sont relativement dirigistes, surtout la première, conçue pour une hypothèse permanente de pénurie ; la Communauté économique générale est plus libérale, à l'exception de la politique agricole. La durée même des traités n'était pas identique : elle était de cinquante ans pour la CECA, illimitée pour les deux autres Communautés ; les hypothèses et les modalités des procédures de révision étaient, par ailleurs, différentes d'un traité à l'autre. Enfin, l'appartenance aux Communautés n'appelle pas les mêmes règles, le mécanisme des sanctions à l'égard des membres étant plus perfectionné dans le cadre de la CECA. L'indépendance des trois instruments conventionnels est soulignée par le traité sur le Marché commun qui, à son article 232, précise que ses stipulations ne modifient pas celles des traités instituant le pool charbon-acier et l'Euratom.

A la préoccupation politique d'une division des risques entre trois Communautés distinctes pouvait être opposé le souci d'un allégement de l'appareil communautaire, d'une amélioration de sa gestion financière, voire du dépassement d'un partage de compétences susceptible de gêner, en certains cas, la solution de problèmes essentiels – il était difficile de définir une politique communautaire de l'énergie quand le charbon relevait des institutions de la CECA, le pétrole de celles de la CEE, l'énergie nucléaire de celles de l'Euratom... Dès le 25 mars 1957, une Convention relative à certaines institutions communes avait fait de la Cour de justice et de l'Assemblée parlementaire des organes communs aux trois Communautés. Le traité de Bruxelles du 8 avril 1965 a prolongé cet effort de rationalisation en unifiant l'administration communautaire, et surtout en mettant en place un conseil et une commission uniques. Les organes sont donc communs, mais ils régissent chacune des Communautés selon ses règles propres : les Communautés et les traités qui les instituent restent, en effet, distincts. Distinction provisoire : par le préambule et par l'article 32 du traité de Bruxelles, les Etats membres se sont engagés à procéder à une ultime étape, celle de la fusion, non plus des institutions, mais de l'ensemble des règles des trois traités ; dès 1965, la perspective est donc celle d'un traité unique régissant, selon les mêmes règles, l'ensemble du domaine communautaire.

La dualité des organes d'action

La dualité des organes d'action est inscrite dans les trois traités de Paris et de Rome. Coexistent, en effet, dans chacune des trois Communautés, un exécutif collégial, indépendant des gouvernements nationaux, et un conseil interétatique, destiné à ménager les susceptibilités souveraines et à freiner les éventuelles audaces de l'instance supranationale.

La fusion en une Commission unique de la Haute Autorité de

fusion des exécutifs : il a alors été décidé que la Commission unique comprendrait, à titre transitoire, quatorze membres, puis, trois ans plus tard, neuf membres.

(En 1973, dans la Communauté élargie à neuf, la Commission unique est composée de treize membres, dont deux pour chacun des quatre « Grands », France, Allemagne, Italie et Grande-Bretagne. En 1986, la Communauté s'étant étendue à douze Etats, après l'entrée de la Grèce, le 1er janvier 1981, puis du Portugal et de l'Espagne, la Commission unique comprendra dix-sept membres, dont deux pour chacun des cinq « Grands », l'Espagne rejoignant les Quatre. En 1995, au sein de la Communauté à Quinze, la Commission comprendra vingt membres, deux pour chacun des cinq « Grands », un pour chacun des dix « Petits », parmi lesquels les trois nouveaux Etats, la Suède, la Finlande et l'Autriche.)

Chacun des commissaires – parmi lesquels un président et cinq puis six vice-présidents, désignés par les gouvernements nationaux pour un mandat de deux ans, renouvelable – reçoit la responsabilité particulière d'un des grands secteurs de l'action communautaire : agriculture, affaires sociales, politique de la concurrence, recherche, science et éducation, industrie et technologie, politique de l'énergie, relations extérieures, etc. Mais cette répartition n'affecte pas le caractère collégial des travaux de la Commission. Comme le soulignait Walter Hallstein, alors président de la Commission du Marché commun, dans une conférence à l'Université de Kiel le 19 février 1965 : « Seules la préparation et l'application des décisions de la Commission sont réparties entre ses membres d'après le système des départements ministériels dans les gouvernements nationaux. » Il n'y a pas véritablement division de la responsabilité : c'est la Commission dans son ensemble qui est l'organe compétent. Ce caractère collégial est renforcé par la procédure de vote : les décisions sont prises à la majorité des voix, aucun privilège n'étant reconnu au président et aux vice-présidents. En fait, comme dans certains Conseils des ministres nationaux, le recours au vote sera rare : le point de vue majoritaire se dégagera de la discussion ; souvent, la procédure sera écrite – l'adoption d'un projet, communiqué au préalable aux divers commissaires, résultera simplement de l'absence d'objection dans un délai d'une semaine.

la CECA, de la Commission du Marché commun et de celle de l'Euratom, a permis de confirmer l'indépendance statutaire de celui des organes d'action qui incarne, par excellence, l'intérêt communautaire. L'article 10, alinéa 2, du traité de 1965, reprenant les termes des articles 9, 157 et 126 des traités sur la CECA, sur la CEE et sur l'Euratom, réaffirme que les membres de la Commission « exercent leurs fonctions en pleine indépendance, dans l'intérêt général de la Communauté ». Cette indépendance se manifeste à l'égard des Etats comme des intérêts privés, elle est politique et économique : les membres de la Commission, au moment de leur entrée en fonctions, prennent l'engagement de ne solliciter ni d'accepter d'instructions, d'aucun gouvernement ni d'aucun organisme. L'indépendance économique des commissaires est renforcée par l'interdiction qui leur est faite d'exercer certaines fonctions même après l'expiration de leur mandat – ainsi des activités professionnelles qui ne peuvent être assumées, et des intérêts qui ne peuvent être détenus, dans le secteur du charbon et de l'acier, que trois ans après la cessation des fonctions (article 9 du traité de Paris).

L'indépendance politique des commissaires peut être, parfois, difficile à assurer. Leur nomination n'échappe pas à l'intervention gouvernementale : ils sont nommés pour quatre ans (pour cinq ans aujourd'hui), par les gouvernements statuant à l'unanimité ; la part que le traité de la CECA faisait à la cooptation de ses membres par l'exécutif lui-même a disparu. Les Etats se sont, certes, engagés à ne pas tenter d'influencer les commissaires dans l'exécution de leurs tâches ; ils n'ont, sur eux, aucun pouvoir de révocation. Mais les manœuvres étatiques sont parfois visibles. Ainsi Etienne Hirsch qui, après avoir succédé à Jean Monnet au commissariat au Plan, avait accédé à la présidence d'Euratom, ne se fit pas faute de révéler les tentatives d'instruction déployées par son gouvernement ; il alla jusqu'à rappeler, dans un article paru dans *Le Monde* du 22 décembre 1961, que « le président français de l'Euratom n'est pas au service de la France en cette qualité ». Le mandat de M. Hirsch venu à expiration, le gouvernement français ne proposa pas son renouvellement... L'indépendance économique et politique des membres de la Commission n'exclut pas, au demeurant, leur allégeance à l'égard des Communautés, laquelle se manifeste par la responsabilité administrative des commissaires qui peuvent être suspendus par le Conseil ou démis d'office par la Cour de justice et par leur responsabilité politique devant le Parlement européen.

L'indépendance politique des commissaires les autorise-t-elle à critiquer publiquement le gouvernement d'un des Etats membres ? Saisi du problème par une question orale d'un membre français du Parlement européen en juillet 1968 – à la suite d'appréciations portées par M. Mansholt, en dehors de ses fonctions, sur la politique communautaire de la France –, le président de la Commission répondit que les commissaires disposent de « la liberté intellectuelle de s'exprimer sur les problèmes généraux de la politique européenne », et qu'ils doivent en user avec tact dans leurs rapports avec des gouvernements avec lesquels ils sont appelés à collaborer. La réciproque est vraie : en août 1973, Jacques Chirac, alors ministre français de l'Agriculture, reprocha publiquement à Claude Cheysson, membre français de la Commission, de n'avoir pas défendu les intérêts français lors de la discussion d'un projet de règlement relatif à la politique sucrière. Le président de la Commission, M. Ortoli, répliqua en rappelant que les membres de l'exécutif supranational ne sont pas chargés de défendre les intérêts de leur pays mais ceux de la Communauté dans son ensemble.

Les membres de la Commission ne sont pas les « représentants des Etats » ; du moins, demeurent-ils leurs ressortissants. Un certain équilibre numérique est à respecter entre les diverses nationalités : une telle préoccupation est légitime ; on la retrouve parfois dans le fonctionnement d'Etats fédéraux – l'article 96 de la Constitution suisse de 1874 prévoit qu'il ne peut être choisi plus d'un membre du Conseil fédéral dans le même canton. Une formule similaire a été inscrite dans les traités sur la CECA et la CEE, la Haute Autorité comme la Commission du Marché commun ne pouvant « comprendre plus de deux membres ayant la nationalité d'un même Etat » – en pratique, sur neuf membres, chacun des trois Grands, France, Allemagne et Italie, finissait par avoir deux ressortissants au sein de chaque exécutif contre un seul pour chacun des trois membres du Benelux ; quant à la Commission de l'Euratom, qui ne comportait que cinq membres, il avait été admis en fait qu'aucun des commissaires ne serait choisi parmi les citoyens luxembourgeois. Le problème s'est reposé lors de la

Face à la Commission, l'autre organe d'action, le Conseil unique des Communautés, a un caractère intergouvernemental ; il a été substitué, par le traité de 1965, au Conseil spécial de la CECA et aux Conseils de ministres de la CEE et de l'Euratom. Il est composé de ministres nationaux : « Chaque gouvernement y délègue un de ses membres » – généralement le ministre des Affaires étrangères pour les réunions de caractère politique plus que technique, les ministres de l'Agriculture, de l'Economie ou des Transports pour les réunions relevant de leur spécialité... Le Conseil n'en est pas moins un organe communautaire – un « organe fédéral » dira, par anticipation, Walter Hallstein – et non un simple organe diplomatique, puisqu'il fonctionne dans le cadre des traités.

Le Conseil est présidé, à tour de rôle et pour une durée de six mois, par chacun des ministres. Le principe de la présidence tournante a été particulièrement critiqué lorsque, au second semestre de 1973, les caprices de l'ordre alphabétique ont attribué la seconde présidence du Conseil de la Communauté élargie à neuf au Danemark, Etat peu rompu aux rythmes communautaires, et qui, de plus, préférait se faire représenter par son ministre des Relations économiques extérieures : pourtant l'expérience n'a pas été négative, et la présidence danoise, aussi active que le demandait une conjoncture difficile. Le Conseil se réunit à l'initiative de son président, de l'un de ses membres, ou de la Commission, qui participe à ses délibérations. Dès 1953, le Conseil spécial de la CECA s'était préoccupé de se faire assister, dans son « dialogue » avec la Haute Autorité, par une commission de fonctionnaires nationaux, chargée de préparer ses travaux. A cette pratique font allusion les traités sur le Marché commun (art. 151) et sur l'Euratom (art. 121) : le règlement intérieur du Conseil « peut prévoir la constitution d'un comité formé de représentants des Etats membres. Le Conseil détermine la mission et la compétence de ce comité ». De fait, dès l'entrée en vigueur des traités de Rome, chaque Etat membre installe à Bruxelles une délégation permanente, dirigée par un représentant permanent qui a rang d'ambassadeur et reçoit des instructions de son gouvernement. Le Comité des représentants permanents, créé par le Conseil dès janvier 1958, est définitivement officialisé par le traité de Bruxelles du 8 avril 1965 ; il est, lui-même, assisté de groupes de travail parfois simplement temporaires. La procédure d'élaboration d'une décision communautaire reposera, en fait, souvent sur une véritable « navette » entre la Commission et le Comité des représentants permanents, flanqués de leurs groupes de travail respectifs. Lors des négociations pour le premier élargissement des Communautés, une grande part de la décision communautaire incombera au Comité des représentants permanents – voire au Comité formé par leurs adjoints.

Les délibérations du Conseil sont acquises, en principe, « à la majorité des membres qui le composent » (art. 148-1 du traité sur la CEE). De nombreuses dispositions contraires existent : dans certains cas, l'unanimité est requise – elle ne constitue pas toujours une garantie pour les souverainetés, mais peut avoir pour fonction de protéger l'application des traités, par exemple lorsqu'il s'agit d'autoriser des aides contraires aux règles communautaires ; en fait, le mode de votation le plus courant est celui de la majorité qualifiée. Pour les questions relevant du traité CECA, « l'avis conforme » du Conseil est acquis lorsqu'une décision de la Commission recueille l'accord de la majorité absolue des membres du Conseil, y compris les voix des deux membres dont les Etats assurent chacun un huitième au moins des productions totales de charbon et d'acier de la Communauté – voire, en cas de partage des voix et après une seconde délibération, des trois Etats membres qui assurent une telle production. Pour les questions relevant des traités de Marché commun et d'Euratom, les voix des Etats étaient affectées, dans la Communauté à neuf, de la pondération suivante : Allemagne, France, Grande-Bretagne, Italie, 10 ; Belgique, Pays-Bas, 5 ; Danemark, Irlande, 3 ; Luxembourg, 2. Les délibérations du Conseil étaient acquises quand elles avaient recueilli 41 voix lorsqu'elles étaient prises sur proposition de la Commission, 41 voix exprimant les votes d'au moins six Etats dans les autres cas. Par ces pondérations complexes et savantes, les rédacteurs des traités ont voulu éviter la formation de majorités de rencontre, nécessairement éphémères ; ils entendaient, en outre, tenir compte de l'inégalité objective des Etats, sans aller jusqu'à permettre la domination des « petits » Etats par les « grands ». (Dans la Communauté élargie à douze, l'Espagne est dotée de 8 voix, le Portugal et la Grèce de 5, les délibérations sont acquises quand elles ont recueilli 54 voix, exprimant les votes d'au moins 8 Etats lorsqu'elles ne sont pas prises sur proposition de la Commission. Dans la Communauté à quinze, 4 voix seront attribuées à l'Autriche et à la Suède, 3 à la Finlande, le nombre de voix requis étant de 62, représentant éventuellement 10 Etats.)

Malgré ces précautions, la règle de la majorité a été souvent critiquée par le gouvernement français. Ainsi le ministre des Affaires étrangères déclarait-il, le 3 novembre 1966, devant l'Assemblée nationale : « La règle de la majorité est acceptable à la limite pour les décisions secondaires, inefficace et dangereuse dès que le sujet est sérieux. » De fait, c'est l'appréhension née chez le chef de l'Etat français de la perspective du passage à la troisième phase du Marché commun, et du remplacement progressif de l'unanimité par la majorité, qui est à l'origine de la crise du 30 juin 1965, et qui explique l'exigence d'un réexamen de la procédure de vote à laquelle répond la déclaration commune de Luxembourg, le 29 janvier 1966. Déclaration d'intention politique, sans effet juridique obligatoire, exprimant en outre des positions contradictoires, le texte du 29 janvier 1966 n'en a pas moins eu, en fait, de graves conséquences : il a conduit à la mise en sommeil de la règle du vote à la majorité, le « délai raisonnable » pendant lequel le Conseil s'efforce de parvenir à l'unanimité s'allongeant démesurément ; il a ainsi enlevé à la Commission la position de force qui lui était conférée en tant qu'interprète de l'intérêt communautaire – selon les articles 149 et 119 des traités de Marché commun et d'Euratom, un amendement d'origine étatique sur une proposition de la Commission doit obtenir l'unanimité du Conseil ; l'Etat dont l'amendement est repoussé faute d'unanimité ne peut donc, à lui seul, bloquer, par son vote négatif, la proposition de la Commission... mais il le peut, selon la « règle » nouvelle du vote sur l'ensemble à l'unanimité. L'équilibre institutionnel souhaité par les traités est donc faussé. Les méfaits de la nouvelle « politique du veto » ont été souvent soulignés par le président de la Commission devant le Parlement européen ; dans le communiqué final du sommet de Paris, le 10 décembre 1974, les chefs d'Etat et de gouvernement ont exprimé la volonté de les limiter...

La répartition des compétences entre les organes d'action

Le traité de Bruxelles a maintenu – sauf en matière financière – la répartition des compétences entre les deux organes d'action propre à chaque Communauté ; une dissymétrie formelle subsiste donc entre la prééminence de l'exécutif indépendant dans le traité sur la CECA et celle du collège interétatique dans les deux traités de Rome.

Le système de la CECA a, en effet, été marqué par un élan fédéraliste non encore érodé au début des années cinquante : le seul véritable exécutif est la Haute Autorité, seul organe nommé dans la déclaration Schuman et première institution créée au cours des négociations de Paris. La Haute Autorité doit, par son action, permettre le fonctionnement harmonieux du Marché commun du charbon et de l'acier ; elle n'assure pas seulement « l'application d'une règle de jeu », selon l'expression de Paul Reuter, mais peut aussi entrer dans le jeu – par exemple, par ses interventions pour orienter les investissements et faciliter la reconversion. La Commission unifiée, en tant qu'organe de la CECA, est ainsi investie d'une large mission d'exécution des dispositions du traité, qui implique l'émission d'actes juridiques de caractère obligatoire – décisions et recommandations. L'organe interétatique, agissant comme Conseil spécial de ministres de la CECA, n'est que le « tuteur » de l'exécutif indépendant dans certaines hypothèses, son « avis conforme », parfois unanime, est requis – ainsi, lorsque l'action de la Haute Autorité peut avoir une influence sur l'économie générale des Etats membres, ou faire naître des droits ou obligations non formellement prévus par le traité ; par ailleurs, le Conseil exerce un pouvoir de décision propre dans les domaines de l'« administration supérieure » de la CECA – extension des produits soumis au traité, adhésion d'Etats tiers, révision ou lacune du traité... En pratique, la Haute Autorité n'a pas abusé de son indépendance et s'est efforcée de ne décider qu'avec l'acquiescement du Conseil : ainsi s'est opéré un rapprochement de fait avec les rapports entre organes d'action tels qu'ils sont conçus par les traités de Rome.

Le contraste est pourtant, en apparence, fort net entre le système de la CECA et celui de la CEE et de l'Euratom. Ainsi l'article 145 du traité sur le Marché commun pose-t-il le principe du pouvoir de décision du Conseil – d'un Conseil qui n'en est plus à se voir reconnaître quelques compétences marginales : « En vue d'assurer la réalisation des objectifs fixés par le présent traité, et dans les conditions prévues par celui-ci, le Conseil [...] dispose d'un pouvoir de décision. » En réalité, la prudence des Etats est compréhensible : le traité de la CECA énonçait des dispositions précises, souvent directement applicables ; l'action de la Communauté du charbon et de l'acier était, par avance, techniquement orientée et limitée ; il n'y avait donc pas grand risque à donner à l'exécutif indépendant un pouvoir de décision fort étendu... Le traité sur la CEE est beaucoup plus abstrait ; la plupart de ses dispositions expriment de simples principes généraux ; les Etats n'ont pas voulu abandonner à l'exécutif indépendant des décisions qui n'étaient pas prédéterminées par les règles mêmes du traité ; selon l'ancien ministre belge Pierre Wigny, « ils se sont réservé un minimum de sécurité en concentrant le pouvoir véritable là où ils maintiennent leurs délégués, c'est-à-dire au Conseil ».

L'imprécision du traité sur la CEE laissant place à l'exercice d'une véritable fonction législative, le Conseil a le pouvoir de poser des règles générales liant les Etats et même, dans certains cas, les particuliers, sous la forme de règlements et de directives. Mais on sait déjà qu'une procédure originale ménage un droit d'initiative à la Commission : dans les cas les plus fréquents, la Commission présente au Conseil des « propositions », qui ne sont pas de simples avis consultatifs, des projets que le Conseil pourrait modifier à son gré, mais de véritables décisions « au premier degré » ; le Conseil peut les accepter à la majorité requise, ou les rejeter, mais s'il souhaite les amender, il ne peut le faire qu'à l'unanimité. Ici apparaît, dans l'esprit originaire des Communautés, la nécessité d'une profonde collaboration entre les deux organes d'action : la Commission doit être étroitement associée aux travaux du Conseil – sauf à imaginer une stricte séparation des phases de l'élaboration du droit communautaire, qui ne serait pas sans rappeler la Constitution de l'an VIII, le Tribunat élaborant la loi, le Corps législatif votant sans discussion par oui ou par non...

Outre cette fonction législative, qui correspond à une application dynamique du traité, le Conseil est investi de nombreuses autres compétences, constituantes, gouvernementales internes et externes. Au-delà de son pouvoir de recommandation, qui lui confère en réalité la définition des politiques communes, la Commission s'est affirmée comme la « gardienne du traité de la CEE » : elle peut, spontanément ou après plainte d'un Etat, estimer qu'un Etat membre a violé ses obligations ; elle le met alors en demeure de présenter ses explications, puis émet un avis motivé et détermine le délai dans lequel l'Etat doit se conformer à cet avis ; enfin, à défaut, elle peut saisir la Cour de justice, l'Etat étant tenu de prendre les mesures édictées par la Cour dans son arrêt. La Commission peut, au contraire, délier momentanément de ses obligations un Etat membre aux prises avec des difficultés graves ; son intervention n'a normalement qu'un caractère supplétif, recommandation étant d'abord faite aux Etats de s'entendre entre eux, mais elle est directe en cas d'urgence, après que l'Etat a pris certaines mesures que la Commission peut réformer ou supprimer ; dans ce dernier cas, la Commission apparaît donc comme un véritable supérieur hiérarchique des Etats...

S'il existait, avant 1965, de grandes différences entre les attributions financières des organes d'action dans le système de la CECA et dans celui des deux autres Communautés, le traité de Bruxelles a opéré, par ses articles 20 à 22, un alignement des régimes financiers sur les dispositions du traité de Marché commun. Un budget unique des Communautés est établi ; en restent, cependant, exclus les dépenses d'intervention de la CECA et le budget d'investissements et de recherches de l'Euratom – par ailleurs, la CECA conserve, avec le « prélèvement sur la production de charbon et d'acier », des ressources autonomes, alors que les dépenses de la CEE et de la Communauté atomique sont encore financées par les seules contributions des Etats membres. La procédure budgétaire est unifiée : la Commission des présidents de la CECA (Haute Autorité, Conseil spécial de ministres, Assemblée, Cour de justice), qui dressait l'état prévisionnel général des dépenses à partir des états de chacune des institutions, et dont la décision valait autorisation budgétaire, est supprimée ; la Commission unique arrête chaque année, avant le 30 septembre, un avant-projet de budget, le Conseil adopte le projet avant le 31 octobre puis le transmet à l'Assemblée qui peut proposer des modifications dans le délai d'un mois – après quoi, le Conseil statue définitivement.

Ainsi le traité de Bruxelles confère-t-il à l'organe intergouvernemental le pouvoir budgétaire : l'exécutif indépendant est surtout chargé de la préparation matérielle du document ; le Parlement ne peut imposer au Conseil qu'une sorte de seconde lecture. Le 12 mai 1965, appelé à rendre un avis sur les propositions de la Commission de la CEE relatives au financement de la politique agricole commune, le Parlement allait réclamer le « droit au dernier mot » en matière budgétaire – un droit de veto dans l'immédiat, le pouvoir budgétaire complet après son élection éventuelle au suffrage universel. De fait, la création de ressources propres de la CEE, qui était à l'origine de ce débat, allait annihiler le contrôle des parlements nationaux sur les contributions des Etats membres destinées à disparaître ; elle devait, en toute logique, lui substituer un contrôle de l'institution parlementaire européenne. Mais les propositions mêmes de la Commission, pourtant plus modérées que celles contenues dans l'avis du Parlement, allaient se heurter à de sérieuses réticences étatiques et à la suspension des négociations, au sein du Conseil, le 30 juin 1965...

Le droit au dernier mot, l'Assemblée européenne l'a obtenu dix ans plus tard – à partir du budget de l'exercice 1975. La nouvelle procédure a été établie par le traité de Luxembourg du 22 avril 1970 : le projet de budget est adopté par le Conseil à la majorité qualifiée, au vu des prévisions de dépenses avancées par chacune des institutions et regroupées par la Commission ; il est soumis, au plus tard le 5 octobre de chaque année, à l'Assemblée, qui arrête le budget. Désormais, c'est le président du Parlement, et non plus celui du Conseil, qui constate que le budget est devenu définitif et exécutoire. En pratique, l'initiative parlementaire ne s'exercera que sur une fraction minime des dépenses, le Conseil restant maître de la décision pour celles – près de 95 % du total des dépenses – qu'imposent les règles communautaires.

Le Parlement européen, à l'heure du suffrage indirect

« C'est à l'Assemblée de traduire les sentiments de l'opinion publique, c'est à elle qu'il appartient de faire comprendre aux gouvernements et aux exécutifs que l'idée européenne est une réalité vivante » : ainsi Robert Schuman rappelait-il le caractère essentiellement politique de l'Assemblée de la CECA, dont il venait d'être élu président. Institution commune depuis 1957, l'Assemblée unique s'est donné, lors de sa première session, le nom d'« Assemblée parlementaire européenne » (résolution du 20 mars 1958), puis, quatre ans plus tard, de « Parlement européen » (résolution du 30 mars 1962) ; elle est composée, selon les traités de Paris et de Rome, de « représentants des peuples des Etats réunis dans la Communauté » – en réalité, de délégués que les différents parlements nationaux sont « appelés à désigner en leur sein selon la procédure fixée par chaque Etat membre ». Chaque Etat est donc juge : l'un pourra faire élire ses représentants par les deux chambres de son parlement, pour l'autre, le choix devra être fait au sein d'une seule chambre, un troisième pourra même confier la désignation des délégués à une commission spécialisée de la chambre, chacun d'eux pouvant opter pour la représentation proportionnelle ou le scrutin majoritaire ; de fait, ces différentes procédures nationales coexistent. Le Parlement européen compte, à l'heure du suffrage indirect, mais après le premier élargissement de 1972, 198 membres – dont 36 pour l'Allemagne fédérale, la France, la Grande-Bretagne et l'Italie, 14 pour les Pays-Bas et la Belgique, 10 pour le Danemark et l'Irlande, 6 pour le Luxembourg.

La formule du suffrage indirect a été justifiée par la nécessité d'une préparation progressive de l'opinion publique européenne – argument que développait déjà Henri de Saint-Simon, dans son opuscule sur *La Réorganisation de la société européenne*, lorsqu'il se prononçait pour une représentation « sélective » à la « Chambre des députés » de l'Europe. Ce mode de désignation n'est pas inhabituel dans un système fédéral : le Sénat des Etats-Unis a été élu, un siècle durant, par les législatures des Etats membres. Encore importe-t-il de percevoir, derrière la justification logique, le refus prolongé de ses tuteurs nationaux d'émanciper le Parlement européen, la méfiance des divers gouvernements envers un parlement supranational sur lequel ils craindraient de ne plus être en mesure d'intervenir efficacement. Pour les négociateurs des traités de Paris et de Rome, le recours au suffrage indirect, l'interposition de filtres successifs ne devaient être que temporaires. La vocation du Parlement à être élu au suffrage universel direct était reconnue : il appartenait à l'Assemblée d'élaborer un projet en ce sens et au Conseil de prendre une décision à l'unanimité, les Etats devant alors adopter, conformément à leurs règles constitutionnelles, les mesures nécessaires. Mais le projet, élaboré dès le 17 mai 1960 par l'Assemblée, et transmis dès le 20 juin au Conseil, n'a jamais fait l'objet d'une décision de l'organe interétatique ; il faudra attendre le sommet de Paris, les 9 et 10 décembre 1974, pour que s'ouvre une perspective nouvelle, celle d'une « élection au suffrage universel direct... à partir de 1978 ».

Malgré une conjoncture contraire, le Parlement a toujours été animé d'une dynamique propre qui l'amène à confronter ses ambitions à la résistance des autres organes communautaires et à revendiquer une extension de ses compétences inspirée des pouvoirs normalement reconnus aux parlements nationaux. Outre son intervention en matière financière, le Parlement est investi de compétences de contrôle politique et de consultation – inégalement développées selon les traités dans le cadre desquels elles s'exercent.

Organe de contrôle politique, l'Assemblée européenne dispose d'une arme en apparence radicale : la responsabilité politique de l'exécutif indépendant peut être mise en jeu devant elle par le mécanisme de la motion de censure. Une telle motion, adoptée au scrutin public par les deux tiers des suffrages exprimés – à la condition qu'ils représentent la moitié des membres de l'Assemblée –, contraint l'exécutif à une démission collective. Cette forme extrême de contrôle politique était étroitement limitée, dans le système de la CECA (art. 24 du traité de Paris), dans le temps et dans son objet : la censure n'était possible que pendant la discussion du rapport général d'activité présenté annuellement par la Haute Autorité. Dans le système du Marché commun et de l'Euratom (art. 144 et 114 des traités de Rome), la censure peut intervenir à tout moment : ainsi est achevée la transposition au niveau communautaire d'un parlementarisme qu'on peut qualifier d'« orléaniste », puisque la Commission unique, responsable devant le Parlement, n'en est pas moins instituée, de manière totalement distincte, par accord entre les gouvernements nationaux.

Transposition très formelle : ce moyen de mise en cause de la responsabilité est trop violent pour ne pas être finalement inefficace. Dans nombre de régimes parlementaires nationaux, l'existence d'un parti majoritaire a conduit à une collaboration quotidienne des organes de l'Etat, plus qu'à une mise en cause systématique de l'exécutif. Dans un système embryonnaire tel que celui des Communautés, la mise en jeu d'une responsabilité politique, même affirmée par les textes, est encore plus difficile à envisager : la censure directe sera d'autant plus irréelle qu'elle n'atteindra pas l'organe d'action le plus important. Certes, dans le cadre de la CECA, la procédure n'est pas sans intérêt puisque le traité de Paris fait de la Haute Autorité le véritable exécutif et lui confère la compétence réglementaire. Par contre, dans le cadre du Marché commun et de l'Euratom, le mécanisme est insolite : la Commission n'est pas dénuée de pouvoirs ni d'influence, mais le Conseil est l'acteur essentiel... et il ne peut être censuré ! Le Parlement est donc invité à faire de la Commission le « bouc émissaire » d'une politique dont elle n'a pas la responsabilité réelle. Le 23 mars 1977, une motion de censure n'en a pas moins été déposée par le groupe gaulliste et les communistes français contre la Commission du Marché commun après sa décision d'arrêter les ventes d'excédents de beurre à l'URSS ; elle fut repoussée par 95 voix contre 15. L'année précédente, une première motion de censure avait été déposée par les conservateurs... contre l'incorporation de lait en poudre écrémé dans les nourritures d'animaux. (La Commission sera poussée à se démettre, vingt-deux ans plus tard, le 15 mars 1999... par le Parlement européen élu au suffrage universel direct)

Les armes véritables du Parlement, en matière de contrôle politiquc, sont moins solennelles : ce sont les questions avec demande de réponse écrite ou orale posées par les membres de l'Assemblée – le député socialiste néerlandais Vredeling a même associé son nom à cette procédure, manifestant un intérêt dominant mais non exclusif pour les problèmes agricoles qui suscitèrent de sa part, dans les seules années 1958-1966, 140 questions. La procédure des questions, expressément prévue par les traités de Paris et de Rome à l'adresse de l'exécutif indépendant, a été considérablement développée par le règlement intérieur du Parlement : son article 20 ouvre aux parlementaires la possibilité d'interroger également le Conseil – interprétation extensive des pouvoirs du Parlement, que le Conseil a accepté de bonne grâce. Ainsi s'esquisse un dialogue, certes encore limité et discontinu, entre le Parlement et le Conseil – qui, à défaut de sanction, peut servir de stimulant aux activités du Conseil. De même, l'article 28 du règlement intérieur envisage l'adoption de résolutions par le Parlement – pratique non prévue par les traités, mais qui n'est pas dénuée de portée politique : elle a permis au Parlement de développer ses interventions à l'occasion de chaque problème important. Pour améliorer les rapports du Parlement et du Conseil a été imaginée, en 1958, la pratique du « colloque » : parlementaires et ministres se réunissent chaque année, vers le mois de novembre, en un colloque auquel participe la Commission ; ils discutent d'un thème retenu par le Conseil parmi deux propositions du Parlement ; l'échange de vues et la résolution finale peuvent influencer la politique à venir du Conseil. L'entrée en vigueur, le 1er janvier 1975, de la nouvelle procédure budgétaire a entraîné la création, par une déclaration commune des trois institutions, d'une « commission de concertation » destinée à rapprocher les positions du Parlement et du Conseil sur les actes communautaires « de portée générale », ayant des « implications financières notables » et dont « l'adoption n'est pas imposée par des actes préexistants » : il est vrai que la fonction du Parlement n'est plus qu'indirectement ici de contrôle politique ; elle est, surtout, de délibération.

Uniquement organe de contrôle selon le traité de Paris, le Parlement dispose, en outre, selon les articles 137 et 107 des traités instituant la CEE et l'Euratom, de « pouvoirs de délibération » : évoquer de tels pouvoirs, dans deux des traités constitutifs, c'est manifester que le Parlement participe, bien que de manière encore imparfaite, à la formation de la volonté des Communautés. De fait, les fonctions de délibération et de consultation représentent une même innovation des traités de Rome : 18 articles du traité sur le Marché commun, 11 du traité sur l'Euratom prévoient la consultation du Parlement par le Conseil sur les propositions faites par la Commission – dispositions qui confirment la vocation de l'assemblée à représenter les peuples des Etats membres, puisqu'elles ont trait à des domaines intéressant particulièrement les individus ou les catégories sociales (libre établissement, protection sanitaire, politiques agricole, sociale...) ; par ailleurs, les articles 149 et 119 des traités sur la CEE et la Communauté atomique, envisageant l'hypothèse où un acte du Conseil est pris sur proposition de la Commission, précisent que la Commission peut modifier sa proposition initiale, « notamment dans le cas où l'Assemblée a été consultée ».

Comment interpréter ces textes ? La consultation peut peser sur la prise de décision, ou au contraire être dénuée de signification pratique, selon la manière dont elle est conçue et organisée. A bien des égards, l'attitude des organes d'action a été empreinte de souplesse. Bien que n'ayant pas de droit d'initiative formel, le Parlement s'est vu reconnaître la possibilité de soumettre des suggestions à l'exécutif indépendant, de lui demander de présenter certaines propositions au Conseil, voire d'adresser directement au Conseil des projets de règlement ; le Parlement a même pu inviter les gouvernements des Etats membres à élaborer un projet de révision des traités selon un schéma fixé par lui, puis être consulté sur ledit projet par le Conseil – comme le montre la consultation du 20 octobre 1961 sur le projet de convention instituant un conseil et une commission uniques. De même, le Conseil a reconnu que la liste des articles prescrivant la consultation dans chaque traité n'était pas limitative, que des consultations facultatives pouvaient compléter les consultations obligatoires : il a saisi plusieurs fois le Parlement en dehors des cas énoncés par les traités.

L'ambiguïté fondamentale procède, comme l'a montré Paul Reuter, des natures opposées des démarches de la Commission et du Parlement. Le Parlement est tenté d'examiner en législateur tout-puissant les propositions de la Commission sur lesquelles il est consulté ; il n'est guère tourmenté par les éventuelles réactions du Conseil, dont, au demeurant, il ignore tout – à moins que, comme cela s'est produit parfois, le Conseil ne se prononce avant l'intervention du Parlement... La Commission, au contraire, assume une fonction quasi diplomatique : elle engage une sorte de négociation avec le Conseil et, dans le dessein d'aboutir à une solution, lui présente, s'il le faut, de nouvelles propositions sur lesquelles elle ne consultera pas, cette fois, le Parlement. Mais considérer le pouvoir consultatif du Parlement comme épuisé dès la première consultation, n'est-ce pas l'anéantir ? Conscient de ce risque, le Parlement a vivement critiqué les pratiques de la Commission. En 1963, le Rapport Deringer pose clairement la question : « Dans la mesure où le Conseil a inclus dans les règlements définitifs des dispositions auxquelles il n'était même pas fait allusion dans le projet de l'exécutif soumis au Parlement, on doit se demander si l'élaboration du règlement, ou du moins de cette partie du règlement, n'est pas entachée d'un quelconque vice de forme en vertu des dispositions du traité. » Le président de la Commission de la CEE rétorque : « L'adoption du règlement n'est viciée, au point de vue formel, que si le Conseil a introduit dans le règlement un élément foncièrement nouveau qui n'a, par conséquent, pas fait l'objet de la consultation » – il ajoute que c'est là une hypothèse « fort théorique »... mais ne résout pas le problème qui est de savoir quelles dispositions constituent « un élément foncièrement nouveau ». Par sa résolution du 17 octobre 1967, le Parlement manifeste au Conseil son désir d'être consulté « sur l'ensemble des dispositions essentielles des textes que le Conseil envisage d'adopter même si, à cet effet, plusieurs consultations sont nécessaires relativement à un même projet de texte » ; il invoque la jurisprudence de la Cour selon laquelle « une consultation n'est valable que si l'organisme consulté dispose des éléments qui permettent une étude de tous les points essentiels et de toutes les possibilités de solution ». Dès lors, les règlements finalement adoptés dans un texte très différent de celui qui a été soumis au Parlement pourraient être annulés par la Cour pour vice de forme... mais cet argument est peu à même de convaincre le Conseil, car le Parlement ne peut saisir la Cour d'un recours en annulation. En réalité, pour le Parlement, au-delà du plan juridique, c'est l'équilibre général de la Communauté qui est en cause, que menace une collaboration trop étroite des deux organes d'action : il peut être dangereux que la Commission s'attache trop à savoir quelles solutions ont le plus de chances d'être adoptées par le Conseil, qu'elle joue trop les « courtiers » à la recherche de compromis, qu'elle pousse trop loin sa concertation avec les experts des Etats membres lors de l'élaboration de ses propositions ; ne faut il pas, au contraire, séparer nettement les responsabilités et les fonctions que le traité impartit à chacun des deux organes d'action ?

L'intervention consultative du Parlement est, par ailleurs, prévue lors de la conclusion d'accords d'association entre le Marché commun ou l'Euratom et des Etats tiers – de tels accords étant « conclus par le Conseil agissant à l'unanimité et après consultation de l'Assemblée » (art. 238 et 206 des traités sur la CEE et la Communauté atomique). La compétence attribuée ici au Parlement européen évoque celle normalement détenue par les organes législatifs nationaux en matière de politique étrangère ; mais la transposition des techniques parlementaires au plan communautaire se révèle, en la circonstance, particulièrement défectueuse. En apparence, le Parlement européen est habilité à exercer sur la politique extérieure menée par le Conseil un contrôle sensiblement plus poussé que celui des parlements nationaux : il intervient dans la procédure de conclusion des traités, donc au cours des négociations, alors que les organes législatifs nationaux ne se manifestent qu'au stade de la ratification, donc après la conclusion du traité (... dans la mesure où la Constitution nationale le prévoit). Dans la réalité, la situation de l'Assemblée européenne est inférieure à celle des parlements nationaux : lorsque ces derniers interviennent, c'est pour prendre une véritable décision dont peut dépendre politiquement le sort du gouvernement, et non, comme le Parlement européen, pour délivrer un simple avis que le Conseil peut fort bien ne pas suivre – de propos délibéré ou du fait des exigences du partenaire avec lequel la négociation se poursuit... Car la curieuse procédure des articles 238 et 206 est d'une mise en œuvre difficile : comment consulter une assemblée dans le cours même d'une négociation diplomatique ? Une solution a été adoptée lors de la conclusion des accords d'association avec la Grèce et la Turquie : elle a consisté à soumettre à l'Assemblée un accord déjà signé par le Conseil – qui statue ainsi deux fois sur le même acte, avant et après la consultation du Parlement. Assimilation fictive à la procédure de ratification dans les ordres juridiques nationaux, qui a suscité l'amertume des parlementaires européens : les porte-parole des divers groupes ont souligné que les termes du traité ont une signification claire et que l'Assemblée doit être consultée avant la conclusion de l'accord, c'est-à-dire avant même qu'il soit paraphé ; au Conseil d'associer l'Assemblée aux négociations « dans la forme la plus appropriée ». La « procédure Luns », imaginée par l'ancien ministre néerlandais des Affaires étrangères, a donné une satisfaction partielle au Parlement : un échange de vues a lieu entre le Conseil et la Commission parlementaire compétente, avant la signature. Pouvait-on, à l'époque, aller au-delà ? Il faut reconnaître que le Parlement, sauf à s'immiscer dans la négociation, ne peut être consulté que sur un texte arrêté par le Conseil. Et le Conseil de préciser que l'approbation qu'il donne à l'accord avant de le soumettre à l'Assemblée ne le lie pas définitivement : il reste en droit de ne pas prendre, au vu de l'avis de l'Assemblée, la décision de conclusion de l'accord.

Le rôle consultatif du Parlement peut paraître, à l'ère du suffrage indirect, finalement mineur. Les parlementaires eux-mêmes manifestent un certain scepticisme sur le destin de nombre de leurs avis ; la situation a été ainsi décrite par l'un d'eux, à la tribune de l'Assemblée : « Les avis partent du Parlement pour être transmis à l'exécutif et au Conseil. Une fois cette formalité accomplie, nous ne savons absolument plus rien de ce qu'il en advient... Et puis, un beau jour, une agence de presse bien informée nous signale que le Conseil de ministres a pris telle ou telle décision... On ne nous dit absolument rien [...] des mobiles qui ont déterminé le Conseil de ministres à ne pas accueillir les avis. » En effet, les décisions du Conseil ne sont pas publiques et les membres du Parlement n'ont connaissance officiellement que des éléments communiqués par la Commission. Sans doute une étude cas par cas révélerait-elle que l'avis du Parlement est plus particulièrement suivi lorsque les modifications qu'il préconise sont soutenues par la Commission. Sans doute aussi, la combinaison des deux compétences, consultative et du contrôle politique, pourrait-elle théoriquement donner au Parlement un pouvoir quasi législatif : l'Assemblée userait de son pouvoir de sanction à l'encontre de l'exécutif indépendant lorsque celui-ci aurait pris, sur le texte qui fait l'objet de la consultation, une position trop nettement opposée à la sienne.

A vrai dire, tel Godot, le Parlement européen des années 1960-1970 vit dans l'attente... Il attend tout de son élection au suffrage direct, et, d'abord, une véritable légitimité. Seule l'investiture directe de ses membres lui permettra de s'ériger en un centre d'impulsion authentique, de se ménager l'adhésion positive de l'opinion publique, d'apporter l'appui de son autorité à l'exécutif indépendant détaché des ordres nationaux...

La Cour de justice

La fonction juridictionnelle, c'est-à-dire l'apurement de l'ordonnancement juridique, est confiée, dans les Communautés, à la Cour de justice, institution commune depuis 1957 encore qu'exerçant des compétences propres à chaque communauté. La mission générale de toute juridiction est de contrôler, d'une façon socialement inattaquable, la conformité des situations juridiques à la règle de droit ; une telle mission est inscrite, dans les mêmes termes, dans les trois traités : « La Cour assure le respect du droit dans l'interprétation et l'application du présent traité » (art. 31, 164 et 136 des traités sur la CECA, la CEE et la CEEA). A cette fin, la juridiction européenne doit être érigée en pouvoir distinct, échappant à la « puissance hiérarchique » des exécutifs des Communautés ou des Etats, au moins pour des raisons d'art politique – qui se ramènent à la nécessité de garantir aux justiciables la vérité et l'impartialité du droit qui va leur être dit. Certes, l'indépendance d'une juridiction est particulièrement difficile à aménager au-delà de l'ordre étatique, dans une société encore peu ordonnée, où les sujets de droit sont, en même temps, gouvernants : ainsi les juges qui forment la Cour des Communautés – un par Etat membre – sont-ils nommés pour six ans par les gouvernements d'un commun accord, leur mandat étant renouvelable – par là pourrait éventuellement se manifester une certaine pression des exécutifs nationaux. Mais une telle hypothèse reste théorique : les juges, qui doivent remplir les conditions requises pour assumer les plus hautes charges juridictionnelles dans leur pays ou encore être des jurisconsultes aux compétences notoires, sont choisis, selon l'article 167 du traité sur la CEE, en fonction des garanties d'indépendance qu'ils présentent ; et si le nombre des juges peut être augmenté par le Conseil statuant à l'unanimité, c'est seulement à la demande de la Cour...

En fait, par nombre de ses traits, la Cour apparaît comme une juridiction moins internationale qu'interne, la juridiction interne des Communautés. Sur chaque affaire, l'un des avocats généraux développe publiquement, en toute indépendance et en toute impartialité, des conclusions motivées ; il joue le même rôle que le commissaire du gouvernement devant les juridictions administratives françaises. Les arrêts de la Cour ont force exécutoire dans chaque Etat, suivant les voies de droit en vigueur – aucun « exequatur » n'est prévu ; la formule exécutoire nationale est apposée automatiquement par un ministre (en France, par le chef de l'Etat) au bas des arrêts.

Organe judiciaire des Communautés, la Cour de justice – qui exerce, par ailleurs, des compétences non contentieuses : disciplinaire, à l'égard des juges, des avocats généraux, des membres de l'exécutif indépendant ; consultative, en cas de révision des traités ou en matière de relations extérieures de l'Euratom – a une compétence juridictionnelle très diversifiée. Il s'agit, certes, d'une compétence d'attribution, les juridictions nationales restant titulaires de la compétence de droit commun : « Sous réserve des compétences attribuées à la Cour de justice par le présent traité, les litiges auxquels la Communauté est partie ne sont pas, de ce chef, soustraits à la compétence des juridictions nationales » (art. 183 du traité sur la CEE). Mais, dans ce cadre, la Cour est appelée à connaître de toutes les formes de contentieux, les recours énumérés par les traités pouvant être regroupés en grandes « familles » classiques – annulation, interprétation, pleine juridiction, répression, arbitrage. Le contentieux de l'interprétation (art. 177 du traité sur la CEE) est particulièrement fructueux : il instaure une collaboration entre le juge national qui prend la décision au fond et la Cour des Communautés à laquelle peut ou doit revenir la solution des questions préjudicielles d'interprétation ou de validité des actes communautaires ; il permet ainsi l'économie de la création d'un vaste système judiciaire communautaire et sensibilise les juridictions nationales à la dimension européenne de leur contentieux. (En 1986, l'Acte unique, modifiant sur ce point les traités de Rome et de Paris, a prévu la création, auprès de la Cour, d'un « tribunal de première instance », qui a été effectivement institué par une décision du Conseil du 24 octobre 1988.)

Signe du passage des institutions interétatiques traditionnelles à un véritable appareil supranational : la Cour des Communautés est donc mieux dotée en moyens de contrôle que l'organe judiciaire des Nations unies, la Cour internationale de justice. Sans doute la mutation n'est-elle pas complète, et l'organisation juridictionnelle communautaire reste-t-elle imprégnée de certains des postulats de la société interétatique : l'Etat, à défaut d'être requérant exclusif, est, au même titre que les organes communautaires, le requérant privilégié ; l'inégalité apparaît pleinement, si on tient compte de la qualité des défendeurs, les recours dirigés contre les Etats étant moins nombreux que ceux ouverts aux Etats contre les communautés. Du moins les voies de droit, très diverses, qui existent sont-elles adaptées aux besoins de contrôle et permettent-elles au juge communautaire – semblable en cela au juge interne – non seulement d'appliquer le droit communautaire, mais encore de se livrer à un vaste travail de précision jurisprudentielle des textes.

Normalement, la Cour de justice des Communautés applique le droit communautaire, impose le respect de la législation commune. Le droit communautaire ayant pour objet essentiel d'assigner ou de réglementer des compétences, et présentant donc dans son ensemble, pour reprendre l'expression de la Cour, un « caractère de droit public », le contrôle de la Cour porte principalement sur la conformité aux traités de base des règles de droit émanant des exécutifs communautaires, ces « sources secondaires » du droit européen : décisions, recommandations et directives. Ainsi les actes émanant des organes communautaires sont-ils soumis à un véritable principe de légalité : l'article 4 du traité sur la CEE indique clairement que chacune des institutions communautaires agit dans les limites des attributions qui lui sont conférées par le traité. Cette hiérarchisation des règles juridiques s'explique aisément : elle constitue une garantie pour les Etats membres dans la mesure même où les « normes secondaires » échappent au principe de la souveraineté étatique ; elle n'en est pas moins exceptionnelle dans l'ordre juridique international, dont le caractère volontaire et non formaliste est affirmé. Par contre, le droit communautaire se rapproche des systèmes juridiques internes, au sein desquels l'ensemble des normes s'ordonne théoriquement autour de la Constitution, norme fondamentale qui a pour mission de poser les principes essentiels qui doivent présider au maintien de la solidarité sociale, et de définir le rôle des organes publics chargés des fonctions étatiques – du moins lorsque les circonstances historiques et psychologiques ne sont pas telles que l'idolâtrie de la « Loi » se double d'une indifférence à la superlégalité constitutionnelle. De surcroît, la sanction de la supériorité constitutionnelle est aussi bien organisée dans l'ordre communautaire que dans les systèmes fédéraux les plus perfectionnés : la Cour de justice peut connaître des recours intentés par les Etats membres contre les organes communautaires comme des recours des organes communautaires contre les Etats membres ; on peut donc considérer, dans une perspective fédéraliste, que la Cour appartient à un ordre juridique fédéral, transcendant à l'ordre juridique des Etats membres mais aussi à celui des institutions fédérales centrales, qu'elle n'est donc pas située dans l'ordre fédéral central, mais au-dessus de lui – le doyen Colliard évoquait justement, à cet égard, la construction juridique de Hans Kelsen, la symétrie des recours qu'elle instituait et qui fut retenue lors de la rédaction de la Constitution autrichienne de 1921.

La tâche du juge communautaire, comme celle du juge interne, ne se ramène pas totalement à l'application, voire à l'interprétation, de la législation commune. La fonction juridictionnelle comporte aussi, pour le juge, le devoir de statuer, le devoir de dire le droit lorsque se présentent des espèces sur lesquelles toute règle législative fait défaut. Ainsi l'article 4 du Code civil énonce-t-il que le juge qui se retranche derrière le silence de la loi pour refuser de juger commet un déni de justice. L'article 1er du Code civil suisse de 1907 précise qu'à défaut de disposition légale le juge prononce « selon les règles qu'il établirait s'il avait à faire acte de législateur ». A cet égard, l'ordre juridique communautaire se révèle, une fois encore, plus proche de l'ordre interne que de l'ordre interétatique : la société interétatique, peu organisée et peu solidaire, n'est pas sans connaître le *non liquet* du juge – encore que certains auteurs, tel Hersch Lauterpacht, aient tenté de montrer la « plénitude substantielle » du droit international. Au contraire, la Cour des Communautés est appelée à combler les lacunes des traités et de la réglementation émanée des organes communautaires – c'est à propos de ce pouvoir normatif, dont un exemple est fourni par le contentieux des agents de la CECA avant l'établissement d'un statut du personnel, qu'on a parfois parlé de « gouvernement des juges ».

On ne saurait donc réduire le rôle de la Cour à une confrontation purement automatique entre les textes des traités constitutifs et les actes qui lui sont soumis : à l'égal des cours fédérales, elle est amenée à préciser, voire à compléter les traités qui servent de fondement à l'ordre juridique communautaire. Pourtant, la Cour des Communautés ne pousse pas ce souci de « développement » des chartes constitutives aussi loin que... la Cour internationale de justice. Paradoxalement, parce qu'il a conscience de l'importance de ses décisions, parce qu'il se sent plus responsable que le juge international dont les attitudes proprement « constitutionnelles » ne sont que des avis, le juge communautaire a une politique jurisprudentielle relativement prudente. Au contraire de la Cour internationale, qui procède à des constructions jurisprudentielles dont l'audace peut influer sur l'équilibre instauré par les chartes constitutives des Nations unies ou des institutions spécialisées, la Cour européenne entend ne pas bouleverser, par ses décisions, le fonctionnement des Communautés ; elle est animée d'une volonté de renforcement de l'ordre juridique communautaire – dont elle a affirmé la supériorité sur les ordres étatiques, et dont elle a éclairé l'originalité, par exemple de par l'applicabilité immédiate de certains articles des traités – mais nuancée par la préoccupation du maintien des équilibres internes des Communautés. Charles de Visscher soulignait, dans son essai sur *Les Effectivités du droit international public*, que « les Communautés [...] ont trouvé leur expression juridique dans des textes précis, soigneusement pesés, fruits de compromis minutieusement ajustés. On ne peut, dans ces conditions, attendre de la Cour des Communautés la même liberté d'interprétation qui [...] a permis à la Cour internationale de justice d'émettre les avis concernant les compétences de certaines organisations internationales ». La prudence de la politique jurisprudentielle de la Cour est donc la contrepartie de l'épanouissement de la fonction juridictionnelle dans le cadre des Communautés.

Prudente, mais inspirée d'une « certaine idée de l'Europe », selon le juge Pierre Pescatore, la Cour a contribué à une constitutionnalisation « rampante » (Renaud Dehousse) de l'ordre juridique communautaire. Dans sa lecture des traités fondateurs, l'esprit et les objectifs généraux tenaient plus de place que la lettre des dispositions : la Cour a ainsi conféré à ces textes, particulièrement au traité de Rome sur le Marché commun, une effectivité que leurs rédacteurs n'avaient probablement pas perçue. Dès le début des années soixante, elle a construit un édifice constitutionnel reposant sur deux piliers : l'effet direct des traités et normes communautaires dans l'ordre juridique des Etats membres (arrêt Van Gend et Loos, 5 février 1963), la primauté du droit communautaire en cas de conflit avec des normes législatives nationales (arrêt Costa contre ENEL, 15 juillet 1964). Par la suite, elle s'est préoccupée de la délimitation des compétences de la Communauté, par le biais d'une doctrine des compétences implicites ; elle a assuré elle-même la protection des droits fondamentaux... afin de ne pas la laisser aux juridictions nationales, qui auraient pu menacer, par leurs décisions, « l'acquis communautaire ». Elle a ainsi suscité une dynamique de l'intégration par le droit, influant finalement sur la prise de décision communautaire, et légitimant par avance, par ses innovations jurisprudentielles, de futures politiques communautaires.

TITRE III

LE DÉVELOPPEMENT POLITIQUE DES COMMUNAUTÉS

VII

Les rapports de Luxembourg et de Copenhague : les débuts de la coopération politique

Dans la « déclaration sur l'identité européenne », qu'ils adoptent le 14 décembre 1973 à Copenhague, les chefs d'Etat ou de gouvernement rappellent qu'ils « ont établi un système de coopération politique afin d'aboutir à des attitudes concertées, et autant qu'il est possible et souhaitable, à des actions communes. Ils entendent développer cette coopération ».

Revanche des hérauts de la formule confédérale, hommes politiques nostalgiques de l'Etat-nation – ou encore théoriciens des « communautés pluralistes » qui, tels Karl Deutsch et ses collaborateurs de l'université de Princeton, prophétisaient l'échec de « l'intégration par amalgame » entreprise en Europe occidentale ? L'intention des gouvernants des Neuf semble plus modeste, et leur démarche plus lucide : il importe de parvenir, en marge du domaine d'intervention des Communautés, à un certain parallélisme dans l'élaboration des politiques nationales, tout en laissant intacts les divers systèmes gouvernementaux.

Esquissée, après l'échec du plan Fouchet, par le traité franco-allemand du 22 janvier 1963, la coopération politique a pris forme, dans l'élan du sommet de La Haye, selon les procédures mises en place par les rapports de Luxembourg, puis de Copenhague ; à partir du 10 décembre 1974, elle est couronnée par le Conseil européen, les sessions des chefs des exécutifs devant permettre de parvenir à des compromis impossibles à d'autres niveaux. Le système intergouvernemental semble, alors, signifier un retour au « concert des Etats » et à la voie diplomatique ; il implique un jeu entre professionnels, à l'écart de l'opinion publique. En fait, la question de son avenir est rapidement posée : pourra-t-il survivre à la transformation de l'ensemble des relations entre Etats membres de la Communauté en une Union européenne ?

Le traité franco-allemand

Le plan Fouchet et la coopération politique qu'il organisait qui n'avaient pu être réalisés par les Six, le chancelier Adenauer et le général de Gaulle ont tenté de les réussir au plan bilatéral franco-allemand. En visite officielle en Allemagne fédérale du 4 au 9 septembre 1962, le chef de l'Etat français se prononce pour la conclusion d'un accord franco-allemand qui consacrerait le rapprochement accompli par les deux pays – un tel accord n'aura-t-il pas un effet d'entraînement sur les partenaires de la Communauté ? Un communiqué commun, publié le 7 septembre, indique que « les dispositions pratiques seront prises par les deux gouvernements pour resserrer effectivement les liens qui existent déjà dans un grand nombre de domaines » ; dix jours plus tard, les experts français adressent à Bonn un mémorandum sur la coopération franco-allemande – auquel les services diplomatiques allemands répondent le 12 novembre ; les négociations sont alors engagées et menées très rapidement. Le 22 janvier 1963, le président français et le chancelier allemand signent, à l'Elysée, un traité d'amitié entre les deux pays.

L'esprit général de l'accord est bien celui du plan Fouchet. Une première partie traite de l'organisation de la coopération entre les deux Etats, conçue dans une forme diplomatique très classique : les chefs d'Etat et de gouvernement se rencontrent au moins deux fois par an et émettent des directives, qu'appliquent les ministres des Affaires étrangères, dont les réunions sont trimestrielles, ainsi que les ministres et hauts fonctionnaires de la Défense et de l'Education. Des contacts réguliers sont maintenus entre les directions politiques, économiques, culturelles des Affaires étrangères, les missions diplomatiques et consulaires, les représentations permanentes auprès des organisations internationales. Dans chacun des deux pays, une commission internationale coordonne l'action des autorités intéressées, présente un rapport périodique sur l'état de la coopération, formule toutes suggestions utiles sur l'exécution et l'extension du programme de coopération. Les orientations de ce programme sont décrites dans la deuxième partie de l'accord : en politique étrangère, des consultations doivent permettre de définir des positions analogues sur toutes les questions importantes – problèmes relatifs aux Communautés, à l'Alliance atlantique, aux rapports Est-Ouest, à l'ONU et aux institutions spécialisées, à l'aide au tiers-monde, aux relations économiques internationales ; l'information doit être améliorée entre les missions des deux pays dans les Etats tiers. Dans le secteur de la défense, les objectifs à atteindre sont : le rapprochement des doctrines relatives à la stratégie et à la tactique ; des échanges de personnels ; une coopération en matière d'armement par la préparation de projets communs et de plans de financement. Dans le domaine de l'éducation figurent l'enseignement des langues, les équivalences de diplômes, la recherche scientifique et, en priorité, le développement des échanges de jeunes entre les deux pays.

« Un accord de Burgraves dont le contenu est proche de zéro », avait commenté Maurice Duverger. De fait, le bilan de l'application du traité paraît limité : la création, le 5 juillet 1963, d'un Office franco-allemand de la jeunesse, doté d'un conseil d'administration autonome et financé par un fonds commun franco-allemand a, certes, assuré, avec une rare efficacité, l'échange de centaines de milliers de jeunes et permis, en profondeur, une meilleure compréhension entre les deux nations ; des résultats fragmentaires ont été obtenus dans le secteur militaire, mais qui n'ont pas permis de définir une politique de défense commune ; surtout, la concertation en politique étrangère ne semble guère avoir été pratiquée. En réalité, le traité était étroitement lié, dans ses intentions initiales, aux personnalités des deux gouvernants qui l'avaient conclu ; il avait rapidement suscité l'inquiétude des dirigeants des autres Etats de la Communauté, qui craignaient un empiétement de ce concert partiel sur le domaine communautaire. Soucieux de rassurer leurs partenaires européens, les parlementaires allemands devaient faire précéder le traité, par la loi de ratification du 16 mai 1963, d'un préambule rappelant leur fidélité à l'Alliance atlantique, à « l'intégration des forces des pays appartenant à cette

Alliance », et à la construction communautaire. Dès le 2 juillet 1963, le général de Gaulle pouvait constater : « Les traités sont comme les jeunes filles et les roses : ça dure ce que ça dure... Si le traité franco-allemand n'était pas appliqué, ce ne serait pas la première fois dans l'Histoire. » Et de conclure, à la suite de Victor Hugo : « Hélas ! que j'en ai vu mourir de jeunes filles. » Paradoxalement, les consultations régulières franco-allemandes tireront finalement l'essentiel de leur intérêt de l'existence même des Communautés : elles deviendront un rouage bilatéral officieux de préparation des Conseils des Communautés.

Les rapports de Luxembourg et de Copenhague

« Que de prudence et de réserve dans cette première étape tant en ce qui concerne les objectifs définis que la procédure (on ne peut dire l'organisation) mise sur pied ! » : le commentaire de Pierre-Henri Teitgen vise le rapport rédigé par le vicomte Davignon, directeur des affaires politiques au ministère belge des Affaires étrangères, et adopté à Luxembourg le 27 octobre 1970 par les chefs des diplomaties des six Etats de la Communauté, auxquels le sommet de La Haye avait confié l'étude de « la meilleure manière de réaliser des progrès dans le domaine de l'unification politique ». Les objectifs de la concertation en matière de politique étrangère sont, en effet, modestes : « Assurer par une information et des consultations régulières une meilleure compréhension mutuelle sur les grands problèmes de politique internationale. Renforcer la solidarité (des Etats en cause) en favorisant une harmonisation des points de vue, la concertation des attitudes et, lorsque cela apparaîtra possible et souhaitable, des actions communes. » De même la procédure est peu contraignante : les six ministres des Affaires étrangères se réunissent tous les six mois ; les chefs d'Etat ou de gouvernement se substituent à eux si la gravité des circonstances ou l'importance des sujets à traiter le justifie, et une consultation extraordinaire entre gouvernements peut être organisée en cas d'urgence ; un « comité politique », composé des directeurs des affaires politiques des ministères des Affaires étrangères, se réunit au moins quatre fois par an et prépare les réunions ministérielles. On relèvera cependant qu'une relation est établie entre les institutions communautaires et le mécanisme de concertation : la Commission des Communautés est invitée à faire connaître son avis sur les questions de politique internationale à examiner par les ministres « lorsque les travaux des ministres entraîneraient des effets sur les activités des Communautés » ; un « colloque » semestriel réunira « de manière informelle » les ministres et les membres de la Commission politique du Parlement européen, afin de discuter librement des questions qui font l'objet de consultations. En outre, le rapport de Luxembourg évoque le renforcement ultérieur de la coopération politique, parallèlement au développement des structures et des tâches des Communautés : les gouvernements s'efforceront de supprimer les divergences de leurs politiques extérieures qui pourraient faire obstacle au progrès de l'intégration économique, affirmation d'importance, en un temps où l'on envisage la création d'une union monétaire. Enfin, une liaison est établie entre l'intégration économique et la coopération politique : les Etats candidats aux Communautés devront « adhérer » au rapport de Luxembourg ; dans cette attente, ils seront régulièrement informés des travaux des Six dans le domaine de la coopération politique – de fait, la première réunion convoquée dans le cadre du rapport de Luxembourg se tiendra le 19 novembre 1970 à Munich pour examiner les problèmes du Proche-Orient et le projet de conférence sur la sécurité en Europe ; elle sera suivie, dès le 2 décembre, d'une réunion d'information avec les Etats candidats, consacrée aux mêmes thèmes.

Le rapport de Luxembourg avait prévu qu'il serait suivi d'un deuxième rapport d'ensemble sur la coopération politique : ce second document, le sommet de Paris des 21-22 octobre 1972 prescrit aux ministres de le présenter avant le 30 juin 1973 ; il sera adopté le 23 juillet 1973 à Copenhague. Au-delà de la satisfaction que manifestent les ministres dans le regard qu'ils portent sur les trois premières années de concertation, le rapport de Copenhague a surtout trait à l'intensification des procédures de coopération : en fait, il s'agit moins d'innover que d'officialiser les pratiques auxquelles les partenaires avaient déjà recours – en particulier, l'appel à un plus large concours des administrations nationales. Les sessions ministérielles sont portées de deux à quatre par an ;

les ministres peuvent, par ailleurs, se réunir au titre de la coopération politique lorsqu'ils se retrouvent « en d'autres occasions » : ainsi pourront-ils se concerter à l'issue des séances du Conseil des Communautés, à Bruxelles ou à Luxembourg, ou encore à Helsinki, lors de la signature de l'Acte final de la Conférence sur la sécurité... Le Comité politique siégera désormais « en fonction des circonstances » ; il pourra ainsi s'affirmer comme l'homologue du Comité des représentants permanents dans le système communautaire. En outre, une véritable coopération permanente est établie entre les appareils administratifs nationaux : un « groupe de correspondants », composé de fonctionnaires nationaux des ministères des Affaires étrangères (les neuf « directeurs Europe »), préparera les travaux du Comité politique, avec l'aide de groupes d'experts ; un système de communications facilitera les liaisons directes entre les neuf capitales ; les représentations diplomatiques des Neuf auprès de chacun de leurs partenaires de la Communauté, ainsi que celles auprès des grandes organisations internationales sont associées au réseau de coopération ; une planification commune à moyen et à long terme en matière de politique étrangère est instituée à travers le « groupe spécial d'analyse et de recherche ». Cette nouvelle organisation, au tissu plus serré, est censée pouvoir résoudre la plupart des problèmes de pure technique. Aux ministres, il revient de se porter en priorité sur les « cas concrets » touchant aux intérêts de l'Europe « sur notre continent ou en dehors de celui-ci, dans les domaines où une prise de position commune devient nécessaire et souhaitable » ; sur de telles questions, le rapport de Copenhague invite les Etats à ne pas fixer « en règle générale » de position nationale avant d'avoir consulté leurs partenaires. « En règle générale » : la réserve exclut l'engagement. Il s'agit d'une simple déclaration d'intention : en cas d'urgence, la consultation pourra avoir lieu après la décision ; de toute façon, la mise en œuvre de la consultation est subordonnée à l'existence d'une bonne volonté unanime...

Les rapports de Luxembourg et de Copenhague ne doivent pas faire illusion : ils présentent l'avantage de réintroduire, dix ans après l'échec du plan Fouchet, l'idée d'une harmonisation des diplomaties ouest-européennes ; mais le système de coopération intergouvernementale qu'ils décrivent est en deçà de celui que prévoyait... le plan Fouchet. Ainsi le projet d'« Union d'Etats » de 1961 instituait-il une véritable organisation internationale, fondée sur un traité, dotée de la personnalité juridique et d'organes propres, possédant des services administratifs et un budget ; les procédures de coopération résultent d'accords informels et ne s'appuient sur aucune structure permanente – les responsables des politiques extérieures nationales ne sont pas tenus, juridiquement, de participer aux réunions périodiques prévues ; la création, dans le cadre du rapport de Luxembourg, d'un secrétariat permanent chargé de la préparation des rencontres intergouvernementales – premier pas vers l'institutionnalisation – avait cependant été envisagée, les 10 et 11 février 1972, par le président Pompidou et le chancelier Brandt, mais la question du siège du secrétariat avait pris, par la suite, un tour passionnel – la France exigeant son installation à Paris, pour le soustraire à l'influence de la Commission des Communautés, les autres gouvernements préférant Bruxelles, précisément pour faciliter les liaisons avec la Commission... Autre différence importante : l'Union d'Etats recevait compétence pour tenter d'unifier non seulement la politique étrangère, mais aussi la politique de la recherche scientifique et de la culture, et surtout la politique de défense ; les réunions ministérielles prévues par l'accord du 27 octobre 1970 doivent s'en tenir aux questions de politique étrangère.

Les débuts de la coopération politique

Sur ces bases fragiles, une véritable coopération politique s'est amorcée – système très flexible, centré sur neuf politiques parallèles... auxquelles se substitue parfois une politique commune. Dès la première réunion ministérielle, à Munich le 19 novembre 1970, le dialogue s'est engagé sur le fond, et le saut de l'harmonisation à la concertation et à l'action commune s'est fait rapidement. « J'ai été étonné – heureusement étonné – de l'atmosphère qui a régné durant cette conférence. Il s'est agi, davantage que d'échanges de vues, de véritables consultations qui doivent mener à des décisions », déclarait le ministre néerlandais M. Luns. Mais c'est surtout à partir de l'automne 1973, dans l'adversité, que la concertation s'est affirmée, sur des cas concrets. Echanges de vues sur le Proche-Orient : le 13 octobre 1973, les Neuf, « vivement préoccupés de la reprise des combats au Proche-Orient », faisaient appel aux parties « pour qu'elles consentent à arrêter les hostilités » ; le 6 novembre 1973, ils définissaient les bases d'un accord de paix : « l'inadmissibilité de l'acquisition de territoires par la force ; la nécessité pour Israël de mettre fin à l'occupation territoriale qu'elle maintient depuis le conflit de 1967 ; le respect de la souveraineté, de l'intégrité territoriale et de l'indépendance de chaque Etat de la région et leur droit de vivre en paix dans des frontières sûres et reconnues ; la reconnaissance que, dans l'établissement d'une paix juste et durable, il devra être tenu compte des droits légitimes des Palestiniens » ; le 12 septembre 1975, lors de la rencontre ministérielle de Venise, les Neuf accueillaient « comme un résultat encourageant » le second accord intérimaire entre l'Egypte et Israël, « appréciaient vivement les efforts accomplis dans ce but par l'Egypte, Israël et les Etats-Unis », réaffirmaient « leur conviction que la dynamique de la négociation doit être alimentée afin que de nouveaux progrès substantiels puissent être accomplis sur la voie d'une solution pacifique globale dans le cadre de la conférence de Genève ». Discussions relatives au dialogue euro-arabe, dont le chef de la diplomatie de la République fédérale, M. Genscher, annonçait les résultats, à l'issue de la rencontre ministérielle de Bonn, le 10 juin 1974 : « Nous inviterons les Etats arabes à désigner un ou plusieurs représentants pour une première rencontre avec la présidence des Neuf... Il s'agit donc d'entamer – il convient de le souligner – une entreprise à très long terme qui, de l'avis général des Européens – et nous croyons aussi des Arabes – ne doit pas affecter les efforts actuels de paix au Proche-Orient. Les gouvernements européens veulent également avoir des conversations avec Israël ; ce désir correspond au caractère équilibré de la politique des Neuf au Proche-Orient... Il a été possible de formuler ici une politique commune des Neuf dans un domaine important de la politique étrangère ; il ne s'agit pas seulement d'une politique coordonnée. » Lancinant problème des consultations euro-américaines, qui, au lendemain des joutes de Michel Jobert et Henry Kissinger, les 11-13 février 1974 lors de la conférence de Washington sur l'énergie, fait l'objet du « compromis de Gymnich », le 20 avril 1974 : le ministre français des Affaires étrangères, Jean Sauvagnargues, président en exercice de la coopération politique, rappelait, le 16 octobre 1974, dans la communication annuelle au Parlement européen sur les progrès de la coopération politique, qu'avait d'abord été envisagée « une déclaration de principes euro-américaine, qui fût distincte de celle prévue dans le cadre de l'Alliance atlantique et préciserait, entre autres, les modes de consultation prévus entre nos amis américains et nous-mêmes. A la lumière des discussions qui suivirent la remise du projet européen, il est apparu que l'exercice suscitait plus de difficultés qu'il n'en résolvait, et qu'il conférait par ailleurs au problème des consultations un formalisme un peu artificiel » ; une formule pragmatique fut donc mise au point, l'accord informel de Gymnich prévoyant que « rien ne serait convenu par écrit et que toute procédure de consultation devrait faire l'objet d'un consensus préalable à Neuf, qui interviendrait cas par cas » – ce qui signifie que, lorsque dans le cadre de la coopération politique, l'un des partenaires soulève la question de l'information ou de la consultation d'un Etat allié ou ami – ... tel que les Etats-Unis –, les Neuf en discutent et, s'ils tombent d'accord, confient à la présidence le soin d'agir en ce sens. Attention soutenue portée à l'évolution politique de l'Europe du Sud, et d'abord à celle du Portugal, au lendemain de la « révolution des œillets » : loin de la neutralité habituelle aux rapports interétatiques, la politique étrangère est empreinte, ici, d'idéologie et pourrait, à l'extrême, être interprétée comme transnationale – il s'agit d'un nouveau combat pour la légitimité démocratique des gouvernements du continent. Esquisse d'une harmonisation, plus difficile, des positions des Neuf dans l'enceinte des Nations unies : l'engagement de concertation, pris par les chefs des exécutifs le 17 juillet 1975, renouvelé par le ministre italien Mariano Rumor, président en exercice de la coopération politique, le 23 septembre 1975, devant la 30e session de l'Assemblée générale de l'ONU, a connu des fortunes diverses – de l'opposition commune « à toute tentative d'assimilation du sionisme au racisme » à la division des votes sur la résolution des Etats du tiers-monde sur le nouvel ordre économique international.

L'exemple le plus satisfaisant de coopération politique efficace entre les Neuf demeure celui offert par les travaux de la conférence sur la sécurité et la coopération en Europe, à Helsinki et à Genève. Sans doute des erreurs tactiques ont-elles été commises. Le document français relatif à « l'exécution de bonne foi des obligations assumées », en faisant référence aux « droits, obligations et responsabilités découlant des traités, accords et arrangements précédemment conclus », a pris un tour ambigu : ses auteurs avaient en vue les responsabilités des « Quatre » occupants de 1945 (Etats-Unis, Union soviétique, Grande-Bretagne et France) sur l'Allemagne ; mais la formule utilisée fleurait la doctrine Brejnev, elle inquiéta Yougoslaves et Roumains ; plus généralement, la distinction entre les Etats « responsables » et les autres était tout à fait contraire à l'esprit de la Conférence, qui reflétait une certaine démocratisation des relations interétatiques. Surtout, les Neuf semblent avoir concédé trop rapidement, en cette période ambiguë de détente relative entre l'Est et l'Ouest et d'alourdissement de la domination soviétique à l'est, le principe de l'inviolabilité des frontières, consécration de ce statu quo territorial si cher aux Soviétiques (atténué, il est vrai, par l'allusion arrachée à une possible modification pacifique) : leur atout principal abattu, les négociateurs occidentaux ne pouvaient plus attendre de progrès que d'une réelle volonté politique des puissances de l'Est – mais c'est encore la présentation par les Neuf, le 15 mai 1975, d'un document général portant à la fois sur les contacts humains et les problèmes de l'information, qui permit aux négociations paneuropéennes de se terminer positivement... A Helsinki et à Genève, l'action des Neuf s'était développée « à froid » ; en juillet 1975, l'affaire de Chypre a mis à l'épreuve le mécanisme de concertation politique dans des conditions fort différentes : la preuve a alors été faite qu'il était possible, en temps de crise, « d'obtenir entre les neuf membres de la Communauté le maintien quasi continu du contact et les décisions rapides qu'impose une situation se modifiant au jour le jour » – dès le 15 juillet 1975, date du coup de force tenté par les « colonels » grecs à Chypre, la consultation entre les Neuf a été ininterrompue, et nombre de démarches ont été décidées et effectuées, visant au rétablissement de l'ordre constitutionnel et au respect de l'indépendance de l'île, ainsi qu'au soutien de l'action de la Grande-Bretagne, puissance garante du statut cypriote. Est-ce à dire que cette action commune ait eu un effet déterminant sur l'évolution de la crise ? On se contentera de remarquer qu'en la circonstance la communauté de vues des Neuf était, en elle-même, un fait nouveau.

Restent les délibérations non unanimes des Neuf, qui peuvent exprimer des divergences tactiques... ou une véritable « rupture de consensus » sur le fond. Reste, surtout, le risque d'actions unilatérales susceptibles de déchirer les accords laborieusement établis – et qui font apparaître, périodiquement, la fragilité du mécanisme de la concertation. Le 14 avril 1975, le comité *ad hoc* de hauts fonctionnaires des Neuf – parmi lesquels évidemment un représentant de la France – qui, en étroite liaison avec la Communauté, suit la conférence préparatoire de Paris sur les rapports Nord-Sud, constate, avec la délégation de la CEE, que le dialogue est bloqué du fait de l'intransigeance des « sept » Etats en voie de développement, qu'il n'y a plus matière à négociation et que le mieux est de mettre fin à la Conférence dans la dignité. Mais, le lendemain, contrairement à la décision unanime des Neuf, le ministre français des Affaires étrangères engage des tractations afin de relancer coûte que coûte le dialogue. Pas de clerc, qui n'évite pas la rupture, mais ruine la démonstration d'une Communauté active, unie, et attentive – mais non jusqu'à la faiblesse – aux préoccupations du tiers-monde... De même, la déclaration sur l'Angola, adoptée lors de la rencontre ministérielle de Luxembourg le 23 février 1976, a été précédée d'une course à la reconnaissance du nouveau pouvoir de Luanda en ordre fort dispersé : le gouvernement de Paris, dans son impatience de voler au-devant de la victoire, avait mis un terme aux délibérations des neuf directeurs politiques, qu'il avait suscitées. Seize ans plus tard, à la fin de la guerre froide, la course à la reconnaissance de nouveaux Etats précédera, de la même manière, la réflexion ou la décision communes : en janvier 1992, lors du démantèlement de la fédération yougoslave, les prescriptions de la commission de juristes constitutionnels européens, censées discipliner le passage de l'Etat multinational à l'ère des souverainetés, entrent en collision avec les reconnaissances dispersées des Etats membres de la Communauté, lancées, cette fois, par l'Allemagne fédérale. (En 1995, dans son rapport sur « les progrès de la politique extérieure et de sécurité commune », mise en place par le traité de Maastricht, le député européen Fernandez Albor refera le constat du décalage entre les ambitions et les réalisations concrètes de la Communauté, devenue Union européenne).

Des conférences au sommet aux Conseils européens

De février 1961 à décembre 1974, et de Paris à... Paris, sept conférences « au sommet » des Etats de la Communauté se sont tenues, réunissant les chefs de gouvernement, voire – dans le cas de la France – d'Etat ; leur rôle a surtout été de donner une impulsion aux institutions communautaires, de prendre des initiatives nouvelles, mais par le biais de décisions qui n'avaient que la valeur d'engagements politiques, non juridiquement sanctionnés : la création d'un fonds de développement régional, décidée en décembre 1973 par le sommet de Copenhague, ne put être mise en pratique faute d'accord entre les ministres réunis en Conseil des Communautés quelques jours plus tard... Dès 1972, l'institutionnalisation des conférences au sommet était souhaitée par le président Pompidou – seules ces conférences permettraient de donner une réponse « globale », communautaire sur certains points, intergouvernementale sur d'autres, aux défis « globaux » lancés à l'Europe –, mais aussi par M. Spinelli, membre de la Commission des Communautés, aux convictions fédéralistes affirmées, qui proposa une procédure constituante permanente dont les deux volets seraient des sommets institutionnalisés et un Parlement européen élu au suffrage universel. Par contre, le rapport Vedel, préparé à partir d'octobre 1971 sur mandat de la Commission par un groupe de juristes présidé par le doyen Georges Vedel, émettait un avis contraire : le système des sommets, « excellent dans son principe », présenterait l'inconvénient, « en tant qu'institution se réunissant à date fixe », de perturber le fonctionnement des autres institutions, tentées, en cas de difficultés, de remettre leurs décisions dans l'attente d'un prochain sommet ; mieux valait se fier à « l'occasion politique rendant indispensable » l'intervention des chefs d'Etat ou de gouvernement.

L'institutionnalisation n'en a pas moins été opérée par le sommet de Paris des 9-10 décembre 1974. La préoccupation est celle affichée par le président français deux ans plus tôt : « Reconnaissant la nécessité d'une approche globale des problèmes internes que pose la construction européenne et de ceux avec lesquels l'Europe est confrontée à l'extérieur, les chefs de gouvernement estiment qu'il y a lieu d'assurer le développement et la cohésion d'ensemble des activités des Communautés et des travaux de la coopération politique. » Pour atteindre cet objectif, « les chefs de gouvernement ont décidé de se réunir, accompagnés des ministres des Affaires étrangères, trois fois par an et chaque fois que nécessaire, en Conseil de la Communauté et au titre de la coopération politique ». Le Conseil européen est né. Dédoublement fonctionnel : selon les questions inscrites à l'ordre du jour, le Conseil européen agira en Conseil des Communautés, dans les conditions normales des procédures communautaires, avec le concours de la Commission – un Conseil des Communautés siégeant au niveau des chefs d'exécutif, et non plus seulement des ministres –, ou en organe de la coopération politique, conformément aux procédures prévues par les rapports de Luxembourg et de Copenhague.

Dès la veille de la première réunion du Conseil européen, à Dublin les 10 et 11 mars 1975, un premier résultat était acquis : la « démythification » des rencontres au sommet ; nulle comparaison n'était, en effet, possible avec la mobilisation de l'opinion, la tension et l'attente qui caractérisaient les sommets classiques. Conséquence normale de l'institutionnalisation ou annonce de cette « usure », que redoutait, dans son rapport de 1972, Georges Vedel ? L'échec de la quatrième réunion, à Luxembourg, les 1er et 2 avril 1976, aurait pu confirmer la seconde hypothèse – le Conseil ayant éludé toute décision sur les modalités de l'élection du Parlement européen et s'étant séparé sans que soit même publié l'habituel communiqué final ; un accord a cependant été atteint lors de la réunion suivante du Conseil, à Bruxelles, le 13 juillet 1976. En outre, des zones d'ombre demeurent, qu'entendait éclairer le ministre irlandais Fitzgerald lors du Conseil communautaire de février 1975 : les Conseils des Communautés ne tendront-ils pas à considérer les Conseils européens comme une instance d'appel, et leur action n'en sera-t-elle pas, du même coup, dévalorisée ? Les Conseils européens ne se révéleront-ils pas un jour comme l'instrument de substitution de la coopération intergouvernementale au système communautaire ?

A l'époque, certains voient dans la création d'un « cabinet européen » au niveau des chefs d'exécutif un incontestable progrès vers la construction d'une Europe véritable ; pour d'autres, la formule est la plus « confédérale » qu'on puisse imaginer et va à l'encontre de la nécessaire démocratisation de l'ensemble communautaire.

Les Etats-Unis et la coopération politique

L'intégration politique de l'Europe occidentale était au centre du « grand dessein » américain des années soixante, qu'exposait John Kennedy dans son discours en l'église Saint-Paul de Francfort, le 25 juin 1963 : « Seule une Europe intimement liée peut nous protéger contre une fragmentation de l'Alliance atlantique. Seule une Europe ainsi bâtie permettra une complète réciprocité d'une rive à l'autre de l'Océan. C'est seulement avec une Europe de ce type qu'on parviendra à des échanges entre égaux, à un partage égal des responsabilités, à des sacrifices égaux. » Cette vision d'une « alliance à deux piliers » – les Etats-Unis et l'Europe intégrée – représente encore la doctrine dominante deux ans plus tard, lorsqu'elle est contestée par un universitaire sans responsabilité officielle, Henry Kissinger. Les deux objectifs de l'Europe supranationale et de la communauté atlantique peuvent se révéler incompatibles : après tout, l'unité européenne n'est pas une fin en soi, serait tenté d'écrire le futur chantre de la Nouvelle Charte atlantique. L'autonomie que conféreraient à l'Europe occidentale des institutions supranationales pourrait connaître des développements imprévisibles : « Ce serait l'une des nombreuses ironies de l'Histoire que la structure européenne proposée par Jean Monnet engendrât le type de politique généralement décrit par le terme de gaullienne, et que la structure préconisée par de Gaulle se révélât être la plus favorable à la souplesse des arrangements atlantiques. »

Cette nouvelle politique européenne des Etats-Unis sera mise en œuvre par l'administration Nixon-Kissinger : « Est-il possible de concilier le principe de l'unité atlantique en matière de défense et de sécurité et la politique économique de plus en plus régionaliste de la Communauté européenne ? » – la question est posée par Richard Nixon dans son message sur l'état du monde du 3 mai

1973. Aux dirigeants européens de faire face, désormais, à l'abandon par les Etats-Unis de leur soutien inconditionnel à l'Europe organisée et de combattre pour faire reconnaître leur « droit à la divergence » avec leur grand allié. Mais les incertitudes de la construction européenne ne sont pas sans influence sur la nouvelle querelle transatlantique : si l'Europe s'appuie sur des processus de décision politique autonomes, les Etats-Unis n'ont à aucun titre à s'y ingérer ; si elle se résume à la coopération politique, pourquoi ne pas y inclure les Etats-Unis ? Bilan provisoire des occasions perdues : face à une Europe déjà politiquement unifiée, la révision diplomatique américaine serait intervenue trop tard.

Loin d'ouvrir une ère nouvelle dans les relations entre les Etats-Unis et leurs alliés, le discours sur la Nouvelle Charte atlantique, prononcé le 13 avril 1973 par Henry Kissinger à New York, devait surtout servir de « révélateur » aux nouveaux malaises transatlantiques. L'idée d'une Communauté des nations développées Etats-Unis-Europe occidentale-Japon, lancée dès 1970 par Zbigniew Brzezinski dans son essai *Between two Ages*, était pourtant positive ; et les affirmations péremptoires sur les intérêts seulement « régionaux » de l'Europe, si elles devaient susciter l'ire des parlementaires du Conseil de l'Europe, résultaient d'un malentendu : Kissinger soulignait que l'Europe ne s'intéressait qu'à des problèmes régionaux, non pas qu'elle ne devait pas avoir de responsabilités mondiales... L'ambiguïté profonde de la position américaine sur l'émergence de nouveaux pouvoirs n'en était pas moins manifeste. Car, si les Etats-Unis aspirent à « partager le fardeau » de la superpuissance, encore faut-il que le nouveau jeu se déroule selon des règles qui leur soient favorables. Ils prétendent abdiquer le rôle de leaders, mais s'imposent dans celui d'enseignants des autres nations. Et la modération collective qu'ils préconisent se transmue, au regard de leurs alliés, en une intransigeante liaison entre leur rôle de pourvoyeurs de sécurité et leurs exigences en matière de concessions commerciales et monétaires. Sur l'échiquier classique, les Etats-Unis, tout en affirmant leur détermination de maintenir leurs engagements, demandent à leurs alliés de faire plus pour leur propre défense – par exemple, en contribuant financièrement à l'entretien de leurs forces. Mais les alliés accepteront-ils l'emploi qui leur est assigné ? Ne seront-ils pas tentés de se résigner au neutralisme ou, au contraire, d'atteindre à une indépendance réelle, en se dotant d'une défense autonome ? Sur l'échiquier économico-monétaire, le gouvernement de Washington semble soucieux de préserver une position dominante, legs d'une ère en réalité « unipolaire » puisque les règles de Bretton Woods et du GATT n'étaient que la projection de la philosophie libérale des Etats-Unis. Mais si le « chantage à la sécurité » avait réussi, il n'aurait pas manqué de susciter une crise dans un Japon très dépendant de ses exportations vers les pays développés, et de réduire la Communauté européenne au rang de simple zone de libre-échange...

Au lendemain de la guerre d'Octobre et des ondes de choc qu'elle a provoquées au sein de l'Alliance, le Secrétaire d'Etat des Etats-Unis présente – dans son allocution du 12 décembre 1973 devant la Société des pèlerins de Londres – le premier projet d'envergure destiné à surmonter une crise de l'énergie que l'Europe et l'Amérique affrontent en ordre dispersé : la création, par les nations industrialisées de l'Ouest, d'un « groupe d'action sur l'énergie ». Interactions entre la « grande politique étrangère » et les « petites politiques » techniques qui vont permettre aux Etats-Unis de déplacer sensiblement le site du dialogue transatlantique : la Nouvelle Charte atlantique cède la place au Front des consommateurs d'énergie. Modification apaisante : aux brutaux rappels à l'ordre délivrés à une Europe oublieuse des interdépendances entre économie et sécurité, succède le rapprochement avec la même Europe au nom de la solidarité énergétique. Le 29 décembre 1973, dressant un bilan de l'année diplomatique, Henry Kissinger s'avoue cependant « déçu » par ce qu'il avait appelé « peut-être inconsidérément » l'année de l'Europe. Le maître de l'école planétaire distribue bons et mauvais points : il dit sa satisfaction du comportement des protagonistes de la guerre d'Octobre, vante les bonnes perspectives offertes par les rapports avec les Soviétiques, mais réprimande les Européens qui devront choisir eux-mêmes ce qui leur paraîtra leur intérêt – se complaire dans des débats théologiques, ou s'arrimer fermement au camp atlantique. Réaction d'un Européen d'origine et de culture, frustré d'être tenu à l'écart de la recherche d'une identité européenne ? Volonté de serrer les rangs des alliés avant d'engager d'importantes négociations pour la paix au Proche-Orient et sur la limitation des armements stratégiques avec les Soviétiques ? Dans les semaines qui suivent, une guerre politique semble engagée entre les Etats-Unis et l'Europe. Le secrétaire d'Etat agite la menace d'un retrait des troupes américaines, puis d'un « flottement » de la politique économique des Etats-Unis vis-à-vis de l'Europe, et va jusqu'à contester la légitimité des gouvernements alliés – avant de regretter, avec humour, ses propos : « J'ai l'impression qu'au cours de cette semaine j'ai plus fait pour l'unification européenne que n'importe quel autre homme depuis Jean Monnet... »

Jeu ancien, qui se développe selon des schémas anciens, alors que le contexte international se modifie complètement... Mais les circonstances nouvelles mûrissent, qui imposent aux alliés de nouvelles démarches sur l'échiquier atlantique : le Sénat de Washington repousse les amendements de Mike Mansfield qui tendaient à réduire les effectifs américains stationnés en Europe ; le principal négociateur commercial de Washington, M. Eberle, assure que les perspectives d'entente commerciale transatlantique sont excellentes ; l'Europe occidentale, consciente de la nouvelle répartition du pouvoir politique et de la montée des périls économiques, se prononce, dans l'attente difficile de la reconstruction d'une stratégie complète, pour la renonciation aux querelles internes... Soudaine sagesse des alliés : une nouvelle déclaration de principes atlantique est élaborée, sans heurt, à Ottawa, le 19 juin 1974, avant d'être solennellement signée à Bruxelles, une semaine plus tard, par les chefs d'Etat et de gouvernement des Quinze. Mais cette sagesse est-elle réellement sage ? La Nouvelle Charte devait régir, pour le prochain quart de siècle, une alliance érigée en « communauté » et dont l'assiette géographique était élargie. La déclaration d'Ottawa apparaît comme un document relativement anodin : la mission fondamentale de l'Alliance, qui est de garantir la paix et la sécurité de ses membres, est réaffirmée ; les liens qui unissent les alliés devront être maintenus « tant que les circonstances ne permettront pas l'introduction d'un désarmement général complet et contrôlé, qui seul pourrait apporter aux uns et aux autres une véritable sécurité » – ce qui semble aller de soi... Il est vrai que si les engagements pris par les alliés ne sont pas nouveaux, ils n'ont jamais été formulés de manière aussi nette : « La présence continue de forces canadiennes et de forces substantielles américaines en Europe joue un rôle irremplaçable pour la propre défense de l'Amérique du Nord aussi bien que pour celle de l'Europe » ; l'importance de la participation européenne – « les trois quarts du potentiel classique de l'Alliance en Europe » – est soulignée ; surtout est mentionné, pour la première fois, le « rôle dissuasif propre » que peuvent jouer les forces nucléaires française et britannique et leur contribution au « renforcement global de la dissuasion de l'Alliance » – il s'agit ici d'un authentique revirement, la reconnaissance du fait nucléaire français par les alliés devenant effective vingt ans après le lancement des premières études théoriques. Reflet des craintes suscitées en Europe par l'entente soviéto-américaine : une allusion indirecte est faite à l'accord Nixon-Brejnev du 22 juin 1973 sur la « prévention de la guerre nucléaire ». Tout en recherchant avec l'Est des accords « qui réduiraient les risques de guerre », les alliés n'entendent pas « limiter leur liberté d'employer pour la défense commune, en cas d'attaque, toutes les forces à leurs dispositions » ; les forces nucléaires sont implicitement comprises : Washington n'a donc pas renoncé, du fait de l'accord Nixon-Brejnev du 22 juin 1973, à l'usage des armes nucléaires pour défendre l'Europe.

Le problème le plus épineux à régler à Ottawa était, évidemment, celui des « consultations » entre alliés – c'est-à-dire de l'éventuelle harmonisation des projets politiques des partenaires. Les Neuf ont déjà décidé, au nom de l'ensemble communautaire, qu'ils ne consulteront les Etats-Unis que s'ils sont unanimes à le désirer : constatant qu'un droit de veto est ainsi conféré à chacun des Neuf, Henry Kissinger a simplement conclu que la procédure adoptée amènera les Etats-Unis « à faire davantage usage des contacts bilatéraux »... avec ceux des Neuf qui les souhaiteront. Malgré la fermeté du style, le texte d'Ottawa n'est guère plus contraignant juridiquement : « Dans l'esprit d'amitié, d'égalité et de solidarité qui caractérise leurs rapports, (les alliés) sont fermement résolus à se tenir pleinement informés et à renforcer la pratique de consultations franches et en temps opportun, par tous les moyens qui pourraient être appropriés, sur les questions touchant leurs intérêts communs en tant que membres de l'alliance, en tenant compte de ce que ceux-ci peuvent être influencés par des événements survenant dans d'autres parties du monde. » Le secrétaire d'Etat n'a donc pas obtenu cet alignement organique de l'Europe sur la politique américaine qu'il recherchait à travers la Nouvelle Charte atlantique. Du moins, la déclaration d'Ottawa rétablit-elle un certain consensus – fragile – au sein de l'Alliance.

Nouveau changement d'échiquier : en décembre 1975, à Londres, s'adressant aux ambassadeurs des Etats-Unis en Europe, le conseiller du Secrétaire d'Etat, Helmut Sonnenfeldt, semble prendre acte de la doctrine soviétique de la « souveraineté limitée » – il constate la domination de l'URSS sur l'Europe orientale, la juge durable, regrette « l'impossibilité pour les Soviétiques d'obtenir la loyauté de leurs alliés d'Europe de l'Est » (qu'il qualifie de « fâcheux échec historique »), préconise pour les Etats-Unis une politique tendant à « favoriser une évolution susceptible d'institutionnaliser les relations entre l'Europe orientale et l'Union soviétique ». Dans le même temps, Henry Kissinger s'inquiète de l'éventuelle arrivée au pouvoir de partis communistes en Europe occidentale : « Les fondements de notre sécurité atlantique en seraient érodés » ; « Même l'impact d'un parti communiste italien, qui a offert l'apparence de gouverner de façon efficace, serait dévastateur, en France et dans l'OTAN aussi. » Double option qui suscite un certain malaise. Sans doute, M. Sonnenfeldt entend-il répondre aux « aspirations évidentes de l'Europe orientale à une existence plus autonome au sein d'une zone de forte influence géopolitique soviétique » : il indique la voie à suivre, qui consiste dans la recherche de l'identité nationale à l'ombre de l'URSS, telle que celle entreprise par les Polonais et les Hongrois « qui ont su dominer leurs inclinations romantiques ». Sans doute, M. Kissinger, en portant son attention sur la vie politique interne des Etats d'Europe méridionale, met-il simplement l'accent sur les évidentes solidarités transnationales nouées au sein de l'ensemble atlantique et sur l'impact qu'auraient nécessairement les évolutions politiques nationales en cours sur l'architecture de l'Alliance. Mais, au-delà de cette argumentation, une interprétation cynique est possible : « L'indifférence aux aspirations des peuples, Russes et Américains s'accommodant du statu quo, qui assure aux uns la sauvegarde de leur domination "non naturelle" et préserve les autres d'une remise en question de l'ordre occidental ». Du « système de Metternich » l'historien Kissinger constatait qu'à partir du Congrès de Troppau le réseau de relations internationales qui le sous-tendait était devenu très rigide et à même d'exclure tout changement politique. Le Secrétaire d'Etat envisageait-il le même destin pour l'Alliance atlantique qui, gagnée à l'imitation du pacte de Varsovie, aurait constitué avec l'organisation orientale une « double Sainte-Alliance » ?

VIII

L'élection du Parlement européen au suffrage universel direct

« Enraciner profondément le processus d'unification européenne chez les peuples concernés » ; « donner à l'exercice du pouvoir par les Communautés la légitimité qui lui manquait en partie jusqu'ici » : tels sont, pour le député néerlandais Schelto Patijn, rapporteur du projet de convention du 14 janvier 1975, les impératifs qui commandent l'élection du Parlement européen au suffrage universel direct. Impératifs que renforce la perspective de l'Union européenne : « L'union politique prévue pour 1980 impose de prendre rapidement des mesures afin d'associer plus étroitement les peuples à l'œuvre d'unification européenne. » De fait, les raisons qui incitent à l'élection directe sont moins d'ordre institutionnel que fonctionnel : « A l'interdépendance des gouvernements ne correspond guère une coopération étroite entre les peuples, laquelle ne peut être atteinte en l'absence de débat politique sur les grandes options de l'Europe. »

L'instauration de l'élection directe n'est qu'un des aspects de la nécessaire « démocratisation » des Communautés – au sens d'une plus grande « transparence » du processus décisionnel, d'un contrôle plus efficace de l'opinion publique, des gouvernés, sur la prise de décision. Le renforcement des pouvoirs du Parlement permettrait d'ajouter « au lien créé entre les citoyens des Etats membres et l'institution parlementaire [...] une relation plus efficace entre celle-ci et le Conseil et la Commission » ; l'élargissement du rôle des instances économiques et sociales à caractère consultatif, le Comité consultatif de la CECA et le Comité économique et social du Marché commun et de l'Euratom, et le renforcement de la représentation syndicale au sein de ces deux organes ménageraient un meilleur accès des forces sociales à l'information communautaire, voire la possibilité d'infléchir les politiques communes. Mais, de la démocratisation des Communautés, l'élection directe du Parlement européen serait l'aspect le plus spectaculaire : pour la première fois, une assemblée parlementaire « ne serait pas, fût-ce en partie, la résultante et le reflet des institutions nationales ».

La conquête du suffrage universel

Dès le 17 mai 1960, remplissant la mission que lui assignaient expressément les traités de fondation, le Parlement européen avait présenté un projet de convention, élaboré par un groupe de travail dirigé par le député belge Fernand Dehousse, et tendant à instaurer l'élection directe. Dans les douze années qui suivirent, le Parlement tenta, à de multiples reprises, d'amener le Conseil de ministres, à prendre une décision ; dans le même temps, des projets de loi ayant pour objet l'élection directe des délégations nationales étaient déposés devant divers parlements nationaux. Le 2 décembre 1969, le communiqué final du sommet de La Haye laisse espérer la fin de la longue inertie de l'exécutif interétatique, lorsqu'il précise que « le problème du mode d'élection directe continuera d'être examiné par le Conseil de ministres ». Le 4 juin 1973, le Parlement européen décide d'élaborer un nouveau rapport. Il est devenu objectivement nécessaire d'adapter le projet de 1960 : la Communauté s'est élargie à trois nouveaux Etats dont les parlementaires n'ont pas été associés à la rédaction du précédent projet ; les quinze années écoulées semblent rendre inutile la période transitoire prévue en 1960, pendant laquelle un tiers des députés européens devaient être élus par les parlements nationaux.

Le projet Patijn du 14 janvier 1975 aborde les principaux problèmes posés par l'élection directe du Parlement européen. Procédure électorale : comme Fernand Dehousse en 1960, le rapporteur de 1975 estime qu'il est impossible d'instaurer d'emblée un régime électoral uniforme dans tous les Etats membres ; la « procédure uniforme », souhaitée par les traités, est donc atteinte dès l'instant où les élections se déroulent dans tous les Etats membres suivant des règles fondamentales communes – l'ensemble des principes qui régissent des élections démocratiques, qui assurent l'égalité, la liberté, l'universalité, le secret des élections et leur déroulement au suffrage direct ; aux parlements nationaux, il reviendra d'adopter des lois électorales compatibles avec les normes constitutionnelles nationales et le droit communautaire – voire, parfois, en avance sur l'évolution communautaire : l'article 4 du projet discuté par le Parlement belge prévoyait que « les nationaux des Etats membres des Communautés européennes qui résident en Belgique » seraient habilités à prendre part au scrutin au même titre que les citoyens belges... Cumul des mandats : les élections directes ont pour effet de dissocier le mandat européen du mandat national et de donner à tous les représentants la possibilité de se consacrer entièrement à leurs tâches de parlementaire européen ; un Parlement européen directement élu possède une légitimité qui lui est propre, son existence ne dépend plus des parlements nationaux. L'exercice d'un mandat national s'ajoutant à celui d'un mandat européen est donc possible, mais non obligatoire ; des aménagements intermédiaires sont, cependant, concevables : l'ancien secrétaire au Foreign Office, Michael Stewart, a préconisé l'octroi d'un statut spécial aux représentants européens à la Chambre des communes ; des parlementaires allemands ont suggéré un parallèle avec le statut consultatif des députés de Berlin-Ouest au Bundestag (le Land de Berlin-Ouest n'étant pas intégré à l'Allemagne fédérale, en cette époque de division de l'Allemagne). Incompatibilité : ce problème avait déjà été examiné, de manière approfondie, en 1960. Restent incompatibles avec la qualité de membre du Parlement européen l'appartenance à un gouvernement d'un Etat membre ou les fonctions exercées dans une institution de la Communauté ; il a cependant été proposé, lors des discussions au sein de la commission politique du Parlement européen, de supprimer l'incompatibilité pour les membres du Comité économique et social de la CEE et de l'Euratom ou du Comité consultatif de la CECA, du fait du statut uniquement consultatif de ces deux organes – suggestion repoussée par la commission politique, afin d'éviter qu'un mandataire ne soit appelé à rendre un avis consultatif et à statuer sur une même question. Statut des représentants : le projet confie aux législations nationales le soin d'assurer aux parlementaires européens le même régime d'immunités que celui garanti aux membres des parlements nationaux ; pour le surplus, tout représentant au Parlement européen bénéficie du « protocole sur les privilèges et immunités des Communautés européennes ». Date d'entrée en vigueur : contrairement au projet de 1960, le nouveau texte fixe une date limite pour le déroulement des élections – le premier dimanche de mai 1978. Motivation tactique : le Parlement entend faire pression sur le Conseil des Communautés en précisant le délai à l'expiration duquel le projet de convention doit être examiné et adopté. Les élections européennes seront donc organisées simultanément dans tous les Etats membres ; elles pourront être prolongées sur plusieurs jours dans certains Etats. La tenue simultanée d'élections nationales n'est pas exclue : la participation électorale pourrait, de cette manière, être accrue ; le rapporteur juge cependant préférable de concentrer l'attention des électeurs sur l'aspect européen des élections.

Le délai imparti pour l'élection directe serait-il respecté ? Le sommet de Paris des 9 et 10 décembre 1974 a, lui aussi, recommandé l'élection directe à partir de 1978. Mais la question la plus importante, parce que la plus « politique » – celle du nombre des parlementaires européens – n'a été que difficilement réglée. En fait, les critères avancés pour fonder la répartition des sièges sont, en partie, contradictoires : doit-on préférer la représentation « équilibrée » des citoyens de la Communauté ou celle, « équitable », des peuples ? Comment concilier le souhait d'une représentation de tous les groupes politiques nationaux « responsables », voire des diverses minorités nationales, et l'impératif du bon fonctionnement du Parlement européen qui exclut un nombre trop élevé de représentants ? Le rapporteur a proposé une attribution proportionnelle des sièges, après introduction d'un élément de pondération en faveur des petits Etats et prise en considération du cas spécial du Luxembourg : sur un total de 355 sièges, 71 reviendraient à l'Allemagne fédérale, 67 à la Grande-Bretagne, 66 à l'Italie, 65 à la France, 27 aux Pays-Bas, 23 à la Belgique, 17 au Danemark, 13 à l'Irlande et 6 au Luxembourg. La majorité de la commission politique a préféré un nombre total plus élevé de parlementaires et un rapport plus étroit entre l'importance numérique de chacun des peuples et sa représentation : 550 sièges seraient ainsi répartis entre l'Allemagne fédérale (128), la Grande-Bretagne (116), l'Italie (113), la France (108), les Pays-Bas (31), la Belgique (24), le Danemark (14), l'Irlande (10) et le Luxembourg (6). Lors du Conseil européen de Luxembourg, les 1er et 2 avril 1976, M. Giscard d'Estaing a cru trouver un compromis en proposant de conserver provisoirement la clé de répartition de l'assemblée européenne non élue (36 sièges pour chacun des quatre « Grands », 14 pour la Belgique et les Pays-Bas, 10 pour le Danemark et l'Irlande, 6 pour le Luxembourg). Mais ce compromis, s'il avait été accepté, aurait, à la fois, ruiné les perspectives d'amélioration fonctionnelle du Parlement européen – le chiffre total de 198 députés étant insuffisant au regard des tâches prévisibles de l'Assemblée – et de légitimation démocratique – la disproportion des représentations nationales, la composition arbitraire de l'Assemblée, ne pouvant engendrer qu'une caricature de Parlement, et excluant toute revendication d'un rôle véritable par les futurs parlementaires... Un accord a finalement été atteint, par les Neuf, lors du Conseil européen de Bruxelles, le 12 juillet 1976 : le futur Parlement comprendra 410 membres – 81 pour chacun des quatre « Grands », 25 pour les Pays-Bas, 24 pour la Belgique, 16 pour le Danemark, 15 pour l'Irlande et 6 pour le Luxembourg. (Les élargissements communautaires qui suivront poseront moins de problèmes : la Grèce et le Portugal, dont la population est comparable à celle de la Belgique, éliront 24 députés et l'Espagne, avec ses 40 millions d'habitants, 70 députés. Le Parlement des Douze comptera donc 518 membres... jusqu'à la réunification de l'Allemagne qui, en 1990, repose le problème de la « pondération ». Le nombre de sièges est porté à 567 par le Conseil européen d'Edimbourg, en décembre 1992, mais leur répartition est modifiée : 99 pour l'Allemagne, 87 pour la France, l'Italie et le Royaume-Uni, 64 pour l'Espagne, 31 pour les Pays-Bas, 25 pour la Belgique, la Grèce et le Portugal, 16 pour le Danemark, 15 pour l'Irlande, 6 pour le Luxembourg. Dans l'Union élargie à quinze Etats, en 1995, la Suède se verra attribuer 22 sièges, l'Autriche 21 et la Finlande 16. En 2004, avec le grand élargissement à vingt-cinq, le nombre total de députés européens passe à 732 : 99 pour l'Allemagne, 78 pour le Royaume-Uni, la France, l'Italie, 54 pour l'Espagne et la Pologne, 27 pour les Pays-Bas, 24 pour la Belgique, le Portugal, la Grèce, la République tchèque et la Hongrie, 19 pour la Suède, 18 pour l'Autriche, 14 pour la Finlande, le Danemark et la Slovaquie, 13 pour l'Irlande et la Lituanie, 9 pour la Lettonie, 7 pour la Slovénie, 6 pour Chypre, l'Estonie et le Luxembourg, 5 pour Malte.)

Ultime marathon en 1976 : le Premier ministre luxembourgeois Gaston Thorn ira jusqu'à « cloîtrer » ses collègues au château de Senningen ; l'accord définitif sur l'élection du Parlement au suffrage universel direct est signé par les neuf ministres des Affaires étrangères le 20 septembre. Il prend la forme d'un « acte » du Conseil des Communautés – l'acte de Bruxelles – fixant les modalités de l'élection, et d'une « décision » recommandant aux gouvernements d'adopter l'acte « conformément à leurs règles constitutionnelles respectives ».

En France, le Conseil constitutionnel, saisi par le chef de l'Etat sur la question de savoir si l'acte du 20 septembre 1976 comportait une clause contraire à la Constitution, a voulu aller plus loin, à l'exemple des juridictions de type anglo-saxon. Il a rendu sa décision sous une forme conditionnelle : l'élection au suffrage universel direct n'est pas contraire à la Constitution si elle répond à une série de conditions, portant notamment sur le système électoral. Le Conseil interdit tout mode de scrutin régional comme contraire au principe de l'indivisibilité de la République et dicte ainsi la future législation électorale.

L'Assemblée nationale et le Sénat ratifièrent, en France, l'acte de Bruxelles du 15 au 30 juin 1977. Les deux chambres italiennes avaient approuvé l'élection au suffrage direct dès le 15 février 1977, à la veille du vingtième anniversaire des traités de Rome. Les autres Etats suivirent, par la ratification de l'acte et l'élaboration de lois électorales nationales, en 1977 et 1978. A la demande du gouvernement britannique, un ultime et léger report des élections européennes fut concédé : les premières furent organisées en juin 1979.

La constitution de partis politiques européens

Le débat sur la constitution de formations politiques européennes apparaît implicitement dès la création des premiers groupes parlementaires au sein de l'assemblée commune de la CECA ; il est devenu plus complexe avec l'apparition, dans le cadre parlementaire européen, de forces politiques qui n'étaient pas nécessairement favorables à la construction politique de l'Europe ; il est relancé avec l'élection au suffrage universel direct, qui met « au pied du mur » les partis nationaux.

Le traité de Paris sur la CECA n'avait pas prévu l'existence de groupes politiques au sein de l'assemblée commune, formée de six délégations nationales ; mais les parlementaires s'étaient rapidement regroupés par affinités idéologiques, et l'assemblée avait pris acte de leurs désirs dès sa session de mai juin 1953. Ainsi se constituent les trois grands groupes européens, socialiste, démocrate-chrétien, libéral, qui sont loin, cependant, de manifester la même homogénéité, de refléter la même « intégration psychologique ». Les parlementaires socialistes, de longue date habitués à un travail commun au sein de leur internationale, ont pris goût à l'élaboration de grands programmes européens ; ils publient un bulletin, largement diffusé parmi les partis socialistes européens, et contribuent ainsi à renforcer la cohésion d'un mouvement dont on estime, à l'époque de l'Europe des Six, qu'il serait le mieux préparé à affronter des élections au suffrage direct. Le groupe démocrate-chrétien, qui est alors le plus important numériquement, se consacre essentiellement à la préparation de dossiers fournis, d'études longuement débattues en comités de travail, et correspondant aux questions inscrites à l'ordre du jour du Parlement ; le secrétariat du groupe est en contact régulier avec le groupe correspondant de l'Assemblée consultative du Conseil de l'Europe, avec l'internationale démocrate-chrétienne et avec la confédération syndicale internationale de même obédience. Au contraire des deux précédents, le groupe libéral semble manquer d'un « ciment » extraparlementaire : frêle passerelle, lancée entre des partis nationaux eux-mêmes très peu structurés, il entend rassembler autour de principes extrêmement généraux, susceptibles d'interprétations divergentes, l'ensemble des parlementaires qui ne sont ni socialistes, ni démocrates-chrétiens. Pour la France seulement, il a été jusqu'à compter les membres de neuf partis différents, y compris ceux du parti gaulliste, l'UNR-UDT – ce qui n'alla pas sans provoquer des perturbations supplémentaires, les parlementaires gaullistes se prêtant mal aux discussions et recevant leurs consignes de leur quartier général parisien. Les représentants de l'UNR-UDT ont finalement obtenu, en janvier 1965, de constituer leur propre groupe (dénommé, d'abord, « Union démocratique européenne »), grâce à l'abaissement de 17 à 14 du nombre minimal de membres requis par le règlement intérieur.

Longtemps les communistes s'exclurent, d'eux- mêmes, des institutions européennes. Dans la période de combat des années cinquante, leurs thèmes sont naturellement plutôt schématiques : les traités européens scellent la formation d'une dangereuse coalition des impérialismes, vouée à préparer une agression contre le système socialiste. La reconnaissance du « fait » européen intervient au début des années soixante – comme le montrent la position prise par les communistes italiens et belges, à la conférence des économistes marxistes (Moscou, septembre 1962), en faveur d'un combat « à l'intérieur des Communautés », le rapport du 8 mai 1963 de Waldeck Rochet devant le comité central du Parti communiste français, l'ouverture d'un bureau de liaison des centrales syndicales communistes italienne et française (CGIL et CGT) auprès des Communautés en 1964. Un faisceau de raisons diverses expliquent, sans doute, le « réalisme » de cette approche nouvelle : l'assouplissement des relations Est-Ouest, la montée des contradictions entre l'Europe occidentale et les Etats-Unis, et bientôt le souci de ne pas ternir les chances d'accès au pouvoir. L'essentiel est dans la découverte des racines « objectives » de l'intégration européenne : « La tendance à l'internationalisation de la production et des échanges [...] Un facteur qui exerce son influence contraignante indépendamment du mode de production, autrement dit indépendamment du régime économique et social, qu'il s'agisse du capitalisme ou du socialisme ». La voie est désormais ouverte à la constitution d'un groupe communiste qui, dans le Parlement de 1976, encore élu au suffrage indirect, compte 15 députés.

Entre-temps, l'élargissement des Communautés a suscité d'autres mutations dans l'hémicycle du Parlement européen. Un groupe conservateur de 17 membres est constitué par les tories britanniques et leurs homologues danois ; son président, Peter Kirk, propose immédiatement une réforme des méthodes de l'assemblée – sa suggestion tendant à l'inscription de « questions brèves » sur l'actualité sera rapidement retenue. Le groupe gaulliste, après avoir cru sortir de son isolement grâce à une alliance avec les tories britanniques avec lesquels il avait multiplié les colloques, put obtenir le ralliement des parlementaires irlandais du Fianna Fail et d'un élu danois appartenant au Fremskridtpartiet : le nouveau groupe des « démocrates européens de progrès » atteignait ainsi un effectif de 17 membres. Parmi les trois grands groupes « classiques », les socialistes devenaient le plus important numériquement avec 66 représentants, lors de l'entrée – tardive – des travaillistes britanniques contre 51 démocrates-chrétiens, parmi lesquels les Irlandais du Fianna Gael, et 26 libéraux et apparentés ; mais le groupe socialiste perdait en homogénéité, ne serait-ce que du fait des réticences des travaillistes britanniques et des sociaux-démocrates danois.

Création de partis européens ou d'instances de consultation permanente ? Rédaction de programmes communs ou de simples plates-formes communes ? La perspective d'élections au suffrage universel direct a servi de révélateur à de nombreuses contradictions. Une fédération des partis libéraux européens a été constituée, sous l'impulsion du dynamique Premier ministre luxembourgeois, Gaston Thorn, mais la cohésion attendue des divers partis nationaux ne s'est pas manifestée lors de la réunion préliminaire de Stuttgart (26-27 mars 1976) ; 8 partis, sur les 14 qui étaient représentés, ont décidé une participation immédiate (les partis libéraux d'Allemagne fédérale et d'Italie, le Parti radical-socialiste français, le Parti démocratique luxembourgeois, le Parti populaire pour la liberté et la démocratie des Pays-Bas et les trois formations belges).

De même les bases nationales de la Fédération démocrate-chrétienne, animée par la puissante CDU-CSU allemande – le Parti populaire européen créé à Bruxelles le 29 avril 1976 –, n'apparaissent pas alors clairement : en France, seule une fraction du centre démocrate, regroupée autour du président Poher, semble déterminée à s'engager.

A la formule du Parti fédéral – voire unitaire selon le projet de Parti travailliste européen lancé, au début des années soixante-dix, par M. Mansholt – les socialistes préfèrent, pour un temps, l'établissement d'une plate-forme commune : mais cette tâche même ne va pas sans difficulté, du fait des divergences entre les « projets de société » des sociaux-démocrates allemands et des socialistes français ; ces divergences, les deux partis s'emploient activement à les dépasser, sous la responsabilité de leurs délégués respectifs aux Affaires européennes, Karl Kaiser et Jean-Pierre Cot.

Les autres groupes européens sont dépourvus d'ambitions transnationales, mais affrontent leurs propres problèmes. Si les communistes italiens et français s'accordent sur le rejet du rapport Tindemans et le refus d'un armement nucléaire européen, l'enthousiasme européen du parti italien, qui approuve l'élection du Parlement au suffrage universel direct, s'oppose au nationalisme intangible du parti français – et la méfiance du parti italien pour l'idée d'un « bloc socialiste latin », sa préférence pour de larges ententes avec des forces démocratiques d'« Europe du Nord », telles que la social-démocratie allemande ou le travaillisme britannique, préparent d'autres conflits. Les « démocrates européens de progrès » ont connu une véritable « cassure » lors du vote du 14 janvier 1975 : les parlementaires gaullistes s'abstenaient, alors que leurs alliés irlandais et danois se prononçaient pour le projet Patijn.

Comment se présentent les groupes et partis politiques européens, un quart de siècle après la première élection du Parlement au suffrage universel direct ? Pendant une décennie, les démocrates-chrétiens du Parti populaire européen, pro-européens et peu implantés dans les Etats les moins fédéralistes, influencés par leur aile progressiste, italienne, ont dominé l'échiquier parlementaire européen, associés au Parti socialiste européen, au sein duquel les travaillistes britanniques, « eurosceptiques », étaient marginalisés : en 1992, ils obtinrent que les fédérations de partis européens soient officiellement reconnues dans le traité de Maastricht.

L'implosion de la Démocratie chrétienne italienne a laissé la voie libre à un rassemblement libéral-conservateur, esquissé dès 1978 avec la création d'une Union démocratique européenne, qui unissait la CDU-CSU allemande et le Parti populaire autrichien aux tories britanniques et aux gaullistes français du Rassemblement pour la République : le Parti populaire européen a donc progressivement changé de nature, s'ouvrant aux conservateurs d'Europe du Nord et du Sud et à Forza Italia de Silvio Berlusconi. En 2004, l'UDF de François Bayrou fait sécession du PPE et tente d'organiser les démocrates-chrétiens progressistes au sein d'un Parti des démocrates européens. En fait, l'élargissement à vingt-cinq Etats a accru le caractère hétéroclite des grands partis européens : à gauche, le PSE accueille les partis socialistes d'Europe du Centre et de l'Est, qui sont souvent d'anciens partis communistes reconvertis ; à droite, le PPE et les libéraux accordent leur label à des formations populistes ou nationalistes, sans tradition commune avec la démocratie chrétienne ou le libéralisme d'Europe occidentale. Les grands partis européens apparaissent ainsi comme des confédérations, au sein desquelles les partis nationaux restent totalement souverains.

Autour des trois tendances « fondatrices » – démocrates-chrétiens, socialistes et libéraux – d'autres groupes accueillent les Verts, ces écologistes pratiquement nés avec l'Europe et dont le dynamisme est remarqué au sein du Parlement, les eurosceptiques et souverainistes dont les regroupements sont parfois éphémères, même si leur implantation s'enracine parfois dans le cadre national, comme le montrent les succès du Mouvement pour la France de Philippe de Villiers, et les communistes « maintenus », avec leurs frêles effectifs, associés à la « gauche verte nordique ».

Du mythe de la « Constituante européenne » à la réalité de l'« Eurolassitude »

La décision sur l'élection du Parlement européen au suffrage universel direct avait suscité des polémiques passionnées : les ultrafédéralistes imaginaient la nouvelle assemblée se transformant en Constituante européenne et rejouant le serment du Jeu de paume ; et les tenants les plus déterminés de l'Europe des Etats de méditer sur la tragédie qu'entraînerait la mort de l'Etat-nation. Fausse analogie ! devait répliquer Valéry Giscard d'Estaing dans sa conférence de presse du 22 novembre 1978. Dans une société européenne aux pouvoirs baignant déjà dans une légitimité démocratique, le Parlement européen n'apporterait pas un nouveau type de légitimité : « Je vous fais remarquer d'abord que l'Assemblée du Jeu de paume n'était pas élue au suffrage universel et qu'elle tirait sa légitimité du fait qu'à l'époque pré-révolutionnaire les autres pouvoirs n'avaient pas de légitimité apparente vis-à-vis du suffrage populaire... A l'heure actuelle, ce n'est pas du tout le cas. Il y a, dans les différents Etats, des parlements élus au suffrage universel [...] des gouvernements eux-mêmes désignés par des procédures démocratiques. Donc la nouvelle Assemblée parlementaire européenne n'aura pas plus de légitimité que les autres institutions démocratiques qui exercent leurs attributions en Europe. »

Les élections au Parlement européen seraient-elles, au moins, d'authentiques élections européennes, soumettant aux électeurs du continent un ensemble de programmes pour l'avenir des Communautés ? Le bilan des six consultations européennes au suffrage universel – de 1979 à 2004 – est, à cet égard, fort modeste.

Selon certains observateurs, c'est la diversité des systèmes électoraux nationaux, l'assemblage d'élections nationales, qui détourne les élections au Parlement européen... et les réduit à l'élection de délégations nationales audit Parlement. L'érection de l'ensemble du territoire d'un Etat en une circonscription électorale unique (le choix de la France, du Danemark, des Pays-Bas, du Luxembourg en 1979, puis des nouveaux Etats membres, Grèce, Espagne, Portugal, donc de sept Etats dans l'Europe des Douze) est particulièrement contestée. De fait, le choix de la circonscription nationale unique peut être interprété comme une manière radicale de « nationaliser » le vote européen. La division d'un Etat membre en circonscriptions correspondant à des régions ou à des ensembles de régions assure, en principe, une plus grande plasticité – encore qu'en Allemagne fédérale, à l'exception de la démocratie chrétienne, les partis présentent des listes fédérales, et qu'en Belgique les accords d'Egmont (25 mai 1977) aient réparti les sièges entre francophones et néerlandophones, les Bruxellois pouvant choisir de voter pour l'une ou l'autre liste ; le seul véritable découpage régional est, alors, celui de l'Italie... En France, une proposition de loi « tendant à rapprocher la Communauté européenne des citoyens » par le biais d'élections régionalisées a été déposée, le 16 décembre 1980, par le député Adrien Zeller... lequel obtiendra satisfaction lors de l'élection européenne de 2004.

Fallait-il aller plus loin dans la définition du suffrage européen idéal ? Dans son essai sur *Le Parlement européen*, Jean-Louis Burban soutient que, « pour qu'il y ait d'authentiques élections européennes, il eût fallu par exemple un système électoral commun, autoriser les candidatures de ressortissants d'un Etat membre dans les autres, découper des circonscriptions électorales transfrontalières brisant les frontières nationales, ouvrir totalement le droit de vote et d'éligibilité des travailleurs migrants... ». Certaines de ces suggestions relèvent de la rationalisation de l'élection européenne (système électoral commun), d'autres de l'utopie d'une nation européenne transcendant l'Europe des nations et brisant ses cadres (les circonscriptions transfrontalières). Au vrai, même dans un Etat fédéral européen, les Etats-nations membres pourraient être érigés en circonscriptions électorales...

La vraie question n'est donc pas celle du découpage géographique de l'élection, du découpage électoral. Elle pourrait être celle du mode de scrutin : l'élection à la proportionnelle sur des listes nationales, voire régionales, fait des élus des représentants des partis. Dans ce cas, le scrutin uninominal serait le plus à même de dégager d'authentiques « élus européens », de conforter le lien entre élus et électeurs. Mais le seul exemple, sur ce point, fut, jusqu'en 1999, celui de la Grande-Bretagne où 78 des 81 parlementaires européens étaient élus dans autant de circonscriptions uninominales, les trois députés de l'Ulster étant élus au scrutin de liste. (Par ailleurs, le système uninominal de la République d'Irlande est à mettre à part : il cumule scrutin uninominal et circonscriptions à sièges multiples, avec vote préférentiel et report de voix... c'est le système « tasmanien », pratiqué en Irlande, dans la province australienne de Tasmanie, et dans un Etat du Pacifique Sud, le Vanuatu.) Or la Grande-Bretagne détient, à l'époque, le record incontesté de l'abstentionnisme : 36,2 % des citoyens britanniques ont participé aux élections européennes de 1989 ; ils étaient 32,6 % en 1984, 32,3 % en 1979. Peu d'affiches, guère de réunions, pas de campagne de porte-à-porte : l'élection de 1989 est passée presque inaperçue en Grande-Bretagne, l'enjeu véritable – celui de l'Acte unique à l'horizon 1993 – ne faisant l'objet d'aucun débat, et le scrutin devenant un simple test de la crédibilité de l'opposition... les deux grands partis, conservateur et travailliste, demeurant des Européens de raison, voire rétractés, tenants du maintien des prérogatives de Westminster en matière fiscale et budgétaire et d'« une conception minimaliste du grand marché de 1993 » (Monica Charlot). En 1994, la Grande-Bretagne n'est plus la championne de l'abstentionnisme : le taux d'abstention est légèrement plus important aux Pays-Bas et au Portugal... Mais, avec le passage au scrutin proportionnel en 1999, la Grande-Bretagne retrouve à la fois le taux de participation le plus bas enregistré au Royaume-Uni depuis 1979, et le taux le plus bas de l'Union européenne : 23,3 % des électeurs britanniques se sont déplacés. Alors que le scrutin proportionnel rendait crédibles les offres politiques les plus diverses : celle du « tiers-parti », celui des libéraux-démocrates, qui obtient enfin un nombre de sièges répondant à ses résultats en nombre d'électeurs ; celle des « eurosceptiques » du parti pour l'indépendance du Royaume-Uni, celle des tories dissidents, favorables à la construction européenne, du Pro-Euro Conservative party.

En 2004, la volonté de désertion des urnes se confirme et se généralise, particulièrement dans la nouvelle Europe du centre et de l'est. Avec 61,1 % d'abstentions, le Royaume-Uni fait figure d'Européen modéré face aux 80 % d'abstentionnistes de Slovaquie, 78,8 % de Pologne, 73,1 % d'Estonie, 72,1 % de République tchèque, 71,8 % de Slovénie. Désillusion de la nouvelle Europe, libérée du totalitarisme, devant les pratiques de la démocratie pluraliste, ou refus de rétrocéder la souveraineté retrouvée ? Indifférence de la vieille Europe devant des élections perçues comme étant sans enjeu véritable, les jeux politiques européens restant difficiles à déchiffrer par l'Européen moyen, ou refus pur et simple de la construction européenne par une proportion de véritables eurosceptiques, qui refuseraient même le vote pour les partis souverainistes, ou, plus probablement, détournement des consultations européennes sur des enjeux nationaux et volonté de sanctionner les élites politiques nationales ?

De fait, si la dimension européenne de l'élection est souvent occultée, c'est de par la montée des problématiques politiques internes. Les élections de 1989 illustrent, parmi d'autres, cette réalité. Et, d'abord, en Espagne : le scrutin européen du 15 juin 1989 suivait d'à peine deux ans celui de 1987 qui consacrait l'entrée de l'Espagne au Parlement européen, au lendemain de son adhésion aux Communautés (1er janvier 1986). Trois éléments pouvaient contribuer à donner un « sens européen » à l'élection de 1989 par rapport à celle de 1987 : la deuxième consultation était exclusivement consacrée au Parlement européen, alors que la première avait été « jumelée » avec des élections régionales et municipales ; pour la première fois en 1989 – contrairement à 1987 –, les électeurs espagnols votaient en même temps que les autres électeurs européens ; en deux ans, les premiers effets de l'adhésion de l'Espagne aux Communautés pouvaient être dégagés et déterminer des comportements électoraux. Pourtant, la campagne fut d'une grande platitude au regard de la thématique européenne, et elle consacra « un certain désaveu de la classe politique espagnole et de ses jeux » (Franck Moderne), les arabesques autour des mécanismes communautaires étant considérées comme l'un de ces jeux...

Le même constat put être dressé dans les autres Etats européens. En Allemagne fédérale, où « les partis politiques donnaient l'impression de s'acquitter d'une obligation ennuyeuse » (Henri Ménudier) : les acquis de l'intégration allaient de soi, mais l'engagement européen idéaliste de naguère laissait place au pragmatisme ; l'identification à l'Europe faiblissait à l'heure du réveil du sentiment national (pourtant, la chute du Mur de Berlin n'interviendra que cinq mois plus tard !). Aucun parti n'entretenait d'illusion sur la portée européenne du vote ; la platitude des slogans, l'absence de controverse véritable sur l'intégration – tout tendait à privilégier la signification interne de la consultation, un an et demi avant le renouvellement du Bundestag.

En Italie, pourtant « bonne élève » de la classe européenne, les élus de tous les partis transalpins ont toujours pratiqué la fuite en avant vers l'Europe ; en 1989, le système électoral italien se signalait même par son ouverture aux candidatures de ressortissants d'autres Etats de la Communauté, Maurice Duverger était élu sur une liste du Parti communiste italien, des personnalités britanniques ou néerlandaises figuraient sur d'autres listes... Malgré ces apparences, et peut-être à cause du très large consensus existant sur les questions européennes, l'élection des représentants au Parlement de Strasbourg a eu, comme en 1979 et en 1984, une portée essentiellement nationale – particulièrement en 1989 où l'ouverture d'une crise gouvernementale à la veille du scrutin donnait à ce dernier l'allure d'une élection législative anticipée.

Réflexes identiques dix ans plus tard, en 1999 : en Allemagne, après une campagne inexistante, il s'agit de lourdement sanctionner le gouvernement Schroeder. En Belgique, la consultation européenne est occultée par les élections législatives qui se tiennent le même jour ; la coalition sortante du Premier ministre Jean-Luc Dehaene est sanctionnée. Dans les quatre pays d'Europe du Sud, Espagne, Portugal, Italie et Grèce, malgré un sentiment proeuropéen d'une forte intensité d'après les enquêtes d'opinion, et une forte sensibilisation aux enjeux européens, les élections sont largement dominées par les enjeux de politique intérieure : fragmentation du panorama des partis politiques en Italie, alternance au pouvoir national et ancrage des partis nationalistes modérés en Espagne.

En France aussi, au fil des scrutins, les élections européennes apparaissent de plus en plus élitistes. Selon la formule de Gérard Le Gall, l'Europe se bâtit « avec l'assentiment du peuple français », mais « à bien des égards sans le peuple ». L'abstention progresse, de 38,8 % en 1979 à 42,7 % en 1984, à 50,1 en 1989. Elle régresse à 47,3 % en 1994 mais remonte à 53 % en 1999 et culmine à 56,9 % en 2004. Ni la proximité du grand marché européen unifié en 1989, ni même l'intérêt nouveau des médias pour les affaires européennes n'auront fait émerger un « civisme européen ».

Censure des dirigeants nationaux et percée de formations eurosceptiques : ces deux constats s'entrecroisent lors des élections européennes de 2004. Les partis ou coalitions au pouvoir enregistrent de légers revers ou de cuisants camouflets, de l'ouest de l'Europe, en Suède, Grande-Bretagne, Portugal, Allemagne, France, Italie, à l'est, en Slovénie, Pologne, Hongrie, République tchèque, ainsi que dans les trois Etats baltes. Des formations eurosceptiques, parfois de création récente, font irruption sur les échiquiers politiques nationaux : en Autriche, la liste indépendante de Hans-Peter Martin, exclu du groupe des eurodéputés socialistes, obtient, avec le soutien de l'influent quotidien *Kronen Zeitung*, 14 % des voix ; en Belgique, le Vlaams Blok confirme sa forte implantation en Flandre, où il est seulement devancé par le parti chrétien de Jean-Luc Dehaene ; en Lettonie, les nationalistes du Parti pour la patrie et la liberté obtiennent la moitié des sièges ; en Pologne, les eurosceptiques catholiques de la Ligue des familles créent la surprise et remportent 10 sièges avec 16 % des voix ; en Grande-Bretagne, le Parti pour l'indépendance fait plus que doubler son score de 1999 (il passe de 6,5 à 16,8 % des voix et de 3 à 12 sièges) ; en Suède, les souverainistes de Junilistan, la « liste de juin », élaborée pour la circonstance, obtiennent, pour leur première apparition sur la scène nationale, 14,4 % des voix ; aux Pays-Bas, la liste Europe transparente, menée par l'ancien fonctionnaire européen Paul Van Buitenen, proeuropéenne mais soutenue par les eurosceptiques, obtient deux sièges face aux partis traditionnels.

Un parlementarisme nouveau

Elu au suffrage universel, le Parlement européen reste confronté à deux problèmes lancinants. Celui de son siège : le débat est intense entre les partisans du transfert à Bruxelles (Britanniques, Néerlandais, Belges, Danois) et les tenants du maintien des sessions à Strasbourg et du secrétariat à Luxembourg (Français, Allemands, Luxembourgeois) ; la querelle est portée devant l'ensemble des parlementaires en octobre 1985 (le Parlement européen se prononce pour la construction d'un hémicycle à Bruxelles), puis devant les chefs d'Etat et de gouvernement (en juin 1990, le Conseil européen de Dublin envisage une redistribution générale de l'ensemble des « sièges » européens et confie une mission d'exploration à M. Andreotti). Celui du système électoral uniforme : dès le 10 mars 1982, le premier Parlement européen élu au suffrage direct a présenté un projet de loi électorale « communautaire », sur lequel le Conseil des ministres, en proie aux réticences britanniques, n'a pu se prononcer ; en septembre 1984, la généralisation de la « proportionnelle » a été, une fois encore, proposée par la commission politique du Parlement ; le nouveau projet ne fut même pas examiné en séance plénière.

Mais, fort de sa nouvelle légitimité, le Parlement a pu progresser sur l'essentiel : dans son mode de fonctionnement et dans l'étendue de ses pouvoirs.

Doté par l'article 142 du traité de Rome sur le Marché commun d'un pouvoir réglementaire non soumis au contrôle d'une cour constitutionnelle, le Parlement européen a su puiser dans les différentes expériences parlementaires nationales les techniques les plus originales et les plus efficaces.

Le Parlement élu au suffrage direct a attendu mars 1981 pour adopter un nouveau règlement qui élargit la liberté de parole de ses membres (le temps de parole des non-inscrits est doublé), renforce la part faite aux débats d'actualité (aux « questions d'actualité » adressées aux membres des exécutifs, il faut désormais ajouter les trois heures de débat par session sur des thèmes arrêtés par les groupes politiques), démocratise les rapports entre les « simples parlementaires » et les organes directeurs de l'assemblée (en créant des « questions d'actualité » sur l'organisation des travaux, qui leur sont destinées), organise des rapports plus directs entre le Parlement et la Commission des Communautés (le Parlement se prononce directement sur les propositions de règlements et de directives, et non plus sur les propositions de résolutions élaborées en commission parlementaire), décentralise et délègue les pouvoirs délibérants du Parlement en vue de « désencombrer » son ordre du jour de textes très techniques (pouvoirs délégués aux commissions, qui deviennent ainsi « législatives », à l'exemple du droit constitutionnel italien).

Le Parlement européen est absolument maître de son ordre du jour – élaboré par son bureau « élargi », composé du président, des douze vice-présidents, des cinq questeurs et des présidents des groupes politiques. Le président est, en principe, élu chaque année ; en réalité, il n'y a renouvellement de la présidence qu'en milieu de « législature » européenne, tous les deux ans et demi – le plus souvent après accord préalable entre les principaux groupes politiques. Le président dispose de larges pouvoirs, dont celui d'entretenir des relations avec les gouvernements des Etats membres et d'Etats tiers : il acquiert, ainsi, une stature internationale (inférieure, cependant, à celle du président de la Commission des Communautés).

Le Parlement détermine librement le nombre de ses commissions : depuis l'élection directe, il l'a porté de douze à quinze puis à dix-huit. Ces commissions parlementaires ont développé, depuis le « tournant » de 1979, les différentes procédures d'investigation : hearings ou auditions publiques à l'anglo-saxonne ; commissions d'enquête aux travaux retentissants, comme celle sur « la montée du racisme et de la xénophobie ». Le rôle des groupes politiques demeure fondamental : dans le premier Parlement élu au suffrage direct, ils sont dix et regroupent soixante-quinze partis politiques nationaux.. Les groupes ont gagné en stabilité depuis le déclin de la règle du « tourniquet », c'est-à-dire de la tentation éprouvée par les gaullistes français, les radicaux italiens, les Verts allemands et français d'opérer un partage dans le temps du mandat – les élus d'un parti démissionnant après une certaine période afin de laisser place à leurs suivants de liste.

Les élus au Parlement européen ne sont plus, contrairement à leurs prédécesseurs issus du suffrage indirect, automatiquement membres d'un parlement national. Leur statut juridique reste déterminé par le « protocole sur les immunités et privilèges des Communautés » du 8 avril 1965. Ils bénéficient, dans leur propre pays, des mêmes immunités qu'un parlementaire national, et dans les autres Etats membres, de l'exemption de toute mesure de détention et de toute poursuite judiciaire. La Cour de justice des Communautés a décidé que les parlementaires européens sont couverts par ces immunités pendant toute la durée de la législature. Les levées d'immunité sont, en principe, refusées, car le Parlement considère que les « délits » invoqués par les autorités nationales s'apparentent à des délits d'opinion ou participent de l'exercice normal du mandat parlementaire ; cette doctrine très « protectrice » des parlementaires européens a été, par deux fois, modifiée – à l'occasion des levées d'immunité du leader du Front national, Jean-Marie Le Pen, les 11 décembre 1989 et 12 mars 1990.

Le Parlement européen n'a pu fixer une indemnité parlementaire commune aux élus des différents Etats : la question avait été l'objet d'une vive controverse dans l'opinion publique. Les parlementaires nationaux ont décidé d'accorder aux députés européens une indemnité identique à la leur : la rémunération des parlementaires européens peut donc varier du simple au triple, du Portugal à l'Allemagne... Cette inégalité est paradoxale dans une Communauté qui combat « les discriminations exercées en raison de la nationalité » ; elle est compensée par l'égalité réintroduite dans les divers avantages administratifs et matériels...

La conquête du pouvoir législatif

Après avoir obtenu d'être élu au suffrage universel direct, le Parlement européen est parti à une autre conquête : celle du pouvoir législatif communautaire qui, à l'origine, était partagé entre le Conseil et la Commission, le Parlement étant un simple forum de discussion. (La fonction législative est particulièrement hétérogène dans le cadre européen : les normes communautaires comprennent les traités de fondation, les principes généraux du droit, les accords internationaux et le droit dérivé, c'est-à-dire les actes communautaires de portée générale, de divers types et de diverses dénominations. Dans son rapport du 3 décembre 2002, le député européen Jean-Louis Bourlanges proposait une simplification de la typologie des actes : la plupart des actes communautaires seraient remplacés par des « lois » ; la fonction législative comprendrait tous les actes adoptés à la majorité qualifiée par le Conseil et le Parlement sur proposition de la Commission.)

Le Parlement européen est devenu autorité budgétaire avec les traités de Luxembourg du 22 avril 1970 puis de Bruxelles du 22 juillet 1975. Le Conseil et le Parlement se partagent le pouvoir budgétaire : le premier a le dernier mot en matière de « dépenses obligatoires » – les « services votés » du droit budgétaire français –, essentiellement les dépenses de la politique agricole commune ; le second a le dernier mot sur les dépenses « non obligatoires », les amendements que le Parlement peut faire aboutir, en deuxième lecture, à la majorité des trois cinquièmes. Ces dernières ne peuvent, cependant, être augmentées indéfiniment : elles correspondent, en réalité, aux nouvelles politiques communes (énergie, recherche, environnement...) et doivent être décidées à l'intérieur d'un taux maximal d'augmentation, déterminé par la Commission sur la base de critères objectifs tels que l'évolution du produit national brut de la Communauté – ce taux pouvant être relevé d'un commun accord entre le Conseil et le Parlement statuant à la majorité des trois cinquièmes. Depuis 1975, le Parlement peut rejeter le budget : le 15 décembre 1979 – puis cinq ans plus tard, en décembre 1984 – le Parlement élu au suffrage universel a utilisé, à une écrasante majorité, ce droit de rejet. Symbole du transfert des pouvoirs budgétaires intervenu au profit de l'assemblée : le président du Parlement européen arrête le budget à l'expiration des délais prévus dans les traités, ce que fit Simone Veil, première présidente du Parlement élu au suffrage universel direct, le 23 décembre 1980 pour le budget 1981. Le conflit resurgit, périodiquement, avec le Conseil : le budget 1995 a été arrêté le 15 décembre 1994 par le président du Parlement. Sur recours du Conseil, qui fit valoir que certaines dépenses obligatoires pouvaient être l'objet de propositions du Parlement, mais avaient été arrêtées sans consultation du Conseil, le budget fut annulé par la Cour le 7 décembre 1995.

Le Parlement européen va prendre appui sur le vote du budget général pour accroître son pouvoir législatif : ce vote va lui permettre d'exercer une pression sur le Conseil et de participer, avec lui, à l'élaboration des normes. Les parlements nationaux avaient suivi la même stratégie, à commencer par la Chambre des communes, s'appuyant sur la Grande Charte de 1215 pour remporter la victoire du Bill of Rights en 1689...

Le Parlement européen, certes, n'utilise pas le vote des recettes, comme peuvent le faire les parlements nationaux : il est cantonné dans les dépenses non obligatoires. Mais, parce que le traité lui permet d'en déterminer le nombre et le montant dans la limite d'un taux maximal d'augmentation, il cherchera à en augmenter le nombre (mais la Cour de justice contrôlera son action, comme le rappelle son arrêt « Parlement européen contre Conseil » du 7 décembre 1995). Le Parlement tentera également de contrôler les crédits affectés aux dépenses obligatoires : l'accord interinstitutionnel du 6 mai 1999 étend son contrôle aux crédits affectés à deux nouvelles dépenses obligatoires, la politique sociale et la politique extérieure et de sécurité commune. De fait, après avoir souhaité l'instauration d'un dialogue budgétaire à incidence normative (résolution du 3 juillet 1981) puis proposé de définir avec le Conseil le nombre et les montants de toutes les dépenses ayant des incidences normatives (résolution du 24 octobre 1991), le Parlement va accroître sa pression grâce aux accords interinstitutionnels, ces actes politiques qui rééquilibrent les compétences des diverses institutions, tout en évitant le recours systématique à la Cour de justice. La décision du Conseil du 24 juin 1988 sur la discipline budgétaire a esquissé une nouvelle répartition des rôles entre le Parlement et le Conseil : son article 16 oblige le Conseil à affecter les crédits nécessaires lorsque les prévisions financières sont modifiées, en particulier en matière de dépenses agricoles et de dépenses relatives à des obligations contractuelles envers des Etats tiers.

Pression également sur la Commission : le Parlement clôt l'exécution du budget général lorsqu'il vote la « décharge ». Il examine les comptes et le bilan financier présentés par la Commission – qu'il peut censurer, s'il estime qu'elle n'a pas exécuté correctement le budget. En fait, c'est un jugement politique que porte le Parlement sur la Commission : par ce biais, le Parlement peut exercer une pression sur la Commission pour qu'elle oriente la législation communautaire ou modifie la teneur de certains actes.

Le Parlement européen a également utilisé la voie contentieuse, dès le lendemain de son élection au suffrage universel direct, pour protéger et affirmer son pouvoir législatif. Pourtant, il ne pouvait pas déclencher une action en justice : son statut ne lui conférait pas la qualité pour agir. Le chemin fut long, qui lui permit de défendre ses prérogatives institutionnelles au fil des décisions favorables de la Cour de justice. En 2001, le traité de Nice érigera le Parlement européen en requérant privilégié, au même titre que le Conseil et la Commission.

Comme sa « légitimation active » n'était pas clairement établie par les traités originaires, le Parlement explora d'abord une voie incidente : s'introduire dans un procès déjà ouvert par un autre plaideur. Par sa résolution du 16 décembre 1979, il décida d'intervenir dans l'affaire « Société Roquette frères contre Conseil » : il estimait ne pas avoir été consulté par le Conseil, comme le prévoyait le traité. Le Conseil soutenait que le Parlement faisait un usage détourné de l'intervention, et qu'il n'existait pas de communauté d'intérêt entre la société requérante et le Parlement. Par son arrêt du 29 octobre 1980, la Cour admit que l'intervention du Parlement était licite : le droit d'intervention est identique pour toutes les institutions communautaires ; le Parlement peut utiliser son droit d'intervention pour protéger son rôle dans la procédure législative.

Cinq ans plus tard, le Parlement a introduit son premier recours en carence afin d'accélérer l'instauration d'une politique commune des transports. Par son arrêt de principe du 22 février 1985, « Parlement européen contre Conseil des transports », la Cour reconnaît la légitimité de la démarche du Parlement ; elle incite le Conseil à légiférer pour respecter les compétences du Parlement. La Cour sanctionne donc l'inaction d'une institution ; mais le recours en carence n'annule pas une norme susceptible de nuire au pouvoir législatif du Parlement.

Ultime étape juridictionnelle : la Cour va admettre la « légitimité active » du Parlement en matière de recours en annulation. Pourtant, par son arrêt du 27 septembre 1988, « Parlement européen contre Conseil-comitologie », la Cour avait refusé la qualité de requérant au Parlement. La Cour soulignait la spécificité de chaque voie de droit, la finalité des diverses voies de droit : le recours en carence facilitait l'adoption de certains actes, comme le projet de budget général ; il ne pouvait conduire à leur annulation. La Cour attribuait à la Commission la responsabilité de veiller au respect des attributions législatives du Parlement... Cet arrêt fut l'objet de vives critiques : la Cour souhaitait-elle vraiment mettre le Parlement sous la tutelle de la Commission ? Le Parlement devrait donc obtenir l'autorisation de la Commission avant tout recours en annulation, et un tel recours ne pourrait, en aucun cas, être introduit... contre la Commission. Le revirement intervint avec l'arrêt « Tchernobyl » du 22 mai 1990 : la Cour reconnaissait que le recours en carence et l'intervention ne permettaient pas la censure d'un acte qui méconnaissait les prérogatives institutionnelles du Parlement. L'objet du recours en annulation devait, cependant, être circonscrit à la sauvegarde desdites prérogatives : le recours serait irrecevable si le Parlement ne précisait pas la prérogative à protéger et l'étendue de sa violation.

A partir des années quatre-vingt, au fil des traités sur le marché unique et l'Union européenne, le Parlement a conquis une partie du pouvoir législatif de la Communauté : l'Acte unique européen, entré en vigueur le 1er juillet 1987, détermine, à côté de la procédure ordinaire de consultation, une procédure nouvelle dite de « coopération » – procédure de partage du pouvoir législatif entre le Conseil et le Parlement. Le champ d'application est vaste : le marché intérieur, la politique sociale, la recherche et le développement technologique – soit les deux tiers de l'activité réglementaire déployée par la Commission jusqu'en 1993 pour réaliser le grand marché intérieur. La « coopération » prend forme à travers une « navette » entre le Conseil et le Parlement, assortie d'une double lecture et d'interventions de la Commission. Avec le traité de Maastricht, le Parlement acquiert un droit de veto sur une position définitive du Conseil : il enregistre donc de nouveaux progrès sur la voie de la parité, de la codécision... sans atteindre l'égalité totale, qui se traduirait par une procédure d'adoption en termes identiques telle qu'elle est pratiquée par les systèmes parlementaires bicaméraux.

L'Acte unique a également répondu à une très ancienne revendication du Parlement : le droit de ratifier les accords externes de la Communauté. L'« avis conforme » du Parlement est obligatoire sur les traités d'adhésion (art. 237 du traité de Rome révisé), les accords d'association (art. 238), voire, selon le règlement du Parlement, tous les accords internationaux d'« une importance significative ». Dès 1988, le Parlement a usé de ce droit en refusant de ratifier les protocoles financiers avec la Turquie et avec Israël – en invoquant la situation des droits de l'homme en Turquie et dans les territoires occupés. Surtout, le veto à de nouvelles adhésions, à de nouveaux « élargissements », donne au Parlement un très puissant moyen de pression.

Le pouvoir conféré depuis l'origine au Parlement de destituer la Commission n'a pas, contrairement à l'attente de nombreux observateurs, été mis en œuvre par le Parlement élu au suffrage universel : les menaces, timidement agitées au temps du suffrage indirect, n'ont guère été renouvelées... jusqu'au début de 1990, où une fronde agita le groupe socialiste contre « la timidité de la politique sociale » de la Commission Delors. Entre-temps, il est vrai, une alliance avait été forgée entre le Parlement et la Commission, en vue d'arracher au Conseil la décision sur l'Acte unique. Le traité de Maastricht permet au Parlement d'exercer son influence sur la composition même de la Commission, et de donner son avis sur le choix du président de la Commission par les gouvernements. L'épreuve de vérité surgira le 15 mars 1999, avec le rapport dévastateur du comité d'experts indépendants sur « les allégations de fraude, de mauvaise gestion et de népotisme à la Commission européenne » (« le sens de la responsabilité est dilué dans la chaîne hiérarchique »), qui entraînera la démission collective de la Commission Santer. Une crise majeure : la Commission, organe de réflexion, d'impulsion et de contrôle, apparaît soudain comme une lourde institution de gestion, incapable de mener à bien les tâches multiples dont les gouvernements l'ont chargée. Une victoire incomplète pour le Parlement : la Commission n'a pas été formellement renversée... mais elle a bien été acculée à la démission par les parlementaires.

Un forum politique international

On a souvent critiqué, en termes vifs, la propension du Parlement européen à se saisir des dossiers de défense de la démocratie ou des droits de l'homme à travers le monde... au détriment des questions purement communautaires. De fait, le Parlement a été parfois tenté de se transformer en une seconde tribune « onusienne » : l'association, déjà ancienne, avec les jeunes Etats d'Afrique puis des Caraïbes et du Pacifique, des conventions de Yaoundé à celles de Lomé, avait son volet interparlementaire ; l'adhésion de l'Espagne et du Portugal signifiait, en 1986, l'apport d'un héritage historique et de liens très contemporains avec l'Amérique latine ; la fin des « interdits » sur les questions de politique étrangère et de défense et l'intérêt généralisé des gouvernements européens, à partir des années quatre-vingt, pour une diplomatie des droits de l'homme : tout incitait le Parlement européen à devenir un forum politique international – un forum consacré par la « pression » des mouvements de libération du tiers-monde dans ses couloirs, ou les visites officielles de chefs d'Etat, de Ronald Reagan à Jean-Paul II...

L'aspect « onusien » a-t-il été trop poussé ? Dès son règlement de mars 1981, le Parlement européen semble soucieux de « recentrer » ses activités : il renforce un droit de pétition qui, loin de tomber en désuétude comme devant les assemblées classiques, apparaît en constant développement (son usage est multiplié, du début des années quatre-vingt – une cinquantaine de pétitions par an – au début des années quatre-vingt-dix – près d'un millier !) ; mais il réserve ce droit aux ressortissants des Etats membres... alors que, jusque-là, il était ouvert aux citoyens du « village planétaire ». Au demeurant, dans l'esprit de l'Acte unique puis du traité de Maastricht, le Parlement peut développer l'examen de la politique étrangère (puis de sécurité) européenne. Une responsabilité accrue a pour contrepartie le déclin de l'aspect, plus spectaculaire, d'académie politique planétaire.

Le poids du Parlement européen semble devoir croître à mesure que les opinions publiques et les gouvernements prennent conscience du « déficit démocratique » de la construction communautaire – pour reprendre le jargon européen. Cependant, l'extension des compétences de la Communauté a suscité une certaine rivalité entre le Parlement européen et les parlements nationaux, irrités et frustrés par l'érosion de leurs propres pouvoirs.

Antérieurement à 1979, dans le Parlement élu au suffrage indirect, une telle rivalité ne pouvait se faire jour : le « double mandat », national et européen, était de règle ; une sorte de lien organique existait entre les deux types d'institutions. Dans les Etats membres les plus réticents à l'égard de la supranationalité, les Parlements nationaux ont mis en place de véritables instances de surveillance de la législation communautaire : la Chambre des lords britannique a ouvert la voie, avec ses rapports sur le fonctionnement interne de l'Union, imitée par la Chambre des communes, qui examine tous les grands projets de textes européens et organise une séance publique de débat, en cas d'objection à l'un d'eux. Au Danemark, le Folketing a réussi à lier le gouvernement de Copenhague – qui doit consulter sa commission spécialisée avant toute décision en Conseil de ministres. En France, les activités des « délégations » mises en place par l'Assemblée nationale et le Sénat apparaissent plus modestes : elles sont de pure information. Mais, au moment de la ratification du traité de Maastricht, l'article 88-4, introduit dans la Constitution de la Ve République, a permis à l'Assemblée nationale et au Sénat d'adopter une résolution, qui peut donner lieu à débat en séance publique, avant que le gouvernement français ne prenne position sur un texte à Bruxelles.

Le Parlement européen a multiplié les initiatives pour éliminer tout malentendu dans ses rapports avec les parlements nationaux – mettant en place des rencontres entre commissions parlementaires nationales et européenne sur un même thème, voire des réunions annuelles ou des « présessions » avec les présidents des assemblées parlementaires des Etats membres du Conseil de l'Europe ou des douze Etats de la Communauté. En novembre 1990, à Rome, sur l'initiative du président Mitterrand, des états généraux des parlements nationaux et européen ont été organisés pour la première fois : le congrès des Parlements de la Communauté. Le traité de Maastricht a prévu la transmission, par les gouvernements aux parlements nationaux, des propositions de la Commission. L'expérience de Rome sera renouvelée : le congrès des Parlements entendra des rapports du président du Conseil européen et de la Commission « sur l'état de l'Union (européenne) ». Lionel Jospin, alors Premier ministre, reprit l'idée dans le projet européen, qu'il exposa le 28 mai 2001 : une « conférence permanente des parlements ou congrès » se réunirait une ou deux fois par an. De même, Valéry Giscard d'Estaing, dans sa présentation, le 22 octobre 2002, d'un « squelette de Constitution européenne », suggéra la création d'un « congrès des Peuples d'Europe », qui rassemblerait deux ou trois fois par an responsables européens et parlementaires nationaux... mais il retira sa suggestion, devant l'accueil négatif de la convention.

IX

Du rapport Tindemans au projet Spinelli et au rapport Dooge : les plans d'union politique

Peut-on passer insensiblement, et comme par automatisme, de l'intégration économique à l'intégration politique, des communautés économiques spécialisées à la communauté politique générale ? Dans les années cinquante, Ernst Haas développe, à partir de l'expérience de la Communauté du charbon et de l'acier, sa vision de l'« intégration fonctionnelle ». Il n'est pas indifférent que le terrain où se déclenche le processus d'intégration européenne soit celui de l'économie : des « décisions économiques limitées » sont plus aisées à obtenir que des « choix politiques cruciaux » ; elles ne procèdent pas d'options politiques similaires, mais simplement d'une convergence des intérêts. Une fois acquise, l'intégration économique déclenche un processus de politisation graduelle. Progression automatique de l'union économique à l'union politique : l'administration communautaire active le transfert vers le nouveau centre de décision des loyautés, des intérêts, des activités des divers groupes avec lesquels elle entre en rapports directs ; les crises elles-mêmes renforcent la communauté, car elles contraignent les groupes en désaccord à intensifier leur action au niveau communautaire ; la « dynamique ascendante » de l'intégration lui permet de s'étendre progressivement aux groupes non concernés à l'origine, aux autres secteurs économiques et politiques, voire aux pays tiers. Arrivé à son terme, le processus d'intégration aboutit à la création d'un nouvel Etat, sans doute de type fédéral.

Les vicissitudes de l'intégration européenne, les crises traversées par les Communautés vont conduire Haas à reconsidérer sa démarche initiale, trop optimiste par l'assimilation qu'elle établissait entre questions économiques et politiques, et par les automatismes qu'elle annonçait. En 1967, Haas tempère le déterminisme socio-économique de sa première approche. Il met l'accent sur la fragmentation des allégeances chez les individus : il n'y a plus transfert radical des allégeances vers une nouvelle entité ; l'union politique qui couronnera le processus d'intégration n'est plus conçue sur le modèle des communautés nationales existantes. Surtout, la logique de l'intégration fonctionnelle n'est plus « automatique » mais « probabiliste » : il s'agit d'un « processus fragile, susceptible de retours en arrière », et son évolution dépend de multiples variables... Les objectifs des dirigeants jouent un rôle essentiel : que les partis politiques et les groupes d'intérêts évitent les conflits idéologiques aigus, qu'ils cherchent simplement à maximiser leurs avantages matériels à l'aide de négociations techniques, et le modèle automatique initial est rétabli ; c'est la rupture du consensus entre les principaux acteurs, publics et privés, qui réduit l'observateur à l'incertitude.

En réalité, avant même le procès fait à l'Europe par les gouvernants de la Ve République, l'échec de la Communauté européenne de défense avait apporté un démenti partiel à la vision politique du fonctionnalisme. Une série de délégations de compétences devait progressivement vider l'Etat de sa substance et créer une vie politique supranationale. Mais l'érosion de la souveraineté reste à démontrer : n'arrive-t-il pas un moment où la délégation de compétences est directement politique ou politico-militaire, où le bloc monolithique de la souveraineté est en jeu ? Alors s'affrontent partisans et adversaires du dépassement de souveraineté, comme dans l'affaire de la CED qui fut aussi celle de la Communauté politique européenne, cette première tentative d'ascension de l'économique au politique pur dans le mouvement de la dynamique communautaire. Sans doute ce premier essai de transformation qualitative était-il prématuré ; aujourd'hui, c'est au terme d'un long processus que le mot d'ordre de l'Union européenne souligne la nécessité de doter d'un « toit » politique l'édifice des communautés économiques.

Une tentative : le statut de communauté politique

« Une structure fédérale ou confédérale fondée sur le principe de la séparation des pouvoirs et comportant, en particulier, un système représentatif bicaméral » : telle était la création envisagée par l'article 38 du traité sur la CED. Le 10 septembre 1952, les six ministres des Affaires étrangères invitaient une assemblée *ad hoc* – composée des parlementaires de la CECA auxquels se joignaient neuf membres supplémentaires – à tenir, par anticipation, le rôle dévolu à l'assemblée de la CED : « Elaborer un projet de traité instituant une communauté politique européenne ». Le 9 mars 1953, l'Assemblée *ad hoc* remettait aux six gouvernements membres de la CECA – et signataires du projet de CED – le texte d'une convention « portant statut de la Communauté européenne ».

Organisée sur le modèle de l'Etat fédéral, la Communauté politique projetée comportait un Parlement bicaméral : une Chambre des peuples, élue au suffrage universel par l'ensemble des citoyens européens ; un Sénat, émanation des parlements des Etats membres – une pondération, relativement favorable aux petits Etats, permettant d'écarter, dans chacune des deux chambres, l'hypothèse d'une majorité automatique binationale. L'idée-force est ici, selon Fernand Dehousse, l'un des principaux rédacteurs du projet de convention, la tenue d'élections au suffrage universel direct, à l'échelle européenne – lesquelles « revêtent la valeur d'un élément moteur et dynamique » ; « par choc en retour, la Communauté peut attendre d'une assemblée élue l'impulsion qui assurera son propre développement ». Pourtant, les Etats nationaux demeurent une importante source de soutien et de « légitimation » des institutions communautaires : principal organe d'action, l'exécutif supranational, le Conseil exécutif européen, est assisté d'un organe intergouvernemental, le Conseil des ministres, qui participe à ses décisions ; et c'est la chambre interparlementaire qui désigne, à la majorité absolue et au scrutin secret, le président du Conseil exécutif. Son indépendance et son autorité, le Conseil exécutif les trouve dans sa responsabilité devant le Parlement : il peut être renversé par la Chambre des peuples, à la majorité des trois cinquièmes des membres qui la composent, et par le Sénat, du fait de l'élection d'un nouveau président de l'exécutif supranational – motion de censure constructive qui, directement reprise de la Loi fondamentale de la République fédérale d'Allemagne, témoigne de la volonté des auteurs du statut d'éviter la formation d'un « régime d'assemblée » européen.

Ainsi constituée, la Communauté politique devait absorber, au cours d'une période d'adaptation et de fusion de deux années, la CECA et la CED – l'exécutif de la CED étant voué à disparaître, tandis que la Haute Autorité subsiste en tant qu'« organe administratif », nommé par le Conseil exécutif européen sur présentation des gouvernements nationaux. Elle devait assurer, par sa législation, sur avis conforme du Conseil des ministres nationaux, la réalisation progressive d'un Marché commun fondé sur la libre circulation des marchandises, des capitaux et des personnes. Elle avait, enfin, pour mission de coordonner les politiques extérieures des Etats membres, voire d'agir, sur décision unanime du Conseil des ministres, comme mandataire commun de ces Etats, et donc de conduire une véritable politique extérieure commune. Ainsi le projet de statut, loin de conférer à la Communauté politique des compétences étendues, instaurait surtout un pouvoir politique communautaire à même d'exercer les compétences qui lui seraient ultérieurement dévolues. Perspective qui n'était pas cependant pour satisfaire les tenants de la formule confédérale qui, regroupés au sein de l'Assemblée *ad hoc* autour de Michel Debré, tentèrent en vain de substituer à l'exécutif supranational un comité politique européen, composé des chefs de gouvernement des Etats membres et assisté de divers comités permanents intergouvernementaux chargés de préparer les dossiers et d'appliquer les décisions. Mais les véritables affrontements seraient pour plus tard : le refus de l'Assemblée nationale française, le 30 août 1954, d'ouvrir le débat sur la ratification du traité instituant la CED anéantissait, du même coup, le statut de Communauté politique.

Une perspective constitutionnelle : le rapport Tindemans

Confirmant l'engagement pris deux ans plus tôt de transformer l'ensemble des relations des Etats membres en une Union européenne, les neuf chefs d'Etat et de gouvernement, réunis à Paris les 10 et 11 décembre 1974, confiaient au Premier ministre belge Léo Tindemans la rédaction d'un rapport de synthèse définissant le concept d'Union européenne. Tâche difficile : le rapport Tindemans serait-il trop précis dans le dessin constitutionnel de la future Union ? Il susciterait de vives controverses entre les neuf gouvernements. Resterait-il empreint d'un flou commode ? Il décevrait les opinions publiques. Le souhait implicite des mandants était celui d'un « juste milieu » – avec l'inconvénient de noyer problèmes et tensions, obstacles et risques dans un brouillard de généralités falotes, de prohiber le souffle et la passion si nécessaires à la relance d'un système communautaire en crise.

Le 29 décembre 1975 – après avoir recueilli, une année durant, les avis, propositions, opinions des institutions communautaires, des gouvernements nationaux, des « forces vives » des divers pays d'Europe – le Premier ministre belge adresse son rapport à ses collègues européens. A l'encontre de ses propres sentiments fédéralistes, M. Tindemans se tient à un pragmatisme prudent : « J'ai volontairement refusé de faire un rapport qui aurait la prétention d'être, en partie, la Constitution de la future Union européenne » ; s'il entend renforcer l'autorité politique du président de la Commission, il attribue aux chefs d'Etat et de gouvernement un rôle majeur en leur qualité de détenteurs de la légitimité européenne et esquisse avec une grande discrétion les processus de développement de l'Union – « la mutation qualitative liée à l'Union européenne... ne suppose pas un bouleversement du cadre institutionnel existant mais un accroissement de son autorité, de son efficacité, de sa légitimité et de sa cohérence ». Pourtant, l'homme d'Etat belge ne craint pas de souligner la nécessité de futurs transferts de compétences à des organes communs et d'affirmer sa conviction que l'Union européenne ne pourra réellement exister avant que soient définies une politique étrangère et une défense communes, thèmes longtemps frappés de tabou : « L'Union européenne implique que nous nous présentions unis au monde extérieur. Notre action doit devenir commune dans tous les domaines essentiels de nos relations externes, qu'il s'agisse de politique étrangère, de sécurité, de relations économiques, de coopération. » A défaut des progrès attendus, c'est l'acquis communautaire qui sera en question – et aussi, auprès des peuples concernés qui « se préoccupent de problèmes et de valeurs nouvelles dont les traités ne parlent guère », la crédibilité et l'actualité de l'entreprise commune.

Parmi les rapports préliminaires élaborés par les institutions communautaires, on retiendra particulièrement la contribution de la Commission, présentée le 27 juin 1975 – plus proche de l'analyse approfondie de science politique que du schématisme ordinaire du combat politique. Première constatation de l'exécutif supranational : « L'unité de l'Europe n'est pas la réponse à tous les problèmes de notre société. Chaque pays doit trouver d'abord en lui-même la volonté et le moyen d'assurer le progrès politique, économique et social... Cependant, la capacité d'action autonome des Etats membres n'est pas à la dimension des problèmes qu'ils ont à affronter. » Des compétences nouvelles, permettant « de mieux assurer la prospérité et le progrès de l'Europe et son influence dans le monde », doivent donc être attribuées à des institutions communes – celles de l'Union européenne. Sans doute importe-t-il d'éviter la formation de quelque super-Etat centralisateur, de quelque Léviathan européen : ne relèveront pas de l'Union « toutes » les tâches, mais seulement celles d'entre elles que « les Etats membres ne pourront plus accomplir avec efficacité » ; l'Union n'aura qu'une compétence d'attribution, délimitée dans son acte constitutif, les autres domaines demeurant réservés aux Etats membres ; en outre, les compétences de l'Union pourront être « exclusives », mais également « concurrentes » – partagées avec les Etats membres –, voire « potentielles » – subordonnées, quant à leur exercice effectif, à une décision ultérieure. Et la Commission d'énoncer les missions générales de la future Union : la construction d'un ensemble économique et social intégré, qui implique l'extension des compétences communes aux domaines monétaire, budgétaire, fiscal ; l'approfondissement de l'identité européenne, qui invite au développement progressif de politiques étrangère et de défense communes.

Ses compétences, l'Union doit les exercer de manière autonome, en prenant appui sur une véritable structure institutionnelle : « L'Union européenne n'a aucun sens si elle n'implique pas la création d'un organe gouvernemental européen qui, selon la Commission, doit être un organisme exécutif ayant l'autorité politique, la capacité de mouvement et une ampleur de pouvoir comparable à celle qui incombe normalement à un gouvernement, bien entendu dans les secteurs pour lesquels l'Union dispose de pouvoirs propres, et qui assumera ses activités sous le contrôle d'un Parlement vis-à-vis duquel il sera responsable. » Sur l'organisation de l'exécutif et du parlement de l'Union et sur leurs rapports réciproques, diverses formules sont concevables, que la Commission regroupe en trois « modèles ». Premier modèle : l'exécutif a un caractère intergouvernemental ; composé de ministres nationaux spécialisés dans les affaires européennes, il apparaît comme l'héritier direct du Conseil des Communautés – un Conseil devenu permanent, et amputé de ses compétences législatives – tandis que la Commission disparaît en tant qu'institution politique indépendante. Un Parlement bicaméral – une « Chambre des peuples » élue au suffrage universel direct, une « Chambre des Etats » vraisemblablement désignée par les parlements nationaux – exerce le pouvoir législatif... mais le gouvernement européen n'est pas responsable devant lui, chacun des membres de l'exécutif « tirant sa légitimité directement des gouvernements nationaux ». Les deux légitimités tout à fait indépendantes qui fondent ici les organes exécutif et législatif engendrent donc un régime de totale séparation des pouvoirs. Deuxième modèle : l'exécutif a un caractère supranational ; composé de personnalités indépendantes des gouvernements nationaux, il absorbe l'ensemble des compétences exécutives, de gestion et d'initiative de la Commission et du Conseil. Le pouvoir législatif est assumé par un parlement bicaméral – mais la Chambre des Etats est, cette fois, l'émanation des gouvernements nationaux ; les rôles des deux chambres pourront, au demeurant, être différenciés en fonction d'exigences d'efficacité ou de préoccupations politiques liées à certaines matières – pouvoirs budgétaires, politique étrangère... Les rapports entre les organes de l'Union sont, ici, de type parlementaire : l'exécutif est responsable devant la Chambre élue, qui dispose du droit de censure ; la désignation même de l'exécutif ou de son chef pourrait revenir à la chambre élue – mais l'exclusion de toute influence des représentants des Etats semble prématurée – ou à la Chambre des Etats – mais on reviendrait ainsi au schéma « orléaniste » présent, qui enlèverait une grande part de sa signification à la censure de la Chambre des peuples –, ou encore conjointement aux deux chambres, les représentants élus devant confirmer le choix des Etats membres, lequel tiendrait ainsi compte de la composition politique de l'assemblée élue. Troisième modèle : l'exécutif principal, à caractère supranational, serait assisté d'un organe intergouvernemental, le « Comité des ministres » qui, comme dans le projet de traité instituant une Communauté politique européenne, interviendrait dans la formation de certaines décisions ; cette participation à la prise de décision pourrait être le fait, non d'un Comité des ministres mais de la Chambre des Etats – la structure institutionnelle se trouvant ainsi allégée... mais au prix d'une confusion de fonctions législatives et gouvernementales au sein de la Chambres des Etats.

Et la Commission de jauger ces trois modèles. D'emblée, elle récuse le premier : un organe intergouvernemental est plus adapté à une union de type confédéral qu'à la mise en œuvre de politiques communes et à l'utilisation de pouvoirs propres ; il serait peu à même de « dégager une volonté politique commune avec la continuité et l'efficacité nécessaires à une véritable action gouvernementale ». Le troisième modèle présente l'inconvénient d'impliquer une lourde structure institutionnelle ; surtout il n'exclut pas le risque d'une intervention du Comité des ministres de nature à compromettre l'efficacité de l'action gouvernementale ; il est cependant, selon la Commission, « indiqué pour une période transitoire limitée ». Reste le deuxième modèle : sans doute représente-t-il « un saut qualitatif très ambitieux en ce qui concerne le transfert de pouvoirs des Etats membres vers les institutions de l'Union » ; mais il a « l'avantage d'une plus grande clarté dans la répartition des pouvoirs ». Le même choix institutionnel sera fait par le Parlement européen : sa résolution du 9 juillet 1975, après avoir énoncé les finalités de l'Union – une démocratie pluraliste, facteur de paix et de justice sociale –, et ses compétences en matière économique et monétaire, de politique étrangère et de défense, évoque une structure institutionnelle fondée sur « un centre de décision indépendant des gouvernements et responsable devant un parlement doté de pouvoirs réels ».

Selon Pierre Hassner, la défense européenne doit être considérée non comme une « réponse immédiate à une menace militaire urgente et précise », mais comme un « test, toujours renouvelé, des priorités respectives des Européens, de leur volonté d'union, de leur volonté et de leur capacité de refuser les vetos extérieurs ». Mais : « Quoi de plus irréaliste que de supposer une Europe réaliste ? Les seules puissances à prendre vraiment au sérieux l'idée de défense européenne ne seraient-elles pas la Chine et l'URSS, la première pour l'encourager, la seconde pour l'empêcher » ?

Le Premier ministre belge, M. Léo Tindemans, aura fait preuve d'un sage irréalisme dans son rapport sur l'Union européenne – laquelle, selon lui, « restera incomplète aussi longtemps qu'elle n'aura pas une politique de défense commune ». Cette position va à l'encontre des diverses visions nationales des années soixante-dix, qui se rejoignent dans une prudente préservation du statu quo – qu'il s'agisse, comme à Paris, de ne pas mécontenter les Soviétiques et d'attendre l'établissement d'un véritable pouvoir politique européen ou, comme à Bonn, de ne pas ébranler le dispositif atlantique par la création d'un centre de décision stratégique autonome.

Les obstacles sur le chemin d'une défense commune sont, il est vrai, alors, considérables. Préalable « constitutionnel » : le grand dessein d'une force nucléaire européenne est, comme le remarque François Duchêne, « aussi éloigné que l'élection d'un président fédéral européen, avec le support politique et les pouvoirs constitutionnels nécessaires pour faire admettre à tous qu'il peut appuyer sur le bouton ». Difficultés technologiques et juridiques : la simple coopération nucléaire franco-britannique, parfois évoquée par les dirigeants des deux pays, se heurte à la loi Mac Mahon, votée par le Congrès des Etats-Unis en 1946, qui interdit les transferts de technologie nucléaire militaire – telle que celle dont la Grande-Bretagne a bénéficié par dérogation – vers des tierces puissances ; et les matériels – ogives, vecteurs, sous-marins nucléaires lance-engins – ne sont pas interchangeables. Divisions diplomatiques : sept Etats de la Communauté encore « à Neuf » sont membres de l'Alliance atlantique et de l'Organisation militaire intégrée ; la France n'est plus membre de l'OTAN ; l'Irlande n'appartient ni à l'Alliance ni à l'Organisation. Servitudes héritées du conflit mondial : l'Allemagne fédérale, géant économique et déjà de moins en moins nain politique, semble encore (guerre froide oblige) condamnée à l'inexistence dans le domaine militaire nucléaire. Contraintes économiques et psychologiques : les Européens, pour assumer les charges couvertes par les Etats-Unis dans le cadre de l'OTAN, devraient augmenter chaque année leurs dépenses militaires d'un montant approximatif de 80 milliards de dollars ; comment convaincre une opinion publique européenne « démobilisée », qui tend à poser les problèmes de défense en termes de sécurité collective idéale, amputée de toute préoccupation d'équilibre ou de puissance ?

Des démarches concrètes semblent, cependant, possibles – adossées, à moyen terme, à la garantie nucléaire américaine, qui demeurerait comme l'ultime étage de la dissuasion et un vif débat s'engage sur ce thème. D'une part, l'établissement d'un système européen commun de défense conventionnelle, par l'utilisation des nouvelles « armes guidées avec précision » – si, du moins, l'expérience de la guerre israélo-égyptienne d'Octobre 1973 s'avère transposable au théâtre européen, et que se confirme la vision révolutionnaire d'un champ de bataille « en échiquier », d'un espace « poreux » où des unités de petite taille opéreraient avec une grande fluidité –, renverserait la supériorité des forces du pacte de Varsovie en matière d'armements classiques ; la généralisation des armes guidées électroniquement donnerait, en effet, l'avantage à la défense, et en particulier aux forces européennes occidentales disposant d'une avance technologique et de la connaissance du terrain. D'autre part, la perspective d'emploi des armes nucléaires française et britannique – qu'on parvienne à une coordination dans la désignation des objectifs de chaque vecteur ou qu'on s'en tienne à une utilisation purement individualiste et souveraine de chaque force nationale – accroîtrait les réserves et les incertitudes auxquelles l'adversaire éventuel serait confronté. A plus court terme, des mesures conservatoires s'imposent, qui concernent les éléments constitutifs de toute défense autonome : les industries européennes d'armement. Evoquée naguère par Michel Jobert, la coopération dans la production des armements devrait, selon les sept Etats de la Communauté membres de l'OTAN, prendre forme au sein d'une instance « indépendante » de l'Eurogroupe ; Paris, qui voit dans cette proposition une manœuvre oblique destinée à réinsérer la France dans l'Organisation atlantique intégrée, préférerait le cadre offert par le Comité permanent des armements de l'Union de l'Europe occidentale.

Outre une politique industrielle commune en matière de production d'armements, qui pourrait justifier la création d'une Agence européenne d'armements, le rapport Tindemans préconise des échanges de vues réguliers sur les problèmes de défense – à même d'« aboutir un jour à une analyse commune » de ces problèmes. Sans doute est-ce là l'esquisse d'une transposition, dans le domaine militaire, des procédures résultant des rapports de Luxembourg et de Copenhague. Mais un tel mécanisme n'aurait-il pas pour principal résultat d'accentuer la dispersion institutionnelle de l'Europe militaire ? La solution idéale serait d'ériger l'Union de l'Europe occidentale en noyau d'une future défense européenne : le traité de Bruxelles modifié, qui fonde l'UEO, n'est-il pas le seul texte à prévoir une assistance militaire automatique des pays membres en cas d'agression contre l'un d'eux ? Et l'UEO, n'est-elle pas la seule alliance purement européenne ? Encore faudrait-il surmonter les objections des Britanniques, qui ont une préférence marquée pour l'Eurogroupe dont ils sont les fondateurs et les animateurs, et celles de l'Allemagne fédérale qui est, alors, l'objet d'un statut discriminatoire au sein de l'UEO ; et obtenir l'adhésion des deux Etats de la Communauté qui ne sont pas membres de l'Organisation, l'Irlande et le Danemark. Au-delà, la logique n'impose-t-elle pas la fusion des trois Communautés et de l'UEO au sein de l'Union européenne ? Le Premier ministre belge est bien près de le penser lorsqu'il s'interroge dans son rapport, sur « la nécessité de maintenir en activité l'institution parlementaire de l'UEO » : cette suggestion – trop partielle – a été critiquée par la résolution de Bruyne, votée le 1er mars 1976 par la commission politique de l'assemblée de l'UEO ; mais il est révélateur que les porte-parole de l'UEO aient implicitement marqué qu'ils ne s'opposaient pas à un transfert intégral des compétences de l'organisation, à une intégration de l'UEO dans la future

Union européenne – qui deviendrait, dès lors, sinon le « centre de décision unique », du moins l'un des centres de décision les plus importants en matière de défense de l'Europe.

Il n'y a plus de système international unique. Le jeu diplomatique du XIXe siècle, tenu à l'écart des combats politiques internes et des confrontations économiques, a vécu. L'enchevêtrement des divers échiquiers internationaux – diplomatico-stratégique, économico-monétaire... – est évident. A cet égard, le constat que dresse le rapport Tindemans de « l'interpénétration croissante des divers secteurs de l'activité internationale » est d'autant plus nécessaire, s'agissant de l'action de l'Europe dans le monde, que l'imbrication des compétences externes de la Communauté et de celles qui, demeurées étatiques, font l'objet de procédures de concertation, est de plus en plus manifeste. Quel est le critère de distinction des unes et des autres ? Le commissaire Claude Cheysson souligne que domaine communautaire et coopération politique se rejoignent effectivement sur les axes Nord-Sud, voire euro-arabe, les rapports Nord-Sud étant le secteur privilégié de l'action communautaire. Mais les grands dialogues politiques euro-américain et paneuropéen empiètent eux aussi, au moins partiellement, sur le domaine d'intervention communautaire – le président de la Commission, M. Ortoli, fut convié à la réunion restreinte de Gymnich sur les modalités de consultation avec les Etats-Unis ; M. Brejnev crut utile d'évoquer le problème de la reconnaissance de la CEE par les Etats est-européens pour faciliter l'ouverture de la conférence sur la Sécurité et la Coopération en Europe. A la limite, est-il possible de traiter un sujet quelconque, au titre de la coopération politique c'est-à-dire touchant « aux intérêts de l'Europe », sans déborder sur les compétences communautaires, sans risquer d'affecter peu ou prou les règles communautaires ? Un thème de politique pure, comme l'affaire de Chypre, intéressait la Communauté parce que deux de ses Etats associés, la Grèce et la Turquie, étaient parties au conflit ; sur l'aide qu'ils entendaient accorder au Vietnam, les neuf ministres des Affaires étrangères ont dû consulter la Commission, et suivre son avis, les aides octroyées à des pays tiers relevant de la CEE... Ce droit de regard de la Commission ne pourrait-il être transformé en droit de contrôle ? En 1971, la Cour de justice des Communautés affirmait, dans son arrêt AETR, que « les Etats membres ne peuvent, en dehors du cadre des institutions communes, prendre des engagements susceptibles d'affecter les règles communautaires ou d'en altérer la portée ». Si de tels engagements étaient pris, la Commission, en tant que gardienne des traités, pourrait poursuivre le ou les contrevenants devant une Cour de justice qui a toujours donné priorité aux impératifs communautaires.

La nécessité d'une « cohérence de l'action » internationale de la future Union européenne a été affirmée par M. Léo Tindemans : « les différentes facettes de problèmes, souvent complexes » doivent être, « au moins au niveau des ministres, traitées ensemble, par les mêmes personnes » – « et au même endroit », ajoute le Premier ministre belge, en souvenir de ce 23 juillet 1973 où les ministres des Affaires étrangères durent siéger le matin à Copenhague, l'après-midi à Bruxelles, afin de mieux distinguer, à la demande de la France, la réunion de concertation politique de la session du Conseil des Communautés... « Pour concevoir une politique, les ministres doivent considérer au sein du Conseil tous les aspects des problèmes. » Pourtant, l'unification que préconise le rapport Tindemans est seulement structurelle, et non fonctionnelle : un protocole donnerait compétence au Conseil des Communautés en matière de coopération politique ; mais « l'existence d'un centre de décision unique ne veut pas dire qu'une confusion doive s'établir entre les activités qui relèvent aujourd'hui, les unes de la Communauté, les autres de la coopération politique ». Le schéma du Conseil européen serait donc reproduit : le Conseil des Communautés agirait tantôt sur la base des traités communautaires, tantôt au titre de la coopération politique.

Projet Spinelli et rapport Dooge

Deux initiatives marquent, dans les années quatre-vingt, le retour à la grande ambition d'une union politique : l'une émane du premier Parlement européen élu au suffrage universel direct, l'autre des chefs d'Etat et de gouvernement réunis au sein du Conseil européen.

Créée le 9 juillet 1981, une commission institutionnelle du Parlement européen, présidée par Altiero Spinelli, avait entrepris la rédaction d'un projet de traité sur l'Union européenne. Document « juridique » dans la forme, élaboré sans concertation avec les gouvernements nationaux, le projet n'est pas sans rappeler la démarche de l'Assemblée *ad hoc* de la Communauté européenne de défense en 1953 : le Parlement entend faire œuvre de constituant ; il s'efforce à la rigueur et à la précision ; le projet de traité, adopté le 14 janvier 1984 par 237 voix contre 31 et 43 abstentions, comporte 87 articles, incorpore les traités en vigueur dans la mesure où ils ne lui sont pas contraires, ainsi que les textes sur la coopération politique et le système monétaire. Il substitue un cadre unique à la diversité d'instruments juridiques existants. Il redéfinit les procédures de décision : le Parlement se voit reconnaître un pouvoir de codécision, en matière législative et budgétaire, avec le Conseil de ministres ; la Commission est investie par l'Assemblée, comme le sont les gouvernements nationaux en régime parlementaire. Le texte du traité est adressé aux parlements nationaux – qui sont invités à s'en saisir ou à convaincre leurs gouvernements d'entamer les procédures de ratification.

Les chefs de gouvernement vont procéder parallèlement à l'élaboration de leur propre projet. Le Conseil européen de Stuttgart (17-19 juin 1983) a adopté une déclaration solennelle sur l'Union européenne qui réaffirme l'adhésion des Etats membres au « grand dessein » des sommets de La Haye et de Paris des années 1969-1972. Un an plus tard, le Conseil européen de Fontainebleau (25-26 juin 1984) prend une série de mesures hautement symboliques sur « l'Europe des citoyens » (passeport européen, suppression des contrôles aux frontières) et crée un comité d'études pour les questions institutionnelles, présidé par le sénateur irlandais James Dooge. Ce comité est composé de représentants personnels des chefs d'Etat et de gouvernement et du président de la Commission des Communautés : ses membres ne sont pas liés par un mandat ; ils doivent réfléchir à des propositions susceptibles d'être l'objet d'un consensus – c'est le modèle du comité Spaak de 1955 qui est repris ici... Un rapport intérimaire sera remis au Conseil en décembre 1984, le rapport final en mars 1985.

Le rapport Dooge insiste sur la nécessité de renverser la tendance à la « banalisation » du Conseil européen. L'instance des chefs d'Etat et de gouvernement semble parfois réduite à la gestion des affaires courantes de la Communauté : le Conseil doit jouer uniquement un « rôle stratégique », donner à la Communauté une direction et un élan politiques. Quant au Conseil de ministres, le rapport définitif insiste sur ses processus de décision : il présente la règle de la majorité – simple ou qualifiée – comme de droit commun, la règle de l'unanimité devenant tout à fait exceptionnelle, et la notion d'« intérêt vital » d'un Etat étant supprimée (alors qu'elle était maintenue par le rapport intérimaire... le rapport Dooge va plus loin, sur ce point, que le projet Spinelli ; il suscite les réserves de la minorité, grecque, danoise et britannique, du comité).

Les rapporteurs demandent le « renforcement » de la Commission, seule vouée à l'intérêt général de la Communauté et qui « doit se voir reconnaître la qualité d'organe autonome pleinement doté du pouvoir d'initiative, d'exécution et de gestion ». Trois suggestions sont avancées : le président de la Commission doit être désigné par le Conseil européen ; les autres commissaires seraient toujours nommés d'un commun accord par les gouvernements des Etats membres, mais sur la proposition du président désigné ; la Commission devrait, au début de son mandat, recevoir un vote d'investiture du Parlement européen après présentation de son programme... mais elle ne comprendrait plus qu'un représentant par Etat membre ! Cette dernière proposition est paradoxale : elle va à l'encontre des précédentes en altérant le caractère supranational de la Commission, en lui attribuant la psychologie d'une instance interétatique (et en modifiant son équilibre interne...).

Pour le comité Dooge, le Parlement européen ne saurait rester dans son état d'impotence ou de semi-impotence législative et budgétaire : « Un Parlement élu au suffrage universel ne saurait en bonne logique démocratique être plus longtemps cantonné dans un rôle consultatif ou réduit à connaître d'une faible partie des dépenses de la Communauté. C'est le condamner à l'effacement ou à la surenchère ou généralement aux deux. » Trois directions sont esquissées : un pouvoir de codécision législative avec le Conseil (la proposition de la Commission serait discutée d'abord par le Parlement ; le texte adopté serait ensuite transmis au Conseil, qui statuerait) ; le contrôle du Parlement serait renforcé sur les diverses politiques de l'Union, sur l'action de la Commission, sur les relations extérieures – accords d'adhésion ou d'association ; le Parlement participerait à l'équilibre des dépenses par les recettes, en obtenant un pouvoir de codécision, avec le Conseil, sur le développement des ressources propres. Ultime souhait du comité : le Parlement pourrait accroître sa représentativité à travers l'uniformisation des modes de scrutin nationaux pour l'élection de ses membres. Enfin, le comité estime que la Cour de justice doit « jouer un rôle essentiel dans l'évolution vers l'Union européenne ». Comment la « consolider » dans son « rôle » ? Le projet Spinelli proposait que la nomination des juges soit le fait, respectivement pour moitié, du Parlement et du Conseil. Plus succinct, le rapport Dooge suggère l'allégement des tâches qui incombent à la Cour en matière de conflits entre fonctionnaires et institutions.

Le rapport Dooge et le projet Spinelli convergent sur les objectifs : le diagnostic est identique sur l'inefficacité des institutions communautaires et l'insuffisance de l'action commune ; le développement de la coopération politique en matière diplomatique et de défense, le renforcement de l'action communautaire dans des secteurs tels que la technologie et la politique sociale sont l'objet de propositions parallèles... Les deux documents seront à l'origine de l'Acte unique européen.

Dix ans après le projet Spinelli, un autre projet constitutionnel d'origine parlementaire émerge : il est présenté, le 27 janvier 1994, par le démocrate chrétien belge Fernand Herman (qui a succédé aux rapporteurs Colombo puis Oreja), au nom de la commission institutionnelle du Parlement européen, après trois ans de travaux. Ce « traité-Constitution » se veut réaliste : le troisième « pilier » de l'Union restera non communautaire. L'approche est fédéraliste : elle inclut une charte des droits fondamentaux ; des « lois constitutionnelles » réviseront le traité. Mais le rapport comporte une part de pragmatisme : une double légitimité procède des Etats et des peuples. Cependant, Fernand Herman ne parvient pas à rapprocher les vues des deux principaux groupes européens : démocrate-chrétien et socialiste. Le projet ne sera pas approuvé par le Parlement européen.

X

La politique internationale des Communautés : les relations avec l'Est

Etats socialistes : le temps du dogmatisme

La longue histoire des relations entre la Communauté européenne et les Etats de l'Est, regroupés au sein du COMECON, organisation de coopération économique du monde socialiste, est celle de l'érosion de l'idéologie par la réalité. L'inadéquation de l'idéologie peut éclater au fil des confrontations avec la réalité : l'histoire du mouvement communiste mondial n'est-elle pas, d'abord, celle de la critique permanente de son idéologie par la réalité ? Cette érosion de l'idéologie a progressivement conduit les dirigeants de l'Europe de l'Est à nuancer leur comportement à l'égard de l'Occident : passé le temps du dogmatisme, une approche plus réaliste s'esquisse... L'intégration économique européenne occidentale constitue, à cet égard, un utile instrument de mesure : l'évolution des jugements portés sur elle depuis l'Europe de l'Est traduit la relativisation de la vision politique des élites dirigeantes du « camp socialiste », jusqu'à l'effondrement final du système communiste...

Le 16 mars 1957, onze jours avant la signature du traité sur la Communauté économique européenne, le ministère des Affaires étrangères de l'URSS avait fait tenir aux ambassadeurs européens et nord-américain à Moscou ainsi qu'au secrétaire de la commission économique pour l'Europe des Nations unies une note qui mettait les Etats intéressés en garde contre la création projetée. Dans les mois qui suivent, les idéologues des pays de l'Est entreprennent d'appliquer à la nouvelle communauté la critique traditionnelle du capitalisme : il leur semble voir se rapprocher cette crise générale, que déjà annonçait Lénine dans *L'Impérialisme, stade suprême du capitalisme*, et qui, à la différence des crises cycliques, mettra en cause le capitalisme dans sa totalité comme système social. Parvenu à la troisième étape de sa crise générale, le « capitalisme des monopoles d'Etat » connaît ses ultimes soubresauts : le phénomène de l'intégration économique européenne n'est que l'un d'entre eux. En fait l'aspect politico-militaire est paradoxalement dominant dans ces analyses menées dans un climat de guerre froide et imprégnées d'une vision manichéenne des relations internationales. Les facteurs purement économiques de la construction communautaire sont négligés : la prophétie sur l'échec de l'institution tient lieu ici de recherche.

Cette critique « dogmatique » du Marché commun européen prend sa forme la plus précise, en 1957, dans les dix-sept thèses de l'Institut de l'économie mondiale et des relations internationales de Moscou. Pour les chercheurs de l'Académie des sciences de l'URSS, les préoccupations stratégiques des gouvernements d'Europe occidentale sont évidentes : elles sont le véritable moteur de l'unification de l'Europe. La nouvelle Communauté économique est soumise à des impératifs politiques et militaires : elle est essentiellement dirigée contre les pays de l'Est. Mais les contradictions internes du « bloc agressif » occidental sont tout aussi certaines : l'échec économique du Marché commun est inéluctable.

L'Institut de l'économie mondiale entend d'abord mettre à nu les racines de la nouvelle Communauté : Quels sont les inspirateurs du traité de Rome ? Quels groupes sociaux seront les bénéficiaires du Marché commun qu'il organise ? Derrière les gouvernements, il importe de percevoir les monopoles, cartels, trusts de la banque et de l'industrie des six pays – monopoles qui se confondent de plus en plus avec les appareils étatiques nationaux dont ils influencent le budget et les finances publiques, en même temps qu'ils sont étroitement liés aux principales sociétés américaines (troisième thèse). Or il n'y a guère d'illusion à se faire sur les buts d'une telle « union internationale de monopoles ». Les tenants de l'intégration économique affichent officiellement leur volonté de « supprimer les barrières qui divisent l'Europe » et de réaliser « l'unité européenne » : il s'agit, en fait, d'un groupe fermé qui utilise les prétendus « idéaux européens » comme « une arme dans la lutte contre le communisme à l'échelon international et au sein de chaque Etat de la petite Europe » (quatrième thèse) – les rédacteurs du document semblent ici confondre les notions d'équilibre et d'agression puisqu'ils relèvent, comme un aveu, l'intention de créer une « Europe forte destinée à faire contrepoids à la Russie soviétique ». Les milieux politiques influents d'Europe occidentale peuvent bien affirmer que leur inspiration est foncièrement pacifique, certains vont jusqu'à soutenir que l'union des Six fera de l'Europe une force indépendante des Etats-Unis, une « troisième force mondiale ». En réalité, l'un des principaux objectifs du Marché commun est ouvertement militaire : il consiste dans la « standardisation des armements des pays signataires du traité de Rome ». Né dans le cadre des « blocs bellicistes de l'Atlantique Nord et de l'Union de l'Europe occidentale » – « une assemblée européenne commune au Marché commun, à la CECA et à l'UEO est même prévue »... imaginent avec effroi les chercheurs moscovites, qui ne peuvent se déprendre ici d'un curieux formalisme juridique –, le Marché commun ne peut que servir de « base économique » à l'OTAN. C'est une véritable « Sainte Alliance » contre le communisme qui est organisée : elle permettra la reconstitution d'un vaste complexe économique des magnats de la Ruhr, « épine dorsale de l'impérialisme allemand » (cinquième thèse) – il est certain que la présence de l'Allemagne fédérale dans le Marché commun a aiguisé l'hostilité des pays de l'Est ; elle consolidera l'hégémonie des Etats-Unis d'Amérique en aggravant la dépendance à leur égard des Etats européens, obligés d'importer matières premières et biens en provenance d'outre-Atlantique (septième thèse) ; elle sonnera le glas de l'indépendance des petites nations européennes, un dangereux « transfert de compétences économiques, politiques et militaires » (!) ne pouvant que porter atteinte à la souveraineté des Etats les plus faibles (sixième thèse) ; enfin, dans les relations avec l'Afrique, la nouvelle organisation inaugurera un colonialisme collectif qui aura pour but de « s'opposer à la chute du vieux système colonial » ; l'institution d'un « fonds spécial de développement » dissimule ici les vieux objectifs impérialistes d'établissement de complexes industriels et de bases stratégiques (quatorzième thèse).

La « nature réactionnaire et agressive » du traité de Rome ne peut donc être niée. La création du Marché commun reflète l'union réalisée sous l'égide du capitalisme des monopoles d'Etat, de forces politiques allant des groupes cléricaux inspirés par le Vatican aux éléments socialistes de droite (seizième thèse). De plus, les progrès de l'extrême droite dans les six pays peuvent faire craindre l'utilisation de l'unification européenne en vue d'une restauration du fascisme (douzième thèse). Face à ce danger, il importe de réaliser dans les meilleurs délais l'union des démocrates et progressistes ; le document se termine sur un triple mot d'ordre combatif : « Pas de Marché commun de six pays, soumis à des buts militaires et stratégiques... Pas d'Euratom avec la perspective d'une guerre atomique... Pas d'Eurafrique dirigée contre les peuples des pays coloniaux et sous tutelle... » Mais le combat contre la nouvelle Communauté est-il même nécessaire ? On peut en douter puisque l'Institut de l'économie mondiale prédit, dans le même temps, l'effondrement imminent de la nouvelle entreprise, objectivement vouée à l'échec. Eternel problème des parts respectives du volontarisme et du déterminisme dans la vision marxiste-léniniste du monde...

Dans le cadre du Marché commun, les monopoles des Six espèrent, certes, augmenter le volume de leur production, créer de nouveaux complexes économiques en Europe et outre-mer, accroître leur capacité de concurrence sur les marchés mondiaux. De fait, de tels résultats ne sauraient être *a priori* exclus grâce au développement de la technique et à la réforme des structures économiques : mais le problème fondamental des débouchés en deviendra encore plus aigu, car la croissance des forces de production se trouvera en contradiction avec une demande solvable affaiblie par le processus de concentration des entreprises et l'abaissement prévisible du niveau de vie des travailleurs. Substituées aux monopoles nationaux, les unions internationales de monopoles « se livreront à une lutte acharnée aussi bien à l'échelle du Marché commun qu'à l'intérieur de ses frontières, pour un partage des marchés et des sphères d'influences » (septième thèse). Encore convient-il d'ajouter que, dans une perspective marxiste, le processus d'intégration européenne, en favorisant le développement des forces de production, la suppression des barrières nationales, les exportations de capitaux, accélère cette internationalisation de la vie économique que Lénine considérait comme un phénomène positif. Mais la gangue capitaliste subsiste : l'union économique européenne ne fera que renforcer les disparités dans le développement des Etats capitalistes, la dépendance de certains d'entre eux envers les Etats-Unis et, à plus longue échéance, l'Allemagne occidentale. La « voie impérialiste » de la division internationale du travail reste une voie « d'asservissement de certains peuples et de certains pays par les autres » ; seule la voie socialiste permet une véritable « collaboration économique des peuples sur la base de l'égalité de droit et du libre consentement » (huitième thèse).

De même, le capitalisme des monopoles d'Etat ne peut qu'exacerber les conflits de classe. Les défenseurs de l'Europe unie entendent persuader les masses populaires que la création du Marché commun entraînera l'abaissement des prix, la diminution du chômage, l'amélioration des conditions de travail : « Toutes ces affirmations ne sont que pure démagogie sociale », tranche l'Institut de l'économie mondiale. En effet, le traité de Rome permettra aux monopoles internationaux de dicter encore plus efficacement qu'auparavant leurs conditions à la classe ouvrière : par le biais de la prétendue « harmonisation des charges sociales et des salaires », les unions patronales des Six aligneront les salaires réels sur le niveau le plus bas ; la disparition des entreprises petites et moyennes entraînera une recrudescence du chômage ; quant au « fonds social », il sera vraisemblablement utilisé « pour saper le mouvement ouvrier » – « la formation des travailleurs grâce à ce fonds peut entraîner l'utilisation des ouvriers européens (principalement italiens) pour des travaux très durs de mise en valeur des déserts d'Afrique » – précise le document (dixième thèse). Au demeurant, la création du Marché commun s'oppose aussi aux intérêts des classes moyennes – à l'ombre de la « libre concurrence » se produira une « sélection accélérée » dont sera victime la petite et moyenne bourgeoisie – et à ceux de la paysannerie ; le régime spécial prévu pour l'agriculture ouvrira au « gros capital » la possibilité de « procéder à une nouvelle concentration de la production agricole » (onzième thèse).

En réalité, le capitalisme des monopoles d'Etat peut bien chercher, par tous les moyens, à échapper aux contradictions qui le minent ; il ne parviendra pas à les surmonter. Et l'Institut de l'économie mondiale d'énumérer les tensions qui marquent déjà le nouvel édifice européen : oppositions entre la France protectionniste, « vitalement intéressée à protéger son marché intérieur en raison du caractère relativement vétuste de son équipement et de ses difficultés monétaires » et l'Allemagne libre-échangiste, soucieuse de « riposter aux manœuvres de la France et à ses prétentions à bénéficier d'un régime spécial en matière de commerce extérieur » ; contradictions dans le domaine monétaire dues au maintien des restrictions de change et des obstacles à la circulation des capitaux ; intérêts profondément divergents des Six dans le secteur agricole ; aggravation de la concurrence avec les Etats-Unis ; refus de l'Angleterre de participer à la nouvelle Communauté et échec du projet de « zone de libre-échange » ; méfiance et inquiétude des Etats tiers appartenant au « camp impérialiste » (treizième thèse)... La réalisation d'un véritable Marché commun des Six est donc finalement peu vraisemblable. Au mieux, pourra-t-on assister à la constitution d'un nouveau cartel international, « consacrant la passation d'accords déterminés et temporaires entre les unions de monopoles de certains pays », mais ne créant nullement un espace économique unifié en Europe. Les auteurs du document évoquent ici le cartel international de l'acier de l'entre-deux-guerres (neuvième thèse), révélant ainsi qu'ils négligent totalement l'originalité des nouveaux mécanismes communautaires – de même que, attentifs à déceler les signes précurseurs de la crise économique générale qu'ils prédisent, ils ont méconnu le rôle nouveau tenu par l'Etat dans le monde économique occidental. Finalement, l'Institut de l'économie mondiale préconise une idyllique « coopération économique paneuropéenne par l'intermédiaire des organismes existants », fort semblable, par son abstraction, à celle qu'offrait en 1930 Litvinov, à Genève, pour répondre au mémorandum Briand...

Dans les années qui suivent, les observateurs est-européens sont dans l'attente de l'accomplissement de leur prophétie. Pourtant, les positions ne sont pas absolument homogènes d'une démocratie populaire à l'autre : deux Etats socialistes, la Pologne, qui apparaît alors comme marginale, et la Yougoslavie, dissidente, sont surtout sensibles aux effets prévisibles du Marché commun sur leur économie et sont près de considérer, dès 1957, que la nouvelle Communauté s'affirmera comme une réalité. En URSS même, une interrogation est parfois perceptible : lors d'un colloque réuni à Moscou, au début de 1959, par l'Institut de l'économie mondiale, il se trouve un expert soviétique pour soutenir que toute forme d'intégration européenne n'est pas nécessairement vouée à l'échec. Mais, à l'automne 1961, le ton du XXIIe congrès du Parti communiste soviétique reste « triomphaliste » : le programme du Parti, adopté le 31 octobre, date de 1950 le début de la « troisième étape de la crise générale du capitalisme » et se contente de proclamer, une fois de plus, que les « organismes monopolistes apparus sous le slogan de l'unification... se transforment en foyers de frictions et de conflits aigus ». Quelques mois plus tard, cependant, l'URSS et les démocraties populaires procéderont à l'indispensable « mise à jour » de leur doctrine européenne.

Un « nouveau cours » à l'Est

A partir de 1962, l'évolution de la Communauté économique européenne suscite l'activité fiévreuse des organismes scientifiques est-européens. Ce regain d'intérêt ne saurait surprendre. La mise en place du Marché commun – qui entre dans sa seconde période transitoire – a été plus rapide que prévu ; une politique agricole commune a pu être définie ; la Grande-Bretagne est désormais officiellement désireuse de se joindre aux Six ; les Etats tiers préparent la longue négociation du Kennedy Round ; autant de contradictions, dénoncées avec vigueur cinq ans auparavant, qui semblent en voie d'être surmontées ! Mais la révision doctrinale qui s'annonce reflète, en même temps, de profondes modifications dans le climat politique des pays de l'Est et dans le ton général des rapports Est-Ouest. La déstalinisation a épuré le regard que les observateurs est-européens portaient sur le monde extérieur ; à mesure que l'idéologie dominante se fait moins pesante, les analyses économiques s'affinent, les effets du progrès scientifique et technique sur l'ensemble des pays développés – au-delà des différences de régime social et politique – sont mieux perçus. De plus, après une ultime épreuve – l'affaire des fusées de Cuba –, les relations entre blocs vont prendre un tour nouveau : l'URSS de Nikita Khrouchtchev s'éloigne de la guerre froide et s'efforce de prendre une vue plus saine de la compétition pacifique entre l'Est et l'Ouest. Sans doute ne s'agit-il pas d'un total retournement idéologique : la fidélité formelle aux dogmes n'est pas en cause ; nombre de prophéties apocalyptiques sur l'avenir des « monopoles » seront maintenues. Mais l'accent est mis désormais sur les « lois objectives » qui ont conduit à la création du Marché commun. Le thème de la conspiration politico-militaire contre le camp socialiste s'atténue ; celui du déterminisme économique vient au premier plan. Du même coup, la nouvelle Communauté n'apparaît plus comme une construction intrinsèquement dangereuse à détruire au plus vite, mais comme une forme d'organisation historiquement positive, qu'il faudra simplement doter, dans l'avenir, d'un contenu nouveau.

Le « nouveau cours », concrétisé en août 1962 par les trente-deux thèses sur l'intégration impérialiste en Europe occidentale, élaborées par l'Institut de l'économie mondiale, est encore accentué par les débats de la Conférence internationale des économistes marxistes qui se tient à Moscou du 27 août au 3 septembre ; il est officiellement consacré par un article de Nikita S. Khrouchtchev sur les « Problèmes actuels du système socialiste mondial », publié par *La Nouvelle Revue internationale* en septembre 1962. Le rajeunissement doctrinal ainsi opéré répond à une double préoccupation : la réalité de l'intégration européenne s'impose désormais à des auteurs – soviétiques, mais aussi bulgares, hongrois, roumains – désillusionnés par la vanité de leurs critiques antérieures ; mais, de ce fait, n'est-ce pas l'ensemble de leur stratégie que les dirigeants est-européens, inquiets de l'entrée en vigueur de certaines des politiques communautaires, doivent réorienter ? Les intérêts de l'URSS autarcique se distinguent ici de ceux d'autres Etats socialistes qui, dépendant plus étroitement pour leur développement des échanges commerciaux avec l'Occident, adopteront une attitude plus pragmatique.

Le bilan de la CEE que dresse *la Pravda*, le 23 mai 1962, sous la signature de l'économiste Arzumanjan, esquisse l'évolution qui va suivre. Certes, la vision dogmatique d'un Marché commun incapable de résoudre les contradictions croissantes du monde capitaliste est apparemment maintenue ; cependant l'auteur reconnaît – de manière presque subsidiaire, il est vrai – qu'à considérer ses cinq ans d'existence, la CEE « constitue indubitablement une réalité politique et économique », et que le rythme accéléré du développement des pays membres est indéniable. L'intégration européenne, due à « l'exigence objective du développement des forces productives », est donc une réalité dont il faut prendre conscience. La prise de position est importante, ne serait-ce que du fait de sa diffusion par l'organe officiel du Parti communiste soviétique. En outre, la démarche est caractéristique : habiles dialecticiens, les théoriciens est-européens feront toujours preuve d'un respect formel de la doctrine traditionnelle sur l'« impérialisme occidental » avant de s'incliner devant le fait de la construction économique européenne.

Avec la publication des nouvelles thèses de l'Institut de l'économie mondiale, en août 1962, le stade des analyses fragmentaires est dépassé. Sur bien des points, les chercheurs moscovites se contentent, certes, d'un simple rappel, à peine actualisé, de leurs positions antérieures. L'intégration européenne ne modifie pas la nature du capitalisme contemporain : « Le Marché commun, c'est l'Europe des trusts, l'empire des monopoles géants » ; le mouvement de concentration a atteint des proportions inconnues jusqu'ici, particulièrement en Allemagne fédérale ; les profits des monopoles se sont considérablement accrus (cinquième thèse). Politiquement, l'Europe des Six repose sur « une union de la dictature militaire et cléricale d'Adenauer avec le régime autoritaire du général de Gaulle » – alliance qui reste essentiellement impérialiste et anticommuniste ; la supranationalité représente un grand danger pour les droits démocratiques des travailleurs et pour l'indépendance nationale des peuples d'Europe occidentale (huitième thèse) ; elle conduit à peupler les organes de la CEE de personnalités nommées en plein accord avec les monopoles, et qui agissent en vue de renforcer l'exploitation de la classe ouvrière (sixième thèse). Dans ses rapports avec le monde extérieur, la CEE est une des pièces maîtresses de la stratégie impérialiste : les rédacteurs des trente-deux thèses dénoncent une fois de plus le plan d'Eurafrique, destiné à sauver le régime colonial (vingtième thèse) ; ils mettent en garde les pays neutres contre « l'illusion de croire qu'il est possible de s'associer avec le Marché commun tout en conservant sa neutralité ». Mais l'essentiel réside dans la reconnaissance, dès l'introduction du document, du Marché commun comme « réalité économique et politique » : « le Marché commun ne constitue pas simplement la somme arithmétique des marchés nationaux des pays qui ont adhéré à la CEE », affirment d'emblée les économistes soviétiques (deuxième thèse). Les résultats obtenus depuis cinq ans sont soulignés : de 1957 à 1961, la production industrielle des pays du Marché commun a augmenté de 30 % et les exportations de 50 %. Le rythme de croissance de la production « intégrée » a été d'une fois et demie à deux fois plus élevé que celui du monde capitaliste dans son ensemble. Sans doute est-il tentant pour l'Institut de l'économie mondiale d'attribuer le mérite de ces succès non au Marché commun lui-même, mais aux conditions favorables qui ont accompagné sa naissance : l'établissement de la CEE a coïncidé avec un cycle de croissance industrielle dans le monde capitaliste ; depuis 1961, la Communauté s'avère par contre incapable d'enrayer le mouvement de détérioration de l'activité économique qui se dessine en Europe occidentale ; surtout, l'intégration économique n'explique pas tout ; le Japon, sans relation avec le Marché commun, dépasse considérablement les pays de la CEE quant au rythme d'accroissement de la production et des exportations. Il n'en reste pas moins qu'en régime capitaliste, comme en régime socialiste, l'accélération du progrès technique affermit la tendance à l'internationalisation de la vie économique et favorise le développement de la spécialisation internationale de la production. A cet égard, la CEE constitue une réponse – imparfaite mais malgré tout intéressante – aux problèmes économiques du monde contemporain...

Bien des réticences sont encore perceptibles dans le mémoire des experts soviétiques : les dénonciations péremptoires ont toujours cours, la tendance à spéculer sur l'échec éventuel du Marché commun subsiste. Contre ces séquelles d'un schématisme doctrinal en voie d'être dépassé, les communistes ouest-européens, italiens et belges surtout, vont s'élever avec vigueur lors de la conférence sur les problèmes du capitalisme contemporain qui rassemble à Moscou du 27 août au 3 septembre 1962 les économistes marxistes d'une vingtaine de pays d'Europe, d'Asie et d'Amérique. Selon eux, puisque la CEE, créée pour répondre à une exigence objective, a fait preuve d'une vitalité remarquable, il s'agit de tirer toutes les conséquences d'une attitude réaliste. Il est, en effet, possible, avant la victoire du socialisme, de faire participer les travailleurs aux profits que procure le développement des forces de production. Il importe donc de s'accommoder de l'entité que constitue le Marché commun : aux travailleurs et à leurs organisations politiques et syndicales d'orienter à leur avantage le processus d'intégration européenne en agissant de l'intérieur ; à eux d'œuvrer à la démocratisation des institutions supranationales en s'introduisant en leur sein ; à eux de promouvoir une nouvelle politique, fondée sur des nationalisations dans les secteurs les plus importants... L'assaut mené par les communistes ouest-européens ne semble pas avoir été sans influence sur les délégués des pays de l'Est : dans son discours de clôture, le porte-parole de l'Institut de l'économie mondiale devait reconnaître qu'il est trop schématique d'identifier la CEE à la « conspiration internationale des monopoles », des divergences pouvant surgir entre l'une et l'autre ; il allait même jusqu'à confesser : « Nous ne pouvons pas nous adonner à une analyse abstraite des problèmes actuels, de même qu'il ne nous est pas permis de penser que les autres pays piétinent tandis que nous avançons sur la voie du communisme. »

Les théoriciens est-européens sont-ils réellement persuadés que la CEE assure la rationalisation de la vie économique de l'Europe de l'Ouest et que, par là, elle prépare objectivement l'instauration du socialisme ? Au moins, à partir de 1966, le comportement des Etats socialistes répond également à une constatation purement politique : sous la pression de la diplomatie française, la CEE n'est pas devenue l'entité unifiée et supranationale dont la création était redoutée ; son existence n'a pas renforcé l'influence américaine en Europe ; la préoccupation d'une identification entre le Marché commun et l'OTAN a cessé d'être lancinante... Toujours est-il que des jugements fort positifs sont désormais émis, en Europe de l'Est, sur le devenir de la construction européenne. Lors de l'échec de la première candidature britannique, alors que bien des observateurs en Occident envisagent l'éclatement du Marché commun, la doctrine des pays de l'Est souligne que le processus d'intégration est irrémédiablement engagé, et qu'une volonté politique contraire ne pourrait rien contre la « loi d'internationalisation économique ». La grave crise du Marché commun qui s'ouvre le 30 juin 1965 réveille cependant les espoirs des tenants des dogmes de l'époque stalinienne : les nations capitalistes ne peuvent décidément résoudre leurs contradictions internes ; « La cassure du Marché commun est la vérification éclatante des thèses du marxisme-léninisme », imprime alors *la Pravda*. Pour un temps, l'enthousiasme est égal à celui que provoqua l'échec du projet de CED. Mais le ton redevient vite modéré. Les pays de l'Est suivront attentivement les négociations du Kennedy Round, au point de saluer le front uni présenté par les Six face aux « tentatives des Etats-Unis de créer la dissension dans leurs rangs ».

Revenant, en septembre 1962, sur « les problèmes actuels du système socialiste mondial », Nikita Khrouchtchev avait souligné l'importance de la construction économique européenne : « Les impérialistes, malgré leurs contradictions, parviennent à réaliser à l'échelle internationale leur coopération économique dans certains secteurs importants... Ce serait faire preuve de légèreté et de myopie politique que de ne pas prêter attention aux desseins et aux agissements des chefs de file de l'intégration européenne » ; il avait surtout évoqué la perspective de la conclusion d'accords avec la CEE : « C'est en harmonie avec les tendances objectives à l'internationalisation de la production, qui sont à l'œuvre dans le monde capitaliste, que nous établissons notre politique et adoptons nos mesures économiques. A cet égard se pose la question de la possibilité d'une collaboration économique et d'une compétition économique pacifique, non seulement entre les Etats ayant des régimes sociaux différents, mais encore entre leurs unions économiques. » Au même moment, l'Institut de l'économie mondiale présentait, dans l'ultime partie de ses trente-deux thèses, un vibrant plaidoyer « pour une collaboration économique multilatérale ». Mais les voies et moyens d'une telle collaboration restaient très académiques : érigeant en exemples les travaux de la peu efficace Commission économique pour l'Europe des Nations unies, les économistes soviétiques préconisaient la réunion d'une conférence internationale sur les problèmes commerciaux en vue de discuter la création d'une organisation internationale du commerce qui engloberait toutes les régions et tous les pays du monde sans discrimination. Concrètement, les pays de l'Est, ayant toujours nié le caractère d'union douanière de la CEE, demandaient à bénéficier des tarifs que les Six s'étaient mutuellement concédés. Reprochant aux membres du Marché commun de violer la clause de la nation la plus favorisée « qui a fait ses preuves depuis longtemps comme principe universel et généralement reconnu du commerce international », ils les menaçaient de mesures de rétorsion. En fait, la principale de ces mesures était entrée en vigueur à l'automne 1961 : les pays de l'Est avaient introduit un tarif douanier à double colonne, prévoyant des droits nuls en faveur des Etats leur accordant le bénéfice de la clause de la nation la plus favorisée ; la seconde colonne était donc en principe destinée aux Etats membres du Marché commun. Mais, les organismes du commerce extérieur étant étroitement intégrés à l'appareil étatique de chacun des pays de l'Est, le nouveau tarif constituait surtout un moyen de pression politique, permettant de jauger la cohésion des Six : il ne fut jamais appliqué aux importations en provenance du Marché commun.

En réalité, les Etats socialistes avaient été heureusement surpris par le développement des échanges économiques avec les Six enregistré pendant les cinq premières années d'existence de la CEE. Certains d'entre eux semblaient désormais déterminés à adopter une attitude pragmatique, susceptible d'adoucir les aspects discriminatoires éventuels du Marché commun. Sans doute ne passaient-ils pas outre à leur refus de principe de reconnaître à la CEE une quelconque personnalité dans l'ordre international : seule la Yougoslavie allait accepter d'établir de véritables relations diplomatiques avec la Communauté, la Pologne se contentant de désigner comme ambassadeur en Belgique un spécialiste des problèmes du Marché commun... C'est donc grâce à l'adoption de formes juridiques qui n'excluaient pas un certain byzantinisme, que les dirigeants d'Europe de l'Est finirent par emprunter la voie des « arrangements techniques » avec la CEE. La Pologne, seul pays de l'Est à ne pas avoir établi un tarif douanier à double colonne, fut aussi le premier d'entre eux à se rapprocher de la Communauté : elle conclut avec la Commission un accord concernant ses ventes d'œufs. Elle accepta en outre, en même temps que la Tchécoslovaquie (et la Yougoslavie), de négocier avec la

Communauté dans le cadre du Kennedy Round : à cet égard, il est significatif que, renonçant à revendiquer le régime communautaire, Pologne et Tchécoslovaquie aient formulé des propositions sur la base du tarif douanier commun. Au début de 1968, la « collaboration pratique » semblait sur le point de s'élargir : « Si, dans nos relations commerciales, il se révèle nécessaire de nous adresser à l'un des organes du Marché commun à Bruxelles, nous ne considérons pas cela comme un abandon de nos principes. Si cela est utile à notre pays, il faut profiter de cette occasion », concédait le Premier ministre hongrois, le 24 février 1968... En juillet suivant, son gouvernement concluait avec la Commission un arrangement sur les exportations hongroises de porcins.

Ne pouvait-on aller jusqu'à imaginer l'ouverture d'un véritable dialogue entre « unions économiques », pour reprendre la formule de Khrouchtchev, c'est-à-dire entre la CEE et le COMECON – dialogue d'autant plus plausible que se confirmait l'« intégration » des économies des pays socialistes membres du COMECON sur le modèle plus ou moins consciemment imité de l'Europe de l'Ouest ? Le 2 avril 1968, lors d'un colloque organisé à Bruxelles sur « les Communautés et l'Europe orientale », le professeur Cepelka, de l'université Charles de Prague, exprimait les espoirs des nouvelles équipes tchécoslovaques : le gouvernement de Prague s'apprêtait à saisir le COMECON d'un « projet de document concernant les relations à établir entre le COMECON et son homologue occidental, la CEE » ; ainsi prendrait forme « une politique qui devrait conduire à l'adoption de mesures favorables à une action multilatérale prêchée depuis plusieurs années, afin d'arriver à un arrangement avec le Marché commun ». En même temps, il est vrai, l'universitaire tchécoslovaque laissait deviner l'intensité du débat en cours dans les pays de l'Est : « Il est trop tôt pour savoir si cette orientation aura l'heur de plaire à tous les pays membres du COMECON, si elle ne sera pas considérée par certains d'entre eux comme prématurée, voire indésirable. » L'intervention armée à Prague de cinq puissances du pacte de Varsovie entraîna, quatre mois plus tard, le succès, certes provisoire, des conservateurs.

CEE et COMECON à la fin de la guerre froide

Le 20 mars 1972, Leonid Brejnev ouvre le XVe congrès des syndicats soviétiques. Evoquant la préparation de la conférence européenne sur la Sécurité et la Coopération, il souligne la nécessité de « surmonter la résistance de certaines forces en Occident, qui ne veulent pas de la détente en Europe... suggérant par exemple, ce qui est absurde, que la proposition d'organiser la conférence tendrait à saper la CEE ». Et le premier secrétaire du Parti soviétique de se faire rassurant : « L'Union soviétique n'ignore nullement la situation qui s'est effectivement établie en Europe occidentale, en particulier l'existence du groupement économique des Etats capitalistes qu'est le Marché commun. »

Cette déclaration a été très diversement interprétée par les observateurs occidentaux. Certains l'ont minimisée : l'essentiel du propos de Brejnev était d'ordre intérieur ; il portait sur les tâches des syndicats dans le développement économique de l'URSS ; la politique extérieure n'a été abordée que subsidiairement, en fin de discours, dans une intention purement tactique – aider le chancelier allemand Willy Brandt à triompher dans son combat pour la ratification des traités avec l'Est... Mais comment concevoir que Leonid Brejnev puisse soulever, en ces termes, le problème « conjoncturel » des rapports entre les Etats est-européens et l'institution CEE, sans engager, en même temps, sa philosophie européenne générale, sa vision de la construction européenne occidentale ? D'autres commentateurs, au contraire, ont vu dans les quelques phrases de Brejnev l'affirmation d'une position fondamentalement nouvelle. En fait, cette nouveauté n'était radicale qu'au regard du regain d'hostilité à l'égard de la CEE qui anima les gouvernants des pays de l'Est dans les années 1969-1970 – et dont firent preuve les anathèmes lancés par la presse soviétique, en décembre 1969, lors de la réunion à La Haye des chefs d'Etat et de gouvernement de la Communauté, sur un Marché commun redevenu le « noyau européen de l'OTAN », puis l'intransigeance retrouvée de certains Etats qui se manifesta au début de 1970, à l'occasion des discussions ouvertes au sein du Conseil des Communautés sur la mise en place d'une politique commerciale commune envers l'Europe orientale... Brejnev poursuivait, le 20 mars, qu'il observait « avec attention l'activité du Marché commun et son évolution ». La « reconnaissance » est donc très prudente : elle laisse penser que l'ère des dénonciations tranchées est close ; mais elle n'est pas inconditionnelle – les Soviétiques s'interrogent sur le rôle que joueront les dirigeants britanniques et sur le statut futur de l'Allemagne fédérale, même s'ils suivent avec intérêt le développement des divergences entre les Etats-Unis et l'Europe occidentale ; et elle n'est pas sans contrepartie – l'appel à la reconnaissance du rôle spécifique des institutions du COMECON et à la suppression de toute « discrimination » dans les rapports économiques annonce déjà les négociations paneuropéennes.

Le 27 août 1973, le secrétaire général du COMECON, Nicolai Fadeev, en visite privée à Copenhague, proposait à Ivar Noergaard, président en exercice du Conseil des Communautés européennes, l'ouverture de négociations entre la CEE et l'organisation économique des pays socialistes. Par cette démarche en catimini, les Etats de l'Est européen marquaient bien l'achèvement de leur « longue marche » vers la reconnaissance des institutions bruxelloises ; mais l'approche du COMECON embarrasse considérablement les Neuf : utilisant, à leur tour, la filière danoise, les ministres de la CEE ont simplement demandé à M. Fadeev « quel genre » de coopération il envisage...

Les dernières démarches des pays de l'Est paraissent d'autant plus inopportunes aux Neuf qu'elles surviennent au moment où les membres de la CEE abordent quatre négociations difficiles – dans le cadre du GATT, du Fonds monétaire international, de la conférence sur la Sécurité, et du projet américain de redéfinition des rapports atlantiques. Surtout, la Communauté estime disposer déjà d'une ébauche de politique à l'égard de l'Est – qui consiste, pour l'essentiel, à regrouper dans une politique commerciale commune les liens tissés par chacun des Etats de la CEE avec les pays socialistes. Selon l'article 113 du traité de Rome, en effet, une « politique commerciale commune, fondée sur des principes uniformes », est mise en œuvre dès le début de la période définitive du Marché commun, et les négociations d'accords commerciaux sont désormais « conduites par la Commission ». Mais les Etats membres de la CEE avaient craint, en adoptant d'emblée cette procédure à partir du 1er janvier 1970, de pénaliser, par exemple par la suppression de contingents d'importation, ceux des Etats de l'Est qui se refuseraient à négocier avec une délégation communautaire unique. En fait, l'extension des pouvoirs de la Commission se heurtait non seulement aux objections politiques des pays de l'Est, mais aussi à la volonté de chacun des membres de la CEE de conserver la plus grande liberté possible dans ses relations commerciales avec l'Est : la Commission s'était donc finalement résignée à laisser aux Etats membres le droit de négocier bilatéralement pendant trois années à compter du 1er janvier 1970. A partir du 1er janvier 1973, l'article 113 est théoriquement en vigueur : mais, dans la réalité, son application est annulée par le biais des « accords de coopération » bilatéraux qui camouflent autant d'accords commerciaux – la Commission de la CEE en a pris conscience, comme le montre son mémorandum du 3 octobre 1973.

Le fait nouveau est que les Etats membres de la CEE ne sont plus seuls demandeurs. Le COMECON se rapproche nettement de la CEE quant à ses mécanismes internes, même si le programme d'« intégration socialiste » de juillet 1971 récuse expressément toute supranationalité : préparation d'une véritable multilatéralisation des échanges ; « consultations mutuelles » destinées à harmoniser les politiques économiques ; unification monétaire par la réalisation progressive d'une convertibilité des monnaies socialistes entre elles et avec la devise collective que constitue le « rouble transférable », dont l'utilisation permettrait de développer les échanges avec l'Ouest... Dans cette perspective, la reconnaissance par l'Occident du « rôle spécifique des institutions du COMECON » aiderait l'URSS à discipliner l'action souvent dispersée de certains de ses « associés » – telle celle de la Roumanie qui demandait, au début de 1972, le bénéfice des préférences généralisées que la CEE accorde aux pays en voie de développement. Les Etats du bloc socialiste désireux de conclure des accords avec le Marché commun devraient désormais passer par le secrétariat du COMECON... Dans ces conditions, s'agit-il seulement de discipline économique ? Lorsque Leonid Brejnev, dans son discours du 20 mars 1972, réclamait la reconnaissance des « réalités de la partie socialiste de l'Europe », n'avait-il pas en vue également, une fois encore, le statu quo politique de l'Europe orientale ? Reste que l'opposition de principe de la CEE à une négociation de bloc à bloc commercial n'est pas sans contradiction avec son vieil objectif – la reconnaissance de l'entité communautaire par les puissances de l'Est...

Le dialogue de la CEE et du COMECON s'est poursuivi parallèlement à la conférence sur la Sécurité et la Coopération en Europe. En novembre 1974, la CEE avait proposé à chaque pays du COMECON un schéma d'accord général destiné à remplacer les divers accords bilatéraux existants. En février 1976, le COMECON a répondu en préconisant la conclusion d'un accord-cadre global entre les deux organisations – suggestion qui a suscité une réaction prudente et limitée de la CEE. La conférence d'Helsinki, si elle a amélioré le contexte général du dialogue entre unions économiques, n'est donc pas parvenue à la totale normalisation de leurs relations. Un an plus tard, le 16 février 1977, un important succès est obtenu par la CEE : pour la première fois, une délégation soviétique engage des pourparlers avec la Communauté en vue de conclure avec elle de nouveaux accords de pêche.

Trente ans après la signature du traité de Rome et l'échec de toutes les tentatives de rapprochement (un vrai dialogue avait semblé s'engager en 1979... aussitôt interrompu par l'invasion de l'Afghanistan), la Communauté européenne et le COMECON décident, en juin 1988, de normaliser leurs rapports. Une déclaration commune proclame la reconnaissance réciproque des deux organisations et affirme une volonté partagée de coopération. L'arrivée au pouvoir de Mikhaïl Gorbatchev et l'exercice par l'Allemagne fédérale de la présidence de la Communauté européenne ont contribué à cet heureux aboutissement. Cette légitimité politique désormais acquise, la Communauté, à la faveur des bouleversements de l'automne 1989, dépasse, dans l'action, les deux logiques traditionnelles de l'intégration et de la coopération politique, marque sa volonté de différencier ses partenaires et de dépasser le fameux dilemme élargissement-approfondissement.

XI

La politique internationale des Communautés : les relations avec le Sud

Du lien colonial au mondialisme

La relation entre l'Union européenne et les pays dits « ACP » (Etats d'Afrique, des Caraïbes et du Pacifique) apparaît aujourd'hui comme l'un des rares modèles d'une mondialisation régulée : un contrat négocié entre deux unions d'Etats et mettant en œuvre nombre d'innovations dans le champ de la coopération, un contrat pluriannuel (de cinq ans pour les trois premières conventions de Lomé, de dix ans pour la quatrième), qui permet aux bénéficiaires d'introduire la prévision dans leur politique et de planifier leur développement. Et si les deux unions sont inégales en puissance, la supériorité de l'Union européenne ne peut tourner à la pression sur tel ou tel Etat pris isolément, car l'unité est maintenue dans chaque camp et les dispositions prises tendent toutes à garantir les recettes d'exportations des pays les moins avancés.

Cette relation plonge ses racines dans le lien colonial traditionnel : lorsque le traité de Rome instituant la Communauté économique européenne est signé, le 25 mars 1957, la plus grande partie de l'Afrique n'a pas encore accédé à la souveraineté. La France, principale puissance coloniale parmi les six Etats fondateurs, exige que la nouvelle communauté prenne en charge « l'aide aux territoires d'outre-mer ». Les articles 131 à 136 du traité et la convention d'application traitent donc de « l'association des pays et territoires d'outre-mer » : il s'agit de trouver des débouchés aux produits, essentiellement agricoles à l'époque, de ces territoires et d'organiser la participation des investissements européens. Lesdits articles rappellent, jusque dans le style, les recommandations de la conférence de Brazzaville de 1944 et révèlent la « patte » de la France : « L'association doit permettre de favoriser les intérêts des habitants... et leur prospérité, de manière à les conduire au développement économique, social et culturel. » En France, le mythe de l'heure est celui de l'« Eurafrique » : à long terme, l'union de l'Europe et de l'Afrique pourra constituer une « troisième force » sur la scène mondiale. Le premier Fonds européen de développement est créé en 1958. La France entraîne dans « l'association » ses divers territoires, y compris ceux – Cameroun et Togo – qui sont sous tutelle de l'ONU. La Belgique amène le Congo-Léopoldville et le Ruanda-Burundi ; l'Italie la Somalie ; les Pays-Bas la lointaine Nouvelle-Guinée...

La coopération Europe-Afrique au sens strict apparaît dans les années 1960, lorsque les territoires coloniaux deviennent des Etats souverains : les deux conventions de Yaoundé (1963 et 1969) organisent des zones de libre-échange avec les Etats africains et malgache associés (EAMA), leur assurant un accès privilégié au Marché commun européen. Elles leur accordent une aide financière et technique (dons du Fonds européen de développement, prêts de la Banque européenne d'investissements) et mettent en place un dialogue économique et politique à travers des instances parlementaires et gouvernementales conjointes. Aux dix-huit Etats associés des débuts (quatorze ex-colonies françaises, trois belges, une italienne) se joindra, en 1971, Maurice, Etat membre du Commonwealth mais à majorité francophone.

Car, depuis le sommet européen de La Haye (1er et 2 décembre 1969), la perspective de l'adhésion britannique aux Communautés se précisait. Déjà, par l'accord d'Arusha du 24 septembre 1969, la CEE avait établi des préférences commerciales au profit des exportations agricoles de trois pays anglophones de l'Est africain : le Kenya, l'Ouganda et la Tanzanie. Mais l'entrée de la Grande-Bretagne dans l'Europe communautaire, en 1973, pose le problème des relations de la Communauté avec les Etats du Commonwealth. La Communauté européenne se déclare prête à étendre la convention de Yaoundé aux Etats anglophones, dont les structures et productions seraient comparables à celles des EAMA. Mais le refus vient de l'Afrique anglophone : le Ghana et le Nigeria dénoncent la perpétuation du « pacte colonial » et l'asservissement supposé des chefs d'Etat francophones à l'ancien colonisateur. En février 1973, lors de la réunion de la commission économique de l'Organisation de l'Unité africaine (OUA) à Accra, le président ghanéen N'Krumah se lance dans une véritable philippique contre ses voisins francophones Houphouët-Boigny, Hamani Diori et Senghor. Le président Ahidjo du Cameroun, chef d'un Etat qui a unifié ses composantes francophone et anglophone, recherche un compromis : « Puisqu'on nous accuse de compromettre l'unité africaine, proposons d'oublier les accords de Yaoundé et d'Arusha et suggérons que l'OUA exige de négocier avec cette organisation de l'unité européenne qu'est la Communauté. » Finalement, c'est bien l'ensemble des Etats membres de l'OUA – parmi lesquels le Maroc, l'Algérie, la Tunisie, l'Égypte, la Libye, non concernés – qui ouvriront à Bruxelles, en février 1973, avec la Communauté européenne, les pourparlers qui mèneront à la première convention de Lomé. La CEE propose à vingt Etats du Commonwealth de négocier leurs relations futures. La même offre est faite aux autres Etats indépendants d'Afrique. C'est ainsi que le groupe des Etats d'Afrique, des Caraïbes et du Pacifique se constitue. En 1975, la Ire convention de Lomé est conclue par l'Europe des Neuf et 46 Etats du « Sud » ; en 1979, 57 Etats « ACP » signent la IIe convention de Lomé. En 1984, la IIIe convention unit l'Europe des Dix (la Grèce est devenue membre de la CEE en 1981) et le groupe ACP, composé de 66 Etats.

Les élargissements successifs du cercle des associés ont progressivement modifié l'approche de la Communauté. Il ne s'agit plus de juxtaposer les anciennes « clientèles » coloniales des Etats européens, mais d'affirmer le rôle de la CEE dans l'arène planétaire. Le tiers-monde procure à la CEE près de la moitié de son énergie et lui assure des débouchés importants – à hauteur de 40 % de ses exportations. L'Europe participe au système des préférences généralisées ; elle facilite l'accès en franchise des produits manufacturés et de certains produits agricoles du tiers-monde, sans condition de réciprocité. Elle devient une force de proposition originale et audacieuse. Retour de l'Histoire : les institutions et procédures mises au point trouvent parfois leur origine dans le passé colonial. Il en va ainsi du système de compensation des cours de produits de base (Stabex), inspiré des régimes d'importation privilégiés, des « sur-prix », à l'abri des dépressions mondiales, consentis par la France et la Grande-Bretagne à leurs producteurs coloniaux après la crise de 1929.

Au fil des conventions de Yaoundé puis de Lomé se forgent les instruments d'intervention de la CEE : ressources financières couvertes par le Fonds européen de développement (8,5 milliards d'écus pour Lomé III), aides alimentaires d'urgence (blé, beurre et produits dérivés) délivrées depuis 1967, au côté des Etats-Unis, mais aussi aide au développement agricole des Etats associés, entrée en franchise de la quasi-totalité des produits ACP du fait de l'élargissement du système des préférences généralisées, accordées désormais à l'ensemble du tiers-monde. Mais, surtout, trois mécanismes de compensation sont mis en place, pour faire écho à la revendication du tiers-monde de prix « justes » et éviter la détérioration des termes de l'échange :

a) le Stabex (stabilisation des exportations), déjà cité, créé par la convention de Lomé I, concerne 48 produits de base d'origine agricole et compense la perte de recettes à l'exportation subies par tout Etat ACP. Le seuil de déclenchement du mécanisme est, à Lomé I, une baisse de 7,5 % des recettes d'exportation de la moyenne des quatre dernières années pour un produit représentant plus de 6 % des exportations de l'Etat concerné vers l'Europe. Ledit seuil a été abaissé à 6 % à Lomé III et à 1,5 % pour les pays les plus pauvres ;

b) le Sysmin, annexé à la IIe convention de Lomé, couvre 8 produits miniers et intervient si la baisse des cours menace l'outil de production ; le seuil de déclenchement est plus élevé – le produit minier doit représenter 15 % des exportations totales et la baisse de la production doit atteindre 10 % – et les prêts Sysmin doivent être orientés vers la modernisation et la diversification du secteur extractif ;

c) le protocole sur le sucre, annexé à la convention de Lomé I, prévoit l'importation de 1,3 million de tonnes de sucre de canne, chaque année, aux prix européens, alors que la CEE dispose d'excédents dans ce domaine depuis 1957. Le « prix européen » signifie un prix aligné sur celui qu'obtiennent les producteurs de betteraves à sucre. Cette disposition sans précédent explique le « décollage » des principaux pays fournisseurs de canne, Maurice, les Fidji, la Guyana.

Des concessions commerciales peuvent-elles, à elles seules, bouleverser la nature des échanges Nord-Sud et créer une dynamique de l'indépendance économique ? Les achats de la CEE aux Etats ACP ne sont constitués de produits manufacturés que dans une proportion de 3,6 %, alors que ces derniers représentent 86 % des exportations de la CEE vers les ACP. D'où la lecture critique des conventions de Lomé qui a été développée : le Sysmin n'assure-t-il pas, en priorité, les approvisionnements de la CEE ? Les produits retenus sont ceux pour lesquels l'Europe est très déficitaire (bauxite, cobalt) et le seuil de déclenchement de l'aide est l'altération de la « capacité de production », c'est-à-dire la menace à long terme sur les approvisionnements européens...

Si les conventions de Yaoundé puis de Lomé, à l'exception notable du protocole sucre, n'ont généralement pas permis le décollage des Etats ACP, les torts sont partagés : le soutien à des régimes autoritaires et corrompus, le financement des opérations parfois illusoires proposées par les entreprises et les banques européennes relèvent de la responsabilité directe de la CEE.

Au demeurant, l'Europe ne résiste pas totalement à la tentation protectionniste lorsque les difficultés économiques surgissent. Ainsi, alors que le premier accord multifibres (1974), destiné à régir le commerce international des produits textiles, prévoyait un relèvement de 6 % par an des plafonds des importations en provenance des Etats signataires du tiers-monde, les quatre accords suivants (de 1977 à 1990) conduisent à un durcissement du dispositif, du fait des évolutions défavorables du secteur textile européen. Dans le même temps, l'Europe a multiplié les clauses de sauvegarde face au tiers-monde, comme dans les accords d'autolimitation intégrés au plan sidérurgique Davignon. II est vrai que la CEE n'est pas plus protectionniste que les Etats-Unis... Le syndrome du « chacun pour soi » s'affirme ainsi dans les années 1970 et 1980, d'autant que la Communauté, s'ouvrant sur l'Europe du Sud, doit tenir compte d'une extension des régions sous-développées en son propre sein : les adhésions de l'Espagne et du Portugal pèsent sur le budget communautaire.

« Ajustement structurel » et « contrat de démocratie »

Avec la IVe convention de coopération entre la Communauté européenne et les Etats ACP, signée à Lomé le 14 décembre 1989 et applicable à partir du 1er mars 1990, l'Europe pousse les feux de sa politique vers le Sud. Le nombre des Etats signataires s'est encore accru, avec la présence de l'Espagne et du Portugal du côté de la Communauté. Côté ACP, l'Afrique australe est représentée par un nouveau partenaire, la Namibie, dont l'indépendance sera proclamée le 21 mars 1990, tandis que deux Etats des Caraïbes entrent dans le cercle des « coopérants » : Haïti et la République dominicaine. Haïti, l'un des Etats les plus pauvres du monde, le seul de l'hémisphère américain à faire partie du groupe des « pays les moins avancés », avec moins de 200 dollars de produit national brut par habitant, souffrait jusque-là de sa mauvaise réputation politique, attachée au régime Duvallier. La République dominicaine, qui partage avec Haïti l'île d'Hispaniola, posait un problème économique : gros producteur de sucre, n'allait-elle pas menacer les arrangements sucriers internes à la CEE ou conclus avec les ACP ? Surtout, l'entrée du premier Etat hispanophone d'Amérique latine n'allait-elle pas ouvrir la voie aux candidatures « en cascade » de nombreux Etats de cette région, à commencer par la Bolivie et le Pérou ? Cela fut évité par l'affermissement de liens de coopération avec l'Amérique latine – par la voie d'accords extérieurs aux ACP. Les ACP associés à la CEE sont désormais soixante-neuf – dont toute l'Afrique au sud du Sahara (à l'exception de la République sud-africaine) et huit Etats du Pacifique, derrière Fidji et la Papouasie-Nouvelle-Guinée.

Le volume global de l'aide est accru : il est de 12 milliards d'écus (82,9 milliards de francs) contre 8,5 milliards pour Lomé III. L'augmentation est donc de 46 % – au moins en francs courants – d'autant plus considérable qu'en novembre 1989 le chiffre le plus souvent avancé était de 10 milliards d'écus. La minicrise du mois de décembre 1989, la menace agitée par plusieurs Etats ACP de refuser leur signature ont fait leur œuvre... et aussi les concessions de la France, qui présidait les négociations.

La durée d'application de la convention est plus longue que celle de ses devancières : dix ans au lieu de cinq. Cette coopération décennale doit permettre aux Etats ACP de mieux planifier leur développement : chaque convention de coopération demandant une trentaine de mois de préparation, puis un an et demi pour édicter les dispositions d'application, les négociations entre CEE et ACP avaient un rythme quinquennal. Cela dit, l'avantage d'une durée plus longue restait quelque peu artificiel, dans la mesure où le protocole financier n'était conclu que pour cinq ans...

Par ailleurs, Lomé IV amende les diverses procédures d'aide, afin de conforter la position des ACP face à la CEE. La quasi-totalité des produits ACP peuvent désormais entrer librement dans la Communauté. Les barrières douanières et contingentaires qui subsistaient sont abaissées : des régimes spéciaux d'importation des produits agricoles sont prévus, ce qui impose de nouveaux sacrifices aux agriculteurs de la Communauté – fruits et légumes de « contre-saison », quotas d'importation pour la viande du Botswana, le riz de la Guyana, le rhum de la Jamaïque...

La question de l'origine des produits est également réglée dans un sens favorable aux Etats ACP : un produit importé dans un Etat de la CEE, mais transformé dans un pays ACP à partir d'une matière première ou d'un autre produit venant d'un Etat extérieur à la convention, pourra-t-il bénéficier du traitement préférentiel accordé aux Etats ACP ? Le coton égyptien (Etat non ACP) tissé au Soudan (ACP) et importé dans la CEE sera-t-il assujetti au régime douanier que la Communauté applique aux produits égyptiens ou à celui des ACP ? Qu'en sera-t-il du poisson pêché dans les eaux des Fidji par un bateau coréen et débarqué à l'île Maurice pour y être mis en conserve ? Il est décidé que tout reposera sur le calcul du pourcentage de la valeur ajoutée par la transformation d'un précédent produit : si la valeur ajoutée de produits extérieurs aux ACP dans le produit fini ne dépasse pas 10 %, ce dernier est considéré comme produit ACP ; si la valeur ajoutée dans un Etat ACP excède 45 %, le produit, même non originaire des ACP, bénéficiera d'une dérogation qui en fera un produit ACP. Ainsi sont favorisées les industries de transformation de nombreux pays ACP.

Ces concessions commerciales n'entraînent pas de contrepartie : les produits européens exportés vers les ACP peuvent y être soumis à droits de douane. Ils doivent, cependant, être tous traités de la même manière, quel que soit l'Etat de la CEE dont ils sont originaires. La Communauté doit obtenir la clause de la nation la plus favorisée, afin que ses produits ne soient pas moins bien traités que, par exemple, les exportations japonaises.

Toujours avec Lomé IV, les systèmes de compensation applicables aux produits de base (Stabex) et miniers (Sysmin) sont reconduits et « consolidés ». Pour tenir compte des cinq années de chute des cours du café et du cacao qui ont suivi 1980, le Stabex – fondé sur le versement d'une aide calculée sur les variations de trois années du cours des produits de base – est amélioré et sa dotation passe de 925 millions à 1,5 milliard d'écus soit une augmentation de 62 %. Le nombre des produits dont les fluctuations de cours sont prises en considération est accru, y compris en ce qui concerne les ventes aux pays tiers, ce qui revient à faire financer par la Communauté les économies réalisées par des Etats importateurs extérieurs aux accords CEE-ACP ! De même, la liste des produits éligibles pour le Sysmin est complétée, le calcul des pertes de recettes clarifié.

La question de la dette des Etats du tiers-monde a pesé sur les négociations de Lomé IV – même si la Communauté n'a pas accumulé, contrairement à certains de ses Etats membres comme la France ou la Grande-Bretagne, des excédents importants. La Communauté entend empêcher l'aggravation de la dette de ses partenaires par l'effet des mécanismes d'assistance : ainsi, toute l'aide de la CEE est désormais délivrée sous forme de subventions ; sont supprimés les prêts à conditions spéciales, à très long terme et à taux d'intérêt très faible – de l'ordre de 1 %. Cette suppression est regrettable : ces prêts très « doux » permettaient de « responsabiliser » les milieux économiques et politiques des Etats partenaires. De même, on a pu, à l'époque, regretter la suppression des prêts liés au système du Sysmin et des « reconstitutions Stabex », qui permettaient de compenser les versements faits aux ACP en période de chute des cours par des remboursements des ACP dans les années florissantes.

L'autre objectif de la Communauté est d'assister les Etats ACP lourdement débiteurs, ceux qui ont dépassé les divers ratios d'endettement possibles. La Communauté s'est lancée dans une politique « d'ajustement structurel », avec plus de pragmatisme et moins de rigueur que le Fonds monétaire international : elle n'exige pas la réduction drastique des déficits, ni des coupes sombres dans la fonction publique ou les entreprises d'Etat... Un dialogue est établi avec le gouvernement en difficulté pour examiner le rééchelonnement de sa dette ou son allègement, et pour l'aider à engager une réflexion sur les conditions d'un retour à l'équilibre. Mais ce « dialogue doux » coûte cher : une somme de 1,15 milliard d'écus avait été prévue, dans la convention de Lomé IV, pour financer ces procédures d'ajustement

Longtemps, la « politique au Sud » de la Communauté n'a guère manifesté de détermination ni de volontarisme dans la diplomatie des droits de l'homme. Jusqu'à Lomé IV, la vision communautaire des pays du Sud était celle, passablement démagogique, du commissaire Claude Cheysson : la complainte sur les malheurs du prolétariat mondial s'accommodait du respect pour la Sainte Alliance des Césars du tiers-monde.

L'adhésion des Etats ACP au pluralisme politique et à l'économie de marché, à la fin des années 1980, ne doit donc rien à la « pression » de la CEE, et tout à l'onde de choc provoquée par la chute du Mur de Berlin et l'effondrement du bloc communiste. Après quoi, la Communauté s'est contentée de suivre les transformations idéologiques. La coopération CEE-ACP se veut plus « humaniste ». Une fondation culturelle voit le jour ; l'accent est mis sur le souci d'équilibre entre démographie et développement ; Lomé IV introduit la préoccupation des droits de l'homme d'une manière plus globale que Lomé III, qui condamnait, de manière incantatoire, l'apartheid.

Sur le plan économique, après la vague des nationalisations qui avait découragé les investissements étrangers et provoqué nombre de catastrophes, l'idée d'une nécessaire protection des investissements avait émergé dans la convention de Lomé IV, dans une perspective d'encouragement à la création de petites et moyennes entreprises dans les ACP. La préoccupation de « protection de la nature » est également de rigueur. Elle va de la lutte contre la désertification et la sécheresse au Sahel et dans la corne de l'Afrique (qui figuraient déjà dans la convention de Lomé III) à la prohibition du commerce des déchets dangereux.

La modification de l'horizon idéologique se précise à partir du rendez-vous « intermédiaire » de 1995, au cours duquel les engagements financiers de Lomé IV sont mis en œuvre. Ainsi s'apaisent les craintes nées des réticences d'une Allemagne sur laquelle pèsent les charges de la réunification. Cinq ans plus tard, dans la convention signée le 23 juin 2000 à Cotonou, la nouvelle dimension politique de l'ensemble Europe-ACP apparaît encore plus clairement. On relève la part prise par les organisations non gouvernementales du Sud, à l'initiative des ONG du Pacifique-Sud – et ce n'est pas un hasard car les structures non gouvernementales, dans cette région du monde, rivalisent avec les fragiles micro-Etats insulaires. Le lieu de signature de la nouvelle convention est également symbolique : Cotonou, capitale d'un Bénin qui a joué les pionniers de la démocratisation en Afrique, et non Lomé, capitale d'un Togo suspect au regard de la Commission de Bruxelles. L'accent est mis sur le renforcement de l'Etat de droit, la bonne gestion des affaires publiques, voire une conception ambitieuse du développement, impliquant la réduction des inégalités, la décentralisation des structures étatiques, une part plus grande faite aux femmes et aux acteurs associatifs...

Enfin, la conditionnalité de l'aide autour d'un « contrat de démocratie » est clairement établie : les Quinze européens peuvent immédiatement réagir aux violations de l'Etat de droit, comme ils le font, dès le printemps 2001, à l'encontre de Haïti. Un « dialogue politique élargi » prend forme au sein des institutions du partenariat Union européenne-ACP, avec un Conseil des ministres, un comité des ambassadeurs, une assemblée paritaire. Et aussi avec, sur le fond, l'incontournable question philosophique : la démocratie pluraliste est-elle exportable ? Peut-elle être imposée de l'extérieur ?

Dans le même temps, le système des préférences commerciales unilatérales est menacé : le montant des ressources affectées par les Etats européens à l'aide au développement reste imposant (25,2 milliards d'euros pour les années 2000-2007), mais le traitement préférentiel accordé aux ACP s'accorde mal avec l'action de l'Organisation mondiale du commerce, qui tend à interdire toute discrimination entre Etats en développement. Les pays ACP sont conscients de l'inéluctabilité d'une libération mondiale des échanges, mais ils tentent d'obtenir des délais. Le pari des partenaires est que le système actuel pourra survivre jusqu'en 2008. Au-delà, l'Union européenne incite les Etats ACP à pousser les feux de l'intégration régionale, afin d'aménager des accords de partenariat régionalisés. On a donc assisté, en un quart de siècle, à un retournement total des données économiques et politiques : à l'époque où la CEE était sourde aux problèmes de la démocratie et des droits de l'homme au Sud, la relation Europe-ACP était essentiellement économique et commerciale. Aujourd'hui et pour l'avenir prévisible, l'impératif politique est au premier plan et se renforce, alors que le partenariat économique est menacé par la législation commerciale internationale en gestation, sous l'égide de l'Organisation mondiale du commerce.

TITRE IV

DES COMMUNAUTÉS À L'UNION EUROPÉENNE

XII

L'Acte unique et le marché sans frontières

La construction européenne semblait stagner depuis le milieu des années soixante-dix. Désigné pour accéder, le 1er janvier 1985, à la présidence de la Commission des Communautés, l'ancien ministre Jacques Delors prit conscience, après le tour rituel des capitales européennes, que le seul thème possible de relance était la réalisation d'un véritable marché unique. En effet, aucun accord unanime n'apparaissait en matière d'institutions, de monnaie, de défense, mais un consensus se faisait jour pour la réalisation d'un « espace sans frontières » – qui accomplirait les promesses non tenues du Marché commun.

Réuni à Milan en mai 1985, le Conseil européen approuva un Livre blanc rédigé par la Commission et décida la négociation intergouvernementale d'un nouveau traité. L'Acte unique fut signé à Luxembourg le 28 février 1986, et entra en vigueur le 1er janvier 1987. Entre-temps, il avait été ratifié par les douze Etats membres (en France, sous le gouvernement de « cohabitation » de Jacques Chirac) – deux d'entre eux, l'Irlande et le Danemark, après référendum.

L'Acte est qualifié d'« unique », non par référence au marché unique, mais parce qu'il rassemble, dans un même texte, d'une part des amendements aux traités de fondation des Communautés, d'autre part les procédures de coopération politique entre les Douze. En fait, sur le dernier point, l'Acte unique se borne à codifier les pratiques développées hors traité : les réunions trimestrielles des ministres des Affaires étrangères et le « comité politique » composé des directeurs politiques des ministères des Affaires étrangères sont assortis d'un modeste secrétariat installé à Bruxelles. Il n'en reste pas moins que la stricte séparation entre conseils communautaires et coopération politique est abandonnée : les ministres pourront traiter des questions de politique étrangère à l'occasion des sessions du Conseil des Communautés. La coopération en matière de défense est abordée de manière plus prudente : l'accent est formellement mis sur l'importance des « questions de sécurité européenne »... mais les Etats sont seulement disposés « à coordonner davantage leurs positions sur les aspects politiques et économiques de la sécurité ».

L'objet essentiel de l'Acte unique reste donc la réalisation d'un espace sans frontières – permettant la libre circulation des marchandises, des services, des capitaux et des personnes. Le Marché commun se trouve, ainsi, parachevé par la suppression des contrôles aux frontières internes de la Communauté. Trois cents mesures nécessaires sont énumérées dans le Livre blanc de la Commission et converties en autant de directives et recommandations. Une échéance est avancée : celle du 31 décembre 1992, qui va provoquer – particulièrement en France – une mobilisation des entreprises comparable à celle qui suivit la signature du traité de Rome.

Un objectif paradoxal

La réalisation d'un « espace sans frontières intérieures » assurant la « libre circulation des marchandises, des personnes, des services et des capitaux » peut paraître un objectif paradoxal... trente ans après la création de la Communauté économique européenne, qui a supprimé les droits de douane entre Etats membres, établi un tarif commun vers l'extérieur, mis en place des politiques communes. En fait, l'Acte unique révèle les insuffisances du traité de Rome. Les droits de douane ont bien été abolis, mais les frontières matérielles n'ont pas disparu.

Raisons politiques : le contrôle des frontières apparaît comme une prérogative majeure de l'Etat, le reflet de sa souveraineté. Raisons fiscales : chaque Etat ayant ses propres taux d'imposition indirecte, le maintien des frontières permet de prélever, à l'entrée de chaque territoire, la taxe sur la valeur ajoutée nationale. Raisons – ou alibis – techniques et sanitaires : les produits entrant sur tel territoire sont-ils conformes à la réglementation technique ou sanitaire nationale ? Par ce biais, un protectionnisme masqué peut se développer. Un protectionnisme que la Cour de justice des Communautés a tenté de réduire, lors de l'affaire « Cassis de Dijon » (20 février 1979) : tout produit légalement fabriqué et commercialisé dans un des Etats membres doit, en principe, pouvoir être introduit dans tout autre Etat membre. Sauf « exigences impératives » tenant, par exemple, « à la protection de la santé publique »... une précision qui peut légitimer de nouvelles mesures protectionnistes, comme allait le montrer la querelle de la bière allemande, fondée sur une réglementation bavaroise de 1516. Et d'autres préférences nationales ne passent pas par le contrôle des frontières – qu'il s'agisse de la protection ménagée aux entreprises nationales ou de la dévolution de fait aux seuls nationaux de certains marchés publics. Ainsi nombre de « marchés nationaux » s'étaient-ils cristallisés au sein du Marché commun.

Les trois cents mesures prévues par le Livre blanc de la Commission (1985) sur « l'achèvement du marché intérieur » ont été, pour l'essentiel, adoptées par la voie de directives ou de recommandations et introduites dans le droit interne des Etats membres. Les principales innovations intervenues sont : la libre circulation des capitaux, réalisée dès juillet 1990 ; la libération des activités bancaires (accord des ministres des Finances du 21 juin 1989) et du secteur des assurances, qui bénéficieront à la fois des droits d'établissement et de libre prestation ; le début d'une libéralisation des transports aériens ; un premier rapprochement des taux de TVA ; le droit d'établissement des personnes dans l'Etat de leur choix ; la suppression des contrôles physiques aux frontières. Parmi les conséquences concrètes de la réalisation du marché unique, on soulignera : la suppression des préférences nationales en matière de marchés publics et de transports ; l'équivalence entre les diplômes ; le libre accès des citoyens européens aux différentes activités professionnelles ; la liberté totale de transfert des capitaux ; la surveillance accrue des aides de l'Etat aux entreprises...

Dans le même temps, les instances communautaires sont dotées de nouveaux pouvoirs. Le champ des décisions relevant de la majorité qualifiée, et non plus de l'unanimité, est étendu (tarifs douaniers, libre circulation des capitaux). Les pouvoirs du Parlement européen sont accrus par la procédure dite « de coopération » : si le Parlement rejette en deuxième lecture une proposition, cette dernière ne peut être adoptée par le Conseil qu'à l'unanimité.

Critiques et insuffisances

Le processus de mise en place du marché unique a révélé nombre d'insuffisances qui ont suscité la montée des critiques. La libération complète des mouvements de capitaux supposait une harmonisation des fiscalités indirectes comme des impôts sur le revenu. De fait, des progrès ont été réalisés en matière de TVA, mais non de fiscalité directe : le projet de retenue à la source de 10 ou de 15 % sur le revenu des capitaux s'est heurté aux réticences de l'Allemagne et de la Grande-Bretagne et au veto du Luxembourg ; l'évasion fiscale s'en trouve facilitée. Plus généralement, dans le domaine monétaire, l'importance des coûts de transaction et la persistance d'un risque de changement des parités dans le cadre du Système monétaire européen mis en place en 1979 à la suite des accords Giscard d'Estaing-Schmidt (le taux pivot étant de 2,25 %, mais la marge de fluctuation étant élargie à 6 % pour la livre, la peseta et l'escudo) semblaient altérer la portée pratique du marché unique : le traité de Maastricht sera censé répondre à cette lacune.

La suppression des contrôles aux frontières aurait dû, en toute logique communautaire, susciter la naissance d'une politique commune européenne en matière d'immigration et d'asile politique – la question véritable étant celle de la création d'un espace judiciaire européen et d'une police commune (et le chancelier Kohl s'étant, pour sa part, prononcé en faveur de la mise en place d'une « police fédérale européenne »). Dès juin 1985, la France, l'Allemagne et les trois Etats du Benelux, réunis dans la localité luxembourgeoise de Schengen, avaient étudié la suppression graduelle des contrôles aux frontières des cinq pays – rejoints, par la suite, par l'Italie, l'Espagne, le Portugal. Dans le même temps, une coopération policière des Douze était organisée en vue de la lutte contre le terrorisme et la grande délinquance (TREVI – Terrorisme, radicalisme, extrémisme et violence internationale). Coopération intergouvernementale ou extension des compétences communautaires ? Sur des dossiers aussi sensibles, la querelle théologique resurgissait. Le traité de Maastricht distinguera, de manière contestable, entre les domaines entrant dans le droit d'initiative de la Commission des Communautés (... dont la politique d'immigration, la politique d'asile, la lutte contre la toxicomanie) et ceux qui restent soumis à la règle de l'unanimité (coopération judiciaire en matière pénale, coopération douanière en matière de lutte contre la criminalité internationale, coopération policière). Et la convention d'application des accords de Schengen – qui fixe les procédures de contrôle à appliquer aux voyageurs venant des pays tiers et institue un fichier informatisé et une autorité conjointe, le comité exécutif – soulève les critiques des parlements nationaux, qui reprochent aux gouvernements l'absence de transparence de leur coopération, jugée dangereuse au regard des libertés et de la sécurité publique. En fait, les conditions préalables à l'application de la convention de Schengen ne sont pas réunies ; le Sénat français les rappelait : l'harmonisation des législations nationales contre la toxicomanie (trop laxistes en Espagne et aux Pays-Bas), la modification du droit d'asile (trop largement ouvert en République fédérale, pour des raisons historiques remontant à la guerre froide et à la division de l'Allemagne), la création d'une législation protectrice des données à caractère personnel, la création de brigades mixtes aux frontières.

Mais c'est surtout la minutie, parfois maniaque, et le nombre excessif de directives de la Commission qui ont provoqué la campagne de dénigrement de « l'impérialisme des eurocrates de Bruxelles », lancée par Margaret Thatcher dans son célèbre discours prononcé en 1988 devant le Collège d'Europe, à Bruges. Campagne en partie injuste : d'une part, les directives communautaires libèrent autant qu'elles réglementent – elles ont pour objet de briser le protectionnisme administratif national, toujours prompt à renaître ; d'autre part, les experts des gouvernements nationaux poussent souvent à une réglementation minutieuse, à la fois pour prévenir le risque d'interprétations nationales divergentes et par méfiance pour les services communautaires dont ils entendent réduire les possibilités d'appréciation. Les opinions publiques n'en sont pas moins atteintes sur ce qu'elles considèrent comme relevant du patrimoine national : l'Allemagne craint pour la pureté de sa bière, la France pour ses fromages et ses chasses traditionnelles, l'Italie pour la composition de ses pâtes. Et le zèle réglementaire excessif de l'administration communautaire reflète l'absence d'un partage équilibré des compétences entre la Communauté et les Etats membres, voire la réalité d'une confusion des compétences.

XIII

De Maastricht à Nice : les traités sur l'Union européenne

« Maastricht est l'un des événements les plus importants du demi-siècle. Le point d'ancrage de douze pays dans une communauté où ils sont désormais contraints d'agir ensemble dans les domaines les plus importants de l'activité politique. Et cela, c'est irréversible... » Ainsi s'exprimait le président Mitterrand, au retour de la capitale du Limbourg néerlandais où les chefs d'Etat et de gouvernement de la Communauté s'étaient réunis en Conseil européen, du 9 au 11 décembre 1991.

Quel était l'enjeu du Conseil européen de Maastricht ? Parvenir à un accord sur la double négociation de l'Union économique et monétaire et de l'Union politique, qui s'était poursuivie au sein de deux conférences intergouvernementales depuis le Conseil européen de Rome, en décembre 1990. Une double négociation qui avait répondu à une double motivation. Union monétaire : les avantages du marché unique ne seraient pas complets sans l'élimination définitive de l'incertitude des taux de change et des coûts de transaction ; après la ratification de l'Acte unique européen, un groupe de travail des gouverneurs des banques centrales avait été constitué sous la présidence de Jacques Delors. Union politique : la chute du Mur de Berlin, la réunification très rapide de l'Allemagne avaient conduit le chancelier Kohl à proposer une initiative franco-allemande qui prouverait que la construction européenne restait une priorité pour l'Allemagne réunifiée, comme elle l'avait été pour l'Allemagne réduite à ses Länder occidentaux depuis le plan Schuman et les choix du chancelier Adenauer.

Quelle était la position des négociateurs, au sein du Conseil européen de Maastricht ? Allemands, Français, Espagnols, appuyés par le Benelux, l'Italie, la Grèce et le Portugal, avaient proclamé leur engagement en faveur d'une évolution fédérale de la Communauté, et étaient arrivés bien décidés à faire céder la Grande-Bretagne, le Danemark et l'Irlande, hostiles à tout nouveau transfert de souveraineté. Le 10 décembre à midi, l'échec semblait inévitable : le Premier ministre britannique John Major s'opposait à la Charte sociale européenne à propos de laquelle son prédécesseur Margaret Thatcher avait, à plusieurs reprises, menacé de sortir de la Communauté... Le président français avait lancé qu'il ne signerait en aucun cas un texte dépourvu d'engagement sur la politique sociale. Le Premier ministre britannique avait répliqué qu'il n'accepterait jamais de réduire, par des engagements inconsidérés, la compétitivité de l'industrie européenne. Une harmonisation par le haut des législations sociales pèserait-elle oui ou non sur l'investissement et la capacité exportatrice des entreprises ? Sur cette question, la discussion semblait définitivement bloquée.

Selon les règles de la négociation classique, le dialogue reprit en contournant l'objet du litige et en multipliant les mesures de détente sur les dossiers annexes. Déjà, Français et Allemands avaient consenti une première concession : la référence au « fédéralisme européen », contenue dans l'avant- projet de traité, s'effaçait sous la mention plus vague et plus traditionnelle de « l'union sans cesse plus étroite entre les peuples d'Europe ». Le 10 décembre dans l'après-midi, John Major créait la surprise en cédant là où on ne l'attendait pas : il acceptait la politique de défense commune et l'allusion à l'Union de l'Europe occidentale ; il semblait renoncer à l'atlantisme strict de la diplomatie britannique. Suprême habileté de la Grande-Bretagne : le volet « défense européenne » ne comportait guère de contrainte ; il n'était que la manifestation d'une volonté pour l'avenir. En échange de cette « avancée » inattendue, Français et Allemands acceptaient d'exempter les Britanniques des contraintes bien réelles de l'Union monétaire et de la politique sociale. Les Britanniques restaient donc dans le Marché commun, mais en dehors de l'intégration monétaire et sociale : ils pouvaient espérer attirer sur leur territoire les investisseurs étrangers désireux d'échapper aux contraintes bureaucratiques imposées par l'administration communautaire de Bruxelles.

L'accord réalisé à Maastricht était une simple résolution du Conseil européen. Il a été mis en forme de traité, signé, dans la même cité néerlandaise le 9 février 1992, par les douze ministres des Affaires étrangères. A chaque étape récente de la construction européenne, le consensus, voire une certaine euphorie, avait régné : il en avait été ainsi pour l'Acte unique européen, entré en vigueur le 1er juillet 1987, et pour la perspective d'un espace sans frontières, d'un marché unique en 1993... Cette fois, pourtant, un très vif débat s'est engagé sur les conséquences du traité de Maastricht, provoquant un véritable séisme au sein de la classe politique et de l'opinion publique en France et dans plusieurs pays européens – un séisme qui ne peut être comparé, dans son intensité, qu'à celui qui accompagna la grande querelle de la Communauté européenne de défense, dans les années 1952-1954. Les deux principaux initiateurs du traité étaient mus par des préoccupations de politique intérieure. Le chancelier Kohl, en proie aux difficultés psychologiques et économiques de la réunification allemande, le président Mitterrand, confronté au total échec de son projet socialiste pour la France, souhaitaient absolument une diversion européenne. Ils entendaient apparaître comme les Pères refondateurs de l'ensemble européen. Mais devaient-ils, dans la conjoncture historique de l'après-guerre froide – celle des retrouvailles des nations du continent – prendre ce qu'ils présentaient comme un tournant décisif vers une union fédérale ? Et ce tournant décisif, l'ont-ils réellement pris ? L'architecture qu'ils ont conçue n'est pas celle, d'un seul bloc, des grands traités communautaires. Le traité de Maastricht évoque, plutôt, le bricolage du facteur Cheval, dans la mesure où il juxtapose tous les styles, c'est-à-dire des structures et des procédures fort différentes dans leur nature, les unes supranationales, les autres de simple coopération ; plus précisément : trois « piliers », celui, supranational, des Communautés, ceux, intergouvernementaux, de la politique extérieure et de défense et de la coopération judiciaire.

Le traité de Maastricht : l'Union économique et monétaire

Le « noyau dur » du traité de Maastricht est l'établissement d'une Union économique et monétaire : au plus tard le 1er janvier 1999, les onze monnaies nationales seront remplacées par une monnaie unique. Plus précisément, seront concernés ceux des Etats membres qui prouveront leur bonne santé économique et financière en satisfaisant à cinq critères :

– stabilité des prix : l'inflation moyenne ne dépassera pas d'un point et demi le taux atteint par les trois Etats les plus performants dans ce domaine ;

— Equilibre budgétaire : le déficit budgétaire ne dépassera pas 3 % du produit intérieur brut (sauf s'il est en diminution régulière... ou en cas de circonstances exceptionnelles) ;

– niveau de la dette publique : la dette ne dépassera pas 60 % du produit intérieur brut de l'Etat concerné (sauf si elle est en diminution régulière) ;

– niveau du taux d'intérêt : le taux à long terme ne devra pas excéder de plus de deux points les trois « meilleurs » taux de la Communauté ;

– stabilité du taux de change : le change devra rester stable, pendant deux années, au sein de l'actuel Système monétaire européen.

Si une majorité d'Etats membres satisfait à ces critères, le passage à la monnaie unique pourra être accéléré : il pourra intervenir dès le 1er janvier 1997. Le Premier ministre britannique a obtenu que l'adoption éventuelle de la monnaie unique par son pays soit subordonnée à une décision, le moment venu, de la Chambre des communes.

Dès le 1er juillet 1990, la libération de la circulation des capitaux avait constitué une première étape sur la route de la monnaie unique. La deuxième s'ouvrira le 1er janvier 1994, avec la création d'un Institut monétaire européen, dont la mission sera de renforcer la coordination des politiques monétaires, de promouvoir le rôle de l'écu et de préparer l'installation de la Banque centrale européenne pour la troisième étape – 1997 ou 1999... L'écu deviendra, alors, une monnaie à part entière, et changera ainsi de nature. Jusque-là, ce sigle anglais à consonance française – abréviation d'*European Currency Unit*, mais aussi évocation de la vieille unité monétaire française remontant à Saint Louis – désigne une unité de compte, un « panier de monnaies », non une véritable monnaie. La valeur de l'écu est, en effet, égale à la somme d'une quantité fixe de chacune des onze monnaies des Etats membres, déterminée en fonction de l'importance économique de chaque pays : la part de chaque monnaie va de 30,1 % pour le mark allemand, de 19 % pour le franc français, de 13 % pour la livre sterling à 0,80 % pour la drachme grecque et l'escudo portugais. Le passage de l'unité de compte à la monnaie véritable exigera l'impression de billets qui comporteront une image européenne commune d'un côté, une illustration propre à chaque pays de l'autre, tous les billets ayant cours sur l'ensemble du territoire de l'Union monétaire... Dans le même sens, les Allemands, allergiques au sigle « écu », suggèrent d'appeler la monnaie unique « euromark » en Allemagne, « eurofranc » en France, « eurolivre » en Grande-Bretagne... Ce sera l'« euro ».

Les Européens peuvent mesurer le chemin parcouru depuis la création du Marché commun. Le traité de Rome du 25 mars 1957 entendait établir une union douanière assortie de politiques communes – non une union monétaire. Il est vrai que l'assainissement réalisé par le plan Pinay-Rueff, en décembre 1958, et la stabilité des taux de change avaient facilité la participation de la France et limité le recours à des mesures de sauvegarde... Par contre, le mouvement de Mai 1968 avait provoqué retour à l'inflation, dévaluation du franc, réévaluation du mark. La fluctuation générale des monnaies, les perturbations qui affectaient le Marché commun agricole incitèrent à la constitution d'une Union économique et monétaire – imprudemment annoncée pour le 31 décembre 1980 par le sommet de Paris de 1972. Mais, pour l'Allemagne, la convergence des politiques nationales était un préalable à l'Union, alors que, selon la France, elle devait en être le résultat. Une série d'échecs avait suivi – celui du plan Werner en 1970 – jusqu'à la création en 1979, par le président Giscard d'Estaing et le chancelier Schmidt, du Système monétaire européen, qui assura une relative stabilité des taux de change.

La mise en place progressive d'une Union économique et monétaire suscite, cependant, inquiétudes et polémiques. On a déjà proposé un rapprochement avec la querelle de la Communauté européenne de défense : la monnaie et la défense sont les deux attributs les plus fondamentaux de la souveraineté. Comme le commissaire européen de la Défense des années cinquante, l'aréopage de gouverneurs de la Banque centrale européenne, totalement indépendant des politiques, est souvent dénoncé comme un pouvoir technocratique qui défierait l'expression démocratique des citoyens. Pierre Bérégovoy a, en vain, lancé l'idée d'un « gouvernement économique européen » qui aurait entretenu avec la Banque centrale les mêmes rapports que le gouvernement français avec la Banque de France. Pourfendeur, à gauche, du traité de Maastricht, Jean-Pierre Chevènement en conclut que la « banque centrale indépendante sera à la fois une Bundesbank *bis* et un Fonds monétaire international ». Le chroniqueur économique du *Monde*, Paul Fabra, regrette la souplesse du Système monétaire européen : « La marge de fluctuation (2,5 %) entre la monnaie la plus forte et la monnaie la plus faible aurait pu être resserrée » ; il préfère des monnaies étroitement liées entre elles, selon la formule du Système monétaire européen, à des monnaies soudées entre elles, comme dans l'Union de Maastricht. Pour nombre d'observateurs, les critères définissant la vertu selon Maastricht s'inscrivent dans une perspective exclusivement monétariste : « Aucun critère ne concerne l'emploi, la production, l'investissement », déplore Didier Motchane ; « Sans amélioration de l'emploi, qui jurerait que la politique de désinflation sera indéfiniment prolongée ? », s'interroge Paul Fabra.

L'Allemagne aurait donc accepté de partager son pouvoir monétaire contre un alignement irrévocable de ses partenaires sur l'orthodoxie monétariste. Au demeurant, les partenaires seront-ils à même de tenir le pari d'un effort prolongé vers la « convergence » des politiques monétaires ? Dès le 19 mai 1992, les ministres des Finances des Douze s'alarmaient de la situation de l'Italie, membre fondateur de la Communauté, caractérisée par l'énorme déficit de ses finances publiques.

L'introduction de l'euro – la « Révolution de 1999 » – n'en sera pas moins un incontestable succès psychologique, révélant la capacité d'adaptation, l'enthousiasme, l'aspiration à l'unité des nations européennes. Mais les lendemains sont plus difficiles : l'unification monétaire implique une discipline budgétaire commune, qui devra être assurée par le « pacte de stabilité et de croissance » adopté le 17 juin 1997 ; tout déficit public supérieur à 3 % du produit intérieur brut est interdit, sous peine de sanctions financières considérables, qui peuvent atteindre 0,5 % dudit produit intérieur. Le 25 novembre 2003, la « zone euro » connaît sa première crise grave : la Commission avait engagé une procédure contre la France et l'Allemagne pour sanctionner le dérapage de leurs déficits publics, mais le conseil des ministres des Finances de la zone désavoue la Commission et suspend ces procédures. Le 13 juillet 2004, nouveau rebondissement : la Cour de justice des Communautés, saisie par la Commission, annule la décision des ministres des Finances et condamne les gouvernements de Paris et de Berlin.

Le traité de Maastricht : un cadre renforcé pour de nouvelles politiques communes

La Communauté, gardienne vigilante de l'orthodoxie monétaire ? Comme s'ils entendaient répondre aux appréciations sur le « triomphe du monétarisme » lancées de divers côtés de l'échiquier politique, les rédacteurs du traité de Maastricht ont esquissé un grand nombre de nouvelles politiques communes et renforcé les pouvoirs des instances communautaires.

L'ensemble des questions économiques et monétaires relève désormais de la compétence communautaire et de décisions majoritaires – sous réserve des compétences de la Banque centrale, indépendante de la Communauté comme des Etats. L'extension du domaine majoritaire concerne la protection de l'environnement, qui avait fait son entrée dans les traités européens avec l'Acte unique (mais les modalités de l'action de la Communauté sont précisées) avec quatre exceptions importantes : les dispositions de nature fiscale, l'aménagement du territoire, la gestion des ressources hydrauliques, les grands choix énergétiques ; elle concerne également l'action communautaire pour le développement de la recherche scientifique et son application à l'industrie (qui a longtemps souffert des difficultés rencontrées par Euratom). Le champ d'intervention de la Communauté s'étend – assorti de la règle majoritaire – à la création de réseaux européens en matière de transports, de télécommunications, d'énergie, à la protection des consommateurs et à la santé, à l'éducation et à la culture (novation importante si on prête foi au propos attribué à Jean Monnet : « Si c'était à refaire, je commencerais par la culture... » L'Acte unique avait refusé toute compétence culturelle à la Commission). Sur la demande de la France et de l'Italie, la politique industrielle est également insérée sur la liste des nouvelles politiques communes, mais sans application de la règle majoritaire.

Le compromis intervenu sur la politique sociale pose un problème juridique : les Douze autorisent onze d'entre eux (à l'exception de la Grande-Bretagne) à adopter un protocole annexe sur la politique sociale ; les Onze pourront adopter, à la majorité qualifiée, des décisions sur la sécurité sur les lieux de travail, les conditions sanitaires, l'égalité entre travailleurs des deux sexes... Le calcul de la majorité ne tiendra pas compte des voix britanniques. A-t-on inventé non plus l'Europe, mais la Communauté à plusieurs vitesses ?

Au « déficit démocratique », si largement dénoncé dans la vie politique communautaire (curieusement en empruntant la terminologie du « marché »), répond une certaine extension des pouvoirs du Parlement européen – extension dont l'Allemagne avait fait la condition de son accord sur l'union monétaire. Le Parlement reçoit un pouvoir de codécision : il peut rejeter les textes adoptés par le Conseil des Communautés contrairement à son avis ; il doit approuver les principaux accords conclus par la Communauté (l'Acte unique prévoyait déjà son approbation pour les accords d'adhésion ou d'association) ; il acquiert le droit d'approuver la désignation de la Commission.

Le foisonnement de nouvelles politiques communes aura-t-il un impact véritable, ou une simple portée rhétorique ? L'histoire des Communautés montre combien la détermination juridique d'un champ d'intervention ou d'une compétence n'entraîne pas nécessairement une action, un contenu politique. Une volonté, un projet commun, une vision du monde partagée font souvent défaut dans la vie politique européenne. La fuite en avant se poursuit ici, sur la demande pressante du Premier ministre espagnol Felipe Gonzales, par la création d'une citoyenneté européenne. Le droit de vote et l'éligibilité sont consentis aux ressortissants des Etats membres résidant dans un autre Etat de la Communauté – non seulement pour l'élection au Parlement européen, mais aussi pour les élections locales... une mesure qui exacerbe les controverses sur le maintien de l'identité nationale dans des Etats européens en proie à la récession économique et à la crainte d'être submergés par l'immigration du tiers-monde. D'autres conséquences sont moins contestées : la protection, dans un pays tiers, dont le citoyen européen pourra bénéficier de l'un quelconque des Douze ; le droit de pétition au Parlement européen... Mais la « citoyenneté européenne » est reconnue sans articulation claire avec une quelconque « souveraineté européenne », et sans définition de son statut par rapport à la citoyenneté nationale.

La ratification du traité de Maastricht exigeait une révision constitutionnelle par la voie parlementaire en Espagne et au Portugal. En Allemagne, où un article 23 nouveau de la Loi fondamentale précisait que l'Union européenne devrait être respectueuse du principe démocratique et assurer une protection des droits de l'homme équivalente à celle de la République fédérale, la ratification ne fut possible qu'après un jugement du tribunal constitutionnel fédéral de Karlsruhe, rejetant, le 12 octobre 1993, un recours qui contestait la conformité du traité avec la Loi fondamentale. En France, la loi constitutionnelle du 25 juin 1992 introduisait un nouvel article 88, qui autorisait l'appartenance de la République à l'Union ; la ratification fut, ensuite, soumise à référendum et les Français se prononcèrent favorablement à la très courte majorité de 51,05 % des voix. En Irlande aussi, la révision fut approuvée par référendum. Mais la ratification du projet de traité fut refusée par les citoyens danois, le 2 juin 1992. Le processus de ratification était paralysé. Le Conseil européen choisit de... reconsulter le peuple danois : le 12 décembre 1992, il publiait une « interprétation non modificative » du traité, de nature à rassurer l'opinion danoise sur les transferts de compétence projetés. Le 18 mai 1993, les Danois approuvaient le texte par 56,8 % des voix. Après ces diverses péripéties, le traité de Maastricht entra en vigueur, le 1er novembre 1993.

Les traités d'Amsterdam et de Nice

Le traité de Maastricht avait prévu sa propre révision : une conférence intergouvernementale, à réunir en 1996, aurait à réexaminer le « pilier » communautaire (le processus décisionnel et la hiérarchie des actes) et les « piliers » intergouvernementaux (la politique extérieure et de défense et la coopération judiciaire). Dans le même temps, l'assise géographique de l'Union s'était élargie. Le 1er janvier 1994, le traité d'Espace économique européen (EEE) associait étroitement l'Union et les Etats membres de l'Association européenne de libre-échange, créée en 1960, à l'initiative de la Grande-Bretagne, après l'échec des négociations Maudling. Seule la Suisse rejetait par référendum, le 6 décembre 1992, l'appartenance à l'EEE. Le 1er janvier 1995, trois des associés de l'EEE, l'Autriche, la Finlande et la Suède entraient dans l'Union, forte désormais de quinze Etats membres : les citoyens norvégiens rejetaient, comme en 1972, le traité d'adhésion, et l'Islande se satisfaisait de l'association à travers l'EEE, qui lui ouvrait le marché européen tout en lui laissant la libre disposition de ses zones de pêche.

A l'issue de la conférence intergouvernementale de Turin, le Conseil européen d'Amsterdam arrêta un nouveau projet de traité, signé le 2 octobre 1997 et entré en vigueur le 1er mai 1999 (après une nouvelle révision, en France, de l'article 88 de la Constitution de la Ve République). Il s'agit d'une version consolidée du traité de Maastricht, respectant la structure en piliers et le titre sur l'union monétaire, mais intégrant plusieurs modifications qui « accélèrent la mécanique de dessaisissement de la souveraineté des Etats membres » (Christophe Réveillard) : les pouvoirs du Parlement européen sont accrus par la simplification et l'extension de la procédure de codécision, ainsi que ceux de la Cour de justice par l'assimilation du droit communautaire à un droit fédéral (protocole no 7) ; l'autorité du président de la Commission est renforcée ; un mécanisme de sanction politique des Etats membres est institué. Au plan des compétences, le troisième pilier, intergouvernemental, est réduit à la « coopération policière et judiciaire en matière pénale », le domaine de la justice et des affaires intérieures passant presque entièrement dans le premier pilier, donc dans le champ de compétence de la Communauté ; le régime dérogatoire de la Grande-Bretagne en matière sociale prend fin...

Le traité d'Amsterdam n'avait pas apporté les réformes institutionnelles nécessaires au futur « grand élargissement » de l'Union vers l'Est. Des accords d'association « européens » et le programme Phare avaient déjà aidé à promouvoir l'adaptation des économies des pays d'Europe centrale et orientale (ou Peco). Le 22 juin 1993, le Conseil européen de Copenhague avait accepté le principe de l'adhésion des Peco et défini des critères politiques, économiques et juridiques. Le 11 décembre 1999, le Conseil européen d'Helsinki avait étendu les négociations d'adhésion à douze pays : dix Peco plus Chypre et Malte. Une nouvelle conférence intergouvernementale, convoquée en février 2000, allait être chargée de réviser les dispositions institutionnelles dans la perspective du « grand élargissement » : modification de la composition de la Commission et de la pondération des voix au Conseil, mais aussi de traiter de la généralisation du vote à la majorité qualifiée, autre question non réglée à Amsterdam, et de revoir la procédure de « coopération renforcée » entre Etats membres qui le souhaiteraient, une procédure mise en place par le traité d'Amsterdam, mais peu utilisée car trop complexe. En outre, le Conseil européen de Cologne, qui convoquait, le 4 juin 1999, la conférence intergouvernementale, ouvrait une deuxième voie, originale : désireux de mettre l'accent sur les valeurs communes de l'Union, il lançait l'élaboration d'une Charte des droits fondamentaux par une « convention », rassemblant les représentants des gouvernements et des parlements nationaux, de la Commission et du Parlement européen.

Le Conseil européen de Nice, réuni les 6 et 7 décembre 2000, était censé faire la synthèse de ces deux voies, mais le traité de révision, signé à Nice le 26 février 2001, était aussi hétérogène que les textes précédents, avec ses 4 protocoles et 24 déclarations annexes, et ses dispositions se révélaient minimalistes. La proclamation de la Charte des droits fondamentaux ne lui conférait aucune valeur obligatoire. La question de l'élargissement, examinée en dehors du corps du traité, était abordée dans une déclaration sans effet contraignant, dont le seul intérêt était de servir de référence aux futurs traités d'adhésion. La question de l'avenir politique de l'Union était renvoyée à une future conférence intergouvernementale, en 2004... Restaient quelques avancées « fédérales » : la désignation du président et des membres de la Commission à la majorité qualifiée, et non plus à l'unanimité du Conseil, l'uniformisation du statut des députés européens, la création d'un statut et d'un financement des partis politiques européens. Et surtout la surreprésentation de l'Allemagne au Parlement européen (99 sièges contre 72 pour la France, l'Italie et le Royaume-Uni), conforme à la démographie, mais contraire aux engagements pris par les « Pères fondateurs » : à la conférence de « relance » de Messine, en 1955, le chancelier Adenauer avait dit sa conviction que la République fédérale représentait l'Allemagne entière et qu'une éventuelle réunification n'entraînerait pas une modification de sa représentation ; et Jean Monnet avait fait de l'égalité absolue des « Grands Etats » le ciment des nouvelles Communautés.

Le processus de ratification du traité de Nice a été troublé par le vote négatif du peuple irlandais, consulté par référendum le 7 juin 2001. À la surprise des observateurs, le « non » recueillit près de 54 % des voix. Conformément à la « jurisprudence danoise », la question fut reposée, le 19 octobre 2002, cette fois avec succès.

La lancinante question de la politique étrangère et de la défense européennes

La lancinante question de la politique étrangère et de la défense européennes – qui est, en réalité, la question de l'émergence de l'Europe comme véritable acteur politique sur la scène internationale, non comme simple puissance économique – est abordée à Maastricht, sans que les négociateurs se soient dépris des habituelles ambiguïtés et contradictions qui semblent, ici, la loi du genre.

Première contradiction : le traité affirme que « l'Union et ses Etats membres définissent et mettent en œuvre une politique étrangère et de sécurité commune », laquelle couvre « tous les domaines de la politique étrangère et de sécurité ». Mais il est immédiatement précisé que, dans la définition des principes et orientations diplomatiques, le Conseil européen « statue à l'unanimité ». Il suffit que l'un des Etats membres refuse d'adhérer à une proposition de politique étrangère commune pour anéantir la démarche européenne. En fait, il s'agit d'une fausse façade : la politique étrangère et de sécurité relève du domaine non communautaire.

Seconde contradiction : selon le traité, les Etats membres « appuient activement et sans réserve la politique extérieure et de sécurité de l'Union, dans un esprit de loyauté et de solidarité mutuelle ». Ils doivent s'abstenir de « toute action contraire aux intérêts de l'Union ou susceptible de nuire à son efficacité en tant que force cohérente dans les relations internationales ». Le Conseil est érigé en gendarme : il veillera « au respect de ces principes ». Mais quelle est l'action qui peut nuire à la cohérence de l'Union européenne sinon une décision de politique étrangère nationale ? La France et la Grande-Bretagne, tôt engagées dans l'affaire du Golfe, ont-elles nui à la cohérence de l'Union ? L'Allemagne, en prenant spectaculairement parti pour la sécession de la Slovénie et de la Croatie, en remportant la course à la reconnaissance des nouvelles républiques, a-t-elle nui à la cohérence de l'Union ? De cette curieuse disposition auraient pu surgir des batailles de procédure, à coups de mises en accusation réciproques, à chaque dissonance dans les politiques étrangères des Etats membres.

Sur le volet « défense », le traité de Maastricht semble ménager le temps et l'avenir : « La politique étrangère et de sécurité commune inclut l'ensemble des questions relatives à la sécurité de l'Union européenne, y compris la formulation à terme d'une politique de défense commune, qui pourrait conduire, le moment venu, à une défense commune. » Formulation à terme, conduire le moment venu : les expressions utilisées marquent bien que les rédacteurs du traité n'esquissent une volonté politique que pour un avenir indéterminé. En outre, les options stratégiques ouvertes aux Etats européens semblent rétrécies au statu quo : « La politique de l'Union... n'affecte pas le caractère spécifique de la politique de sécurité et de défense de certains Etats membres. » Et surtout au statu quo atlantique : la politique de l'Union « respecte les obligations découlant, pour certains Etats membres, du traité de l'Atlantique Nord » ; elle doit être « compatible avec la politique commune de sécurité et de défense arrêtée (dans le cadre atlantique) ».

Dans les travaux préparatoires au traité de révision d'Amsterdam, les principaux membres de l'Union européenne ont manifesté la même volonté de réformer les institutions de l'Union, mais ils ont continué de diverger sur le contenu de cette réforme. Le cabinet anglais de John Major rappelait, dans sa contribution, que « de nombreux Etats ont, en matière de défense... des responsabilités nationales ». Des raisons historiques étaient invoquées, et l'affaire des Malouines citée comme exemple. Selon le mémorandum de Londres, l'action européenne dans le domaine de la défense devait être intergouvemementale ; l'engagement d'un Etat dans une action commune européenne devait se faire « cas par cas ». Voisin des propositions britanniques dans sa tonalité, le projet français mettait l'accent sur le principe de « libre participation » : les Etats membres pourraient, sur initiative individuelle ou groupée, se concerter, voire entreprendre une action commune, mais l'Europe ne devait pas se substituer aux Etats membres ; elle devait simplement apporter une « plus-value » aux politiques nationales. Le texte allemand était diamétralement opposé à la thèse franco-britannique : l'essentiel était de libérer la politique de sécurité commune du carcan de l'unanimité et d'assurer sa visibilité sur la scène internationale ; la « communautarisation » des décisions de politique étrangère était l'objectif poursuivi.

Finalement, outre la nomination d'un « haut représentant » de l'Union européenne dans le domaine diplomatique et stratégique, deux progrès sont opérés par le traité d'Amsterdam :

– dans le cadre d'orientations générales fixées à l'unanimité, certains Etats membres peuvent mener, selon le souhait de la France, une politique étrangère commune, une « coopération renforcée », les autres s'abstenant ;

– une capacité commune d'analyse est créée avec le centre d'analyse et de prospective établi auprès du Conseil des ministres de l'Union, conformément à la proposition allemande.

D'un traité à l'autre, les compétences « diplomatiques » de l'Union, hors Communautés, ont été précisées. Elles s'organisent autour d'un triptyque :

– les Etats s'informent réciproquement sur leurs politiques étrangères nationales ;

– des « positions communes » peuvent être arrêtées par les divers Etats ; elles sont exprimées et défendues par les organes de l'Union et non plus individuellement par les Etats ;

– les « actions communes », dans lesquelles peuvent s'engager les Etats, sont menées par les organes de l'Union ; l'action nationale, envisagée par un Etat en application d'une action commune, doit faire l'objet, sauf urgence absolue, d'une information préalable, qui pourra ainsi permettre une concertation.

Un accord interinstitutionnel sur le financement de la politique étrangère et de sécurité commune, inséré dans le traité d'Amsterdam, esquisse une classification des types d'action commune : l'observation et l'organisation d'élections, la participation à des processus de transition démocratique, la prévention des conflits, l'aide financière aux processus de désarmement. Mais les limites de la « politique étrangère commune » sont souvent dénoncées : les « positions communes » retiennent peu l'attention de l'opinion internationale et relèvent de la diplomatie « déclaratoire » ; les « actions communes » reflètent rarement une action déterminante de l'Union (dans les crises yougoslaves, l'Europe a été davantage représentée par les quatre Etats européens membres du « groupe de contact », la France, la Grande-Bretagne, l'Allemagne et l'Italie).

La solution serait-elle dans la « communautarisation » de la PESC ? Nombre de parlementaires européens le pensent, et s'expriment dans les débats accompagnant les traités sur l'Union européenne, tel le Hollandais Oostlander, qui avance un argument fort : « L'intérêt européen n'est pas la somme des intérêts nationaux en Europe ; il ne peut surgir spontanément d'une conception intergouvernementale de l'Europe. » Mais « la procédure ne crée pas la volonté » (Georges Berthu). Et c'est dans un cadre intergouvememental que l'Europe de la défense a connu de soudains progrès, des corps multinationaux européens à la création d'un corps d'armée européen et d'un état-major commun, au Conseil européen d'Helsinki, les 10 et 11 décembre 1999, sous l'effet d'une triple volonté française, allemande et britannique.

La constitution de forces multinationales européennes

Le débat entre « carolingiens » et « atlantistes » sur l'avenir de la défense européenne est rendu plus complexe par le dédoublement du jeu allemand – non un « double jeu » qui serait déloyal, mais un jeu sur deux échiquiers, pour des raisons historiques et de culture stratégique. Si la France cherche à faire de l'OTAN « une structure de décision bipolaire euro-américaine, où les Européens arriveraient avec une position commune adoptée en dehors de l'Alliance atlantique », l'Allemagne souligne le nouveau rôle de l'OTAN en matière de gestion des crises : l'Allemagne a fortement contribué à l'adaptation de l'OTAN à l'après-guerre froide ; en préconisant la création d'un Conseil de coopération nord-atlantique, elle a érigé l'OTAN en organisation de « stabilisation » de l'Europe de l'Est. Mais c'est aussi l'Allemagne qui crée avec la France, lors du sommet franco-allemand de La Rochelle, le 22 mai 1992, cet Eurocorps, qui pourrait constituer la première étape d'une véritable défense européenne autonome. A l'origine, l'Eurocorps est une réponse à la Force de réaction rapide de l'OTAN : sa mise en place suscite l'émoi de l'Europe atlantiste – Grande-Bretagne et Pays-Bas – alors, que la Belgique, l'Espagne et le Luxembourg approuvent, et que l'Italie hésite, mais avec un préjugé favorable. D'une structure souple – seul son état-major, à Strasbourg, est intégré ; chaque Etat gère « à la carte » les forces qu'il affecte au corps européen – l'Eurocorps aura une double mission : la contribution à la défense de l'Europe, conformément aux articles 5 du traité de Bruxelles rénové et du traité de Washington (il opérera alors sous le commandement opérationnel de l'OTAN, comme l'indiquent les accords Lanxade-Naumann-Shalikashvili du 21 janvier 1993) ; le maintien de la paix ou l'assistance humanitaire en dehors de la zone de l'OTAN – l'arrêt du 12 juillet 1994 du tribunal constitutionnel fédéral de Karlsruhe autorisera l'emploi de la Bundeswehr pour des opérations à l'étranger, à condition que cet engagement se fasse sous l'égide d'une organisation internationale... qui pourrait être une structure européenne. L'Allemagne invite les pays « sérieusement intéressés » à rejoindre l'Eurocorps :

se dirige-t-on, à terme, vers la formation d'un « noyau dur » de la défense européenne ?

De fait, une logique d'enchaînement va se faire jour et contribuer au développement non seulement de l'Eurocorps, mais aussi d'un ensemble – quatre aujourd'hui – de forces multinationales européennes. L'Italie avait refusé de se rallier à l'Eurocorps : elle souhaitait la mise en place d'un projet intégrant tous les membres à part entière de l'UEO. Après l'échec de cette démarche la question de l'adhésion italienne resurgissait : il fut suggéré au gouvernement de Rome de participer à la création de nouvelles forces multinationales plutôt que de se porter candidat à l'Eurocorps, dont un nouvel élargissement apparaissait difficile pour des raisons techniques. Deux nouvelles unités multinationales, Eurofor et Euromarfor, complétaient l'Eurocorps. Par la suite, l'établissement du Groupe aérien européen représentait une ouverture vers la Grande-Bretagne. Le processus multinational européen, lancé par l'Allemagne et la France, avec l'Eurocorps, s'était ainsi étendu à la Belgique, au Luxembourg et à l'Espagne dès 1993 et 1994 ; il avait atteint le sud de l'Europe avec deux nouvelles forces réunissant Italie, France et Espagne – et suscitant les candidatures du Portugal et de la Grèce ; il s'était enfin ouvert sur la Grande-Bretagne, avec l'unité aérienne. La France, puissance continentale et maritime, s'affirme comme le pivot géopolitique du processus – alors qu'elle était marginalisée au sein de l'OTAN.

L'Europe occidentale compte donc aujourd'hui quatre unités armées multinationales :

– L'Eurocorps, une force terrestre, qui concerne surtout les composantes blindées et motorisées. Opérationnel depuis le 30 novembre 1995, il rassemble 50 000 hommes des cinq pays participants.

– L'Euroforce opérationnelle rapide (ou Eurofor) et la Force maritime européenne (Euromarfor), créées le 15 mai 1995 en marge de la session ministérielle de l'UEO à Lisbonne, par la France, l'Espagne et l'Italie. La première est une unité terrestre « légère », facilement déployable, conçue pour les interventions dans des crises de faible intensité ou pour des actions humanitaires, et dotée de 10 000 hommes. La deuxième est une force maritime, dotée de capacités aéronavales : les capacités navales réunies des

Etats membres permettront de contrôler l'ensemble du « secteur » méditerranéen, ce que chaque Etat ne peut réaliser individuellement.

– Le Groupe aérien européen : une initiative franco-britannique (annoncée au sommet de Chartres en 1994, et effective depuis la déclaration franco-britannique du 27 juin 1995), qui a évidemment pour objectif de tirer parti des complémentarités techniques entre les deux forces aériennes nationales... et d'associer politiquement la Grande-Bretagne au processus multinational.

Les missions de ces forces sont fixées par la déclaration de Petersberg du 19 juin 1992 de :

– contribution à la défense commune des Alliés (art. 5 des traités de Bruxelles rénové et de Washington) ;

— interventions humanitaires ou tendant à l'évacuation de ressortissants européens ;

– missions de maintien de la paix ;

– interventions de forces de combat dans le cadre de la gestion de crises.

Seul l'Eurocorps reçoit compétence pour l'ensemble de ces missions. La défense commune est exclue des activités du Groupe aérien ; Eurofor et Euromarfor sont particulièrement chargées du maintien de la paix.

Ces unités multinationales permettront-elles de renforcer le rôle opérationnel de l'Union ? La portée de la création de forces européennes n'est pas seulement symbolique. Elle est également pédagogique : elle incite à l'« européanisation » des mentalités militaires et à un travail en commun des cadres des différentes armées nationales. Les forces multinationales sont le creuset et le laboratoire du futur appareil de défense européen.

XIV

De Maastricht à Nice :
le statut international de l'Union européenne

Les traités constitutifs de Paris et de Rome reconnaissaient la personnalité juridique des trois Communautés. Le traité de Paris sur la Communauté du charbon et de l'acier était le plus précis : son article 6 vise expressément la capacité nécessaire pour exercer les fonctions communautaires dans l'ordre international. Au demeurant, la Cour de justice des Communautés a indiqué, dans son arrêt « Commission contre Conseil » du 31 mars 1971, que la reconnaissance de la personnalité juridique s'appliquait d'abord à la personnalité internationale. Il ne s'agit donc pas simplement de ce que les juristes classiques appelaient la « petite personnalité juridique » – la personnalité interne aux fins du commerce juridique dans l'ordre des Etats membres – mais de la qualité de sujet de droits et d'obligations dans l'ordre international, la possibilité de mener une action autonome pour un objectif commun.

Encore faut-il que cette personnalité internationale soit reconnue par les éventuels partenaires extérieurs. A l'époque de la guerre froide, le refus de l'Union soviétique et de ses alliés de reconnaître la Communauté économique européenne comme un acteur international contraignit cette dernière à une série de manœuvres byzantines, telles que l'émission d'actes unilatéraux après des négociations officieuses, pour organiser ses relations commerciales avec les pays à commerce d'Etat. En font preuve, par exemple, les règlements de la Commission des 24 avril et 18 juillet 1965 fixant des « arrangements techniques » avec la Pologne et la Hongrie.

Par contre, le traité de Maastricht n'a pas reconnu la personnalité internationale de l'Union. L'Union européenne ne se substitue pas aux Communautés. L'article 1er du traité fonde l'Union sur les Communautés et « les politiques et formes de coopération ». L'Union doit donc s'appuyer, dans son action internationale, sur la personnalité des Communautés et sur celle des Etats membres. Un chassé-croisé peut même s'opérer entre les mécanismes communautaires et les compétences de l'Union hors Communautés : ainsi des « sanctions » contre un pays tiers, mises en œuvre par la Communauté, après l'adoption d'une « position commune » dans le cadre de la politique étrangère et de sécurité.

Son absence de personnalité internationale contribue à l'hétérogénéité marquée de l'Union européenne. Hétérogénéité des « trois piliers » : les Communautés ont engendré un véritable ordre juridique, au contraire des systèmes de coopération des deuxième et troisième piliers. Du côté des Communautés, pluralité des traités et des personnes juridiques : les trois traités constitutifs subsistent (... jusqu'à 2002 pour le traité CECA) à l'intérieur du traité sur l'Union. En fait, la complexité communautaire est encore plus grande. Au-delà des trois Communautés individualisées, il existe une entité commune, les Communautés européennes, créée par le traité de Bruxelles du 8 avril 1965 : cette entité n'absorbe pas les Communautés originelles, mais elle n'en est pas moins titulaire de droits et d'obligations dans l'exercice de certaines fonctions communes (budget unifié, fonction publique unique, régime unique des privilèges et immunités). En outre, la transformation de l'une des trois Communautés, la Communauté économique européenne, en Communauté européenne, c'est-à-dire en une communauté non spécialisée, aurait dû conduire à l'abrogation des deux autres traités – mais les traités sur la Communauté du charbon et de l'acier et sur Euratom subsistent, simplement modifiés, au lendemain de Maastricht.

Ce paysage institutionnel morcelé confine à la confusion : au fractionnement de l'Union s'ajoute la sédimentation de procédures de décision successives, parfois institutionnalisées, parfois restées informelles, et la possibilité de « coopérations renforcées » entre certains des Etats membres. A chaque nouveau traité sur l'Union, de Maastricht à Amsterdam et à Nice, une clarification est attendue, mais finalement la complexité institutionnelle s'accroît. Selon les sceptiques, la clarification aurait dû porter sur la nature et les finalités politiques de l'Union : ce que les Etats membres, divisés sur leur conception de la construction européenne, ont tenté d'éluder, de Maastricht à Nice...

A défaut d'une affirmation explicite, peut-on discerner les signes d'une personnalité juridique « émergente » de l'Union ? Certains le pensent, tel Joël Rideau qui invoque l'accent mis, par l'article 2 du traité sur l'Union, sur l'« identité » de l'Union sur la scène internationale. Surtout, les articles 24 et 38 du traité d'Amsterdam, en ouvrant au Conseil le droit de négocier des accords internationaux dans les deux domaines non communautaires de la politique étrangère et de sécurité et de la coopération policière et judiciaire, peuvent être interprétés comme octroyant, implicitement, la personnalité internationale à l'Union. Mais les articles 24 et 38 baignent dans une grande ambiguïté, probablement voulue par les rédacteurs du traité : une déclaration interprétative indique qu'un accord conclu au titre de ces articles ne peut entraîner de transfert de compétences des Etats membres vers l'Union ; et il apparaît que ces accords conclus hors Communautés ne le sont pas au nom de l'Union mais en celui des Etats membres...

Le problème est que le refus de la personnalité internationale à l'Union est un refus politique délibéré. Les conférences intergouvernementales qui ont mené aux traités de Maastricht puis d'Amsterdam ont clairement repoussé les propositions de la Commission et de l'Etat assurant la présidence de la Communauté, qui tendaient à affirmer la personnalité de l'Union. Et le Conseil des Communautés, lorsqu'il a décidé de prendre le nom de Conseil de l'Union européenne, a cru nécessaire d'indiquer que « ce changement ne modifie en aucune manière la situation juridique actuelle, selon laquelle l'Union européenne n'a pas la personnalité juridique ». La cause semble entendue : les Etats membres ont refusé d'octroyer la personnalité internationale à l'Union européenne afin de repousser toute tentation fédéraliste – ou, plus précisément, tout débat sur le fédéralisme, à même de ressusciter les anciennes querelles « théologiques » sur la supranationalité...

On pouvait le regretter : la reconnaissance de la personnalité internationale permettrait de rationaliser la conduite des relations extérieures de l'Union. Et, contrairement à ce que semblent penser les partisans de l'Europe des Nations, l'octroi de la personnalité juridique n'ouvre pas nécessairement la voie à une Europe fédérale. Une organisation strictement intergouvernementale, qui servirait de « toit politique » aux Communautés, pourrait être dotée de la personnalité juridique. N'était-ce pas là, très exactement, le schéma de l'Union d'Etats que tenta d'imposer le général de Gaulle, au début des années soixante, au cours des négociations dites du plan Fouchet ? La reconnaissance attendue interviendra avec l'élaboration de la constitution européenne.

Les compétences internationales des Communautés

La première manifestation de la personnalité internationale des Communautés est leur capacité de conclure des accords internationaux.

Le traité de Paris sur la Communauté du charbon et de l'acier faisait de la politique commerciale extérieure une compétence des Etats membres (art. 75) : les Etats doivent cependant tenir la Communauté informée de leurs projets d'accords commerciaux ; si les clauses d'un projet d'accord sont susceptibles de faire obstacle à l'application du traité de Paris, la Haute Autorité (la Commission unique à partir du traité de Bruxelles du 8 avril 1965) pourra adresser des recommandations obligatoires à l'Etat concerné, dans les dix jours. Les dispositions provisoires prévoyaient la négociation de divers accords par la Haute Autorité, en tant que mandataire des Etats, pour résoudre les problèmes nés d'obligations internationales contractées par les Etats membres antérieurement au traité de Paris.

Le traité de Rome sur la Communauté européenne de l'énergie atomique reflète, par certaines de ses dispositions, les mêmes préoccupations que le traité de Paris : les Etats membres doivent communiquer à la Commission les projets d'accords ou conventions intéressant le domaine d'application du traité, et cette obligation d'information est assortie d'une procédure de contrôle par la Commission, ou éventuellement la Cour de justice des Communautés (art. 103). Même volonté d'apurement des situations antérieures : les Etats membres qui ont conclu, avant l'entrée en vigueur du traité, des accords avec des tiers dans le domaine de l'énergie nucléaire, doivent entreprendre, conjointement avec la Commission, des négociations avec ces tiers afin d'assurer la reprise par la Communauté des droits et obligations résultant de ces accords (art. 106). Le traité Euratom se réfère également aux accords ou conventions sur les minerais ou matières fissiles provenant de pays tiers – accords à négocier par l'Agence d'approvisionnement (art. 64). L'article 101, alinéa 1, évoque des accords « avec le ressortissant d'un Etat tiers » : des conventions avec une entreprise plus que des traités entre Etats, qui soulignent le caractère transnational de certaines des activités d'Euratom.

Le traité de Rome sur la Communauté économique européenne a fait des relations commerciales avec les tiers l'une des trois politiques communes (avec les politiques de l'agriculture et des transports). La compétence de la Communauté en matière de politique commerciale est devenue exclusive, à la fin de la période transitoire, le 1er janvier 1970 : la Communauté peut, depuis cette date, conclure des accords bilatéraux ou multilatéraux, tarifaires, commerciaux, de coopération commerciale, de libre-échange... (art. 133 nouveau). En 1970, les réticences des Etats socialistes contraignirent, cependant, la Commission à laisser les Etats membres négocier avec les pays à commerce d'Etat pendant trois années supplémentaires.

L'Acte unique puis les traités sur l'Union européenne ont multiplié les champs ouverts à la capacité extérieure de la Communauté économique européenne : accords conclus avec des pays tiers ou organisations internationales dans le domaine de la recherche et du développement technologique (art. 170), de l'environnement (art. 174), de la coopération au développement (art. 181). A quoi on ajoutera les accords d'association (art. 310, ancien art. 238) : cette dénomination avait été abandonnée depuis les accords avec la Grèce et la Turquie (1963) – à l'exception des accords avec Chypre et Malte – mais elle a été remise en vigueur pour les Etats d'Europe centrale et orientale, dans la perspective de leur adhésion. Dans le cadre de l'union monétaire, l'article 111 prévoit des accords internationaux dits « formels », sur des questions de régime monétaire ou de taux de change, qui font intervenir la recommandation ou la consultation de la Banque centrale européenne.

Le traité de Rome ne définit pas la notion de « politique commerciale ». La Cour de justice des Communautés a considéré, par plusieurs arrêts, que cette politique ne devait pas être réduite aux accords de commerce et douaniers, mais qu'elle englobait, par exemple, les accords sur les préférences généralisées ou sur la stabilisation des cours des produits de base. Par contre, dans son avis consultatif l 94, relatif aux accords conclus dans le cadre de l'Uruguay Round, la Cour a limité la compétence exclusive de la Communauté au commerce des marchandises : elle l'a exclue du commerce des services et des dispositions relatives à la propriété intellectuelle. Sur la demande de la Commission, le traité d'Amsterdam a prévu (art. 13 3, paragraphe 5 du traité sur la Communauté) la possibilité pour le Conseil statuant à l'unanimité d'étendre la compétence exclusive de la Communauté aux services et à la propriété intellectuelle. Cette disposition revenait à donner au Conseil statuant à l'unanimité – c'est-à-dire aux exécutifs nationaux – le pouvoir d'esquiver les débats de ratification devant les parlements nationaux. Le traité de Nice consacre cette extension des compétences communautaires, au prix d'une longue série de dérogations qui portent sur les services culturels et audiovisuels, les services d'éducation, les services sociaux et de santé, les transports, les aspects non commerciaux de la propriété intellectuelle...

La compétence externe de la Communauté économique européenne a été remodelée – et élargie – par l'interprétation du juge communautaire. L'arrêt de principe a été rendu par la Cour de justice (le 31 mars 1971) sur un recours formé par la Commission contre le Conseil – le premier recours de ce type. Le litige portait sur les conditions de négociation d'un « accord européen sur les équipages des véhicules effectuant des transports internationaux par route » (AETR). La Cour a fait prévaloir une interprétation textuelle, voire téléologique, sur l'interprétation littérale : elle a pris en considération « le système du traité », non une « attribution explicite de compétence par le traité ». Elle a, ainsi, déduit du traité et du système communautaire le principe d'alignement des compétences externes sur les compétences internes de la Communauté : « Chaque fois que, pour la mise en œuvre d'une politique commune prévue par le traité, la Communauté a pris des dispositions instaurant, sous quelque forme que ce soit, des règles communes, les Etats membres ne sont plus en droit, qu'ils agissent individuellement ou même collectivement, de contracter avec les Etats tiers des obligations affectant ces règles... On ne saurait dès lors, dans la mise en œuvre des dispositions du traité, séparer le régime des mesures internes à la Communauté de celui des relations extérieures. » La Cour a précisé ce principe dans l'exercice de sa fonction consultative. « La compétence pour prendre des engagements internationaux peut résulter non seulement d'une attribution explicite par le traité, mais également découler de manière implicite de ses dispositions... Chaque fois que le droit communautaire a établi dans le chef des institutions de la Communauté des compétences sur le plan interne en vue de réaliser un objectif déterminé, la Communauté est investie de la compétence pour prendre les engagements internationaux nécessaires à la réalisation de cet objectif, même en l'absence d'une disposition expresse à cet égard » (avis 1/76).

Les compétences internationales de la Communauté économique européenne ne sont cependant pas toujours exclusives. Consultée sur la conclusion d'un accord dans le cadre de la Conférence des Nations unies pour le commerce et le développement (CNUCED), la Cour estime que, si le financement de l'accord est à la charge des Etats membres, ces derniers doivent participer aux mécanismes décisionnels de la Conférence ou, à tout le moins, dire leur acceptation du financement envisagé en participant à l'accord en cause, au côté de la Communauté (avis l/ 78). Par contre, à propos des accords sur l'Organisation mondiale du commerce, la Cour a estimé que l'OMC étant dotée d'un budget de fonctionnement mais non d'un instrument d'action financière, la participation des Etats membres au financement de l'OMC ne justifiait pas leur participation à la conclusion de l'accord. Enfin, lorsque relèvent de la souveraineté d'un Etat membre des territoires placés en dehors du domaine d'application du traité sur la CEE, cet Etat a vocation à participer à des accords internationaux au titre desdits territoires et non en tant que membre de la Communauté.

La situation des Communautés dans la société internationale revêt d'autres aspects que la capacité de contracter, des aspects originaux qui distinguent les Communautés des organisations internationales classiques et qui procèdent de la substitution des compétences des Communautés à celles de leurs membres :

– Le droit de légation, actif et passif

Un très grand nombre d'Etats tiers (165 en 1998) entretiennent, auprès des Communautés, des « missions » qui ont un statut diplomatique, accordé par l'Etat du siège des Communautés (art. 17 du protocole sur les privilèges et immunités). Ces missions ont une importance certaine dans la conduite de la politique étrangère de nombre d'Etats tiers, particulièrement les Etats d'Afrique, des Caraïbes et du Pacifique. On remarquera que la plupart des micro-Etats du Pacifique sud, des Caraïbes et de l'océan Indien disposent simplement de trois ambassades – auprès de l'ONU, des Communautés et une ambassade « itinérante ».

L'établissement de missions des Communautés auprès des Etats tiers pose plus de problèmes, nés de la compétition entre les organes de la Communauté ou entre la Communauté et ses membres. De 1954 à 1973, la Communauté du charbon et de l'acier a disposé d'une véritable représentation à Londres. Aujourd'hui, la Communauté unifiée jouit d'une double représentation : d'une part, les délégations de la Commission auprès d'Etats tiers, de groupes d'Etats ou d'organisations internationales, auxquelles l'Etat d'accueil accorde le statut diplomatique ; d'autre part, les ambassades de l'Etat membre qui exerce la présidence de la Communauté.

Si les représentations permanentes des Etats membres auprès de la Communauté sont dotées du statut diplomatique et dirigées par un diplomate de haut rang, elles ne sont pas des ambassades, car les Etats membres ne sont pas en situation d'extériorité vis-à-vis de la Communauté. Tout au contraire, les représentations permanentes sont intégrées à l'appareil communautaire par l'intermédiaire du COREPER, le Comité des représentants permanents, véritable organe de travail du Conseil, officialisé par le traité de Bruxelles du 8 avril 1965. Autre conséquence – plus marquée – du principe d'intégration : les bureaux d'information de la Communauté dans les Etats membres n'ont pas le statut diplomatique et n'exercent aucune fonction de représentation ; ils sont de simples offices d'information, à la disposition des citoyens de l'Union.

– L'usage de la reconnaissance

Les organisations internationales ne font pas, normalement, l'objet d'une reconnaissance, même si, dans le contexte de la guerre froide, les Etats socialistes ont pu se tenir, un temps, à l'extérieur des institutions spécialisées de l'ONU, et si certains Etats occidentaux ont préféré ne plus prendre part aux travaux de l'UNESCO, pour protester contre sa politisation. De même, les organisations internationales ne prononcent pas, elles-mêmes, de reconnaissance – sauf, indirectement, dans certains cas tels que celui des Etats divisés. Il en va autrement pour la Communauté, du fait de l'esprit « fédéraliste » qui imprègne son histoire et ses institutions.

D'une part, les Etats tiers reconnaissent l'effectivité des compétences de la Communauté lorsqu'ils contractent avec elle ou organisent leur représentation auprès d'elle. L'Europe de l'Est a mis fin à son contentieux avec la Communauté, en souscrivant à la déclaration conjointe du 25 juin 1988 – qui a été suivie de l'établissement de relations permanentes entre ces Etats alors socialistes et la Communauté.

D'autre part, la Communauté peut reconnaître un Etat tiers. Ces reconnaissances peuvent, certes, être le fait de l'Union, hors Communautés, par le biais des positions communes de la politique étrangère et de sécurité (deuxième pilier du traité de Maastricht). Mais la situation la plus fréquente était, jusque-là, celle d'un acte de reconnaissance émanant de la Communauté et des Etats membres : c'est cet ensemble qui a élaboré les critères de reconnaissance des nouveaux Etats, après la dissolution de l'Union soviétique et de la Fédération yougoslave – ou qui a non pas reconnu, mais constaté la restauration de la souveraineté des Etats baltes. Autre situation : c'est par une déclaration distincte – mais parallèle à une déclaration des Etats membres – que la Communauté a publié, le 16 novembre 1983, son refus de reconnaître la création de la République turque de Chypre du Nord.

– La participation aux organisations internationales

Normalement, les organisations internationales ne sont ouvertes qu'aux Etats ; elles ne peuvent devenir membres les unes des autres, même si elles peuvent entretenir un réseau de relations entre elles.

La question se pose différemment pour les Communautés qui se substituent aux Etats membres pour l'exercice d'un certain nombre de compétences. Mais les Etats membres ne sont pas disposés à disparaître des principales enceintes de la société internationale organisée ; et les Etats tiers ne sont pas disposés à accepter une participation de la Communauté, qui s'ajouterait à celle des Etats membres.

La situation normale de la Communauté au regard des organisations internationales est donc celle de la non-participation. Ainsi la Communauté a-t-elle un simple statut d'observateur auprès des Nations unies, comme nombre d'organisations régionales ou autres... Par contre, la Communauté a pu accéder à certaines conventions internationales élaborées dans le cadre de l'ONU – telles que la convention de Montego Bay du 10 décembre 1982 sur le droit de la mer.

Lorsque la Communauté ne participe pas à une organisation internationale, les Etats membres se doivent de défendre les positions communautaires : dans son avis 1/94, la Cour de justice a souligné l'importance d'une étroite coopération entre les Etats et la Communauté dans ce cas. L'identité de la Communauté au sein d'une organisation peut être renforcée par les positions communes de l'Union. La Communauté est une modeste observatrice auprès des Nations unies, mais elle est tout autrement présente lorsque l'Etat qui assume sa présidence, au sein de l'Assemblée générale, exprime une « position commune » au nom de l'Union.

Le mouvement tendant à l'adhésion pure et simple de la Communauté à une organisation internationale, à titre exclusif ou conjointement avec les Etats membres, a pris une certaine consistance depuis son admission à l'Organisation internationale pour l'alimentation et l'agriculture (FAO), le 26 novembre 1991. La Communauté dispose, en effet, de compétences commerciales exclusives et de compétences en matière d'agriculture et de pêche qui entrent dans le champ d'action de la FAO. Après révision de la Charte de l'organisation, la Communauté rassemble un nombre de voix égal à celui de ses Etats membres habilités à voter (lesdits

Etats ne participant pas au vote). La nature des compétences de la Communauté pose le problème de sa participation à des institutions spécialisées dans l'aéronautique civile (politique commune des transports et réalisation du marché intérieur), dans la réglementation internationale du travail (politique sociale de la Communauté)... et dans la monnaie (le Conseil européen de Vienne, les 11 et 12 décembre 1998, a examiné la question de la représentation de la Communauté au sein du Fonds monétaire international et des sommets des pays industrialisés ; il a prévu la participation du président de la Banque centrale européenne au groupe des ministres des finances et des gouverneurs du G7).

A l'Accord général sur les tarifs et le commerce (GATT), la Communauté a exercé les prérogatives d'un membre, aux lieu et place de ses Etats membres ; la Cour de justice a considéré, dans l'affaire « United Fruit » (12 décembre 1972), que la Communauté avait « succédé » à ses Etats membres au sein de cette organisation. A l'issue de l'Uruguay Round, l'accord instituant l'OMC a reconnu la Communauté comme « membre originaire », au même titre que ses Etats membres, avec la possibilité d'exercer leurs droits de vote.

– La participation aux sanctions internationales

L'absence de personnalité internationale de l'Union européenne contraint cette dernière à recourir à la Communauté pour la mise en œuvre de certaines de ses décisions. Ainsi de l'application de sanctions contre des Etats tiers.

Lors des premières décisions de sanctions communautaires, en 1976 contre le régime minoritaire de Rhodésie du Sud puis en 1980 contre le régime islamique d'Iran, les Etats membres de la communauté avaient été tentés d'avoir recours à l'article 297 du traité de Rome sur la CEE, qui prévoyait la prise de décisions communes pour préserver le fonctionnement du Marché commun lorsque l'un des Etats se trouve confronté à des troubles intérieurs graves, guerre ou menace de guerre... Cette base juridique était manifestement inadéquate puisqu'elle concernait des situations où l'un des Etats membres avait dû prendre des mesures particulières.

A partir des dernières crises de la guerre froide – sanctions contre l'URSS après la proclamation de l'état de guerre en Pologne, contre l'Argentine après l'invasion des Malouines, contre l'Afrique du Sud – et des multiples conflits de l'après-guerre froide – sanctions contre l'Irak après l'invasion du Koweit, contre la Serbie-Monténégro, contre la Libye – il a été décidé que les décisions de sanction seraient prises dans le cadre intergouvernemental de la coopération politique et les sanctions mises en œuvre par le Conseil des Communautés sur la base de l'actuel article 133 du traité sur la Communauté sur la politique commerciale commune. Depuis le traité de Maastricht, cette pratique a été codifiée et sa base juridique légèrement modifiée : la décision de sanction relève des procédures de « position commune » et d' « action commune » (deuxième pilier de l'Union européenne), les sanctions elles-mêmes sont mises en œuvre sur la base d'un nouvel article : « Lorsqu'une position commune ou une action commune... prévoient une action de la Communauté visant à interrompre ou à réduire, en tout ou en partie, les relations économiques avec un ou plusieurs pays tiers, le Conseil, statuant à la majorité qualifiée sur proposition de la Commission, prend les mesures urgentes nécessaires » (art. 228 du traité de Maastricht, devenu l'art. 301 du traité d'Amsterdam). La Commission, dans son rapport du 10 mai 1995 sur le fonctionnement de l'Union européenne, a jugé cette nouvelle procédure peu satisfaisante, dans la mesure où elle entraîne un doublement des actes – adoption d'une position commune et d'un règlement communautaire.

Les mesures d'embargo prises par la Communauté à l'encontre de la Serbie-Monténégro ont entraîné des contentieux sur recours d'opérateurs lésés par lesdites sanctions. Dans certains cas, la Cour de justice des Communautés a été saisie, par la voie de la question préjudicielle d'interprétation des juridictions nationales. Elle a légitimé le recours aux sanctions et souligné, non sans une certaine rudesse pour les opérateurs privés concernés, que le droit au respect des biens et le libre exercice d'une activité commerciale n'étaient pas des prérogatives absolues et pouvaient faire l'objet de restrictions justifiées par des objectifs d'intérêt général, et que toute mesure de sanction avait, par définition, des effets affectant le droit de propriété et le libre exercice des activités professionnelles, causant des préjudices à des parties n'ayant pas de responsabilité en l'affaire.

Au-delà du manque de cohérence, parfois dénoncé, entre les premier et deuxième piliers de l'Union, la participation de la Communauté aux sanctions internationales décidées par l'Union montre l'étroite imbrication des mécanismes communautaires et des procédures de la politique étrangère et de sécurité commune.

Les procédures de décision internationale des Communautés : le rôle du Parlement européen

Le débat sur la procédure de conclusion des accords internationaux a fortement marqué l'histoire des Communautés. On a vu que, même à l'époque où il était élu au suffrage indirect, le Parlement européen était animé d'une dynamique propre qui l'amenait à confronter ses ambitions à la résistance des autres organes communautaires et à revendiquer une extension de ses compétences inspirée des pouvoirs normalement reconnus aux parlements nationaux. Plus précisément, l'intervention consultative du Parlement était prévue lors de la conclusion d'accords d'association entre le Marché commun ou l'Euratom et des Etats tiers : de tels accords étaient « conclus par le Conseil agissant à l'unanimité et après consultation de l'Assemblée » (art. 238 et 206 anciens des traités de Rome sur la CEE et la CECA).

La compétence attribuée ici au Parlement européen évoquait celle normalement détenue par les organes législatifs nationaux en matière de politique étrangère ; mais la transposition des techniques parlementaires au plan communautaire se révélait, en la circonstance, particulièrement défectueuse. En apparence, le Parlement européen était habilité à exercer sur la politique extérieure menée par le Conseil un contrôle sensiblement plus poussé que celui des parlements nationaux : il était censé intervenir dans la procédure de conclusion des traités, donc au cours des négociations, alors que les organes législatifs nationaux ne se manifestent qu'au stade de la ratification, donc après la conclusion du traité (dans la mesure où la constitution nationale le prévoit). Dans la réalité, la situation du Parlement européen était inférieure à celle des parlements nationaux : lorsque ces derniers interviennent, c'est pour prendre une véritable décision dont peut dépendre politiquement le sort du gouvernement, et non, comme le Parlement européen, pour délivrer un simple avis que le Conseil pouvait fort bien ne pas suivre – de propos délibéré ou du fait des exigences du partenaire avec lequel la négociation se poursuit... Car la procédure des articles 238 et 206 était d'une mise en œuvre difficile : comment consulter une assemblée dans le cours même d'une négociation diplomatique ?

La procédure Luns, imaginée par l'ancien ministre des Affaires étrangères des Pays-Bas, devait donner une satisfaction partielle au Parlement : un échange de vues entre le Conseil et la commission compétente du Parlement européen aurait lieu avant la signature. La procédure Luns I, organisée par le Conseil le 25 février 1964, s'appliquait aux accords de l'article 238 (art. 310 nouveau du traité sur la Communauté européenne), c'est-à-dire aux accords d'association, de coopération ; au-delà du renforcement de l'information du Parlement ou de ses commissions sur le déroulement des négociations, le Parlement pourrait demander un débat avec la Commission sur le mandat de négociation, avant l'ouverture des négociations. La procédure Luns II ou « Westerterp », adoptée par le Conseil neuf ans plus tard, le 15 octobre 1973, sortait du cadre strict de l'article 238 : elle s'appliquait aux accords commerciaux, voire aux accords économiques au-delà du pur domaine commercial, avec les mêmes points forts – possibilité de débats avant l'ouverture de la négociation, information des commissions parlementaires par le Conseil avant la signature, information du Parlement après la signature et avant la conclusion. Une fois le Parlement élu au suffrage universel direct, le Conseil européen de Stuttgart adopta, le 19 juin 1983, une déclaration solennelle sur l'Union européenne qui élargissait à tous les accords significatifs la consultation du Parlement par le Conseil – après la signature et avant la conclusion desdits accords. Trois ans plus tard, l'Acte unique européen des 14-28 février 1986 subordonnait la conclusion des accords de l'ancien article 238 – ainsi que des accords d'adhésion – à l'approbation du Parlement européen ; ainsi ce dernier recevait-il ce pouvoir de codécision en matière internationale qu'il revendiquait pratiquement depuis la mise en place de « l'Assemblée européenne »...

Le traité de Maastricht a relativement clarifié la procédure de décision communautaire en matière internationale, particulièrement la répartition des pouvoirs communautaires dans la négociation et la conclusion d'accords internationaux ; il a, en outre, sensiblement élargi le domaine de l'avis conforme du Parlement européen, octroyant ainsi à ce dernier un rôle comparable à celui des parlements nationaux dans l'autorisation de ratification des traités.

Une procédure générale est mise en place, régie par l'article 300 nouveau du traité sur la Communauté européenne : elle s'applique, en principe, à tous les accords, et non plus seulement aux accords d'association de l'article 310. L'initiative relève de la Commission, qui noue des contacts informels ou esquisse des conversations exploratoires – le plus souvent à la demande d'Etats tiers – puis suggère au Conseil l'ouverture de négociations formelles. Le Conseil délivre une autorisation de négocier, qui s'accompagne de directives destinées à encadrer le travail de la Commission, et de l'intervention de comités, désignés par le Conseil et généralement composés de fonctionnaires d'Etats membres, en vue d'assister la Commission. La Commission conduit la négociation et est maîtresse de la composition de sa délégation. Cependant, pour les accords mixtes, portant sur des matières relevant à la fois de la compétence communautaire et de celle des Etats membres, la négociation peut être menée par le Conseil ; lorsqu'elle est menée par la Commission, un mandat peut être donné à l'exécutif supranational par les Etats membres. Par ailleurs, dans le code de conduite adopté par la Commission et le Parlement en mars 1995, la Commission s'est déclarée favorable à l'inclusion d'observateurs du Parlement dans les délégations de la Communauté chargées de la négociation d'accords multilatéraux – sans que lesdits observateurs puissent prendre part directement aux séances de négociation.

La décision de conclusion appartient au Conseil, qui statue « sur proposition de la Commission », mais qui peut décider de ne pas conclure, même si la Commission le lui propose et si le Parlement est favorable. Le Conseil décide à la majorité qualifiée, et à l'unanimité pour les accords d'association ou pour les accords qui portent sur un domaine où l'unanimité est requise pour l'adoption de textes à portée interne. Mais la conclusion dont il s'agit diffère de la conclusion au sens du droit des traités, c'est-à-dire de l'engagement définitif des parties, matérialisé par l'échange, le dépôt ou la notification des instruments de ratification : elle signifie simplement l'achèvement des procédures internes. De fait, en vertu de la pratique codifiée dès 1962 par le Comité des représentants permanents auprès du Conseil, deux procédures sont possibles. L'une solennelle : la signature par un représentant du Conseil est suivie de la consultation du Parlement, ou de l'émission d'un avis conforme par le Parlement, dans les cas prévus par le traité. Après quoi, le président en exercice du Conseil conclut définitivement l'accord en notifiant l'accomplissement des formalités nécessaires : il ratifie, en quelque sorte, l'accord. L'autre, simplifiée : la signature de l'accord par le représentant du Conseil engage d'emblée la Communauté. Dans le cas d'accords mixtes, la procédure communautaire se double de la mise en œuvre des procédures nationales de ratification, conformément aux constitutions des Etats membres.

Pour tous les accords relevant de la procédure générale, le traité de Maastricht dispose que le Parlement européen doit être obligatoirement consulté, ou émettre un avis conforme – une procédure qui permet au Parlement d'empêcher éventuellement la conclusion de l'accord. L'avis conforme continue d'être exigé, à la majorité absolue des membres du Parlement, pour les accords d'association. Il doit, désormais, être émis, à la majorité ordinaire, pour trois catégories d'accords : ceux « qui créent un cadre institutionnel spécifique en organisant des procédures de coopération » ; ceux qui ont « des implications budgétaires notables pour la Communauté » ; ceux qui impliquent la modification d'un acte adopté selon la procédure de codécision de l'article 251 du traité sur la Communauté (ancien art. 189 B du traité de Maastricht). Dans son commentaire du droit des Communautés et de l'Union européenne, Philippe Manin s'inquiète du flou des deux premières catégories. Qu'est-ce qu'un « cadre spécifique » ? Qu'est-ce qu'une « implication budgétaire notable » ? Une interprétation extensive de ces notions étendrait nettement le pouvoir de décision du Parlement... Au demeurant, le Parlement européen poursuit, par les voies les plus diverses, son combat de harcèlement pour renforcer son rôle : il s'est reconnu, en mai 1998, le droit d'émettre à l'intention de la Commission des « orientations » pour la négociation d'accords bilatéraux ou multilatéraux ; il cherche à élargir son champ d'intervention en inscrivant de nouvelles dispositions dans son règlement – ainsi de son article 49, modifié en 1999,qui permet à 29 députés ou à un groupe parlementaire de présenter une proposition de recommandation à l'intention du Conseil, lorsque le Parlement n'a pas été consulté sur un accord international. Il est vrai que des cas particuliers subsistent : l'article 300 paragraphe 3 met les accords de politique commerciale hors de la procédure de consultation ; la consultation du Parlement est facultative. Par sa résolution du 17 mai 1995, le Parlement a demandé la généralisation de l'avis conforme à tous les accords internationaux – ce qui lui donnerait un rôle plus intense que celui des parlements nationaux.

L'article 300 paragraphe 6 permet à la Cour de justice des Communautés, saisie par le Conseil, la Commission ou les Etats membres, de vérifier la compatibilité d'un accord international avec les traités constitutifs. La Cour doit être saisie avant la conclusion définitive de l'accord ; si son avis est négatif, la conclusion de l'accord est subordonnée à la révision du traité constitutif. Un avis négatif, rendu avant ou pendant les négociations, pourra les empêcher ou les arrêter ; intervenant après les négociations, il empêchera la signature ou la conclusion de l'accord. Les cas de doute sur la compatibilité d'un accord international sont rares, mais les avis de la Cour ont permis de préciser dans quels rapports se situent la compétence communautaire et celle des Etats membres. La Cour est également intervenue, par la voie contentieuse, sur la répartition des pouvoirs communautaires : dans son arrêt « France contre Commission » du 9 août 1994, elle a annulé la conclusion d'un accord par la Commission seule (un accord avec les Etats-Unis sur la coopération en matière de droit de la concurrence) et rejeté l'argumentation de la Commission, qui tendait à projeter dans l'ordre juridique communautaire la pratique des « accords administratifs » non soumis au régime des accords internationaux, observée dans divers Etats.

Dans le cours de l'élaboration des traités d'Amsterdam puis de Nice ont resurgi les controverses sur les procédures de décision communautaires, sur les rôles respectifs des divers organes des Communautés.

Pour simplifier, on opposera les points de vue « fédéraliste » et « souverainiste », dans un champ d'intervention essentiel : celui de la politique commerciale commune (art. 133 du traité sur la Communauté). Les souverainistes sont tentés d'imputer les échecs relatifs de la Communauté dans plusieurs négociations commerciales – l'Uruguay Round, par exemple – à l'insuffisance du contrôle exercé sur la Commission, laquelle donnerait ainsi libre cours à sa vision internationale « libre-échangiste » ; ils préconisent un « suivi » plus étroit par le Conseil, dont les décisions devraient être prises à l'unanimité pour renforcer le « front » des Etats membres pendant la négociation. Les fédéralistes, au contraire, expliquent les échecs ou difficultés de la Communauté par la paralysie de la Commission, en butte aux contrôles excessifs d'Etats membres eux-mêmes divisés, et incapable, dans ces conditions, de dégager « l'intérêt général européen » ; ils proposent un desserrement de la tutelle du Conseil, et l'instauration de décisions à la majorité au sein de l'organe intergouvernemental, afin de permettre à la Commission d'imposer les solutions qu'elle aurait dégagées dans le cours des négociations.

Que les souverainistes entretiennent, parfois, une véritable « stratégie du soupçon » à rencontre de la Commission, les propositions présentées par le groupe Europe des nations, pendant l'élaboration du traité d'Amsterdam, en font preuve. Ce groupe suggère, en vue d'une révision de l'article 300, de chiffrer toutes les conséquences économiques d'un accord avant de le soumettre au Parlement, d'obtenir que le Conseil adresse à la Commission un mandat de négociation préalable, précis et limité, d'exiger de la Commission qu'elle informe immédiatement le Conseil de toute initiative nouvelle de sa part ou de tout changement dans le cours des négociations et qu'elle répudie la pratique des « applications provisoires » ou des « accords intérimaires »... Allusion au curieux paragraphe 2 de l'article 300, introduit par le traité d'Amsterdam, qui, loin de prohiber la pratique de la « décision d'application provisoire d'un accord » par la Commission « avant son entrée en vigueur », demande au Conseil d'encadrer cette pratique en donnant son autorisation explicite à la Commission. Comme le remarquait le député Georges Berthu, si le Conseil n'a pas eu le temps de donner son aval à l'accord signé, pourquoi aurait-il le temps de le donner à l'application provisoire ?

En sens inverse, la Commission a su défendre son statut. Le traité de Nice n'apporte que deux innovations à l'article 133 sur la politique commerciale commune : le Conseil et la Commission devront veiller à la compatibilité des accords négociés avec les politiques et règles internes de la Communauté ; la Commission devra faire régulièrement un rapport sur l'avancement des négociations au comité spécial désigné par le Conseil – deux mesures qui apparaissent comme deux évidences. Par contre, la fin du paragraphe 3, inscrite dans les documents préparatoires du traité – « la présidence peut accompagner la Commission (dans les négociations) si le Conseil l'estime approprié » – et qui pouvait apparaître comme une contrainte nouvelle pour la Commission, disparaît. De même que disparaît le « projet de protocole nouveau sur les modalités de participation de l'Union européenne aux travaux de l'OMC », qui ouvrait aux Etats membres le droit de participer à toutes les réunions de l'Organisation mondiale du commerce, directement ou par l'intermédiaire de la présidence du Conseil, d'obtenir sans délai tous les documents dont dispose la Commission, de demander à la Commission de procéder à une consultation, si besoin est, à travers une suspension de séance.

La répartition des compétences dans les autres domaines d'activité internationale des Communautés n'est pas déterminée par les traités. Un partage de fait s'opère entre le Conseil et la Commission pour assurer la représentation de la Communauté à une réunion internationale telle que les sommets des pays industrialisés. Le droit de légation passif a suscité de vives querelles dans un passé déjà lointain : le président de la Commission de la CEE, Walter Hallstein, avait considéré qu'il lui appartenait de recevoir, à titre exclusif, les lettres de créance des chefs de missions diplomatiques accrédités auprès de la CEE ; on sait que la polémique qui s'ensuivit avec le gouvernement français fut l'une des causes de la grave crise du Marché commun, qui s'ouvrit le 30 juin 1965 ; la réunion des six ministres des Affaires étrangères, à Luxembourg, les 17-29 janvier 1966, qui mit fin à la crise, résolut empiriquement la question du droit de légation passif – les lettres de créance seraient, désormais, remises séparément au Conseil et à la Commission.

Une certaine pression fédéraliste est cependant perceptible : une pression en quelque sorte « latérale », née des développements de la politique étrangère et de sécurité commune. Ainsi l'article 20 du traité sur l'Union européenne dispose-t-il que les « missions diplomatiques » des Etats membres et les « délégations de la Commission dans les pays tiers » se concertent (version Maastricht), voire coopèrent (version Amsterdam) – sans préciser la différence de nature entre les délégations de la Commission et les ambassades des Etats membres. Dans son élan, la commission des Affaires étrangères du Parlement européen préconise, à travers le rapport Spencer de mai 1998, la substitution de ces délégations aux représentations diplomatiques des Etats membres.

Les procédures de décision internationale de l'Union dans le cadre des deuxième et troisième piliers

Le caractère à l'origine purement intergouvememental de la politique étrangère et de sécurité commune et de la coopération policière et judiciaire en matière pénale continue d'influer sur les rôles respectifs des organes de la Communauté.

Sur le deuxième pilier, les chefs d'Etat et de gouvernement, réunis en Conseil européen, décident des « stratégies communes », c'est-à-dire des orientations générales qui vont encadrer la politique étrangère et de sécurité. Le Conseil de l'Union met en œuvre lesdites stratégies, en arrêtant des positions et des actions communes (art. 14 et 15 du traité sur l'Union, version d'Amsterdam) ; il veille, en outre, à la cohérence de l'action de l'Union. L'Etat qui assure la présidence de la Communauté représente l'Union dans les matières relevant de la politique étrangère et de sécurité ; il exprime les positions de l'Union dans l'arène internationale – organisations et conférences internationales ; il peut se faire assister par l'Etat qui exercera la présidence suivante. Le haut représentant pour la PESC contribue à la formulation, à l'élaboration et à la mise en œuvre des décisions de politique étrangère et de sécurité ; il peut, à la demande de la présidence, conduire, au nom du Conseil, un dialogue politique avec des pays tiers – ainsi des conversations du haut représentant Javier Solana avec le gouvernement de Macédoine, à l'été 2001. Evidemment, cette multiplication des « autorités » exécutives de l'Union dans l'arène diplomatique et stratégique peut susciter des compétitions et des difficultés bureaucratiques : ainsi des rapports entre deux organes « préparatoires » des décisions de l'Union, le COREPER, fort de sa légitimité dans l'appareil communautaire, et le comité politique... qui jouait le rôle du COREPER dans l'ancienne coopération politique.

La Commission a un rôle en principe réduit : elle ne dispose pas de son fameux « pouvoir de proposition », comme en matière communautaire. Elle n'en est pas moins « pleinement associée aux travaux dans le domaine de la politique étrangère et de sécurité commune » (art. 27 du traité sur l'Union). Vœu pieux ? II ne semble pas : la Commission a tout de même le droit, partagé avec les Etats membres, de saisir le Conseil de toute question relevant de la « PESC », voire de demander à la présidence une réunion extraordinaire du Conseil (art. 22). La Commission est, en outre, associée aux tâches de la présidence, particulièrement par ses délégations dans les pays tiers.

Le Parlement n'intervient qu'à titre consultatif. Il est, certes, tenu informé par la présidence et régulièrement consulté sur les choix fondamentaux et les principaux aspects de la PESC. Dans son règlement (art. 103 et 104), le Parlement s'est reconnu le droit d'adresser des questions au Conseil et de formuler des recommandations à son intention. Le Parlement et sa commission des Affaires étrangères n'en ont pas moins la conviction de ne détenir qu'un « rôle marginal » en politique étrangère ; dans cette marginalité, ils voient le symbole du « déficit démocratique » de l'Union.

Le processus de décision est fort voisin dans le cadre du troisième pilier : le Conseil de l'Union arrête des décisions communes en vue de favoriser la coopération entre forces de police, autorités douanières, autorités judiciaires ; il établit des conventions dont il recommandera l'adoption. La Commission dispose d'un pouvoir d'initiative, partagé avec les Etats membres, mais les initiatives émanent pour l'essentiel de la présidence du Conseil. La consultation du Parlement est obligatoire depuis le traité d'Amsterdam.

Deux remarques peuvent être formulées sur ces procédures de décision :

– D'une part, dans ses protestations contre le « déficit démocratique » de l'Union et dans sa revendication d'un rôle plus important dans la décision diplomatique et stratégique européenne, le Parlement omet de prendre en considération une réalité : le rôle qu'il revendique est tenu, ou devrait être tenu, par les parlements nationaux ; n'est-ce pas là l'obstacle, évident, à toute extension des pouvoirs du Parlement européen, dans un domaine resté essentiellement intergouvememental ?

– D'autre part, le parallélisme des procédures de décision entre les deuxième et troisième piliers est tout de même paradoxal : comme le remarquait déjà le groupe Westendorp (chargé de la préparation de la conférence intergouvememehtale de 1996, et animé par l'ancien secrétaire espagnol aux Affaires européennes, Carlos Westendorp), l'analogie entre les instruments juridiques prévus dans les deux piliers est inadéquate, dans la mesure où la politique étrangère et de sécurité est, par définition, tournée vers l'extérieur, les Etats tiers et les organisations internationales, alors que la coopération policière et judiciaire en matière pénale est tournée vers l'intérieur de l'Union, les liens internationaux qu'elle suscite étant, pour l'essentiel, noués entre Etats membres de l'Union.

TITRE V

L'AVENIR DE L'UNION EUROPÉENNE

XV

L'Union à la recherche de ses frontières

Depuis leur fondation et d'un élargissement à l'autre, l'histoire des Communautés puis de l'Union a été celle d'une course vers l'hétérogénéité. En 1951 puis 1957, le noyau dur des six Etats fondateurs était homogène – par la culture, l'économie, la représentation d'un avenir européen commun et même la sociologie partisane, le jeu politique comportant les mêmes formations centrales, dans chacun des six pays, sociaux-démocrates, libéraux et chrétiens-démocrates. En 1973, le premier élargissement, avec pour chef de file le Royaume-Uni, consacrait l'adhésion des tenants de l'Europe, zone de libre-échange, et donc une première rupture avec le projet de communauté politique cher aux Six. En 1981 puis 1986, l'entrée des Etats du Sud européen, Grèce, Portugal, Espagne, qui rejoignaient la famille européenne après leur sortie de dictature, entraînait une rupture dans les niveaux de développement : la mise en place des fonds structurels allait permettre une aide efficace aux régions défavorisées d'Europe. En 1995, l'admission de la Suède, de la Finlande et de l'Autriche s'expliquait par la fin des contraintes de la guerre froide : la neutralité imposée à l'Autriche par ses anciens occupants, par le traité d'Etat de 1955, la politique de non-alliance poursuivie par la Suède, de la guerre mondiale à la guerre froide, le maintien de la Finlande dans la mouvance soviétique, mais avec un régime libéral et pluraliste, et non de démocratie populaire... cet ensemble de neutralisations de divers types n'avait plus lieu d'être dans une Europe libérée. Paradoxalement, les trois nouveaux Etats membres, tout en rejoignant l'Union, ont cru devoir réaffirmer leur posture de neutralité dans le nouveau système international : avec l'Irlande, l'Europe des Quinze comptait quatre neutres ; comment imaginer, dans ces conditions, une Union véritable acteur international ?

Entre-temps, les révolutions européennes de 1989 avaient provoqué le grand chambardement du système international de la guerre froide.

Pologne dix ans, Hongrie dix mois, Allemagne de l'Est dix semaines, Tchécoslovaquie dix jours, Roumanie dix heures : ainsi des manifestants ont-ils pu résumer les révolutions de l'année 1989, cette année de toutes les ruptures qui mit à bas le vieil ordre hérité des lendemains du second conflit mondial, cette année qui, de séisme en séisme national, entraîna la « délégitimation », puis le remplacement de toute une classe dirigeante et des transformations constitutionnelles radicales. 1989, *annus mirabilis* selon son meilleur chroniqueur, Timothy Garton Ash, avec ses trois moments les plus forts : le 24 août, l'entrée du Premier ministre non communiste à la Diète polonaise, Tadeusz Mazowiecki, « l'air un peu perdu, avec son expression triste et pensive, mais visiblement pas dictateur ni bureaucrate de la *Nomenklatura* pour deux sous » (Dahrendorf) ; le 9 novembre, les retrouvailles entre les deux segments séparés de la nation allemande, puis la destruction du Mur de Berlin, ce symbole de la servitude des peuples de l'Europe du Centre et de l'Est ; le 29 décembre, le dissident de Prague, Vaclav Havel, installé à la tête de l'Etat tchécoslovaque, porté des prisons du régime communiste au « Château », siège mythique de tous les pouvoirs selon Kafka...

A terme, les révolutions de 1989 entraînaient le « grand élargissement » de l'Union à l'Europe centrale et orientale. N'était-ce pas la réalisation de la promesse faite par Robert Schuman en 1959 : « Nous ne devons pas construire l'Europe uniquement dans l'intérêt des peuples libres. Nous devons être en mesure d'accueillir les peuples de l'Est le jour où ils nous le demanderont » ? Déjà, l'intégration des « nouveaux Länder » d'Allemagne de l'Est à la Communauté européenne – du seul fait de leur rattachement à l'Allemagne fédérale – ouvrait la voie. En 2004, quatre Etats de l'ancien pacte de Varsovie (la République tchèque, la Slovaquie, la Pologne et la Hongrie), trois anciennes républiques soviétiques fédérées (les trois Etats baltes), une ancienne province yougoslave (la Slovénie) rejoignaient l'Union. Le commissaire Pascal Lamy parlait d'une « revanche sur Yalta » – à cela près qu'il s'agissait d'une revanche sur la trahison de Yalta, car si la « déclaration sur l'Europe libérée », élaborée à Yalta, avait été appliquée, l'ensemble des Etats de l'Europe du Centre et de l'Est aurait été doté de régimes démocratiques pluralistes en 1945.

Après le grand élargissement de 2004, la question des frontières extérieures de l'Union est posée. Où les situer ? Le pragmatisme des origines de la construction européenne interdit-il toute définition ou délimitation du territoire européen, tout éclairage sur la « fin du parcours » européen ? L'Union s'étendra-t-elle à l'Asie, à travers les Etats transcontinentaux, la Turquie et peut-être, un jour, la Russie ? Le vrai projet est-il celui d'une Europe sans frontières ?

La réunification allemande et l'Europe

L'idéal panallemand était inscrit au cœur de la Loi fondamentale de Bonn, cette constitution « provisoire » de la République fédérale, adoptée le 8 mai 1949. Le préambule mettait l'accent sur la libre détermination et l'unité nationale et politique du peuple allemand. En réalité, il s'agissait plus de maximes politiques que de prescriptions juridiques : le constituant disait son espoir d'un avenir meilleur, mais aussi sa conscience du démantèlement présent ; le peuple allemand était seulement convié à « parachever » l'unité allemande. De même, l'article 116, qui visait « le territoire du Reich allemand au 31 décembre 1937 », n'était qu'une disposition transitoire attribuant une nationalité « panallemande » aux habitants du « Reich » et à leurs descendants ; il ne concernait pas l'assise territoriale de l'Allemagne.

Par les traités de Moscou et de Varsovie (12 août et 7 décembre 1970), et surtout par le traité fondamental interallemand (21 décembre 1972), le gouvernement de Bonn allait reconnaître la « qualité étatique » de la République démocratique : que restait-il du « lien panallemand » après l'échange de représentations diplomatiques et l'entrée des deux Etats à l'ONU ? Consulté, le tribunal constitutionnel fédéral de Karsruhe confirmait la modestie de l'« engagement à la réunification » contenu dans la Loi fondamentale : la constitution condamnait seulement les entraves manifestes à la réunification ; elle ne dictait pas à l'exécutif la voie à suivre pour réunifier l'Allemagne. Le « pari » de l'Ostpolitik (consacrer la séparation juridique des deux Etats pour permettre un rapprochement sociologique, en profondeur, des différentes fractions de la nation allemande) était donc légitime. Seul l'aveu de la division définitive de l'Allemagne était interdit : le gouvernement de Bonn, par une lettre de Walter Scheel, alors ministre des Affaires étrangères, à son collègue soviétique Gromyko, prenait la précaution de rappeler son attachement au principe de l'unité.

Les bouleversements de l'automne 1989, la chute du Mur, l'effondrement rapide de la RDA, ont revitalisé des dispositions constitutionnelles qu'on pouvait croire caduques ! Comment réunifier l'Allemagne ?

Deux voies étaient ouvertes par la Loi fondamentale. La « voie royale », tracée par l'article 146 : la loi fondamentale de la RFA n'avait plus d'effet ; une nouvelle constitution était adoptée par l'ensemble du peuple allemand devenu « libre de ses décisions ». Un chemin plus obscur : l'article 23 énumère les Länder de la République fédérale (les différents « pays » fédérés) et ajoute que « d'autres parties de l'Allemagne » pourront accéder à la fédération. En réalité, le constituant avait en vue la réintégration de la Sarre, alors administrée par la France, et non celle de l'Allemagne de l'Est. C'est, pourtant, l'article 23 qui est utilisé : il permet une procédure plus rapide et contourne toute interrogation sur l'identité du nouvel Etat unifié. Il n'y a donc pas fusion de la RDA et de la RFA en une entité étatique nouvelle, mais rattachement pur et simple des cinq Länder de l'Allemagne de l'Est (reconstitués le 22 juillet 1990) à la République fédérale.

La réunification relève donc du droit constitutionnel de la République fédérale... alors que la formule d'une « communauté contractuelle », présentée par Hans Modrow en novembre 1989, et acceptée un mois plus tard par le chancelier Kohl, maintenait le processus dans le cadre du droit international. Paradoxalement il a également été fait appel – pour la dernière fois – à la voie interétatique classique, aux négociations entre la RFA et la RDA... au risque de créer une impression de confusion. En fait, il s'agit d'une « répartition des tâches ». Aux représentants élus de la nation allemande revient la décision de principe sur la réunification, aux deux gouvernements, la négociation des modalités d'application. Les deux traités d'Etat *(Staatsverträge)* instaurent l'union monétaire et économique entre la RFA et la RDA et adaptent la législation de la RDA à celle de la RFA, évitant ainsi tout vide juridique.

Le rattachement pur et simple de la RDA à la RFA assure la continuité de la participation de l'Etat unifié à la Communauté européenne et à l'Alliance atlantique. La Communauté avait, dès l'origine, par un protocole annexé au traité de Rome, affirmé le principe de l'unité économique panallemande et autorisé le libre commerce interallemand (en dérogation des règles sur l'union douanière). La RDA était ainsi devenue le « membre invisible » de la CEE. Fallait-il officialiser cette très ancienne liaison, après la chute du Mur ? La CEE ouvrait des négociations avec la RDA en vue de la conclusion d'un accord commercial, le 22 décembre 1989... Mais l'Histoire accélérait son cours. L'unification allemande en marche, la négociation avec la CEE perdait tout sens ! L'article 27 du traité de Rome ne pose-t-il pas le principe de la « variabilité » du territoire des Etats membres ? A Dublin, le 28 avril 1990, le Conseil européen constatait que l'intégration de l'Allemagne de l'Est dans la CEE serait effective dès la réalisation de l'unité allemande... sans révision des traités. La question des alliances était plus délicate : la « sortie » de l'Allemagne fédérale de l'Alliance atlantique, en échange de la réunification, n'était-elle pas la plus traditionnelle, la plus rituelle des propositions soviétiques, qui incarnait le « piège » tendu par l'URSS à l'Occident ? Le président Gorbatchev s'est résigné, le 16 juillet 1990, lors de sa rencontre avec le chancelier Kohl à Moscou, à l'appartenance de l'Allemagne unifiée à l'OTAN : il a ainsi mis fin à l'ancien ordre européen, hérité de 1945.

Politiquement, la réunification allemande posait problème aux partenaires ouest-européens, et particulièrement à la France. Quelle politique alternative crédible imaginer alors que, depuis des décennies, le grand dessein français était la construction européenne appuyée sur le couple France-Allemagne ? Que faire si l'Allemagne s'engageait dans une dérive de puissance « toujours un peu plus allemande », fascinée par son propre destin, « toujours un peu plus au centre de l'Europe » ? Les responsables français n'ont pu s'empêcher de réagir... au « glissement » allemand virtuel. Ce fut la tentative de réactivation des droits et responsabilités des vainqueurs de 1945, soufflée par les Etats-Unis – une carte qui représentait, pour Adenauer, « le cauchemar de Potsdam ». Ce fut l'esquisse de l'esquisse d'une alliance de revers... selon les conseils des vieux manuels de diplomatie qui remontent toujours à François Ier, et au Grand Turc (cofondateurs, selon Georges Valance, de la première politique étrangère « laïque »). Paris a manifesté, à partir de la mi-1988, une attitude plus compréhensive à l'égard de la perestroïka ; François Mitterrand a alors lancé le mot d'ordre de confédération européenne, dont un politologue allemand a écrit qu'il était la « gallicisation » du concept soviétique de maison commune. Le président français a été, par ailleurs, le premier dirigeant occidental à reprendre la proposition Gorbatchev de réunion de la Conférence sur la sécurité et la coopération en Europe (CSCE).

L'autre membre du couple France-Allemagne n'est pas, pour autant, sans reproche : lorsque le chancelier Kohl lance, dans la précipitation, son plan de réunification du 28 novembre 1989, il ne consulte au préalable aucun de ses alliés... violant ainsi au moins l'esprit du fameux traité d'amitié franco-allemand de 1963. Il est vrai que le chancelier semble ne pas avoir consulté davantage son propre ministre des Affaires étrangères.

Au-delà de ces coups d'épingle désormais oubliés, la vraie question n'est-elle pas celle de la conception allemande des pouvoirs de la Communauté européenne en matière de relations extérieures et de sécurité ? Avec, en écho, la double crainte de l'affirmation d'une politique indépendante dont l'Allemagne a désormais les moyens politiques et économiques, et du choix d'un profil bas sur la scène internationale, qui réduirait la Communauté à son rôle de puissance civile.

Le « grand élargissement » de 2004

Les chefs d'Etat et de gouvernement, réunis en Conseil européen à Copenhague le 22 juin 1993, avaient décidé d'élargir l'Union européenne aux Etats d'Europe centrale et orientale. Un triple critère avait été fixé, qui résumait les conditions générales des futures adhésions : des institutions stables, garantissant la démocratie, l'Etat de droit, les droits de l'homme et le respect des minorités ; une économie de marché, capable d'affronter la concurrence au sein de l'Union ; la reprise et l'application de l'« acquis communautaire » et l'adhésion aux objectifs de l'Union politique et économique.

Sur le premier critère : la greffe de l'Etat de droit sur les anciens régimes de démocratie populaire, l'élargissement de l'espace de la démocratie à l'Europe du Centre et de l'Est ont été menés à bien, souvent par d'autres institutions européennes, particulièrement par la nouvelle organisation régionale de sécurité du continent, relevant du chapitre VIII de la charte des Nations unies, la Conférence devenue Organisation pour la sécurité et la coopération en Europe (OSCE) lors de la conférence de Paris du 21 novembre 1990, qui proclamait la fin de la division de l'Europe. De fait, le droit d'autodétermination interne, restitué aux peuples européens libérés de la « souveraineté limitée » chère à Leonid Brejnev, se ramenait au principe du libre consentement des gouvernés ; il était organiquement lié au principe de légitimité démocratique, ce socle de l'action de l'OSCE comme du Conseil de l'Europe ou de l'Union européenne. La charte de Paris de 1990 a même créé un « bureau des institutions démocratiques », qui supervise la mise en œuvre des engagements pris par les nouveaux régimes pluralistes et qui peut se livrer à des critiques acérées et prendre à témoin l'opinion internationale.

Le pacte de stabilité en Europe, proposé par la France et « endossé » par la conférence de Paris des 26 et 27 mai 1994, avait pour objectif explicite de favoriser l'adhésion à l'Union des Etats d'Europe centrale et orientale, disposés à régler au préalable leurs contentieux bilatéraux relatifs aux frontières ou aux minorités. La méthode était originale : le pacte devait être la somme de divers accords bilatéraux, authentifiés par la garantie politique de l'Union. A l'origine, il devait concerner six Etats d'Europe centrale et orientale ; il fut étendu aux trois Etats baltes, puis à l'ensemble de l'Europe centrale et orientale, enfin à la Russie et à plusieurs de ses Etats limitrophes au sein de l'ex-Union soviétique.

L'accueil fait au pacte fut nuancé : s'agissait-il pour les nouvelles démocraties de l'Est d'un « test » tendant à faciliter leur future adhésion à l'Union ou d'une condition supplémentaire ? La Pologne considérait que ses problèmes de minorités et de frontières étaient déjà réglés. La République tchèque affichait sa surprise d'être tenue pour l'un des destinataires du pacte, alors qu'elle ne se connaissait pas ces types de contentieux et pouvait servir de modèle européen sur ces points. Seule la Hongrie, avec ses multiples problèmes de minorités et son environnement immédiat éclaté (sécessions ou scissions yougoslaves, soviétiques et tchécoslovaque), fut réceptive. Mais l'arrière-pensée sur la lancinante question des Hongrois de Transylvanie subsistait : la Hongrie refusait d'inscrire une clause sur l'inviolabilité des frontières dans les accords bilatéraux avec ses voisins, affirmant qu'une telle disposition était superflue car déjà contenue dans les traités de Paris de 1947, conclus avec les anciens alliés ou satellites du Troisième Reich, et dans l'acte final d'Helsinki de 1975.

L'autre aspect du droit d'autodétermination : l'accession d'un peuple à la vie internationale par la sécession d'un ensemble étatique préexistant, touchait à l'intégrité territoriale des Etats concernés et au dogme de la souveraineté. Certaines sécessions – au sein de l'ensemble yougoslave, par exemple – étaient dues, au moins en partie, à l'attraction de l'Union européenne, à son magnétisme. Elles furent mal gérées par l'Union : la mise au point de procédures de reconnaissance internationale des républiques issues de l'ancienne Yougoslavie aurait pu discipliner le passage de l'Etat multinational à l'émergence de nouvelles souverainetés ; elle fut confiée à une commission de juges constitutionnels européens, présidée par l'ancien garde des Sceaux Robert Badinter. Mais il y eut collision entre les conclusions de la commission et les initiatives désordonnées d'Etats membres de l'Union. La requête du 12 janvier 1992 de la commission demandait la modification de la Constitution de la Croatie ; mais la décision de reconnaître le nouvel Etat avait déjà été prise par l'Allemagne... A l'inverse, la commission certifiait que la Macédoine remplissait les conditions pour être reconnue : le veto de la Grèce n'en fut pas moins opposé à l'Union européenne.

Sur les deuxième et troisième critères, Jean-Dominique Giuliani montre, dans son livre *Quinze plus Dix*, le chemin parcouru.

Economie de l'élargissement : l'Union a dépensé, depuis 1990, dix-neuf milliards d'euros en programmes d'association puis de « préadhésion », soit « un demi-plan Marshall ». Les économies des Etats candidats ont été reconstruites ; elles sont capables de produire et d'affronter la concurrence. Les privatisations se sont poursuivies de 1991 à 1999 ; la part du secteur privé dans le produit intérieur brut est comparable à la moyenne de l'Union – elle atteint même 90 % en Hongrie. Les restructurations agricoles ont ramené la population agricole à moins de 10 % de la population active. Les échanges extérieurs ont été complètement réorientés, après la disparition de l'ancienne division du travail à l'intérieur du « camp socialiste ».

Reprise de l'acquis communautaire : 470 règlements communautaires devaient être transposés dans les législations nationales, dans leur esprit et leur contenu, avant l'adhésion. Avançant à marche forcée, les parlements nationaux ont adopté plus de cent lois par an : législations sur la libre circulation des biens, les marchés publics, les assurances, la propriété intellectuelle. Dans le même temps, il importait de créer ou de réformer les structures administratives, appelées à appliquer les mesures communautaires – les institutions judiciaires étant particulièrement concernées.

Le 13 décembre 2002, un autre Conseil européen de Copenhague déclare closes les négociations avec dix pays candidats : les trois Etats baltes, cinq Etats centre-européens, la Pologne, la Hongrie, la République tchèque, la Slovaquie et la Slovénie, deux Etats insulaires méditerranéens, Malte et Chypre. Les adhésions de la Roumanie et de la Bulgarie devraient suivre en 2007. La Turquie est reconnue officiellement candidate, depuis le Conseil européen d'Helsinki, les 10-11 décembre 1999.

Le 1er mai 2004, la famille européenne fête sa réunification. A Dublin, le Premier ministre irlandais, Bertie Ahern, président en exercice de l'Union, accueille ses pairs européens pour une levée des drapeaux de la nouvelle Europe. A Varsovie, le chef d'Etat allemand, Johannès Rau, prend la parole devant les deux chambres du Parlement polonais. Les ministres des Affaires étrangères allemand et polonais se retrouvent sur la fameuse ligne Oder-Neisse, le président de la Commission, Romano Prodi, et le Premier ministre slovène à Goriza, sur la frontière italo-slovène, le chancelier Schröder et les Premiers ministres polonais et tchèque, Leslek Miller et Vladimir Spidia, près de la frontière entre les trois pays. L'événement donne lieu à des festivités populaires de Varsovie à Prague et à Budapest, de Riga à Ljubljana... et à des célébrations plus discrètes dans la « vieille » Europe.

Au lendemain des « retrouvailles » paneuropéennes, l'aventure commune se réduirait, selon certains observateurs, à une « histoire de gros sous » (Laurence Ville). Le quotidien madrilène *El Pais* déplore « les vents peu prodigues qui soufflent des capitales des Quinze ». Les contingences financières suscitent de multiples tensions au sein de l'Union : les dix nouveaux Etats membres représentent un cinquième de la population et de la superficie de l'Union, mais leur produit intérieur total est inférieur à celui des Pays-Bas ; l'effort à consentir pour leur « mise à niveau » est considérable, mais les Européens de l'Ouest semblent très soucieux de le limiter.

La période transitoire des années 2004-2006 est présentée comme un temps d'apprentissage, avec un financement de l'élargissement consacré, pour dix-huit milliards d'euros, aux aides agricoles, et pour vingt-deux milliards, aux fonds structurels, aux aides aux régions en retard. Dans ce contexte, un Etat relativement développé, comme la Slovénie, aurait pu, dès son entrée, être contributeur net au budget de l'Union – alors que ce n'est pas le cas d'Etats plus riches, tels que la Grèce ou l'Espagne. Il est vrai que l'application aux nouveaux membres du régime de faveur ménagé naguère à la Grèce, au Portugal et à l'Espagne, aurait fait exploser le budget de l'Union.

Un débat va s'ouvrir sur le financement de la période 2007-2013, véritable budget de « l'Union à vingt-cinq ». Le projet présenté par Romano Prodi est en forte hausse : il représenterait 1,22 % du revenu national brut de l'Union en 2013, soit 155 milliards d'euros (proche du plafond fixé par le règlement budgétaire à 1,24 %), alors que la France et l'Allemagne souhaitent maintenir le chiffre actuel de 1 % du revenu national brut – soit 115 milliards. Les dépenses agricoles sont stabilisées, après la réforme de la politique agricole commune intervenue en 2003 : la part de l'agriculture dans le budget européen passerait de 37 % en 2004 à 27 % en 2013 ; les aides directes aux agriculteurs des nouveaux Etats membres ne leur seront allouées que progressivement, elles atteindront le même niveau que celles accordées aux Européens de l'Ouest seulement en 2013. Par contre, les fonds structurels seront en constante croissance : ils représenteront 48 % du budget de l'Union en 2013 et leurs aides bénéficieront principalement aux nouveaux membres (52 % des fonds en 2013), toutes leurs régions étant concernées à l'exception des régions-capitales, plus ouvertes aux investissements extérieurs (et de Chypre, dont la prospérité fait exception parmi les nouveaux membres)

Un échec à la périphérie méditerranéenne de l'Union : après le 1er mai 2004, une ligne de cessez-le-feu, héritée de l'intervention militaire turque de 1974, continue de diviser Chypre, alors que l'adhésion de l'île à l'Union était censée mettre un terme à la querelle gréco-turque. Imbroglio politique et juridique : les Chypriotes grecs ont répondu non au plan de réunification proposé par Kofi Annan... mais ce plan congelait, pour vingt ans, la séparation ethnique et empêchait les Chypriotes grecs de se réinstaller dans le nord de l'île, dont ils avaient été chassés en 1974. Les ministres européens réagissent en décidant d'intégrer économiquement le nord de l'île à l'Union, sans reconnaître la République turque de Chypre du Nord.

Deux défis subsistent, à l'horizon de l'Europe des vingt-cinq :

– Défi économique : pourra-t-on éviter le chassé-croisé redouté, la délocalisation des entreprises à l'Est, attirées par une fiscalité bien plus légère (un impôt sur les entreprises à 10 % en Slovaquie, à 0 % en Slovénie) et une main-d'œuvre bien formée et bon marché, et l'immigration massive de travailleurs à l'Ouest, en quête de meilleurs salaires ? Les Quinze ont décidé, à la demande de l'Allemagne et de l'Autriche, de se protéger de cet afflux pendant une période transitoire de sept années : la libre circulation des Européens de l'Est pourra être suspendue en cas de « perturbations sérieuses » sur le marché du travail. Les délocalisations sont déjà bien engagées : les entrepreneurs de l'Ouest n'ont pas attendu l'élargissement pour investir dans les nouveaux marchés du Centre et de l'Est. Toute l'Europe occidentale est concernée : ainsi un quart des investissements étrangers placés en Estonie proviennent du « grand frère » finlandais, suscitant l'irritation de l'opinion publique estonienne, malgré la proximité géographique, linguistique, culturelle (1 750 entreprises estoniennes comptent une participation finlandaise dans leur capital ; 600 d'entre elles sont totalement propriétés finlandaises ; seule la Suède, présente dans le secteur bancaire, peut rivaliser avec les investisseurs finlandais). A l'inverse, les syndicats finlandais accusent les entreprises estoniennes de « dumping social », une politique de bas salaires sur laquelle les entreprises encore situées en Finlande ne peuvent s'aligner. En France, le ministre des Finances Nicolas Sarkozy, a esquissé une négociation de revers, menaçant d'une restriction des fonds structurels européens les Etats qui pratiqueraient le « dumping fiscal » : cette position a le mérite d'une certaine logique, car les fonds structurels européens ne sont évidemment pas conçus pour compenser les sacrifices fiscaux consentis par les nouveaux Etats ; mais la vraie solution ne serait-elle pas dans la réforme de l'Etat français et dans l'éradication d'une fiscalité-confiscation, disparue du paysage européen depuis la fin des démocraties populaires ? Au demeurant, les aides des fonds structurels seront, parfois, difficiles à absorber par les nouveaux Etats membres : ceux-ci devront mettre sur pied des projets et les cofinancer. La Hongrie parie sur la mise en place de structures régionales ; la République tchèque, encore très centralisée, préfère s'appuyer sur les établissements bancaires et pratique une aide à la préparation de projets ; la Pologne tire parti de son retard, elle peut bénéficier de « fonds de cohésion » n'impliquant que très faiblement la participation financière locale.

– Défi politique et culturel : comment combler la « fracture diplomatique » révélée par la crise irakienne, cette mise en minorité de la « vieille » Europe franco-allemande par la coalition des « nouveaux membres » – qui n'étaient encore que « futurs membres » en 2003 ? Comment éviter l'apparition d'une tout autre fracture, psychologique autant que politique, entre les deux segments, longtemps séparés, du continent, à la manière des difficultés humaines apparues en Allemagne au lendemain de la réunification entre « Wessis » opulents et pauvres « Ossis », l'économie est-allemande étant devenue une économie d'assistés ? Dans l'Europe d'aujourd'hui, alors que l'assistanat et les lourdeurs bureaucratiques sont plutôt le fait de l'Europe de l'Ouest, la situation est inversée : les Européens de l'Ouest craignent que leur modèle social, qu'ils ne parviennent pas à réformer, ne soit menacé par l'intrusion des Européens de l'Est, acquis à un modèle libéral à l'irlandaise ou d'inspiration anglo-américaine, et bénéficiant paradoxalement de la table rase laissée par la faillite des économies administrées et des totalitarismes politiques.

La question turque

Sur l'éventuelle entrée de la Turquie dans l'Union européenne, les opinions fusent, positives ou négatives, reflétant l'importance de l'enjeu et l'intensité des passions en présence. N'est-ce pas le problème de l'identité européenne qui est posé, à travers la candidature turque ?

Et, d'abord, la Turquie est-elle européenne ? Sur ce premier point – liminaire – les oppositions, déjà, se font jour. Pour l'ancien président Giscard d'Estaing, « la Turquie n'est pas un pays européen et son entrée serait la fin de l'Union européenne ». Jacques Chirac lui répond : « La Turquie a toute sa place en Europe. La Turquie est européenne par son histoire, sa géographie et ses ambitions. » S'agissant de la géographie, cette dernière affirmation est évidemment audacieuse : la Turquie n'est rattachée au continent européen que par un mince pédoncule, la région de Marmara. Plus de 90 % de la population turque vit dans la partie asiatique du pays.

Sur le chapitre de l'Histoire, il est vrai que l'Empire ottoman a conquis et occupé l'Europe centrale, à partir du XIVe siècle. Mais le concept d'Europe s'est forgé contre le Turc, contre la menace ottomane. Lever une nouvelle croisade, c'était le meilleur moyen de rétablir l'unité de la chrétienté, de réconcilier catholiques et réformés : le projet est longuement poursuivi, côté catholique, par le père Joseph, la première « éminence grise », le conseiller officieux de Richelieu, qui fait le voyage de Rome pour tenter de convaincre le pape Paul V, et qui crée, avec le duc de Nevers, la « milice chrétienne » qui sera le corps expéditionnaire des nouveaux croisés ; l'idée est défendue, côté protestant, par le capitaine huguenot François de La Noue qui, dans ses *Discours politiques et militaires*, avance le mythe salvateur de la « guerre contre le Turc », une guerre de quatre ans, dont il détaille les opérations, année après année...

Il est vrai, aussi, qu'au XIXe siècle, la Turquie fait son entrée dans le Concert européen : à la conférence de Paris de 1856 puis au congrès de Berlin de 1878 – en fait, c'est le début de la politique européenne de protection des minorités, ici des minorités chrétiennes, tout en respectant formellement la souveraineté ottomane. De fait, cette entrée dans le Concert européen n'est pas significative : il s'agit d'un mécanisme intergouvernemental, fondé sur le jeu des souverainetés, et non de la mécanique contraignante, à caractère fédéral et transnational, de l'Union européenne. Cette entrée dans le Concert européen s'est prolongée, sans problème, à partir des années 1950, par la participation de la Turquie au Conseil de l'Europe, et surtout à l'Alliance atlantique. Par contre, l'entrée de la Turquie dans l'Union aurait des conséquences fortes sur les processus de décision européens, à commencer par le Parlement, où les députés turcs constitueraient le groupe national le plus nombreux.

Au-delà de ces considérations historiques et géographiques, quelles sont les raisons des partisans de l'adhésion de la Turquie ?

Javier Solana, haut représentant de l'Union européenne pour la sécurité et la politique étrangère, développe trois arguments. Le premier est purement procédural : il est trop tard pour revenir sur les assurances données à la Turquie par le Conseil européen ! Comment le futur ministre des Affaires étrangères de l'Union peut-il faire aussi peu de cas des opinions publiques européennes ? Le deuxième argument est que « tout pays qui répond aux critères de Copenhague » – élaborés pour l'entrée des nouvelles démocraties de l'Europe du Centre et de l'Est, et fondés sur l'existence d'un Etat de droit – « a vocation à rejoindre l'Europe ». Le démographe Yves-Marie Laulan réplique, avec humour, qu'il est donc temps de faire entrer dans l'Union toutes les démocraties de type occidental, à commencer par la Nouvelle-Zélande, l'Australie et le Canada. Le troisième argument – « la Turquie a toute sa place dans le dispositif de défense européen » – justifie amplement la présence de la Turquie dans l'Alliance et l'Organisation atlantiques, mais non dans un dispositif européen qui n'existe pas encore.

Le plaidoyer de l'ancien Premier ministre Michel Rocard est plus bigarré : la présence de la Turquie en Europe permettra de maîtriser la « pulsion d'émigration » des ressortissants turcs (mais les frustrations de la minorité kurde, dont le poids est prépondérant dans l'émigration, ne sont pas purement économiques) ; l'Europe doit maintenir « de bonnes relations avec le monde musulman » ; elle n'est pas un club chrétien ; les républiques turcophones du Caucase et d'Asie centrale sont sur la route du pétrole... Nombre d'autres avocats de la candidature turque feront valoir, de la même manière, que l'Europe a la « chance inouïe » d'amarrer à son flanc sud « un grand pays musulman, qui a choisi la modernité », qu'elle fera ainsi un geste décisif contre « le conflit des civilisations » et qu'il vaut mieux avoir « la Turquie avec nous que contre nous ». Dans leur enthousiasme, ces défenseurs de la Turquie semblent négliger la distance prise avec l'Occident par la diplomatie de l'actuel gouvernement « islamiste modéré » d'Ankara et le coût, très lourd, de l'adhésion d'une Turquie à l'inflation élevée, aux dévaluations en chaîne, aux déficits budgétaires incontrôlés, à l'endettement considérable (des échéances de 20 milliards de dollars par an, en 2003 et 2004), à l'industrialisation rapide mais dans des secteurs à faible technologie, au commerce extérieur structurellement déficitaire.

Au vrai, nous serions en total accord avec les avocats de la Turquie, si cette dernière était restée le grand Etat musulman converti aux idéaux européens de progrès qu'elle fut sous l'ère kémaliste. La rénovation de la Turquie, au sortir de la Première Guerre mondiale, est l'œuvre de Mustapha Kemal, cet officier de modeste origine albanaise dont le regard d'aigle et les traits durs et creusés nous ont été conservés par l'ultime et émouvante photographie, celle prise à la fenêtre du wagon-lit qui le ramène à Istanbul où il va mourir. A un siècle de distance, Kemal s'est informé par les mêmes lectures qui ont formé Bonaparte : Montesquieu, Rousseau, l'*Encyclopédie* ;

comme Bonaparte, il est un produit vivant de l'esprit du XVIe siècle et il va se comporter en fils de la Révolution de 1789. Lorsqu'il parvient au pouvoir en 1923, Kemal vient de s'illustrer en libérant le territoire turc. Après la capitulation de 1918, la Turquie, alliée des Empires centraux, a, en effet, subi la loi des vainqueurs : elle a été amputée de ses provinces arabes, Istanbul est occupée par les Alliés, la Cilicie par les troupes françaises, Smyrne par les Grecs. Une fois de plus, elle est sauvée par les rivalités de la France, de la Grande-Bretagne et de la Russie, maintenant soviétique, mais surtout par l'énergie de Kemal qui organise le soulèvement national de 1919 en Anatolie, combat victorieusement les Grecs en 1921 et 1922, et obtient, par le traité de Lausanne du 24 juillet 1923, la consécration de l'existence d'une Turquie, certes diminuée, mais préservée d'un démembrement très grave. Devenu l'homme providentiel auquel s'en remet complètement le peuple turc, Mustapha Kemal va éventrer sans défaillance ce qui reste de l'ancien Empire ottoman pour mettre au jour une nation moderne. Sur les ruines du sultanat, il va bâtir un Etat nouveau ; malgré l'attraction et la profonde empreinte de l'islam, il va s'efforcer de modeler un peuple nouveau. Grâce à son impulsion, le peuple turc, qui a été si longtemps sous la tutelle de l'Europe, et qui a été si près de sombrer dans la tourmente de la Première Guerre mondiale, a retrouvé, en 1939, une position solide. Il lui a fallu, certes, briser une partie de son passé et de son influence extérieure, et se plier à l'immense effort d'imagination de Kemal. Du moins, ceux-là mêmes qui, en Orient arabe, s'étaient indignés de la double trahison, envers l'arabisme et envers l'islam, que constituait l'expérience kémaliste, convinrent-ils, au lendemain de la mort de Kemal, de son incontestable réussite.

Les successeurs de Kemal Ataturk ne pouvaient être du même acier que le fondateur de la Turquie moderne, « héros » au sens hégélien. Ismet Inonu, qui est porté à la tête de l'Etat en 1938, fait déjà contraste. Il est, certes, le plus glorieux des compagnons de Kemal : guerrier, il a triomphé deux fois des Grecs sur le champ de bataille d'Inonu ; diplomate, il a su, à Lausanne, avoir raison de l'ostracisme des Alliés. Mais s'il reste fidèle aux principes posés par Kemal, son style est différent : il ne renie pas le passé, il paraît disposé à transiger avec ce qui reste des sentiments anciens. Cette retraite du kémalisme paraît encore plus nette lorsque le Parti républicain du peuple d'Inonu, usé par un long exercice du pouvoir, cède la place, en 1950, aux démocrates de Célal Bayar et de Menderes : le libéralisme d'Inonu avait permis un renouveau des influences traditionalistes, l'opportunisme des démocrates favorise le retour des milieux traditionalistes au premier plan de la société et de l'Etat.

Il n'est pas sûr, au demeurant, que le déclin du kémalisme après Kemal soit à porter entièrement au débit des successeurs d'Ataturk. Le reflux a permis de mieux voir les récifs qui avaient brisé la vague, de mieux saisir les limites de l'œuvre de Kemal. Les villes avaient été converties, mais non les campagnes restées plus attachées aux coutumes ancestrales. Dans sa lutte contre toutes les formes de conservatisme, le laïcisme kémalien s'était confondu avec l'athéisme. Kemal avait voulu faire du Turc un homme libre, mais il avait été, en même temps, contraint de lui retirer la liberté du culte. Il était difficile aux successeurs de Kemal de continuer à ignorer le poids de l'islam.

Une tentation de l'Occident, freinée par le poids de l'islam, n'est-ce pas là, finalement, le bilan de l'expérience kémaliste ?

Ce rappel nous permet de souligner le double contresens commis par les dirigeants européens.

D'une part, ils entendent accueillir une Turquie dont ils vantent la modernité et l'adhésion aux valeurs européennes, alors que le séisme électoral du 3 novembre 2002 a permis l'accession au pouvoir du parti islamiste AKP, le parti de la justice et du développement, qui s'érige en défenseur du voile, des confréries, de la polygamie, des cours de religion obligatoires – un parti héritier du principal courant de l'islamisme turc, et pourfendeur de la laïcité kémaliste, une sorte de contre-société, comme naguère les partis communistes occidentaux, « un parti populiste dans son verbe, bolchevik dans son organisation, islamiste dans son idéologie », selon le politologue Rusen Cakir.

D'autre part, ces mêmes dirigeants posent comme condition à la nouvelle direction turque, et au nom de la réalisation d'un Etat de droit, l'abaissement de la place de l'armée dans les institutions, en particulier du Conseil national de sécurité, qui institutionnalisait le rôle politique de l'armée, gardienne sourcilleuse de l'héritage kémaliste. L'armée n'avait-elle pas chassé du pouvoir, en 1997, le Refah de Necmettin Erbakan, au sein duquel se sont formés le Premier ministre Erdogan et ses compagnons ? L'AKP a très vite compris que les réformes imposées par l'Union européenne donnaient les meilleures chances d'expression et de développement à l'islam politique en Turquie ! L'Europe aidant au démantèlement de l'héritage kémaliste : tel serait le résultat absurde des critères de Copenhague appliqués à la Turquie !

La Russie et l'Europe

La question des rapports de la Russie et des Communautés puis de l'Union européenne a été posée dès la fin de l'ère soviétique, avec la conception gorbatchévienne de l'Europe « notre maison commune », développée par le président soviétique devant le Conseil de l'Europe, le 6 juillet 1989 à Strasbourg. L'appel aux Européens occidentaux se fait pressant : oubliez les postulats de la guerre froide, les stéréotypes dépassés qui vous feraient croire aux desseins d'hégémonie de l'URSS.

On peut, certes, ironiser sur l'attachement de Mikhaïl Gorbatchev à la technique de la copropriété – le leader soviétique proposant d'autres maisons communes clés en main, aux riverains de la Baltique ou de l'Asie-Pacifique. On peut également discerner dans ce discours l'habillage du très ancien objectif soviétique d'un découplage Europe-Etats-Unis. Mais les propos de M. Gorbatchev, à la lumière des événements de la fin 1989, prennent un accent de sincérité, toute langue de bois exclue. D'autant plus que le président soviétique va jusqu'à admettre les Etats-Unis et le Canada comme « composantes naturelles de la structure internationale et politique de l'Europe » : l'impression de piège est ainsi éliminée. Aux dépens, certes, de la rationalité : l'Europe de Gorbatchev irait de San Francisco à Vladivostok...

La question de fond n'en reste pas moins posée : celle des frontières orientales de la construction européenne.

Que la Russie ait contribué à écrire l'histoire de l'Europe, qui songerait à le contester ? Encore faut-il préciser que les dimensions géographiques, le poids démographique, l'Histoire aussi, inclinent à considérer l'Union des républiques soviétiques comme un autre monde, séparé. Aménager les rapports entre maisons mitoyennes : telle serait la vraie réponse des Européens occidentaux.

Ce point de vue semble être très largement partagé par la classe politique ouest-européenne. Il est soutenu par le porte-parole pour les Affaires étrangères du Parti communiste italien, Giorgio Napoletano, lorsqu'il accompagne le secrétaire général Alessandro Natta dans une visite à Gorbatchev : n'avait-il pas fait savoir à l'inventeur de l'expression qu'en ce qui concernait le parti frère italien il n'y avait pas de « demeure commune pour l'Italie et l'Union soviétique » ; la maison commune des Italiens en Europe, c'était celle de la Communauté européenne « plus les Etats d'Europe centrale de l'Est ». La réaction est la même chez Willy Brandt : l'Union soviétique, note-t-il, « possède à coup sûr une puissante composante européenne et plus qu'une bonne dose de culture européenne », mais les rapports avec elle « ne posent pas les mêmes problèmes que les rapports entre l'Europe occidentale, l'Europe centrale et les pays que l'on a rangés, non sans généralisation hâtive, en Europe de l'Est... » Et de conclure : « La Maison européenne, je ne crois pas que Vladivostok en fera partie à l'avenir. »

Pauvre Vladivostok, peut-être très européenne quant à son tissu humain ! Le thème de l'exclusion de l'URSS est repris, avec une redoutable franchise, par Ralf Dahrendorf dans ses *Réflexions sur la révolution en Europe :* « L'Europe s'arrête à la frontière soviétique, où qu'elle se trouve. Si la Lituanie, la Lettonie et l'Estonie parviennent à faire valoir qu'elles n'appartiennent pas à l'Union soviétique, je veux bien qu'elles fassent partie de l'Europe. » Et notre auteur d'avancer trois raisons, plus politiques ou économiques que géographiques :

« – *Primo*, il me paraît louche de voir la grande puissance hégémonique d'hier souhaiter se mettre en ménage avec ceux qu'elle a si longtemps occupés et maintenus sous sa tutelle ; il est sans doute plus prudent de laisser l'Ours dehors.

– *Secundo*, l'Union soviétique, en dépit de toute son histoire européenne, est un vaste pays en voie de développement...

– *Tertio*... des pays petits ou moyens par la taille s'efforcent de déterminer ensemble leur destin. Une grande puissance n'a pas sa place au milieu d'eux... La faculté d'anéantir très largement toute la race humaine met l'Union soviétique dans une autre catégorie... »

Une réponse soviétique – nuancée – est donnée, lors du congrès de Bordeaux sur « Les rapports Europe de l'Est-CEE » (5 et 6 octobre 1990), par Vladimir Baranovski, de l'Institut de l'économie mondiale et des relations internationales de Moscou. Le chercheur soviétique semble plutôt partisan des « maisons mitoyennes » : l'expérience de la CEE est analysée, avec un grand intérêt pratique, à Moscou, dans la perspective d'une réorganisation des relations entre les républiques faisant partie de l'URSS. Puis, soulignant l'évolution de la vision soviétique de la CEE – du blâme lancé au caractère « strictement impérialiste » de la Communauté à la prise en considération de la CEE comme la force économique majeure en Europe et comme l'un des acteurs les plus importants sur la scène internationale – il souhaite « une certaine réciprocité de bonne volonté de la part de la CEE » envers une URSS qu'il voit « sur le seuil de l'Europe » :

« a) Il est important de ne pas "repousser" l'Union soviétique, lui assurer une place solide et respectée dans le système européen en formation. En même temps, l'URSS ne peut pas être traitée comme les autres pays européens – pour des raisons géopolitiques d'une part et économiques d'autre part.

« b) L'Union soviétique doit être assistée dans ses efforts pour prévenir une catastrophe économique. La CEE pourrait le faire non seulement pour des raisons politiques (quelque importantes qu'elles soient) mais aussi pour préparer le champ d'opérations si le miracle économique prend place en URSS. Mais les ressources de la CEE ne sont pas illimitées tandis que les demandes pour les utiliser deviennent de plus en plus nombreuses. Encore subsiste-t-il une incertitude concernant la possibilité de l'URSS d'absorber l'aide extérieure d'une manière vraiment efficace.

« c) Si l'intégrité de l'URSS est ruinée, la communauté internationale connaîtra de nouveaux problèmes qu'il serait peut-être raisonnable d'éviter. Il en découle un impératif pour tous les acteurs internationaux (y compris la CEE), celui d'agir avec précaution et prudence en ce qui concerne la restructuration de l'Empire soviétique. En même temps, il est important de ne pas être en retard sur le développement politique qui est maintenant très rapide. Il semble que des contacts directs et de plus en plus larges de la CEE avec les républiques soviétiques sont inévitables. Le problème pour la Communauté européenne consiste à organiser ces contacts (s'ils deviennent nécessaires) sans endommager les relations directes avec l'Union soviétique en tant que telle. » Quinze mois plus tard, l'éclatement de l'URSS, la réapparition de la Russie sur la scène internationale, le retour, au sein de cette Russie, au débat entre « slavophiles » et « occidentalistes » qui date de Pierre le Grand, pose, en termes nouveaux, le problème de la place de la Russie dans le système européen. N'importe-t-il pas désormais de souligner l'unité géopolitique du continent européen et les influences culturelles réciproques ? de tenter d'ancrer la nouvelle Russie en Europe occidentale ? de reprendre – selon l'expression de Thierry de Montbrial – le vieux projet paneuropéen des Soviétiques, « mais, en quelque sorte, à l'envers » ?

La nouvelle Russie a donné son aval, le 22 avril 2004, au « grand élargissement » de l'Union européenne. Elle le fit par le biais de son enclave de Kaliningrad, l'ancienne Koenigsberg, capitale de la Prusse orientale et ville de Kant, « enfermée » entre Lituanie et Pologne. Comment régler le transit des marchandises à partir de l'enclave russe ? Le directeur des douanes de Russie alla jusqu'à déclarer que l'adoption d'un système informatique (« mis au point en Russie ») marquait... l'entrée des douanes russes dans le système douanier européen. D'autres questions restaient, certes, en débat : le statut des minorités russes des Etats baltes ; les compensations commerciales pour les « pertes de trafic » entre la Russie et ses voisins...

L'élargissement de l'Union avait suscité, à Moscou, suspicions et incompréhensions. La question d'un « partenariat spécial » se pose, comme avec la Turquie... Hélène Carrère d'Encausse rappelle les progrès accomplis par la nouvelle génération politique, en vue de la constitution d'une société civile : « Nous avons toujours tendance à oublier combien il est difficile de mener des hommes sur le chemin de la liberté et de la responsabilité » ; l'Europe « peut contribuer efficacement à aider la Russie à donner corps à son ambition démocratique ».

XVI

La Convention sur l'avenir de l'Europe

Le malaise latent dans la classe politique et l'opinion publique européennes persistait : à la foi, empreinte d'enthousiasme, dans un destin européen commun, qui décuplerait le rayonnement de chacun des Etats, tendait à se substituer une rétraction devant un avenir qui n'était plus maîtrisé et n'avait pas été réellement débattu. Réticences des Européens devant ce qu'ils interprétaient comme les dérives bureaucratiques des instances communautaires – d'Européens désarçonnés par leurs gouvernants nationaux qui magnifient l'Europe... mais usent des institutions européennes comme d'un alibi, mettant sur leur compte les décisions les plus impopulaires.

Au lendemain des consultations nationales sur le traité de Maastricht, les chefs d'Etat et de gouvernement de l'Europe des Douze avaient tenté de prendre en compte ce malaise. Réunis en Conseil européen, le 16 octobre 1992 à Birmingham, ils s'étaient affirmés partisans d'une Communauté plus transparente et plus proche des citoyens. L'impératif était double : clarifier la répartition des compétences, démocratiser les processus de décision. Mais ce double mot d'ordre était, décidément, plus facile à énoncer qu'à appliquer. En 1997, le traité d'Amsterdam n'apportait pas les modifications institutionnelles nécessaires à l'approche de nouveaux élargissements. En 2001, le traité de Nice ne permettait pas une prise de position claire sur l'avenir de l'Union européenne. La confusion de sa rédaction, le manque de perspectives de son contenu, suscitaient scepticisme ou indignation. Une fois de plus, l'examen des questions non résolues était renvoyé à une négociation ultérieure.

Dans la « déclaration 23 sur l'avenir de l'Union », les gouvernements signataires du traité de Nice appelaient à une poursuite de la réflexion sur quatre thèmes :

– Comment établir et maintenir une délimitation plus précise des compétences ?

– Quel serait le statut de la Charte des droits fondamentaux, élaborée à Nice, mais dont la portée juridique restait en débat ?

– Comment simplifier les traités, afin qu'ils soient mieux compris, sans en changer le sens ?

– Quel rôle attribuer aux parlements nationaux dans le processus de décision de l'Union ?

Lucidité des chefs d'Etat et de gouvernement devant les limites de la méthode intergouvernementale, illustrées par l'enlisement des travaux de Nice ? Leur déclaration souhaitait avec force qu'« un débat à la fois plus large et plus approfondi s'engage sur l'avenir de l'Union européenne ». Aux futures présidences de l'Union, suédoise puis belge, « d'encourager un large débat associant toutes les parties intéressées : les représentants des parlements nationaux et de l'ensemble de l'opinion publique, à savoir les milieux politiques, économiques et universitaires, les représentants de la société civile... Les Etats candidats seront associés à ce processus ».

Le 15 décembre 2001, le Conseil européen, réuni à Laeken, celle des communes de Bruxelles qui abrite la résidence du roi, adopte une déclaration sur l'avenir de l'Union, qui évoque les aspirations des citoyens européens – présence de l'Union sur la scène internationale, mais aussi limitation de ses compétences, afin d'éviter la formation d'un « super-Etat » – et cerne les objectifs à atteindre – efficacité du processus de décision, légitimité démocratique des diverses institutions européennes. Une Convention sur l'avenir de l'Europe, aux composantes diverses, nationales et communautaires, précédera donc une future conférence intergouvernementale. Elle pourra préparer et proposer un « texte constitutionnel » – voire, dans l'hypothèse d'une absence de consensus, présenter diverses options. De fait, ce « mandat » sera assumé : la Convention, présidée par l'ancien chef d'Etat français, Valéry Giscard d'Estaing, va élaborer, en dix-sept mois, un projet de traité constitutionnel, qui sera présenté, le 18 juillet 2003, à Rome, aux gouvernements européens.

Prélude à la Convention : un débat constitutionnel franco-allemand

Durant les deux années qui précèdent la réunion de la Convention, le gouvernement allemand affiche, pavillon haut, ses convictions fédéralistes. Du côté français, l'hésitation est perceptible, accrue par la complexité d'un exécutif de « cohabitation » : faut-il récuser la vision allemande ou rechercher une synthèse incertaine avec le modèle confédéral cher, naguère, à la Ve République ?

Joschka Fischer, ministre allemand des Affaires étrangères, prononce un discours-programme, le 12 mai 2000, à l'université Humboldt de Berlin : « une réflexion générale d'ordre conceptuel, concernant la configuration de l'Europe de demain ». L'argument central est celui de l'urgence d'une refonte des institutions, sous l'aiguillon des élargissements à venir : « Les institutions de l'Union européenne ont été créées pour six Etats membres. Elles ont bien du mal à fonctionner à quinze... Un élargissement à vingt-sept ou trente Etats membres dépasse la capacité d'absorption de l'Union européenne avec ses vieilles institutions et ses vieux mécanismes. » La solution ? Joschka Fischer invoque le patronage de Robert Schuman pour présenter... le modèle fédéral à l'allemande : il préconise « l'entière parlementarisation dans une fédération européenne que demandait déjà Robert Schuman il y a cinquante ans ». Cette fédération devrait être fondée sur un « traité constitutionnel » ; elle serait construite autour d'« un Parlement européen et d'un gouvernement, européen lui aussi ».

Le chef de la diplomatie allemande va au-devant de l'objection classique : l'Europe est formée de vieux Etats-nations, de peuples différents par la culture, la langue, l'histoire ; il faudra opérer un partage de souveraineté entre l'Europe et l'Etat-nation. Selon quelle méthode ? Fischer effleure le principe de subsidiarité « que personne ou presque ne comprend vraiment » et insiste sur la solution idéale que constituerait un Parlement européen à deux chambres, l'une représentant les citoyens européens, l'autre les Etats-nations. Mais en quoi ce parlement bicaméral fonderait-il un fédéralisme d'un type nouveau, respectueux de l'identité, de la souveraineté des Etats-nations ? Il s'agit de l'un des mécanismes du fédéralisme classique, comme le montrent les exemples du Sénat américain ou du Bundesrat allemand.

Joschka Fischer est plus convaincant dans sa présentation des divers modèles d'exécutif européen imaginables. Il n'exclut pas le développement du Conseil pour en faire un gouvernement européen : « Le gouvernement européen serait constitué à partir des gouvernements nationaux » ; ce serait une nouvelle forme de confédération, de juxtaposition des souverainetés. Il préfère la transformation de la Commission en gouvernement européen, « avec l'élection directe d'un président doté de vastes pouvoirs exécutifs ». L'essentiel est dans la récusation de la méthode « fonctionnaliste » à la Jean Monnet, du fédéralisme « sans douleur », qui résulterait par automatisme de l'engrenage progressif des mécanismes communautaires, de l'érosion progressive du domaine intergouvernemental. L'heure est à la clarté et à la prise de position volontariste... Mais les Etats-nations et l'opinion européenne se révéleront-ils volontaristes ? Le ministre allemand n'exclut pas que seul un groupe d'Etats d'avant-garde puisse s'engager dans la voie de l'intégration politique, les autres membres restant fidèles au modèle confédéral, intergouvernemental.

Helmut Kohl définissait le « fédéralisme » comme « le mot qui fâche », à ne jamais prononcer, le chiffon rouge propre à réveiller les passions et le débat théologique sur l'avenir de l'Europe. Gerhard Schröder avait transgressé le tabou, avant même d'entrer à la chancellerie, dans une tribune du *Monde*, le 16 septembre 1998 : « Reconnaître la nature fédérale de la construction européenne ne sera pour nous qu'une extension vers le haut d'une forme d'organisation politique que nous connaissons bien. C'est plutôt pour les Etats centralisés que cette évolution naturelle est une révolution, et ce sera tout particulièrement aux Français qu'il appartiendra de dire quand prononcer ce mot fatidique et accepter les nouvelles réalités. » Après le discours « de Humboldt » de Joschka Fischer, la campagne pour le modèle fédéral à l'allemande se précise. Le 4 avril 2001, le chef de l'Etat allemand, Johannes Rau, se livre, devant le Parlement européen, à un « plaidoyer pour une constitution européenne » ; le 30 avril, le Parti social-démocrate élabore, sous l'égide du chancelier Schröder, une motion sur l'avenir européen. Le schéma proposé a le mérite de la cohérence : la Commission serait transformée en « un pouvoir européen exécutif fort » ; le Conseil serait réduit au statut d'une seconde chambre du futur parlement fédéral ; « ainsi serait parlementarisée l'Union ». Une parlementarisation qui ferait l'effet d'un séisme, ébranlant les institutions européennes : ce serait la fin du fameux « triangle institutionnel » (la Commission représentant la logique supranationale, le Parlement la logique démocratique, le Conseil la logique intergouvernementale) puisque l'un des trois sommets du triangle, le Conseil, serait pratiquement effacé du champ politique.

La traditionnelle confrontation franco-allemande sur les institutions européennes semble revitalisée ; les répliques françaises jaillissent. Le ministre des Affaires européennes, Pierre Moscovici, s'étonne dans *Le Monde* du 12 mai 2001 : « Faut-il tourner le dos à l'intuition géniale des Pères fondateurs de l'Europe, qui ont créé trois institutions représentant à la fois la vocation fédérale de l'Union (la Commission et le Parlement européen) et la légitimité des peuples et des nations (le Conseil), en couronnant l'ensemble par le Conseil européen ? Tout cela doit être amélioré, modifié, conforté. Mais faut-il l'abandonner, par exemple en réduisant le Conseil à une deuxième chambre législative, une sorte de Sénat européen où Malte serait l'Arkansas, à égalité avec la Californie (l'Allemagne) ou le Texas (la France) ? Je n'en suis pas convaincu ! »

Le 28 mai, le Premier ministre Lionel Jospin récuse, à son tour, les propositions allemandes et l'éventuel bouleversement de l'équilibre entre les organes de décision européens : « S'il s'agit d'un système où l'exécutif tirerait sa légitimité du seul Parlement européen, et aurait le monopole de la diplomatie et de la défense tandis que les Etats actuels auraient le statut des Länder allemands ou des Etats fédérés américains, la France ne saurait accepter un tel statut. » Le chef du gouvernement français préconise un renforcement des trois sommets du « triangle institutionnel ». Le président de la Commission devrait émaner de la tendance majoritaire au sein du Parlement européen ; il gouvernerait en appliquant un « programme de législature ». Le Parlement européen devrait être plus proche des électeurs : dans chacun des Etats membres, le mode de scrutin combinerait la représentation proportionnelle et de grandes circonscriptions régionales. Le Conseil verrait son efficacité accrue par la mise en place d'un « conseil permanent des ministres », composé des ministres nationaux des Affaires européennes.

Dans son discours du 27 juin 2000, devant le Bundestag, Jacques Chirac avait semblé davantage soucieux de gommer les divergences avec le partenaire allemand : « C'est déformer la vérité de dire qu'il y a d'un côté ceux qui défendent la souveraineté nationale et, de l'autre, ceux qui la bradent. Ni vous ni nous n'envisageons la création d'un super-Etat européen qui se substituerait à nos Etats-nations et marquerait la fin de leur existence comme acteurs de la vie internationale. » Le maintien des souverainetés serait donc compatible avec les grands desseins fédéralistes... Reflet de la position particulière d'un président de la Ve République en période de cohabitation, privé de majorité à l'Assemblée nationale et de moyens d'action sur la politique concrète ? Ou évolution manifeste au regard des dogmes gaulliens ? Le président français cultive une approche consensuelle, nimbée d'un certain flou. Il évoque « la poursuite de la grande aventure communautaire », l'élaboration d'un texte que « nous pourrions consacrer comme la première constitution européenne », l'apparition d'un « groupe pionnier » – qui est comme l'écho du « groupe d'avant-garde » de Joschka Fischer. Le 10 février 2001, au sommet franco-britannique de Cahors, il se pose en champion de l'intégration : « Tout nous conduit à approfondir la démarche européenne, à approfondir l'Europe, à nous intégrer davantage » ; et se rallie à l'ambiguë formule chère à Jacques Delors, qui semble séduire la presque totalité de la classe politique française malgré son évidente contradiction interne : « Cet approfondissement nous conduit effectivement vers ce que certains pourraient appeler une fédération d'Etats-nations ». Le 28 juin, l'ancien Premier ministre Alain Juppé proclame qu'« il ne faut pas avoir peur du fédéralisme » et présente, avec l'ancien ministre Jacques Toubon, un « document de travail » constitutionnel... « à égale distance des thèses fédéralistes et souverainistes ». Recherche de la quadrature du cercle ? Ambiguité nécessaire à la veille de la refondation des institutions européennes ?

La Convention et ses « composantes »

« Vous êtes les Conventionnels de l'Europe ! »

Le 28 février 2002, Valéry Giscard d'Estaing inaugure les travaux de la Convention sur l'avenir de l'Europe par un discours lyrique, enthousiaste... et lucide. Enthousiasme : il s'agit d'« ouvrir la voie vers une constitution de l'Europe ». Le mandat de Laeken est, d'emblée, interprété de la manière la plus ambitieuse même si, pour éviter toute querelle sémantique, la constitution sera appelée « traité constitutionnel pour l'Europe ». L'attente vient de l'extérieur : « Le monde actuel manque d'une Europe forte, unie et pacifique. Le monde se sentirait mieux s'il pouvait compter sur l'Europe, une Europe s'exprimant d'une seule voix... Oui, chacun se sentirait mieux sur notre planète s'il pouvait entendre la voix forte de l'Europe. » Les Européens peuvent se réjouir du chemin parcouru : « L'Europe a avancé pas à pas, de traité en traité... L'Europe a pu paraître bloquée à certaines époques, mais elle n'a jamais reculé. » L'introduction réussie de l'euro est une autre preuve de succès : « En changeant de monnaie, avec une remarquable capacité d'adaptation et une forme de joie populaire, 302 millions d'Européens viennent de jeter par-dessus le moulin le reproche d'eurosclérose. »

Mais l'analyse lucide des difficultés présentes, d'une certaine érosion de la construction européenne, vient tempérer ces bouffées de triomphalisme : « Le processus d'union de l'Europe donne des signes d'essoufflement. Les mécanismes de décision se sont compliqués au point de devenir illisibles par l'opinion publique. » La cause centrale de ce piétinement ? « La difficulté de conjuguer un fort sentiment d'appartenance à l'Union européenne et le maintien de l'identité nationale. » Pour l'homme d'Etat qui a été acteur ou témoin de toute l'histoire communautaire, cette demande des Européens est relativement nouvelle. « Pendant les premières décennies de l'union de l'Europe, où les identités nationales restaient fortes... et où le projet ne concernait qu'une petite Europe relativement homogène, la seule question qui se posait était de faire avancer l'intégration européenne. »

Sur la nature même de la Convention, Valéry Giscard d'Estaing passe rapidement : « Nous ne sommes pas une conférence intergouvernementale, car nous n'avons pas reçu le mandat des gouvernements de négocier en leur nom les solutions que nous proposerons. Nous ne sommes pas un parlement, car nous ne sommes pas une institution élue par les citoyens pour élaborer des textes législatifs. Nous sommes une convention, c'est-à-dire un groupe d'hommes et de femmes réunis à seule fin d'élaborer un projet commun. » En fait, le président est relativement discret sur le statut de simple assemblée consultative, qui est celui de la Convention (la conférence intergouvernementale aura le dernier mot, elle devra endosser le document final). Il préfère exalter la mission historique qui lui est assignée : depuis la conférence de Messine de 1955, qui permit la relance de la construction communautaire après l'échec de la Communauté européenne de défense, la Convention serait « la première occasion d'une réflexion approfondie sur l'avenir de l'union de l'Europe » ; les conférences intergouvernementales, réunies dans l'intervalle, auraient été de simples confrontations entre intérêts nationaux (« chacun cherche à maximaliser ses gains, sans prendre en compte la vue de l'ensemble ») ; les travaux de la Convention présenteront le caractère d'une « refondation intellectuelle de l'Europe ». Le président serait-il hanté, comme nombre de conventionnels, par le précédent mythique de la convention de Philadelphie qui, en 1787, dota la jeune fédération américaine de sa Constitution ? Les deux exercices ne sont pas comparables : la nation américaine en formation était unie par une communauté de langue et de culture ; la convention de Philadelphie avait un véritable mandat constituant...

Valéry Giscard d'Estaing a été porté à la présidence de la Convention par les chefs d'Etat et de gouvernement réunis en Conseil européen à Laeken, le 15 décembre 2001. Deux vice-présidents ont également été désignés : les anciens Premiers ministres de Belgique et d'Italie, Jean-Luc Dehaene et Giuliano Amato, membres du Groupe des Sages qui a préparé la déclaration de

Laeken. L'expérience européenne de ces trois hommes est incontestable. Familier des conseils des Communautés dès les années soixante en tant que ministre français des Finances, mais aussi parlementaire européen de 1989 à 1993, Giscard d'Estaing a créé en 1974, alors qu'il était président de la République, le Conseil européen, ces sommets institutionnalisés auxquels il a participé pendant sept années – et au sein desquels Amato et Dehaene ont siégé, en tant que chefs de gouvernement. L'équilibre politique est également respecté : Giscard d'Estaing et Dehaene sont dans la mouvance du centre-droit, du Parti populaire européen, démocrate-chrétien, Amato est un membre actif du Parti des socialistes européens – les deux principaux courants politiques européens.

Ce triumvirat va animer une convention de 105 membres, constituée de 4 composantes : les représentants du Parlement européen, des parlements nationaux, de la Commission européenne, des gouvernements nationaux. Les 16 délégués du Parlement européen, choisis parmi les divers groupes politiques, sont avantagés, au départ, par leur connaissance des rouages européens et par le soutien administratif efficace dont ils disposent sur place – car ils sont des habitués des lieux : la Convention se réunit dans les locaux du Parlement européen. En outre, le Parlement européen pousse la sollicitude jusqu'à poursuivre ses études institutionnelles parallèlement à celles de la Convention : ainsi adopte-t-il, le 16 mai 2002, le rapport Lamassoure sur la répartition des compétences entre l'Union et les Etats. La délégation des parlements nationaux est la plus nombreuse : 56 membres, 2 par Etat pour tenir compte des parlements bicaméraux, 28 Etats étant représentés, non seulement les Etats membres et la première vague de candidats promis à l'adhésion en 2004, mais aussi la Roumanie, la Bulgarie et la Turquie. La présence de parlementaires nationaux est la principale innovation apportée par la Convention : elle a permis ce rééquilibrage entre visions nationales et européenne, qui était largement souhaité à l'approche de la Convention. Par leurs 2 représentants, les parlements nationaux étaient symboliquement associés à l'élaboration des nouvelles institutions européennes, et non plus seulement à la ratification des traités, une fois élaborés ; leurs propositions firent souvent montre d'une grande créativité. La participation de parlementaires des Etats candidats, avant même l'adhésion desdits Etats, témoigne de l'extrême ouverture du « club » européen : elle constituera, pour les élus de la nouvelle Europe, une formation très accélérée. Loin de se tenir au rôle d'« apprentis », provisoirement muets, ces représentants des Etats candidats manifesteront leur « souverainisme » tout neuf, au sortir de la lourde tutelle soviétique – ainsi des Etats baltes – ou défendront avec âpreté leur poids virtuel dans l'Union – ainsi de la Pologne.

La Commission européenne était représentée par deux commissaires : Michel Barnier et Antonio Vittorino. De l'exécutif supranational, on attendait la contribution la plus importante aux travaux de la Convention. La surprise fut... qu'il n'en fut rien. D'une part, l'initiative solitaire du président de la Commission, Romano Prodi, qui présenta son propre projet constitutionnel, baptisé « Pénélope » – un projet préparé dans le secret, sans concertation avec les commissaires, introduit brusquement et écarté rapidement par la Convention –, désorganisa la Commission et brouilla son image. D'autre part, son incapacité à présenter des propositions sur sa propre composition (Romano Prodi se contentant de prêcher le statu quo d'un commissaire par Etat) acheva de délégitimer la contribution de l'exécutif supranational.

Le rôle des 28 représentants des gouvernements – un par Etat membre ou candidat – pouvait être conçu de deux manières très différentes : ils s'impliquaient dans les travaux de la Convention, au même titre que les représentants des autres composantes, et ils confortaient par leur légitimité et leur compétence l'élaboration du texte constitutionnel, ou ils considéraient, au contraire, qu'étant en charge de la conférence intergouvernementale qui suivrait la Convention, ce moment décisif du processus « constituant », ils devaient se tenir à la position de simples observateurs jusque-là. Cette deuxième hypothèse fut privilégiée par plusieurs Etats, dans un premier temps, même si la Belgique était représentée, dès le début, par son dynamique ministre des Affaires étrangères, Louis Michel, et l'Italie par son charismatique vice-président du conseil des ministres, Gianfranco Fini. La décision de Joschka Fischer de représenter l'Allemagne, à partir de novembre 2002, changea la donne : pour la France, Dominique de Villepin remplaça, dans le même temps, Pierre Moscovici, issu du précédent gouvernement socialiste, et Georges Papandreou, chef de la diplomatie grecque et futur (et éphémère) Premier ministre fit son entrée en février 2003. Dans d'autres cas, le représentant du gouvernement accédait bientôt au portefeuille des Affaires étrangères – telle Ana Palacio, pour l'Espagne ou entrait dans le cabinet, après avoir défendu avec brio auprès de ses collègues la vision de son pays – tel Peter Hain pour le Royaume-Uni. L'impression prévalait alors que la conférence intergouvernementale s'était ouverte au sein même de la Convention...

Les 105 membres de la Convention étaient, en réalité, 207 – chacun d'eux était doté d'un suppléant (à l'exception des trois membres de la présidence). Selon la déclaration de Laeken, les suppléants ne devaient siéger qu'en l'absence des membres titulaires. La pratique fut différente ; elle refléta le laxisme ordinaire de nos assemblées démocratiques : les suppléants siégèrent en même temps que les titulaires et purent s'exprimer comme eux... derrière des chevalets de couleur différente. Il est vrai qu'il ne s'agissait pas toujours de véritables suppléants : ceux des délégations parlementaires représentaient un autre courant politique. Treize observateurs siégeaient également dans l'enceinte de la Convention. Ils représentaient les organes consultatifs de l'Union (comité des régions, comité économique et social), le médiateur européen, les grands partenaires sociaux, confédération syndicale européenne et autres... Finalement, en l'absence de votes formels, la différence de statut entre membres titulaires, suppléants et observateurs était minime : elle était dans la hiérarchie des temps de parole, les titulaires s'exprimant avant les suppléants et ces derniers avant les observateurs.

La déclaration de Laeken dotait la Convention d'un « bureau », rebaptisé « présidium » sur l'initiative de Valéry Giscard d'Estaing – une source de quolibets pour les « souverainistes » de la Convention, prompts à rapprocher ce présidium de celui de la défunte Union soviétique... Le rôle du présidium pouvait se révéler essentiel, non seulement dans l'organisation des débats, mais aussi dans la préparation de la première version des textes à soumettre aux conventionnels et dans la négociation des compromis politiques. Sa composition avait été fixée à Laeken. Il comprenait le triumvirat de la présidence, les deux représentants de la Commission, les commissaires Barnier et Vittorino, les représentants des trois gouvernements qui assureraient les présidences successives de l'Union pendant les travaux de la Convention (Espagne, Danemark et Grèce), deux représentants de la délégation du Parlement européen, le social-démocrate allemand Hansch, ancien président du Parlement, et le démocrate-chrétien espagnol Mendez de Vigo, et deux représentants des parlements nationaux, la travailliste britannique Stuart et l'ancien Premier ministre irlandais Bruton. Les représentants des pays candidats n'étaient pas représentés au sein du présidium ; ils obtinrent de désigner l'un des leurs comme « invité permanent » – ce fut l'ancien Premier ministre slovène Peterle. Le secrétaire général de la Convention, le diplomate britannique Kerr, fut également appelé à la table du présidium : un hommage discret au rôle déterminant du secrétariat, composé de quelques-uns des plus brillants spécialistes de droit communautaire de la nouvelle génération.

Les trois phases de la Convention

Dans son discours inaugural, Valéry Giscard d'Estaing avait dessiné un déroulement de la Convention en trois phases : l'écoute, l'étude et la proposition. Ce « plan de travail » fut appliqué par la Convention, rythmé par vingt-six sessions plénières, de deux jours ou plus.

La phase d'écoute se tint de l'ouverture de la Convention, le 28 février 2002, jusqu'au début septembre. La « transparence » et « l'écoute de la société civile » semblaient ses mots d'ordre, hérités de ceux de la première convention européenne qui, convoquée par le Conseil européen de Cologne, avait rédigé, de décembre 1999 à septembre 2000, la Charte des droits fondamentaux. L'effort fut incontestable : à la différence des conférences intergouvernementales, la Convention ouvrit toutes ses sessions à la presse et au public ; l'ensemble des documents émis par elle ou des contributions, amendements, notes de réflexion de ses membres, était disponible sur son site Internet. Les documents discutés au sein du présidium demeurèrent confidentiels : il s'agissait de propositions initiales ou de notes du secrétariat ; seuls furent diffusés les textes élaborés par le présidium à l'issue de ses travaux.

« L'écoute de la société civile » fut développée en tous sens, sous la responsabilité du vice-président Dehaene : un forum de discussion reçut plus de mille deux cents contributions d'organisations non gouvernementales ; des groupes de contact, animés par les membres du présidium, permirent d'engager un dialogue avec les ONG de divers secteurs : milieux socio-économiques, académiques, associations culturelles, pour l'environnement, les droits de l'homme... Une session plénière, consacrée à la société civile, se tint les 24 et 25 juin 2002.

La déclaration de Laeken avait fixé à la Convention un premier défi « fondamental » à relever : « Comment rapprocher les citoyens, et en premier lieu les jeunes, du projet européen et des institutions européennes ? » Le président Giscard d'Estaing prit cette invite au pied de la lettre... et convoqua une convention européenne des jeunes, qui adopta, le 12 juillet 2002, un « texte final » au ton très adulte – un catalogue de vœux pour une « Europe de tolérance et d'ouverture », « œuvrant à la cohésion sociale au sein de l'Union et dans l'ensemble du monde », une « Europe qui débat avant de décider » et « veille au développement durable sur le continent », une Europe au « budget solide et accru », qui considère l'éducation comme « un moteur important de l'innovation et de la responsabilisation » et la « coopération internationale comme l'antidote au nationalisme », une Europe qui « accorde plus d'importance à l'écoute de ses jeunes, en facilitant la communication interculturelle et transfrontalière »...

Cette phase d'écoute doit évidemment être relativisée : l'échange avec la société civile ne peut être véritablement égalitaire, les synthèses des contributions présentées par les ONG sont, par nature, sélectives... Elle permit, cependant, aux membres de la Convention de se connaître et d'engager leur réflexion à partir des attentes générales des citoyens européens : le souhait d'un renforcement de la place de l'Union dans le monde et d'une simplification de ses procédures.

La Convention s'engagea dans sa phase d'étude de septembre à décembre 2002. Cette étape décisive aurait pu être consacrée à l'examen et à la confrontation de différents modèles constitutionnels – à la manière de... la convention de Philadelphie, il y a deux siècles. C'était l'idée présentée par le président Giscard d'Estaing dans son discours inaugural : « Nous considérerons en particulier les formules suivantes : l'organisation des institutions européennes telles qu'elles résultent du traité de Nice ; le projet d'une organisation fédérale de l'Europe, selon le modèle avancé par les dirigeants allemands ; la modernisation du modèle communautaire, conçu par la Commission ; les solutions présentées sous la bannière d'une fédération d'Etats-nations. » Mais, à la réflexion, le président de la Convention semble avoir pris conscience du risque d'implosion de l'assemblée dans l'affrontement de conceptions divergentes. Au demeurant, la nomenclature qu'il proposait pouvait être contestée : le « modèle fédéral allemand » et le « modèle communautaire interprété par la Commission » relevaient de la même philosophie ; la traduction institutionnelle de la « fédération d'Etats-nations » restait ambiguë ; le modèle confédéral était absent...

Le président de la Convention se résolut difficilement à la mise en place de groupes de travail, chargés de défricher chacun des aspects de la future constitution : ici aussi, il craignait un éclatement de la Convention, écartelée entre les projets de personnalités fortes ou entre les intérêts presque corporatifs de chaque institution. Quand il accepta le principe des groupes, ce fut non sans de multiples précautions : chacun des groupes serait présidé par un membre du présidium, de façon à maintenir l'unité et la structure de l'ensemble. Et les groupes seraient constitués autour de thèmes purement techniques, les grands choix politiques étant réservés aux sessions plénières de la Convention, à partir de propositions du présidium... ou du président. Une situation paradoxale en résulta, parfois : ainsi de l'absence de groupe sur la question fondamentale de la répartition des compétences entre l'Union et les Etats membres, alors qu'un groupe sur les « compétences complémentaires de l'Union » ouvrait ses travaux, dès le 17 juin 2002, sous la présidence de Henning Christophersen, représentant de la présidence danoise. L'ancien ministre Alain Lamassoure, qui avait présenté, un mois plus tôt, le rapport du Parlement européen sur la répartition des compétences demanda, en vain, à l'ancien commissaire danois, d'élargir le thème à traiter par son groupe : « Comment pouvons-nous discuter de l'accessoire avant de nous être mis d'accord sur l'essentiel ? Cela revient à concevoir la soute à bagages d'un avion avant le reste de l'appareil... » De fait, le groupe s'enlisa, trois mois durant...

De tels échecs furent, heureusement, rares. Les groupes sur la subsidiarité et le rôle des parlements nationaux, animés respectivement par le député européen Inigo Mendez de Vigo et la représentante travailliste des Communes, Gisela Stuart, furent à l'origine des deux protocoles sur ces thèmes (partie IV de la Constitution). Les groupes sur l'action extérieure et la défense, présidés par le vice-président Jean-Luc Dehaene et le commissaire Michel Barnier permirent une définition modernisée de la politique étrangère et de sécurité commune, malgré l'onde de choc de la crise irakienne, ainsi que l'introduction d'un engagement de défense mutuelle... souscrit par les Etats qui le souhaiteraient (cet engagement est, paradoxalement, moins fort que celui souscrit contre les actions terroristes, à partir des travaux du groupe sur « l'espace de liberté, de sécurité et de justice », présidé par l'ancien Premier ministre irlandais John Bruton). Sans doute faut-il placer hors concours, dans cette esquisse de palmarès, les groupes animés par le vice-président Giuliano Amato, homme d'Etat et juriste universitaire, dont la rigueur et la précision ont parfaitement répondu à l'impératif de clarification et de simplification des actes et procédures.

La phase finale, dite de proposition, se tint de janvier à juillet 2003. La question fondamentale des institutions – en fait, la question de l'architecture de l'Union – ne fut abordée que dans cette ultime phase : lors de la session des 20 et 21 janvier, les membres de la Convention furent invités à développer leurs vues ; les projets d'articles sur les institutions furent présentés par le président, au nom du présidium, les 24 et 25 avril. Souci du président de maintenir un apparent consensus au sein de la Convention le plus longtemps possible, un consensus qu'aurait pu briser l'examen du dossier le plus à même de réveiller les querelles théologiques sur le fédéralisme et les souverainetés ? Car la méthode du consensus était la seule possible : le recours au vote était exclu, les différentes composantes n'ayant pas la même représentativité. La mise en minorité des gouvernements nationaux ou de la Commission n'aurait pas eu de signification. Mais il ne pouvait s'agir d'un consensus au sens strict, c'est-à-dire du rassemblement de la Convention unanime sur un texte : les divergences étaient trop fortes avec l'aile souverainiste la plus radicale, qui récusait tout projet de construction européenne (les « eurosceptiques », menés par le Danois Jens-Peter Bonde, refuseront d'approuver le projet constitutionnel et présenteront un contre-rapport au Conseil européen de Thessalonique). Le consensus ne pouvait donc s'analyser que comme un soutien apparemment massif – mais non mesurable, non quantifiable – aux travaux de la Convention.

Le président Giscard d'Estaing avait demandé aux membres de la Convention « de ne pas se considérer uniquement comme les porte-parole de ceux qui les ont désignés... Chacun restera évidemment loyal à son mandat, mais il devra apporter sa contribution personnelle à nos travaux ». L'intention était légitime : ne pas faire de la Convention la tribune de divergences traditionnelles, répétitives ; la liberté de pensée et d'expression de ses membres pouvait transformer cette assemblée consultative en creuset d'une approche nouvelle. Le pari fut près d'être gagné dans les deux premières phases : les Conventionnels débattaient, interpellaient, réagissaient à partir de positions personnelles ; et la présidence les rappelait à l'ordre s'ils se plaçaient sous l'autorité de leur institution ou de leur Etat... Dans la phase finale, les enjeux devenus plus aigus, la « personnalisation » des interventions fut moindre, l'affrontement sous-jacent des visions nationales ou institutionnelles était perceptible. Au sein même du présidium, les tensions devenaient plus vives : les représentants des parlements nationaux, Gisela Stuart et John Bruton, manifestaient un scepticisme appuyé à l'encontre des projets qui leur étaient soumis, alors que l'accueil des délégués des parlements nationaux était positif, en session plénière ; les représentants des gouvernements danois et espagnol, loin d'exprimer les positions globales des Etats membres, étaient arc-boutés sur leurs réticences et revendications nationales... Il est vrai que la diplomatie classique influait de plus en plus sur les travaux de la Convention : la synthèse constitutionnelle franco-allemande, jugée impossible, mais finalement réalisée lors du sommet du 40e anniversaire du traité franco-allemand, le 22 janvier 2003, allait s'imposer comme modèle pour l'architecture institutionnelle de l'Union.

XVII

La Constitution européenne : l'organisation des pouvoirs

La « Constitution pour l'Europe » a été remise aux vingt-cinq chefs d'Etat et de gouvernement de la future Union élargie, réunis à Thessalonique les 19 et 20 juin 2003, par Valéry Giscard d'Estaing au nom de la Convention sur l'avenir de l'Europe. En réalité, la Constitution reste, dans la forme, un traité entre Etats souverains, soumis aux règles de ratification des traités. Elle est un projet de traité, présenté à l'examen de la conférence intergouvernementale, ouverte le 4 octobre 2003 à Rome.

Cette ambiguïté a été souvent relevée. « Est-ce un traité ou une constitution ? » s'interroge Robert Badinter. « Une constitution est classiquement l'expression d'une souveraineté. Ainsi, quand on change de souverain, quand on renvoie le roi, on change de constitution. Quand un Etat devient souverain, je pense à la décolonisation, son premier acte est l'adoption d'une constitution. » Au contraire, dans le cas de l'Europe, « des Etats qui continuent à être souverains délèguent des compétences à l'Union européenne »

Même constat, de la part de l'eurodéputé Jean-Louis Bourlanges : « La forme traditionnelle du traité est [...] un signal très clair de continuité. Certes, le mode d'élaboration du texte associant des parlementaires, élus du suffrage universel, à des représentants des gouvernements, est une première dans l'histoire de l'élaboration des traités communautaires. Mais les représentants des gouvernements, bien que minoritaires dans la Convention, disposaient du pouvoir d'appel de la conférence intergouvernementale. Quelles que soient les contorsions juridiques auxquelles on peut aujourd'hui se livrer, seule une décision unanime des Etats membres puis la ratification de ce texte par chacun d'entre eux, par voie parlementaire ou référendaire, permettent son adoption formelle. »

Parle-t-on de « traité constitutionnel » ? Dominique Rousseau, professeur de droit constitutionnel à Montpellier, dénonce une contradiction interne, voire une « monstruosité juridique ». « Dans le vocabulaire du droit, traité et constitution sont deux objets différents répondant à des définitions propres... Le traité est un acte qui relève de l'ordre international, la constitution de l'ordre interne. Le traité est un accord de volontés, la constitution un acte unilatéral. Le traité est "fait" par des Etats souverains, la constitution par les peuples. » Mais notre auteur pressent, sous la contradiction juridique, la rupture politique à laquelle aspirent les Conventionnels. « Concevoir l'Europe par et sous la geste constitutionnelle présuppose et implique une rupture dans la représentation de l'Europe : elle ne peut plus être perçue comme un espace géographique d'Etats étrangers les uns aux autres, liés seulement, et autant qu'ils le veulent, par leurs décisions. Elle devient un espace de peuples intégrés qui font société et décident souverainement d'énoncer les valeurs qui les font s'assembler, et de poser les institutions qui les font vivre. »

De fait, le projet élaboré par la Convention répond bien, par son contenu et sa fonction, à la notion minimale de constitution. Il porte sur la définition et l'organisation des pouvoirs publics de l'Union, sur le partage des compétences entre l'Union et les Etats membres. Marie-France Christophe-Tchakaloff, professeur à Paris-I, le souligne : « Il s'agit bien d'un acte de droit public à caractère fondamental, hiérarchiquement supérieur aux autres actes, qui vise à établir les principes sur lesquels reposent la légitimité du pouvoir politique, les droits des citoyens et l'architecture des institutions. » Encore que la démonstration constitutionnelle bute sur l'éternel obstacle : qui détient le pouvoir constituant ? « L'exigence de démocratie impose que la constitution soit décidée par le peuple. A tout le moins qu'elle soit élaborée par une assemblée constituante, élue à cet effet... Or, depuis l'origine des Communautés européennes, le pouvoir de décision demeure aux mains des Etats. Ils sont maîtres des nouveaux textes fondamentaux comme de la révision des anciens... Le projet de constitution reste donc un engagement des Etats entre eux, comme tous les précédents traités constitutifs des Communautés et de l'Union européenne. »

Traité-Constitution, à l'exemple des traités de fondation des Communautés : nous avons remarqué plus haut, à propos du traité de Bruxelles de 1965 sur l'unification des exécutifs, que les traités de Paris et de Rome sont, certes, des accords interétatiques, mais que leur originalité tient aux organes qu'ils instituent, – leur exécution n'est pas laissée à la discrétion des Etats, comme dans le droit international général, mais confiée à de véritables pouvoirs constitués ; de l'action de ces pouvoirs résulte la limitation normative de la souveraineté des Etats membres. Dans sa lecture des traités fondateurs, la Cour de justice des Communautés a affirmé, à maintes reprises, que le traité instituant la Communauté économique européenne est la charte constitutionnelle d'une communauté de droit. Pour l'ancien président de la Cour, Gil Carlos Rodriguez Iglesias, la qualification de « Constitution européenne » ne porte pas sur la nature juridique des traités : il s'agit d'une qualification « par analogie » qui souligne qu'en l'absence de constitution formelle les traités font fonction de constitution dans l'ordre communautaire ; une considération fonctionnelle qui a pour limite la nature de traités interétatiques des traités fondateurs. La légitimation politique de la constitution communautaire ne peut être qu'indirecte : elle est « médiatisée par les Etats membres de la Communauté ». S'agissant de la « Constitution pour l'Europe », élaborée par la Convention, deux éléments – l'utilisation du terme de « texte constitutionnel » dans le mandat délivré par le Conseil européen de Laeken et la méthode de la Convention, plus proche des délibérations publiques d'une assemblée constituante que du demi-secret d'une négociation intergouvernementale – montrent que les Etats membres ont voulu conférer au nouveau texte une valeur politique supplémentaire.

La fusion de l'Union européenne et des Communautés

Comment doter un traité d'un fronton à l'allure constitutionnelle ? La question s'est posée, dès l'article 1 sur « l'établissement de l'Union ». A défaut d'un peuple européen souverain, qui insufflerait sa légitimité à une véritable assemblée constituante, les Conventionnels ont tenté de ruser avec les formulations. Dans sa première rédaction, le présidium propose un mode impersonnel d'établissement de l'Union : « Inspirée par la volonté des peuples d'Europe de bâtir leur avenir commun, cette Constitution établit une Union... » Mais des critiques s'élèvent, qui replacent les Etats membres, seuls véritables pouvoirs constituants, seuls à même de conférer des compétences, à la base de l'édifice constitutionnel européen : « Inspirée par la volonté des citoyens et des Etats d'Europe de bâtir leur avenir commun, cette Constitution établit l'Union européenne, à laquelle les Etats membres confèrent des compétences pour atteindre leurs objectifs communs. »

Dans le même élan, la Constitution a été bien près de définir clairement, pour la première fois, l'Union européenne, dans sa double nature intergouvernementale... et fédérale. Car on peut parler d'une gestion de type fédéral lorsque l'Union parle d'une seule voix dans les négociations commerciales internationales (ou lorsque certains Etats membres exercent ensemble leur compétence monétaire au sein de la zone euro). Dans une première rédaction, Valéry Giscard d'Estaing avait donc évoqué le « mode fédéral » d'exercice des compétences transférées à l'Union. Mais la seule prononciation du terme « fédéral » est aussi prohibée en Grande-Bretagne que le nom de Jéhovah dans l'Ancien Testament. « La seule évocation du mot "fédéral" a immédiatement suscité un tollé en Grande-Bretagne », rapporte Etienne de Poncins, membre du secrétariat de la Convention. « Il y est appelé le "F-word", sans doute parce que le prononcer serait déjà une concession coupable... Les Britanniques, au premier chef le Premier ministre Blair, ont donc plaidé sans relâche pour son retrait. » La coalition des Britanniques et de nombre de représentants des Etats scandinaves et des nouveaux membres centre-européens a obtenu la substitution au « mode fédéral » du « mode communautaire » : « L'union coordonne les politiques des Etats membres visant à atteindre ces objectifs et exerce sur le mode communautaire les compétences qu'ils lui transfèrent. » La définition perd en force et en clarté : elle évoque simplement la procédure traditionnelle qui attribue le monopole de l'initiative à la Commission.

La référence à « l'union sans cesse plus étroite entre les peuples européens » avait revêtu une sorte de patine historique : sur elle, s'ouvrait le préambule du traité de Rome instituant la Communauté économique européenne ; elle figurait à l'article A du traité de Maastricht. Sa disparition a été déplorée par les Conventionnels du Parti populaire européen, particulièrement ceux appartenant à la mouvance démocrate-chrétienne, et par les ressortissants des Etats fondateurs, France, Belgique, Italie. L'expression était ressentie, en Grande-Bretagne, en Irlande, au Danemark, comme la menaçante perspective d'une fusion des Etats-nations... Il faut reconnaître que « l'union sans cesse plus étroite » évoquait le début d'un processus, non l'achèvement institutionnel dont une constitution est le reflet. Au demeurant, la formule, retirée de l'article 1, a été reprise, d'une manière plus ramassée, dans le préambule : les peuples d'Europe, « unis d'une manière sans cesse plus étroite », sont résolus à forger leur destin commun.

L'article le plus important du titre I, consacré à la définition et aux objectifs de l'Union, est le dernier et le plus court : « l'Union est dotée de la personnalité juridique » (art. 1-6).

Cette personnalité en droit international, permettant une pleine présence sur la scène internationale, le traité de Maastricht l'avait refusée à l'Union – par crainte d'une « évolution de type fédéral ». L'Union devait donc s'appuyer, dans son action internationale, sur son premier pilier, communautaire, même lorsqu'il s'agissait de mettre en œuvre une position adoptée au nom des deuxième ou troisième piliers, non communautaires, par exemple dans le cadre de la politique étrangère et de sécurité. Les dispositions ambiguës du traité d'Amsterdam, autorisant le Conseil à négocier des accords internationaux dans les domaines non communautaires, avaient parfois été interprétées comme une reconnaissance implicite de la personnalité internationale de l'Union... mais une déclaration interprétative donnait à penser que lesdits accords étaient conclus au nom des Etats membres, non en celui de l'Union. La reconnaissance explicite de l'article 6 met un terme aux chassé-croisés d'un pilier de l'Union à l'autre et aux interprétations démenties par des déclarations annexes ; elle permet de rationaliser la conduite des relations extérieures de l'Union.

L'attribution de la personnalité juridique ne modifiait pas nécessairement l'architecture d'ensemble de l'Union, telle qu'elle résultait des traités de Maastricht, Amsterdam et Nice. Il était possible de maintenir les traités communautaires – les deux traités de Rome sur le Marché commun et Euratom, celui de Paris ayant expiré à l'issue de sa durée de cinquante années – et le traité sur l'Union européenne : la personnalité juridique de l'Union serait venue se surajouter à celles des deux communautés encore existantes.

Un choix plus radical a été fait, qui permet de simplifier la structure de l'Union : les différents traités communautaires et sur l'Union fusionnent ; les trois piliers sont effacés. L'Union européenne gagne ainsi en homogénéité interne.

Fallait-il rebaptiser l'Union ainsi restructurée ? Le président de la Convention l'a pensé : la fusion de traités, portant les uns sur les Communautés, les autres sur l'Union, offrait, selon lui, l'occasion d'un nouveau débat sur la dénomination de l'ensemble : Valéry Giscard d'Estaing proposait le nom d'« Europe unie ». En fait, le statu quo a prévalu : la dénomination d'Union européenne est conservée. Cette décision est logique : l'Union, telle que définie par le traité de Maastricht, était déjà un « toit », recouvrant les trois piliers, les Communautés et les « politiques et formes de coopération ». Or l'Union subsiste, au-dessus d'un ensemble épuré.

Le débat sur les « valeurs » de l'Union

Par-delà la refonte de son architecture d'ensemble, le titre I définit les valeurs et les objectifs de l'Union.

La détermination des objectifs avait-elle réellement place dans une constitution européenne ? On peut en douter. Une charte fondamentale est normalement centrée sur les mécanismes d'attribution des compétences, non sur les programmes d'action, au regard desquels elle doit faire figure de document neutre. Il est vrai que les objectifs, inscrits à l'art. I-3, sont transversaux et globaux. Ils reprennent des objectifs dispersés parmi les divers traités : « promouvoir la paix et le bien-être de ses peuples », offrir « un espace de liberté, de sécurité et de justice sans frontières intérieures, et un marché unique où la concurrence est libre et non faussée ».

Les objectifs sociaux sont longuement détaillés (« développement durable », « économie sociale de marché », « justice sociale », objectif de « plein emploi »), mais ces dispositions ont surtout une portée rhétorique, « déclaratoire », car la modicité du budget communautaire ne permet guère la redistribution qui serait inhérente à un Etat-providence européen. Les objectifs culturels font place à la « diversité culturelle » chère à la France. L'article I-4 constitutionnalise les « quatre libertés » qui fondent le marché intérieur : la libre circulation des personnes, des biens, des capitaux, ainsi que la liberté d'établissement. L'article 1-5 rassure les opinions publiques des Etats membres : les éléments essentiels de l'identité nationale seront respectés, les structures fondamentales, politiques et constitutionnelles, ainsi que l'organisation régionale et locale. Restent les objectifs propres à chaque secteur d'activité de l'Union (agriculture, transports, économie, environnement...) qui sont rejetés dans la troisième partie de la constitution, principalement consacrée aux « politiques de l'Union » : une très volumineuse mise en forme des dispositions des traités existants, qui n'a guère sa place dans un document constitutionnel...

L'exposé des « valeurs » communes aux Etats membres (auquel est consacré l'art. 1-2) était, par contre, très attendu dans la charte fondamentale de l'Union. D'autant que leur non-respect peut entraîner, pour un Etat, la suspension de son appartenance à l'Union (selon l'art. 1-58, repris du traité de Nice).

De fait, le principe de la légitimité démocratique sous-tend, depuis l'origine, la construction politique de l'Europe – et même au-delà de l'Union, par exemple dans le cadre élargi du Conseil de l'Europe. Par les termes mêmes de son statut, le Conseil de l'Europe, première organisation européenne de coopération politique, apparaît voué à défendre l'idéal et les valeurs démocratiques : les gouvernements fondateurs se proclament « inébranlablement attachés aux valeurs spirituelles et morales qui sont le patrimoine commun de leurs peuples et qui sont à l'origine des principes de liberté individuelle, de liberté politique et de prééminence du droit ». La capacité d'un Etat européen à se conformer à la « prééminence du droit » et au principe « en vertu duquel toute personne placée sous sa juridiction doit jouir des droits de l'homme et des libertés fondamentales » est la condition nécessaire et suffisante de son affiliation au Conseil. Comme dans l'Union d'aujourd'hui, l'Etat membre qui aurait gravement enfreint ces règles peut être suspendu de son droit de représentation et invité à se retirer du Conseil de l'Europe.

L'existence d'une légitimation démocratique nationale a imprégné également le fonctionnement des Communautés. Un Etat à régime autoritaire ne pouvait pas plus adhérer aux Communautés qu'au Conseil de l'Europe ; après le coup d'Etat des colonels, en 1967, la Grèce vit geler l'accord d'association dont elle bénéficiait avec la Communauté économique européenne, dans le temps même où elle était contrainte à se retirer du Conseil de l'Europe. Par contre, la restauration de la démocratie à Athènes, comme la fin des régimes franquiste et corporatiste à Madrid et à Lisbonne, ouvrit à la Grèce, puis à l'Espagne et au Portugal, la voie de l'entrée dans les Communautés.

La rédaction de l'article 1-2 aurait pu se limiter à l'évocation de l'idéal et des valeurs démocratiques, dans la rédaction du Conseil de l'Europe. Ou énoncer, avec précision, les diverses « valeurs » de l'Union, des valeurs qui seraient incontestées et qui présenteraient une substance juridique assez claire pour que leur violation permette de sanctionner l'Etat récalcitrant. Sur ce point, la Convention n'a pas totalement rempli sa mission. La deuxième partie de l'article tend surtout à dépeindre un « modèle de société européen » : pluralisme, tolérance, justice, solidarité, non-discrimination. La première partie rassemble les valeurs aux arêtes vives : respect de la dignité humaine, liberté, démocratie, Etat de droit, respect des droits de l'homme... mais « l'égalité » a été subrepticement introduite, à l'encontre de la version initiale du présidium. L'égalité est-elle un concept opérationnel ? Ne relève-t-elle pas plutôt de l'éthique ? Ses interprétations ont suscité tellement de dérives dans les régimes, heureusement disparus, de l'Europe centrale et orientale...

La Convention s'est interrogée, à la demande de certains de ses membres, sur le caractère « universel » des valeurs européennes. Elle a choisi de faire profil bas et de renoncer à tout messianisme. Le débat est ancien. Dans son essai sur « Race et Histoire », publié en 1952 par l'UNESCO, Claude Lévi-Strauss mettait en garde l'Occident contre l'ethnocentrisme, la tentation de placer les sociétés humaines sur la même ligne d'évolution dont notre propre société occuperait naturellement le sommet, une tentation particulièrement forte pour la culture occidentale qui a fait de l'Europe le paradigme de la civilisation. Mais, dans les années de plomb de la guerre froide, la tentation inverse a sévi, chez tous ceux qui prétendaient s'appuyer sur les écrits de Jean-Paul Sartre ou de Frantz Fanon pour stigmatiser les valeurs de l'Occident. L'État de droit, les droits de l'homme sont-ils exportables ? L'onde de choc des révolutions européennes de 1989, qui a aussi ébranlé les régimes autoritaires du tiers-monde, a renforcé le prestige du modèle démocratique pluraliste : la démocratie ne vient pas « après le développement », elle n'est pas un « luxe de riches » (Jean-Louis Seurin). La Convention aurait pu, dans le droit fil du « retournement » de 1989, affirmer l'universalisme retrouvé des valeurs qu'elle énonçait. L'Europe se caricature-t-elle en continent sur le point de « sortir de l'Histoire » ? Ou fait-elle preuve d'une suprême sagesse ? Il est vrai que Samuel Huntington, en contrepoint de son message sur l'affrontement des civilisations, reproche à l'Occident de vouloir imposer ses normes au reste du monde.

La rédaction du préambule – intervenue en dernier, à la fin de l'élaboration de la Constitution – a suscité la grande querelle sur les racines « chrétiennes » ou « judéo-chrétiennes » de l'Europe, qui a davantage ému l'opinion publique européenne que le débat purement institutionnel. Au vrai, on comprend mal les passions qui se sont faites jour et le silence finalement établi sur le passé européen. Car il s'agissait d'un simple constat historique. L'Europe est née de la chrétienté, de la « Cité chrétienne » médiévale, qui se présentait comme une pyramide de pouvoirs hiérarchisés, seigneurs, barons, ducs et rois relevant de l'empereur, et ce dernier du pape, et comme une communauté non seulement religieuse et morale, mais aussi juridique et politique – une communauté de croyants, fédérant les diverses nations européennes et constituant un « corps mystique » unique, au sein duquel les rapports temporels, séculiers, le domaine politique, ne se distinguaient pas clairement du domaine religieux. Plus tard, à l'aube des Temps modernes, lorsque l'idée de communauté internationale s'introduit progressivement et comme en pointillé dans l'imaginaire des nations, les « hommes de Salamanque », Vitoria, Suarez, Las

Casas développent le message de l'humanisme chrétien, parallèlement à celui des Lumières. L'évocation du passé chrétien du continent, loin de faire poindre quelque menace théocratique, aurait permis de mieux cerner l'identité européenne et aurait donné plus de force au préambule.

La clarification des compétences de l'Union

Par la déclaration de Laeken, les chefs d'Etat et de gouvernement attendaient de la future constitution une plus grande transparence dans la répartition des compétences entre l'Union et les Etats membres, un « ajustement » de ces compétences aux problèmes nouveaux à traiter et l'arrêt de « l'élargissement furtif » des compétences de l'Union, cet empiètement furtif sur les compétences des Etats.

La difficulté de distinguer nettement entre les compétences de l'Union et celles des Etats datait des débuts de la construction communautaire. Les « Pères fondateurs » de la Communauté du charbon et de l'acier, Robert Schuman et Jean Monnet, avaient précisé leur méthode : celle du « fédéralisme fonctionnel », de la « fédéralisation » progressive des différentes compétences étatiques. Ils lançaient un processus dynamique ; un jour, la fusion des compétences serait achevée. La souveraineté européenne et la citoyenneté européenne seraient réalisées, « sans douleur ». Cette méthode pragmatique excluait l'acte de volonté solennel interétatique, tendant à la constitution d'Etats-Unis d'Europe : une telle procédure, la « proclamation » de la naissance d'un Etat fédéral européen, semblait prématurée et vouée à l'échec. Pourtant, l'approche fédéraliste classique aurait permis de distinguer, dès l'origine, les compétences des Etats fédérés et celles de la Fédération européenne... Le choix du pragmatisme créait un lancinant problème de répartition des pouvoirs, comme le relevait, dès sa session extraordinaire du 30 novembre 1954, l'Assemblée commune du charbon et de l'acier : « Ce qui est en jeu finalement, c'est la conciliation entre les droits que conservent les Etats et un marché commun où se situent leurs productions et leurs échanges. Et ce problème fondamental se posera dans toute structure européenne... »

Si les traités originaires de Paris et de Rome réglementaient de façon très précise le domaine du charbon et de l'acier dans le traité CECA, l'union douanière et l'agriculture dans le traité CEE, ils étaient plus flous dans les autres domaines. En outre, les traités fondateurs n'énonçaient pas une clause générale de compétence, n'énuméraient pas des domaines de compétence : leurs dispositions portaient sur des objectifs ou des actions liés au fonctionnement des marchés communs.

Les compétences communautaires exclusives étaient celles nécessaires à la poursuite des objectifs figurant dans les préambules (art. 2 et 3 du traité de Paris, art. 2 et 3 du traité de Rome sur la CEE, art. 1 et 2 du traité Euratom). Les compétences non expressément attribuées aux Communautés demeuraient réservées aux Etats... mais la Cour des Communautés n'excluait pas la nécessité d'« incursions de la compétence communautaire dans les souverainetés nationales » là où, du fait des pouvoirs retenus par les Etats, l'effet utile des traités pouvait être diminué ou leur finalité compromise (arrêt de la Cour dans l'affaire Gezamenlijke Steen kolenmijnen, du 23 février 1961). Certains principes communautaires, tel celui de non-discrimination en raison de la nationalité (art. 7 du traité CEE), pouvaient s'imposer aux Etats, même en dehors du domaine de compétence communautaire. Le devoir de collaboration, imposé aux Etats par les traités (art. 86 CECA, 5 CEE et 192 Euratom), concernait également les matières extracommunautaires.

Dans les domaines de « compétences concurrentes », qui étaient les plus nombreux, les Etats conservaient le droit de légiférer tant que les Communautés n'auraient pas usé de ce droit. La marge des Etats membres se réduisait donc au fil du développement de la législation communautaire : le règlement du 28 juin 1968, mettant en place un tarif extérieur commun, interdisait toute intervention étatique dans ce domaine. Le plus souvent, l'action des Communautés n'excluait pas, cependant, celle des Etats : ainsi en matière de politique agricole commune ou d'aide au développement. Mais même lorsque les Etats pouvaient intervenir dans la plénitude de leurs compétences, en l'absence de réglementation communautaire, ils se devaient de respecter les principes généraux du droit communautaire et d'éviter de compromettre la politique de la Communauté (arrêt du 16 février 1978, Communauté contre Irlande).

Surtout, les trois traités autorisaient les institutions communautaires à exercer des pouvoirs non prévus par lesdits traités, si cette extension de compétences était justifiée par la réalisation de l'un des objets de la Communauté concernée. C'était l'article 235 du traité CEE, repris à très peu près à l'identique par l'article 203 du traité Euratom ; le traité CECA était plus restrictif, à son article 95-1, puisqu'il renvoyait à la prise de « décisions ou recommandations » par la Haute Autorité, alors que les traités de Rome permettaient au Conseil, statuant à l'unanimité sur proposition de la Commission et après consultation du Parlement, de prendre « les dispositions appropriées ». Le recours à l'article 235, cet « instrument de développement des compétences communautaires » (Jean-Victor Louis), serait-il limité à l'établissement du marché commun ? En fait, il a suscité, à partir du sommet de Paris des 19-21 octobre 1972, une extension considérable des compétences communautaires – de l'agriculture à l'union douanière, au système monétaire européen, à la recherche, à la protection du consommateur, à la politique régionale –, la Cour des Communautés refusant de contrôler l'opportunité de la mise en œuvre de l'article 235... et contribuant ainsi au brouillard qui enveloppait le domaine d'intervention communautaire. On notera, cependant : d'une part, que l'exigence de l'unanimité au sein du Conseil constituait une garantie pour les Etats membres (même si la Cour, reprenant les analyses de Walter Hallstein, rappelait, dans l'affaire Commission contre Italie du 17 février 1970, que le pouvoir de prendre les dispositions envisagées à l'article 235 revenait, non à la collectivité des Etats membres, mais au « Conseil en tant qu'institution de la Communauté européenne »), d'autre part que l'article 235 perdrait de son importance après l'adoption de l'Acte unique, qui allait intégrer la plupart des domaines dont il avait permis le rattachement aux compétences communautaires.

A la veille de la relance européenne, jalonnée par l'Acte unique et les traités sur l'Union, une double hétérogénéité caractérisait les compétences communautaires : celle des domaines d'intervention des Communautés, mais aussi celle des formes de l'action communautaire. Jean Boulouis a recensé la terminologie employée : « A côté de politiques communes (agriculture, commerce extérieur, transports), on trouve des politiques (économique et monétaire, domaine social, de l'environnement, de la coopération au développement, étrangère et de sécurité commune), des régimes (concurrence), des contributions (santé, éducation, formation, culture, protection des consommateurs), des promotions (recherche et développement scientifique), des encouragements (réseaux transeuropéens), des renforcements (cohésion économique et sociale, compétitivité de l'industrie), une coopération (justice et affaires intérieures) et différentes mesures dans d'autres domaines... »

A partir du traité de Maastricht, le principe de subsidiarité est au centre des polémiques sur la répartition ou la régulation des compétences au sein de l'Union. Pour les uns, il devrait permettre de prendre des décisions « le plus près possible des citoyens » ; pour les autres, il renforce les pouvoirs des « eurocrates de Bruxelles ».

Le problème est que la « subsidiarité » n'est pas un principe juridique, mais un concept philosophique et politique, relevant, à l'origine, de la doctrine sociale de l'Eglise catholique : une entité supérieure ne doit pas assumer les tâches qu'une entité inférieure est en mesure d'accomplir aussi bien qu'elle. Il s'agit à la fois de favoriser l'épanouissement des églises locales face à la toute-puissance de Rome, et de protéger l'individu face à l'intervention trop poussée de l'Etat. La déclaration de Vatican II reprend les termes de l'Encyclique *Quadragesimo Anno* de Pie XI : « Une société d'ordre supérieur ne doit pas intervenir dans la vie interne d'une société d'ordre inférieur en lui enlevant ses compétences. » Transposé dans le champ politique, le principe de subsidiarité a fortement imprégné le fédéralisme allemand. Dans le domaine des compétences législatives concurrentes des Länder et de l'Etat fédéral – régi par l'article 72 de la Loi fondamentale de Bonn du 23 mai 1949 – l'Etat fédéral, le Bund, ne peut légiférer que sur une question qui ne peut être réglée efficacement par les instances des pays fédérés, les Länder. L'appel à la subsidiarité n'a malheureusement pas protégé les compétences des Länder ; le poids de l'Etat fédéral est allé grandissant. On comprend donc les interrogations qui ont accompagné l'introduction du concept de subsidiarité dans le traité de Maastricht.

La subsidiarité a fait une entrée... manquée dans le droit communautaire avec le projet de traité rédigé par Altiero Spinelli, adopté le 14 janvier 1984 par le Parlement européen, mais mal accueilli par les chefs d'Etat et de gouvernement, réunis en Conseil européen à Fontainebleau, les 25 et 26 juin 1984. Le préambule confie à la Communauté, devenue Union, les seules tâches qu'elle a les moyens de réaliser « de manière plus satisfaisante que les Etats pris isolément ». La subsidiarité ne concerne, en principe, que les compétences concurrentes ; elle a, alors, une portée générale et est présentée comme un facteur de régulation au profit des Etats membres : « L'Union n'agit que pour mener des tâches qui peuvent être entreprises en commun de manière plus efficace que par les Etats membres œuvrant séparément, en particulier celles dont la réalisation exige l'action de l'Union parce que leurs dimensions ou leurs effets dépassent les frontières nationales » (art. 12, paragraphe 2 du projet de traité). La définition est relativement précise : elle semble requérir de l'Union qu'elle fasse la preuve de sa plus grande efficacité avant la mise en œuvre du principe ; l'Union devra alors avoir recours à une « loi organique », prévue par le projet de traité. L'action de l'Union est subsidiaire... mais l'Union semble seule juge de l'incapacité des Etats et de l'opportunité de son intervention.

La subsidiarité connaît une première application effective, mais très limitée, avec l'Acte unique européen. L'article 130 R 4 du titre VII sur l'environnement, que l'article 25 de l'Acte unique ajoute au traité CEE, est explicite : « La Communauté agit en matière d'environnement dans la mesure où les objectifs visés... peuvent être mieux réalisés au niveau communautaire qu'au niveau des Etats membres pris isolément. Sans préjudice de certaines mesures ayant un caractère communautaire, les Etats membres assurent le financement et l'exécution des autres mesures. » Les Etats conservent donc une compétence de principe. L'intervention de la Communauté ne peut les empêcher de prendre des mesures complémentaires, compatibles avec le traité (comme le confirmera la Cour des Communautés, dans l'affaire Commission contre

Danemark du 20 septembre 1988). Plus prudents qu'Altiero Spinelli, les rédacteurs de l'Acte unique limitent l'application du principe de subsidiarité au seul domaine de l'environnement, qui dépasse souvent le cadre étatique... « comme s'ils avaient voulu d'abord expérimenter les effets du principe » (Jean-Louis Clergerie) avant de le généraliser. La généralisation sera le fait du traité de Maastricht.

Dans son discours devant le Collège d'Europe de Bruges, le 17 octobre 1989, le président de la Commission, Jacques Delors, avait érigé la subsidiarité en « clé de voûte de l'exercice partagé des souverainetés ». Sous son impulsion et celle des représentants des Länder allemands, le principe de subsidiarité imprègne l'ensemble du traité de Maastricht. Il figure dans le préambule : « Résolus à poursuivre le processus créant une union sans cesse plus étroite entre les peuples de l'Europe, dans laquelle les décisions seront prises le plus près possible des citoyens, conformément au principe de subsidiarité. » II est repris implicitement à l'article A du traité – lequel « marque une nouvelle étape dans le processus créant une union sans cesse plus étroite... dans laquelle les décisions sont prises le plus près possible des citoyens », et à l'article B, qui confère, pour la première fois, une portée générale au principe : « les objectifs de l'Union sont atteints... dans les conditions et selon les rythmes prévus, dans le respect du principe de subsidiarité ». L'article 3B, inséré par le traité d'Union dans le traité CEE, précise la portée du principe, qu'il marie au principe de proportionnalité : « Dans les domaines qui ne relèvent pas de sa compétence exclusive, la Communauté n'intervient, conformément au principe de subsidiarité, que si et dans la mesure où les objectifs de l'action envisagée ne peuvent être réalisés de manière suffisante par les Etats membres et peuvent donc, en raison des dimensions ou des effets de l'action envisagée, être mieux réalisés au niveau communautaire. L'action de la Communauté n'excède pas ce qui est nécessaire pour atteindre les objectifs du présent traité. » La compétence de droit commun des Etats membres est confirmée. Le principe de proportionnalité, déjà présent dans la jurisprudence de la Cour de justice (affaire Fédération charbonnière de Belgique, 26 novembre 1956), renforce la protection des Etats membres contre l'intervention injustifiée de la Communauté :

les institutions communautaires doivent utiliser des moyens proportionnés aux objectifs qu'elles poursuivent, elles ne doivent pas imposer « des charges démesurées par rapport aux buts visés ». La Communauté devra faire la preuve à la fois de sa plus grande efficacité dans le domaine concerné et de la proportionnalité, de la pertinence des mesures prises. Le contrôle juridictionnel du respect de la proportionnalité sera une garantie supplémentaire pour les Etats.

Ambiguité du principe de subsidiarité et des interprétations du traité de Maastricht ! Dans le quotidien *Libération* du 31 août 1992, Elisabeth Guigou, ministre des Affaires européennes, et Philippe Seguin, héraut des souverainistes, donnent deux lectures diamétralement opposées de l'article 3B. Pour l'une, la subsidiarité est la suprême garantie des Etats : « Les problèmes doivent être traités au niveau où ils se posent. Désormais, la Commission ne pourra faire de propositions... que s'il apparaît vraiment nécessaire et utile d'agir au niveau européen. Pour les nouveaux domaines de compétence qui se mettent en place avec le traité de Maastricht et dont aucun ne prévoit de caractère exclusif, il est important de fixer les règles du jeu et de préciser que la Communauté n'interviendra que lorsqu'elle peut apporter un plus. » Pour l'autre, la subsidiarité est la nouvelle machine de guerre de la Communauté, la porte ouverte à l'extension illimitée du droit communautaire : « C'est un principe d'efficacité qui est, par essence, éminemment subjectif. Qui va donc apprécier, et sur quels critères, l'efficacité relative des organes communautaires et des gouvernements nationaux ? En cas de divergence, cette appréciation reviendra aux juges de la Cour de justice de la Communauté. Au nom de quoi, un juge qui n'est habilité qu'à dire le droit pourra-t-il se livrer à cette appréciation ? En vérité, le principe de subsidiarité tel qu'il est énoncé n'est pas un garde-fou contre l'invasion du droit communautaire. Au contraire, c'est le moyen par lequel le droit communautaire est appelé à étendre indéfiniment son champ de compétences dès lors que le juge européen a toute latitude et qu'il est totalement converti à l'option fédéraliste. »

Un principe non juridique : Jacques Delors ne le conteste pas. Dans son recueil d'essais sur *le Nouveau Concert européen*, il rappelle que « la subsidiarité procède d'une exigence morale ». Un point de vue qu'éclaire, avec acuité, Vlad Constantinesco : le principe « est d'abord conçu comme un principe d'éthique politique. Il exprime une vision communautaire de la société : celle-ci n'est pas tant formée d'individus que de communautés diverses dans lesquelles l'individu se situe » ; et le professeur de Strasbourg d'évoquer une « conception organiciste de la société ».

Un principe subjectif : il s'inscrit « dans un traité qui a très sensiblement étendu les compétences de l'Union », constate Jean-Louis Clergerie dans son essai sur *Le Principe de subsidiarité* ; « Le rapport de forces, qui est maintenant nettement favorable à l'Union, ne risque-t-il pas de desservir les Etats membres ? » En Allemagne, le tribunal constitutionnel fédéral de Karlsruhe laisse percevoir une certaine inquiétude, dans son arrêt du 12 octobre 1993, par lequel il juge le traité de Maastricht non contraire à la loi fondamentale de Bonn : « Le principe de subsidiarité... doit permettre de respecter l'identité nationale des Etats membres. Dans quelle mesure pourra-t-il contrecarrer l'érosion des compétences des Etats membres, et donc empêcher que les tâches et compétences du Bundestag soient vidées de leur substance ? »

Le caractère philosophique, politique, moral du principe de subsidiarité ne rend-il pas difficile son contrôle juridictionnel ? Lord Mackenzie Stuart, ancien président de la Cour des Communautés, estime qu'un tel contrôle ne pourrait qu'engendrer confusion et incertitudes, tant le concept est ambigu. Pour Jacques Delors, un contrôle a posteriori et limité du juge est néanmoins possible... mais, dans sa démonstration, il passe de la subsidiarité à la proportionnalité : « Il s'agit, au niveau de l'exécution, d'éviter des réglementations trop détaillées, disproportionnées dans les moyens requis par rapport à l'objectif poursuivi. » Dans le même esprit, la Cour, dans son rapport du 20 décembre 1990, adressé à la conférence intergouvernementale, ne conteste pas « la connotation largement politique de ce principe de subsidiarité », mais elle invoque un autre principe, « également à connotation politique », qui est pris en compte comme élément de... délimitation des compétences et dont la violation constitue un moyen d'annulation et d'exception : le principe de proportionnalité. De fait, les voies de recours ordinaires pourront être utilisées pour un recours a posteriori : le tribunal de première instance se prononcera pour la première fois, le 24 janvier 1995, dans l'affaire Roger Tremblay et autres, sur l'application de l'article 3B... Dans son rapport devant le Parlement européen (résolution du 12 septembre 1990), Valéry Giscard d'Estaing préconisait un contrôle préventif de l'application du principe, par la création d'une nouvelle Cour constitutionnelle communautaire. D'autres auteurs – Vlad Constantinesco, Jean-Paul Jacqué – envisageaient un contrôle a priori, inspiré de la procédure prévue à l'article 228 du traité CEE, qui permet au Conseil, à la Commission ou à un Etat membre de demander à la Cour son avis sur la compatibilité d'un accord international avec le traité CEE, avant sa conclusion... Mais toute forme de contrôle spécifique et préventif semblait exclue, jusqu'à l'élaboration de la Constitution européenne.

La Constitution consacre le titre III de sa première partie aux compétences de l'Union. Elle énumère, pour la première fois avec précision, quatre types de compétences : les compétences exclusives, partagées, d'appui et spécifiques.

– Les compétences exclusives de l'Union sont relativement peu nombreuses : elles correspondent aux compétences de l'Etat fédéral dans une fédération, compétences enlevées aux Etats fédérés comme aux Etats membres de l'Union.

Elles comprennent : l'établissement des règles de concurrence nécessaires au fonctionnement du marché intérieur, la politique monétaire pour les Etats membres qui ont adopté l'euro, la politique commerciale commune, l'union douanière, la conservation des ressources biologiques de la mer, la conclusion des accords internationaux prévus par une loi de l'Union ou correspondant à une compétence interne de l'Union.

La politique commerciale commune est le volet externe du marché intérieur : espace sans frontières intérieures, l'Union se présente comme une unité dans l'arène économique internationale. En fait, les Etats ont longtemps conservé la maîtrise de leur « politique d'exportation ». Dans le traité d'Amsterdam, la « communautarisation » des négociations commerciales internationales, limitée aux accords concernant les marchandises, n'atteignait pas les services et les droits de propriété intellectuelle. Le traité de Nice étendait la procédure de négociation communautaire aux services et aux aspects commerciaux de la propriété intellectuelle... mais excluait : les services culturels et audiovisuels, les services d'éducation, les services sociaux et de santé, qui demeuraient dans la compétence partagée des Etats et de la Communauté. Le lancinant conflit entre souverainistes et fédéralistes, qui devient ici le conflit autour de « l'exception culturelle » chère à la France, a resurgi au sein de la Convention : par sa rédaction, l'article I-12 sur les compétences exclusives semble couvrir l'ensemble de la politique commerciale et mettre fin à la compétence partagée et aux accords mixtes en matière de commerce de services culturels, audiovisuels et d'éducation (... et d'investissements étrangers dans les Etats membres). En fait, le débat a rebondi lors de la rédaction de la volumineuse troisième partie de la Constitution, consacrée à la description des politiques de l'Union et sortant donc du mécanisme purement constitutionnel : selon l'article III-217, l'unanimité est requise pour les accords commerciaux portant sur des services culturels et audiovisuels lorsque ceux-ci « risquent de porter atteinte à la diversité culturelle et linguistique de l'Union ». Le statu quo en matière d'exception culturelle est donc préservé par cette voie oblique.

La Constitution extrait de la politique commune de la pêche, qui fait partie du domaine de compétence partagée, la « conservation des ressources biologiques de la mer », érigée en compétence exclusive. Cette « excision » n'est pas très heureuse : d'une part, elle va à l'encontre de l'impératif de clarté dans le partage des compétences ; d'autre part, il aurait été possible, dans d'autres grands domaines de compétence partagée, de découvrir de semblables îlots de compétence exclusive. La seule explication est dans le grand respect que semble avoir porté la Convention à la jurisprudence de la Cour des Communautés : dès son arrêt Kramer et autres, du 1er juillet 1976, la Cour avait reconnu à la Communauté une compétence exclusive pour édicter des mesures de conservation des ressources biologiques de la mer...

– Les compétences partagées sont les plus nombreuses. Elles s'appliquent aux principaux domaines d'intervention de l'Union : le marché intérieur et la politique agricole commune, mais aussi à l'espace de liberté, de sécurité et de justice, aux transports et réseaux transeuropéens, à l'énergie, à certains aspects de la politique sociale, à la cohésion économique, à l'environnement, à la protection des consommateurs, aux enjeux communs de sécurité en matière de santé.

En l'absence de législation de l'Union, les Etats membres conservent leurs compétences – des compétences qu'ils perdent au fur et à mesure de l'intervention législative de l'Union. Dans l'hypothèse où la législation européenne en viendrait à couvrir complètement l'un des domaines de compétence partagée, ce dernier deviendrait de facto un nouveau domaine de compétence exclusive de l'Union... à cette différence près que la situation serait réversible : l'abrogation totale ou partielle de la législation de l'Union ouvrirait une nouvelle « fenêtre » à la législation étatique. Le mode normal d'intervention de l'Union reste, ici, celui de l'harmonisation des législations et réglementations des Etats membres.

L'article I-13 traite séparément du domaine de la recherche, du développement technologique et de l'espace, et de celui de la coopération au développement et de l'aide humanitaire, tout en les intégrant au champ des compétences partagées. Le particularisme de ces domaines est double : ils entrent, en réalité, dans la catégorie des compétences d'appui, mais l'importance des moyens financiers qu'ils mobilisent a incité la Convention à les classer dans la catégorie plus valorisante des compétences partagées, en précisant que les Etats membres conservent leurs compétences, qu'ils peuvent, dans toutes les hypothèses, exercer parallèlement à celles de l'Union ; l'Union intervient ici de manière concrète, par des programmes et programmes-cadres, et non par une activité législative.

– Les compétences d'appui permettent à l'Union de mener des actions de complément dans les secteurs de l'industrie, de la protection et de l'amélioration de la santé, de l'éducation, de la formation professionnelle et du sport, de la culture, de la protection civile.

Les compétences d'appui ne permettent pas à l'Union d'harmoniser les législations des Etats membres ; mais ces actions « complémentaires » peuvent se révéler d'une grande importance : on cite toujours, à cet égard, les programmes européens Erasmus d'échanges d'étudiants, qui forgent l'esprit européen des nouvelles générations, un peu comme les actions de l'Office franco-allemand de la jeunesse avaient contribué à la réconciliation des générations précédentes, des deux côtés du Rhin.

– Les compétences spécifiques de l'Union concernent la politique économique et de l'emploi et la politique étrangère et de sécurité commune, qui entrent difficilement dans la répartition entre compétences exclusives, partagées et d'appui.

La politique économique relève de la compétence des Etats membres. L'Union peut seulement assurer la coordination des politiques étatiques. Elle le fait par l'adoption de grandes orientations de politique économique et de lignes directrices de politique de l'emploi.

L'article I-14 ouvre la voie à un véritable gouvernement économique de la zone euro : si la politique monétaire est devenue une compétence exclusive de l'Union pour ceux des Etats qui ont adopté l'Euro, les décisions concernant la zone euro sont prises en présence et avec l'accord de tous les Etats membres de l'Union. La mise en place d'une instance propre aux Etats de la zone euro est donc annoncée – et précisée, en troisième partie, par l'article III-88 ainsi que par le protocole sur l'Eurogroupe. Seule reste incertaine la compatibilité entre les grandes orientations économiques de la zone euro et celles concernant tous les Etats de l'Union.

La politique étrangère consiste plus en actions et prises de positions qu'en actes juridiques. L'article I-15 proclame que la compétence de l'Union couvre tous les domaines de la politique étrangère et toutes les questions relatives à la sécurité de l'Union. En fait, cette compétence reste incertaine, comme le prouvent la modestie de formules empruntées au traité de Maastricht – « la définition progressive d'une politique de défense commune qui peut conduire à une défense commune » – et l'ambiguité de « l'esprit de loyauté et de solidarité mutuelle » exigé des Etats, une ambiguité déjà présente, sous une autre formulation, dans le traité de Maastricht. Quel Etat ou quel groupe d'Etats peut-on taxer de déloyauté, face à la grande rupture intervenue sur l'entrée en guerre contre l'Irak, au moment où les Conventionnels rédigeaient l'article I-15 ?

La Constitution énonce également, avec précision, les principes qui régissent la délimitation des compétences de l'Union.

Le principe d'attribution est la clé de la répartition des compétences : l'Union dispose des seules compétences que la Constitution lui attribue. L'article I-9 souligne, comme pour confirmer la délimitation par la preuve contraire : « Toute compétence non attribuée à l'Union dans la Constitution appartient aux Etats membres. » Suit le rappel des principes de subsidiarité (en matière de compétences partagées) et de proportionnalité, qui règlent l'exercice des compétences de l'Union (et l'intensité de cet exercice).

Des zones d'ombre subsistent, néanmoins. L'article I-10 transcrit le principe développé par la jurisprudence de la Cour de justice depuis l'arrêt Costa-ENEL du 15 juillet 1964 : la primauté du droit de l'Union sur celui des Etats membres. La reconnaissance explicite du principe de primauté, en toute « visibilité », parmi les premières dispositions du titre III consacré aux compétences, introduit une contradiction potentielle : les compétences des Etats semblent donc subordonnées aux compétences de l'Union. Certains commentateurs en déduiront que, contrairement à ce qu'indique le principe d'attribution, l'Union dispose d'une compétence générale – à titre exclusif, principal ou facultatif... Autre contradiction : l'article I-17 reprend la clause de flexibilité de l'article 235 du traité CEE, devenu l'article 308 du traité sur la Communauté dans le cadre des traités sur l'Union. Cette clause, qui permet d'élargir le champ d'intervention européen à de nouveaux domaines, sans que les autorités étatiques nationales en aient toujours conscience, et sans contrôle démocratique, le Parlement européen étant simplement consulté et les parlements nationaux ignorés, était devenue le symbole de l'« impérialisme » des Communautés ! Cette réintroduction de la clause de flexibilité est d'autant plus regrettable qu'elle est strictement inutile si la répartition des compétences est précisée, comme le demandait la déclaration de Laeken...

Cependant, la Constitution a innové en introduisant deux mécanismes à même d'assurer une protection efficace des compétences des Etats membres.

D'une part, la clause de flexibilité est strictement encadrée et « démocratisée » : l'avis conforme du Parlement européen est exigé ; la Commission est, en outre, tenue d'attirer l'attention des parlements nationaux, qui peuvent alerter leurs gouvernements s'ils estiment qu'il y a empiètement sur leurs compétences.

D'autre part, un contrôle préventif de l'application du principe de subsidiarité est établi : un contrôle politique, exercé par les parlements nationaux, qui s'ajoute au contrôle a posteriori de la Cour de justice (laquelle n'a pas eu l'occasion de se prononcer jusqu'ici). La procédure est prévue par un protocole sur la subsidiarité et la proportionnalité annexé à la Constitution. La Commission adresse toutes ses propositions législatives aux parlements nationaux des Etats membres : toute proposition doit comporter une analyse permettant d'apprécier le respect des principes de subsidiarité et de proportionnalité. Dans un délai de six semaines, chaque parlement national ou chaque chambre d'un parlement bicaméral peut adresser un avis motivé contestant la conformité de la décision au principe de subsidiarité. Si les « opposants » représentent le tiers de l'ensemble des parlements des Etats membres (chaque parlement monocaméral étant doté de deux voix, chaque chambre dans un système bicaméral d'une voix), ou le quart lorsque la proposition de la Commission (ou, dans ce cas, d'un groupe d'Etats membres) relève de l'espace de liberté, de sécurité et de justice, la Commission est tenue de réexaminer sa proposition.

Que l'avis motivé puisse émaner de chacune des deux chambres d'un parlement bicaméral est révélateur : la chambre « haute » représente généralement les collectivités locales et régionales, voire les Etats fédérés dans les systèmes fédéraux, et ce sont ces collectivités subétatiques qui ont été les plus sensibles aux empiètements des Communautés sur leurs compétences et au non-respect du principe de subsidiarité (comme le montrent les protestations fréquentes du Bundesrat allemand, représentant les Länder). Par contre, le seuil du quart ou du tiers des parlements n'aura peut-être pas de véritable importance : pour éviter tout conflit, la Commission pourrait décider de réexaminer sa proposition, dès que deux ou trois parlements, particulièrement de « grands » Etats membres, se seront manifestés par un avis motivé.

La simplification des actes de l'Union

Les actes unilatéraux, que les traités de Paris et de Rome habilitent les institutions des Communautés à délivrer, constituent l'essentiel de ces « textes communautaires » dont on dénonce souvent l'inflation dans les Etats membres. Aujourd'hui, les actes à portée obligatoire « émis par Bruxelles » sont au nombre de mille à quinze cents chaque année : ils sont pratiquement aussi nombreux que les textes de droit national émis par les gouvernements des principaux Etats membres. Jusqu'au traité de Maastricht, les auteurs de ces actes étaient le Conseil ou la Commission ; à partir de ce traité, il faut ajouter le Parlement – pour l'adoption conjointe de certains de ces textes avec le Conseil – et la Banque centrale européenne.

Les catégories d'actes unilatéraux sont diverses, et leur terminologie différente d'un traité de fondation à l'autre. La nomenclature des actes de la Communauté du charbon et de l'acier figure à l'article 14 du traité de Paris : elle comporte des décisions, des recommandations et des avis. Les articles 189 et 161 des traités de Rome sur le Maché commun et Euratom prévoient cinq sortes d'actes pour ces deux communautés : les règlements, les directives, les décisions, les recommandations et les avis. Les définitions données par les traités et la Cour de justice dans ses arrêts permettent de réduire ces actes à quatre catégories : les règlements Marché commun-Euratom et les décisions générales CECA ; les décisions ; les directives Marché commun-Euratom et les recommandations CECA ; les avis CECA et avis ou recommandations Communauté européenne-Euratom. Les divers piliers nés des traités d'Union européenne – politique étrangère et de sécurité, justice et affaires internes – ont accru le foisonnement d'instruments juridiques européens, chaque pilier ayant les siens propres.

Le règlement (ou décision générale dans le traité CECA) a une portée générale : il ne s'adresse pas à des destinataires précis ; tout sujet de droit est virtuellement concerné. Il est, selon la Cour de justice des Communautés, « applicable à des catégories envisagées abstraitement et dans leur ensemble ». II a un caractère essentiellement normatif : il édicte des règles générales et « pose de façon abstraite les conditions de son application ». II garde ce caractère général même lorsqu'il s'applique à des situations différentes, et à des effets concrets différents selon les sujets de droit : une disposition reste générale quand son « application uniforme atteint les intéressés de façon variable selon les particularités de leur situation, de leur activité ».

Le règlement est obligatoire dans tous ses éléments. Il est directement applicable ; il s'insère donc automatiquement dans les ordres juridiques nationaux et crée des droits et obligations dont les juridictions nationales devront tenir compte. II est l'illustration majeure de ce que la Cour de justice des Communautés dénomme le « système législatif communautaire » : ainsi a-t-il été utilisé pour la mise en place des organisations communes de marchés, dans le cadre de la politique agricole commune, ou pour l'application des règles de concurrence, le contrôle des concentrations.

La directive (ou recommandation dans le traité CECA) impose des résultats et laisse au destinataire le choix des moyens propres à les atteindre. Ce destinataire ne peut être qu'un Etat membre dans le cadre du Marché commun et d'Euratom ; il peut être aussi une entreprise dans celui de la CECA. L'entrée en vigueur de la directive ouvre un délai de mise en œuvre. A l'expiration de ce délai, l'Etat (puisque ce sera de loin le destinataire le plus fréquent) qui n'a pas transposé la directive dans son droit national verra son manquement constaté et sanctionné.

La directive a été utilisée pour fixer des calendriers de libération des échanges, et surtout pour harmoniser les législations des Etats membres. Dans la pratique, la distinction entre la directive et le règlement a pu devenir ténue : les directives étaient toujours plus précises et détaillées, ne mentionnaient le résultat à atteindre que dans leurs considérants et ne laissaient aux Etats, au lieu du choix des formes et moyens, que la transcription pure et simple de leurs dispositions. La Cour des Communautés semblait soutenir cette confusion des genres (comme dans l'arrêt « Commission contre Belgique » du 6 mai 1980). Un redressement s'est opéré : les directives dites de « nouvelle approche » ont un caractère global et reviennent à l'obligation de résultats ; elles correspondent mieux à l'application et à l'esprit du principe de subsidiarité.

La décision a pour trait essentiel de désigner, dans son article final, ses destinataires, auxquels elle impose des obligations, inflige des sanctions, ou confère des droits (des exemptions, par exemple) et auxquels elle doit être notifiée. Ces destinataires peuvent être des Etats, mais aussi des entreprises – ainsi, dans le domaine de la concurrence. La décision ne revêt donc pas le caractère impersonnel et abstrait du règlement. Mais, comme le règlement, elle est obligatoire dans tous ses éléments... sauf à utiliser le terme de décision pour qualifier d'autres sortes d'actes : en matière économique et monétaire, la décision peut avoir pour seul effet de constater une situation ; « le Conseil décide... s'il y a ou non déficit excessif d'un Etat » (art. 104 du traité de Maastricht).

A ces actes à portée obligatoire – règlement, directive, décision – on peut opposer les actes « qui ne lient pas », les avis et recommandations. Ces actes ne comportent d'obligation ni pour leur auteur ni pour leur destinataire. Ils ne sont donc pas susceptibles d'un contrôle juridictionnel. Encore que certains avis ou recommandations puissent être pourvus d'effets juridiques : ainsi des avis de l'article 54 du traité CECA, délivrés sur les programmes d'investissements des entreprises sidérurgiques et minières ; ainsi des recommandations de l'article 99 du traité de Maastricht, par lesquelles le Conseil fixe de « grandes orientations » de politique économique, que les Etats doivent s'efforcer de suivre.

La confusion des fonctions législative et exécutive dans le droit des communautés ne permettait pas de clarifier la nomenclature des actes : il n'existait pas de hiérarchie entre règlements, directives et décisions lorsque ces actes dérivaient directement des traités de fondation. Par contre, la jurisprudence de la Cour des Communautés avait imposé un principe de hiérarchie entre actes de base et actes d'application. Une distinction « matérielle », c'est-à-dire selon la nature de l'acte et non plus selon l'autorité qui l'avait émis, se faisait jour ici, par exemple entre les règlements de nature législative, ceux qui expriment une « puissance d'initiative », « la puissance de statuer d'une façon initiale, autonome et libre », comme aurait pu écrire Carré de Malberg, et les règlements d'application, dont les dispositions doivent être conformes aux règlements de base. De fait, par analogie avec le droit interne, on pouvait rapprocher les règlements de base des lois nationales, les règlements d'application des règlements du droit français et les décisions des actes administratifs individuels. Lors des négociations de Maastricht, la proposition avait été faite d'introduire la catégorie juridique de « loi » dans le droit communautaire, mais, finalement, la question avait été renvoyée à la conférence intergouvernementale suivante, et le traité d'Amsterdam n'avait pas abordé ce point...

La clarification attendue a été réalisée par la Convention : la Constitution européenne distingue les actes qui relèvent du domaine législatif et les autres. L'article I-32 introduit la « loi européenne », qui correspond à l'actuel règlement, un « acte législatif de portée générale, obligatoire dans tous ses éléments et directement applicable dans tout Etat membre », et la « loi-cadre européenne », qui correspond à la « directive », la dénomination de « loi-cadre » indiquant clairement que cet acte législatif ne peut pas produire d'effet par lui-même et que sa transcription par l'Etat membre en droit interne est nécessaire. Ces dénominations nouvelles sont très heureuses : elles sont modernisées, adaptées et – éloignées en cela du vocabulaire propre aux « eurocrates » et aux spécialistes de droit communautaire très « lisibles » par le grand public. En outre, la « typologie » des actes législatifs est simplifiée : les piliers étant supprimés, les actes seront les mêmes pour l'ensemble du domaine d'intervention de l'Union. La procédure d'élaboration des actes devient, également, plus compréhensible : selon l'article I-33, la « codécision » Conseil-Parlement est rebaptisée « procédure législative ordinaire », alors qu'elle était limitée à l'origine à certains aspects du marché intérieur ; l'égalité entre les deux branches du pouvoir législatif est soulignée. Cette procédure législative reste, cependant, complexe, une fois franchies les frontières des anciens piliers : les Etats membres conservent un droit d'initiative, aux lieu et place de la Commission, dans les domaines de la coopération judiciaire en matière pénale et de la coopération policière.

Les actes non législatifs (art. I-34) sont adoptés par les institutions de l'Union exerçant des fonctions exécutives : le Conseil et la Commission. Une catégorie nouvelle d'actes est créée : les règlements délégués (art. I-35), qui complètent ou modifient des éléments non essentiels de la loi ou de la loi-cadre. Cette délégation est rigoureusement encadrée : la loi ou loi-cadre doit délimiter explicitement les objectifs, le contenu, la portée et la durée de la délégation – laquelle peut être révoquée par le Conseil ou par le Parlement. Ainsi le législateur européen pourra-t-il élaborer des lois plus courtes, limitées aux principes. Il est vrai que la notion d'« éléments non essentiels » comporte une part d'incertitude : s'agit-il de normes techniques, aisément séparables des principes ?

Souvent lesdites normes sont l'essentiel de la réglementation-législation européenne, si on se réfère, par exemple, au déluge de textes qui a accompagné la mise en œuvre de l'Acte unique.

L'article I-32, 2e alinéa, interdit au Conseil et au Parlement d'adopter des avis ou recommandations – non contraignants – lorsqu'ils sont saisis d'une proposition de loi : il fait allusion à une pratique courante et regrettable du Parlement européen. Séquelle de son passé d'assemblée simplement consultative : le Parlement européen a pris goût au vote de résolutions purement politiques, qui engendrent une certaine confusion dans l'opinion publique européenne... Ainsi du vœu de légalisation de l'avortement, une recommandation des parlementaires européens à l'adresse des Etats membres ou candidats, qui influença négativement les électeurs irlandais lors du premier référendum de ratification du traité de Nice, le 7 juin 2001.

Le renforcement des institutions de l'Union

Le « cadre institutionnel » est traité au titre IV de la Constitution. Le chapitre institutionnel était le plus attendu par l'opinion publique européenne. Attente légitime : la description des organes exerçant le pouvoir, l'analyse des rapports entre pouvoirs, le « mécanisme institutionnel », sont au centre de tout projet constitutionnel. Attente d'autant plus légitime que les visions française et allemande étaient opposées, celle-ci fidèle à l'approche fédéraliste et celle-là fondée sur la préférence pour une démarche intergouvernementale, symbolisée par le Conseil européen : or Paris et Berlin avaient réalisé une synthèse entre leurs positions, lors du sommet du 40e anniversaire du traité de l'Elysée, une synthèse que le président Giscard d'Estaing allait parvenir à faire ratifier, pour l'essentiel, par la Convention. Mais attente fragile : il n'est pas sûr que la synthèse réalisée corresponde aux défis de l'avenir.

Quelles sont les novations apportées par la Constitution sur le chapitre institutionnel ? Le président de la Convention, suivi par la majorité de cette assemblée consultative, entendait donner « un président à l'Europe », un président stable du Conseil européen, et assurer, dans le même temps, le renforcement de la légitimité et de l'efficacité de chacun des côtés du « triangle institutionnel » : le Parlement, le Conseil des ministres et la Commission.

Le Conseil européen, créé en 1974 à l'initiative de Valéry Giscard d'Estaing, alors chef d'Etat français, comme un organe officieux, un club informel de chefs d'Etat ou de gouvernement qui se réunissaient « au coin du feu » pour régler les questions sur lesquelles butaient leurs ministres, et qui avait fait une entrée discrète dans l'Acte unique puis dans le traité de Maastricht, devient une institution à part entière. Cette institutionnalisation a été critiquée par une minorité de Conventionnels, qui craignaient de voir le Conseil européen rejeter dans l'ombre le Conseil des ministres et la Commission. Certains souhaitaient le voir maintenu dans sa nature « officieuse » ; d'autres auraient préféré en faire une formation solennelle du Conseil des ministres (c'était aussi la position de Romano Prodi, dans son projet constitutionnel « Pénélope », furtivement présenté). En fait, il aurait été regrettable que l'institution qui donne ses principales impulsions politiques à l'Union – les sommets institutionnalisés sont devenus le moment fort de la vie politique européenne – ne soit pas pleinement présente dans la charte constitutionnelle de l'Union.

Le Conseil européen n'est pas qualifié d'« instance suprême de l'Union », comme le prévoyait le premier projet présenté par M. Giscard d'Estaing – une formulation qui semblait trop provocante aux tenants de la vision fédéraliste d'une Commission véritable exécutif de l'Union. Les missions et la composition du Conseil européen sont décrites à l'article I-20 : il définit les orientations et les priorités politiques générales et n'exerce pas de fonction législative – autre assurance donnée à la minorité de la Convention qui craignait un empiètement sur les compétences des organes législatifs, le Conseil des ministres et le Parlement. Il est composé des seuls chefs d'Etat ou de gouvernement, alors que les ministres des Affaires étrangères en étaient également membres de droit : la volonté de la Convention est de revenir à la convivialité des Conseils européens des années soixante-dix, loin des grandes machineries et des centaines d'experts qui les entourent trente ans plus tard... encore que les chefs d'exécutif puissent se faire assister « d'un ministre » lorsque l'ordre du jour l'exige. Sont également membres du Conseil européen : son président, le président de la Commission et le ministre des affaires étrangères de l'Union. Les sessions trimestrielles du Conseil européen se tiendront à l'avenir exclusivement à Bruxelles : cette disposition épargnera aux nouveaux Etats membres, aux dimensions et au budget souvent modestes, l'organisation de sommets à grand spectacle, et elle contribuera, du même coup, au retour des sommets européens à la convivialité des origines. L'ultime alinéa de l'article 120 précise que la prise de décision se fera « par consensus », sans définir ledit consensus. Doit-on considérer que l'objection d'un seul participant ou d'un petit nombre de chefs d'exécutif n'empêchera pas la prise de décision, selon la formule adoptée par la Convention elle-même, dans ses travaux ? Ou que prévaudra l'exigence d'un consensus au sens strict, d'une unanimité au moins tacite ? A la pratique de trancher...

Innovation majeure de la Constitution : le Conseil européen sera doté d'un président permanent, qui ne cumulera pas cette fonction avec la présidence d'un exécutif national – alors qu'il s'agissait, jusqu'ici, d'une présidence tournante, attribuée chaque semestre, à tour de rôle et dans l'ordre alphabétique des Etats membres, aux divers chefs d'Etat et de gouvernement européen. L'ultime carré des partisans de la présidence tournante insistait sur le sentiment de fierté et le sens de la responsabilité qui imprègnent, tous les six mois, les dirigeants et l'opinion publique du pays concerné. A l'inverse, on pouvait faire valoir que la charge de travail du président « semestriel » s'était alourdie au point d'altérer la conduite des affaires de son Etat. Surtout, dans l'Europe à vingt-cinq, la rotation serait étendue dans le temps (douze ans et demi) et perdrait tout sens...

Le président du Conseil européen sera élue à la majorité qualifiée (définie à l'art. I-24) : il devra recueillir les voix des deux tiers des Etats, représentant au moins les trois cinquièmes de la population totale de l'Union. Le président de la Convention, M. Giscard d'Estaing, avait souhaité un corps électoral plus large, un « Congrès des peuples », composé d'un tiers de députés européens et de deux tiers de parlementaires nationaux, ce qui aurait donné une signification symbolique plus forte à l'élection – mais il n'a pas été suivi. Il avait également été envisagé de limiter l'éligibilité à la présidence aux seuls membres et anciens membres du Conseil européen. Le nouveau président aurait ainsi déjà eu une bonne connaissance du Conseil européen, de son fonctionnement, voire de ses participants... mais l'impulsion démocratique a triomphé, et la Convention a exclu tout critère de ce genre. En fait, il est tout de même difficile d'imaginer un président qui serait extérieur au cénacle des chefs et anciens chefs d'Etat ou de gouvernement. La règle fondamentale et révolutionnaire est celle de l'incompatibilité avec tout mandat national : elle transforme la nature de la fonction et met fin au cumul avec la présidence d'un gouvernement ou d'un Etat. La présidence du Conseil européen devient une fonction européenne à plein temps ; le lien avec l'Etat d'origine disparaît. Le président « préside et anime les travaux du Conseil » ; il « œuvre pour faciliter... le consensus au sein du Conseil » : c'est le profil d'un chairman à l'anglo-saxonne, dont les pouvoirs consistent, en partie, à diriger des débats ; mais un « chairman » qui exercera une grande autorité morale sur ses collègues et devra user de son pouvoir de proposition pour parvenir aux compromis et au fameux consensus. Le président aura, surtout, la tâche de représenter l'Union sur la scène internationale, mais cette fonction de représentation sera strictement encadrée : il l'exercera « sans préjudice des compétences » du nouveau « ministre des Affaires étrangères de l'Union ».

Les articles I-22 et I-23 sont consacrés au Conseil des ministres, nouvelle dénomination du Conseil, le côté le moins connu du « triangle institutionnel ». La nature du Conseil des ministres est hybride : il partage, avec le Parlement, la fonction législative ; mais il reste un organe exécutif, avec des compétences propres dans le domaine de la politique étrangère et de sécurité commune. Il est composé de « représentants » nommés par les différents Etats membres « au niveau ministériel », une formule floue qui permet d'inclure des ministres de collectivités fédérées, les Länder allemands ou les régions belges. Ces représentants sont les seuls habilités « à engager l'Etat membre » qu'ils représentent et à « exercer le droit de vote » – ce qui semble exclure les ambassadeurs représentants permanents des Etats membres, jusqu'ici omniprésents dans les Conseils.

Le Conseil ou Conseil des ministres était, en fait, composé de différentes formations, qui sont réorganisées. Une double réforme était concevable. D'une part, distinguer clairement les fonctions législative et exécutive du Conseil, avec des procédures différentes : le Conseil en formation législative deviendrait une sorte de « Chambre haute » à côté du Parlement européen, avec publicité des séances et fonctionnement de type parlementaire. D'autre part, organiser une meilleure coordination interne au sein de chaque appareil étatique national : à l'origine, cette coordination était assurée par les ministres des Affaires étrangères au sein du Conseil des affaires générales ; au fil des années, les ministres des Affaires étrangères s'étaient consacrés à la politique extérieure et les ministres « sectoriels » s'étaient retrouvés dans une situation de très grande autonomie, au risque de provoquer de nombreuses contradictions internes...

Le texte final est moins ambitieux et plus ambigu. Aux deux conseils principaux, primitivement prévus, le Conseil des affaires générales, chargé de la coordination d'ensemble, et le Conseil législatif, siégeant en public, est substitué un « Conseil législatif et des affaires générales »... siégeant en qualité de coordonnateur ou de législateur : dans sa première fonction, le conseil prépare les réunions du Conseil européen, dont il assure le suivi avec la Commission ; dans sa seconde formation, les Etats membres sont représentés par un ou deux autres ministres, en fonction de l'ordre du jour, les ministres « sectoriels » étant ainsi traités comme leur collègue chargé de la coordination. Parmi les autres formations du Conseil, seul le Conseil des affaires étrangères est nommé : il élabore les politiques extérieures de l'Union « selon les lignes stratégiques définies par le Conseil européen » ; mais le point important est qu'il est présidé par le ministre des Affaires étrangères de l'Union. Le Conseil des affaires étrangères échappe donc au régime commun des autres formations du Conseil des ministres, qui sont dotées de présidences d'un an, selon un système de « rotation égale » tenant compte des équilibres politiques et géographiques et de la « diversité des Etats membres » : invitation à prendre en considération petits et grands Etats, nouveaux venus et Etats fondateurs, Etats de l'Europe du Sud ou du Nord... L'élaboration du système de « rotation égale » est renvoyée au Conseil européen ; elle promet d'être complexe. L'élection de chacun des présidents par ses pairs aurait permis un ajustement plus spontané des sensibilités géographiques et autres... à l'exemple du conseil des ministres de la zone Euro, dont le président est élu pour deux ans et demi par ses collègues.

L'article I-24 sur la votation à la majorité qualifiée est commun au Conseil européen et au Conseil des ministres. Aux calculs ésotériques du traité de Nice, reposant sur le nombre des Etats, la pondération de leur vote et la démographie de l'Union, la Constitution a substitué un système plus simple, fondé sur la majorité des Etats, représentant 60 % de la population de l'Union. Mais l'opposition de l'Espagne et de la Pologne, qui craignaient de perdre le statut de « quasi-Grands » obtenu à Nice, a contraint la Conférence intergouvernementale à reprendre le dossier. Au demeurant, l'entrée en vigueur du nouveau régime de majorité qualifiée a été repoussée à 2009.

La Commission reste, par ses fonctions, au cœur des institutions de l'Union. Elle promeut et incarne « l'intérêt général européen » ; elle est la gardienne des traités fondateurs et, désormais, de la Constitution ; elle a un pouvoir de proposition au plan législatif et elle assure l'exécution du budget et des programmes. Elle fonctionne collégialement, en pleine indépendance à l'égard des Etats, les commissaires ne pouvant solliciter ni accepter d'instruction de quelque gouvernement ou organisme. Elle est responsable devant le Parlement européen. Les deux novations introduites par la Constitution ont trait à sa composition et aux pouvoirs de son président.

L'intensité du débat sur la composition de la Commission reflète-t-elle une « renationalisation » de l'Union ? Dans le principe, la question de l'appartenance nationale des commissaires ne devrait pas se poser : par leur indépendance à l'égard des Etats membres, ils sont les symboles par excellence du mode de fonctionnement supranational. En fait, les Etats candidats au « grand élargissement » de 2004, particulièrement ceux issus de l'ancien pacte de Varsovie, estimaient intolérable de ne pas être présents, par l'un de leurs ressortissants, au sein de l'exécutif supranational. Explicable historiquement et politiquement, ce comportement n'en constituait pas moins une régression au regard des principes de la construction européenne : les Etats ne sont pas représentés au siège de l'Union par « leur » commissaire, mais par leur ministre au sein du Conseil des ministres et par leur chef d'Etat ou de gouvernement au sein du Conseil européen. La question était rendue encore plus complexe par la volonté des Etats déjà membres de réduire ou de « plafonner » le nombre de commissaires, afin de parvenir à une plus grande efficacité de la Commission. Jacques Delors n'évaluait-il pas à neuf le nombre de fonctions à assumer par la Commission ? Et le traité de Nice disposait que, lorsque l'Union se composerait de vingt-sept Etats, le nombre de commissaires, limité à vingt-cinq, serait inférieur au nombre d'Etats membres...

La première proposition présentée par M. Giscard d'Estaing prévoyait une commission de quinze membres, dont le choix reviendrait au président de la Commission, sans référence à l'appartenance nationale des commissaires. Cette proposition, d'esprit « fédéral », avantageait, certes, les grands Etats : leurs députés, présents en plus grand nombre dans l'hémicycle du Parlement européen, pourraient refuser d'investir la Commission, si cette dernière ne leur semblait pas représentative de la « famille » des Etats européens. Le plafond de quinze commissaires européens a finalement été maintenu, mais les représentants des petits Etats sont parvenus à imposer un système de « rotation égale entre les Etats membres », auquel seuls échappent le président de la Commission et le ministre des Affaires étrangères de l'Union. Des commissaires sans droit de vote viendront compenser l'absence d'un certain nombre d'Etats. Des concessions considérables ont ainsi été faites aux Etats les moins peuplés : la réduction de la présence des grands Etats, voire leur absence, au sein du collège supranational, ne risque-t-elle pas d'éroder la légitimité de la Commission ?

Le président de la Commission poursuit sa montée dans les institutions européennes, dans le droit fil des traités d'Amsterdam et de Nice. A l'origine, son statut était égal à celui des divers commissaires : il était le premier parmi ses « pairs ». Ses pouvoirs sont devenus ceux d'un chef d'exécutif. Il est élu par le Parlement européen, sur la proposition du Conseil européen, qui devra tenir compte des résultats de l'élection parlementaire européenne, du poids respectif des forces politiques en présence. Le Parlement peut refuser le candidat proposé, le Conseil européen devra, dès lors, faire une autre suggestion. Le président choisit les commissaires à partir des propositions des Etats, chacun des Etats déterminé sur la base du système de rotation proposant une liste de trois candidats qu'il estime particulièrement qualifiés. L'autorité du président sur les commissaires est forte : après les avoir choisis, il peut démettre d'office tel d'entre eux, sans vote ou consultation préalable de la Commission. Son autorité est aussi forte sur les travaux et l'organisation de la Commission : il définit les orientations générales qui encadrent les missions de la Commission, il décide de son organisation interne et nomme les vice-présidents.

Entre le Conseil européen et la Commission apparaît le « ministre des Affaires étrangères de l'Union », ce personnage-Protée, qui appartient à la fois à l'instance intergouvernementale des chefs d'Etat et de gouvernement et à l'instance supranationale, la Commission... tout en étant, par ailleurs, le « mandataire du Conseil des ministres ». Cette personnalité « à double chapeau » (voire à triple chapeau, si on tient compte de son rapport particulier avec le Conseil des ministres) conduit la politique étrangère et de sécurité de l'Union. Son rôle est, à la fois, de proposition, dans le domaine de la politique étrangère commune et de la politique de sécurité et de défense, et d'exécution, au nom du Conseil des ministres : ses fonctions résultent de la fusion de celles du commissaire aux relations extérieures, qui coordonne la gestion de l'aide au développement, aux montants considérables (six milliards d'euros) et de celles de haut représentant pour la politique étrangère et de sécurité communes, qui gère, sans moyens significatifs, la politique étrangère embryonnaire de l'Union. Nommé par le Conseil européen, à la majorité qualifiée et avec l'accord du président de la Commission, il est responsable devant le Conseil européen, qui peut le démettre. Membre de la Commission, il en est l'un des vice-présidents : pourrait-il être démis, comme les autres commissaires, par le président ? Il ne semble pas : son statut est, tout de même, très particulier au sein de la Commission ; sa révocation par le président du collège supranational pourrait entraîner un conflit avec le Conseil européen qui lui maintiendrait sa confiance. Le ministre pourra s'appuyer sur un début de corps diplomatique européen, le « service européen pour l'action extérieure », qui exerce déjà son attraction sur les plus dynamiques des jeunes diplomates des Etats membres.

Le Parlement européen est l'institution citée en premier par la Constitution, avant même le Conseil européen. De fait, sa légitimité est consacrée : il est le législateur de droit commun, à égalité avec le Conseil des ministres dans sa fonction de « Chambre haute » ; il est présenté, par l'article I-19, comme « élisant le président de la Commission européenne »... ce qui n'est pas exact puisque cette élection se fait sur proposition du Conseil européen ; il est élu au suffrage universel direct pour un mandat de cinq ans ; son fonctionnement a été peu critiqué par la Convention.

Comme dans le cas de la Commission, le problème du Parlement est celui de sa composition. La Constitution fixe le nombre des eurodéputés à 736, chiffre repris du traité de Nice pour « l'Europe des Vingt-Cinq ». Il s'agit d'un plafond, la Convention ayant exprimé la conviction qu'un parlement trop nombreux ne pourrait mener un travail législatif sérieux – encore que les précédents de la Fédération de Russie et surtout de l'Inde pourraient être invoqués en sens inverse.

Du même coup, se posait la question de la répartition de ces 736 sièges entre vingt-cinq Etats membres, voire davantage dans un avenir proche. La première proposition de M. Giscard d'Estaing faisait appel au principe de « proportionnalité », seule solution démocratique, alors que le rapport actuel est d'un député représentant huit cent mille électeurs pour les Etats les plus peuplés, cinq cent mille pour les Etats moyens, de soixante à trois cent mille pour les petits Etats. Un « plancher » de quatre députés était cependant prévu pour les Etats les plus petits. Dans l'impossibilité de parvenir à un consensus – du fait de l'opposition de l'Espagne et de la Pologne, qui exigeaient une compensation parlementaire pour équilibrer la remise en cause de leur poids de « quasi-Grands » au sein du Conseil des ministres – la Constitution renvoie la répartition à une décision du Conseil européen et à l'horizon 2009. En outre, elle introduit le concept de « dégressivité proportionnelle », afin de rassurer les Etats les moins peuplés... Un concept qui semble aller à l'encontre de la répartition proportionnelle, et qui sera difficile à interpréter !

Sur l'organisation des pouvoirs, les innovations de la Constitution sont nombreuses. Quatre d'entre elles peuvent, cependant, poser problème, sous l'angle de la légitimité politique ou de la cohérence fonctionnelle des institutions de l'Union.

La présidence du Conseil européen

La grande idée d'un « président pour l'Europe » a été lancée par des dirigeants ou anciens dirigeants français, tels que Jacques Chirac et Valéry Giscard d'Estaing. Etait-ce le fait de la « culture présidentialiste » de la Ve République ? Elle avait aussi l'adhésion de Tony Blair auquel son compatriote, l'eurodéputé libéral Andrew Duff, reprochait d'être obsédé par la question du leadership et de croire que celui-ci permettrait de résoudre tous les problèmes... Il est vrai que l'Europe doit être rendue plus visible dans le concert international. Pourquoi ne pas lui donner un visage ? C'était là le réflexe de plusieurs gouvernements européens.

Le problème est que ce président – celui du Conseil européen – sera un président faible. Le compromis entre Français et Allemands, qui était, dans une certaine mesure, un compromis entre tenants de l'Europe des nations et fédéralistes, reposait sur le « renforcement » des deux présidences, celles du Conseil européen et de la Commission. En fait, le jeu ne sera pas égal : le président solitaire du Conseil européen n'aura pas à sa disposition l'appareil administratif qui soutient le président de la Commission, et il n'aura pas d'autorité sur les chefs d'Etat et de gouvernement puisqu'il ne sera plus lui-même chef d'un exécutif national... Loin d'incarner un leadership européen, et d'être le maître de l'Exécutif intergouvernemental, il exercera une fonction symbolique et morale, à la manière des présidents italien ou allemand ou de ceux des IIIe et IVe Républiques. C'est le « président charismatique mais sans pouvoirs », décrit, dans son propre projet de constitution par Robert Badinter, qui avançait les noms de Jacques Delors ou Vaclav Havel...

Un président faible, à quoi bon ? répondait l'universitaire belge Franklin Dehousse, qui préférait le maintien de la présidence tournante, semestrielle, pour le Conseil européen... et l'élection du président de la Commission au suffrage universel. Eternelle querelle avec les partisans de l'instance supranationale, qui rappelait la fragilité du compromis intervenu.

La réforme des Conseils

La présidence tournante et semestrielle du Conseil européen, si décriée, octroyait à son titulaire un vrai pouvoir de contrôle et de coordination : le chef d'Etat ou de gouvernement concerné présidait le Conseil européen, et les membres de son gouvernement les différentes formations du Conseil des ministres – le ministre des Affaires étrangères le Conseil des affaires générales, celui des finances le Conseil Ecofin, et il en allait de même pour les différents conseils sectoriels. La liaison entre les différentes formations, le partage de l'information, voire la diffusion des priorités politiques du semestre s'opéraient spontanément, au sein d'un même exécutif national, politiquement solidaire (... sauf dans l'extravagante exception française de la « cohabitation », c'est-à-dire du dédoublement de l'exécutif).

Avec la réforme du Conseil des ministres se chevaucheront les pouvoirs des présidents des diverses formations sectorielles, présidents de nationalités différentes, en poste pour des durées diverses, les uns nommés selon un système de rotation égale pour tous les Etats, l'un d'entre eux (le Conseil des affaires étrangères) doté d'un président de droit, le nouveau ministre de l'Union, un autre présidé par un ministre élu par ses collègues (le Conseil Eurogroupe). La cohérence entre l'action du président du Conseil européen et celle des divers conseils sectoriels prend fin. Le risque est grand d'un éclatement de la fonction présidentielle, d'un délitement de l'exécutif supranational... sauf à imaginer la mise en place de procédures officieuses, complexes, opaques, et donc contraires au « mandat » de Laeken.

La réforme de la Commission

La grande erreur de la diplomatie française a été de placer en priorité absolue de ses préoccupations la réduction du nombre des membres de la Commission, sous le prétexte d'efficacité ! Nous l'avions perçue lors du colloque, organisé à Budapest les 4-6 mars 1997, par le chancelier d'Allemagne, avec les représentants des Etats candidats au « grand élargissement ». L'intervention passionnée d'un membre de la délégation tchèque nous avait donné la mesure du dilemme : il n'était pas question pour un Etat qui venait de s'extraire de la « souveraineté limitée » à la Brejnev, de ne pas compter un ressortissant dans l'exécutif supranational ; autant lui demander de refaire une expérience de souveraineté limitée ! C'est pour répondre à cette indignation que les principaux Etats membres de l'Union ont accepté de ne compter qu'un de leurs nationaux au sein de la Commission, voire pas du tout, pour certaines périodes, à l'horizon 2009...

Les résultats sont là, et les chiffres extravagants : les commissaires issus des six Etats représentant 75 % de la population de l'Union seront moins nombreux que ceux issus d'Etats représentant moins de 4 % de cette population ! Pour nous en tenir aux nouveaux membres, les Etats baltes compteront trois commissaires pour 7 millions et demi d'habitants et la Pologne un commissaire pour près de quarante millions d'habitants – sans évoquer les cas de Malte, avec son commissaire pour 400 000 habitants, et de la Chypre grecque, avec ses 600 000 habitants et dont le commissaire sera le second ressortissant de l'hellénisme.

Cette situation est difficile à accepter, s'agissant de l'exécutif supranational, « fédéral », censé représenter les peuples et non les Etats. Dès les lendemains de l'élection européenne de juin 2004, la commission Barroso ressemble à la caricature que l'on pouvait craindre : une instance renationalisée, caractérisée par l'assaut des petits Etats. La responsabilité de la commission Prodi est grande : elle fut, pendant toute la durée des travaux de la Convention, arc-boutée sur le principe d'un commissaire par Etat, contraire à la philosophie originaire de la supranationalité.

La légitimité politique de la Commission est gravement altérée. Il aurait mieux valu respecter le poids des « grands » Etats, et particulièrement des Etats fondateurs, en acceptant un plus grand nombre de commissaires : une commission de trente-deux à trente-cinq membres est concevable, au regard de ces gouvernements nationaux qui atteignent les quarante ministres.

L'ultime objection des tenants d'une commission réduite est que les commissaires en surnombre, sans attributions réelles, seraient tentés d'empiéter sur les compétences des Etats membres... Mais la clarification des compétences de l'Union et des Etats, réalisée par la Constitution, devrait être une garantie suffisante !

La création d'un ministre des Affaires étrangères

L'apparition de ce nouvel organe « fédéral », une sorte de Secrétaire d'Etat américain dans les premiers gouvernements, encore rustiques, des Etats-Unis, serait prometteuse pour l'avenir si on discernait l'esquisse d'une politique étrangère et de défense commune... En l'absence d'une telle politique, le rôle du ministre de l'Union se réduira peut-être à des querelles de territoire avec les présidents du Conseil européen ou de la Commission, et sa fonction à une façade ministérielle suspendue sur le vide.

Les divisions des Européens sur l'intervention en Irak incitent ici à un certain scepticisme. Au-delà de cette fracture, qui pourrait n'être que conjoncturelle, un échec de la Convention, dans le cours de ses travaux, bien que peu remarqué, reflète la difficulté d'être de l'Europe diplomatique et stratégique : si l'article I-42 de la Constitution introduit une clause de solidarité des Etats membres contre les menaces ou attaques terroristes, l'élargissement de cet engagement face à toute forme d'agression a été contesté à la fois par les « neutres », de l'Irlande aux nouveaux membres de 1995, la Suède, la Finlande et l'Autriche, et les « atlantistes », Grande-Bretagne, Pays-Bas, Pologne. Ainsi, malgré les efforts du groupe de travail animé par Michel Barnier, l'Union ne reflète pas cette solidarité minimale que comporte toute alliance. Il y a régression au regard de l'époque où une alliance européenne avec clause d'assistance automatique, l'Union de l'Europe occidentale (qui a cédé place, le 13 novembre 2000, à la politique étrangère et de sécurité commune), établissait, en parallèle avec les Communautés, la solidarité militaire ouest-européenne.

XVIII

La Constitution européenne : les droits du citoyen

Un nouveau « droit public européen » ?

L'expression avait été forgée, au XVIIIe siècle, par l'abbé de Mably, et reprise par le Congrès de Vienne, en 1815. Ainsi s'affirmait un système de droit européen très élaboré, alors que le principe même d'un droit international global, d'un « droit des gens positif universel », était souvent contesté.

Ce premier droit public européen tendait essentiellement à la légitimation d'un certain nombre de situations territoriales : il consacrait l'ordre territorial reconnu et partiellement garanti par les grandes puissances réunies au sein du Concert européen. Le nouveau droit public européen concerne le statut du citoyen européen, les droits des gouvernés. La Constitution de l'Union lui fait place : elle reprend du traité de Maastricht les éléments d'une citoyenneté européenne ; elle imprime une portée obligatoire à la Charte des droits fondamentaux, adoptée après le Conseil européen de Nice ; elle se réfère à la Convention européenne des droits de l'homme, à laquelle l'Union « s'emploie à adhérer ».

La citoyenneté de l'Union

L'article I-8 consacre avec solennité les éléments d'une citoyenneté européenne, déjà énoncés par le traité de Maastricht.

« Toute personne ayant la nationalité d'un Etat membre possède la citoyenneté de l'Union. La citoyenneté de l'Union s'ajoute à la citoyenneté nationale et ne la remplace pas. » La citoyenneté de l'Union ne signifie donc pas la création d'une nationalité de l'Union. Pour répondre aux craintes du Danemark, le Conseil européen d'Edimbourg a précisé, le 12 décembre 1992, que les dispositions sur la citoyenneté « ne se substituent en aucune manière à la citoyenneté nationale ». De même, le traité d'Amsterdam souligne que « la citoyenneté de l'Union complète la citoyenneté nationale et ne la remplace pas ». Le rattachement d'une personne physique ou morale à l'Union est lié à la nationalité d'un Etat membre, il s'effectue par le relais de la nationalité d'un Etat membre.

Les nationaux des divers Etats membres bénéficient des droits que leur confèrent les traités. La notion de « ressortissant communautaire » est ainsi apparue, implicitement. Seuls ces ressortissants bénéficient du droit d'établissement, ont accès à la fonction publique communautaire, ne peuvent faire l'objet d'une discrimination. Ils forment ainsi une catégorie intermédiaire entre le national et l'étranger.

Si l'attribution de la nationalité relève du pouvoir discrétionnaire de l'Etat membre, la Cour de justice des Communautés a cependant esquissé une limitation de ce pouvoir dans l'affaire Micheletti (7 juillet 1992) : lorsqu'une personne possède une double nationalité, celle d'un Etat membre et celle d'un Etat tiers, l'Etat membre concerné ne peut opposer que la nationalité tierce l'emporte sur sa propre nationalité. Dans son commentaire de cet arrêt, David Ruzié s'est élevé contre « une communautarisation rampante du droit de la nationalité », « un impérialisme communautaire... qui menace la souveraineté des Etats membres » (*Revue générale de droit international public*, 1993).

Quelles sont les conséquences de la citoyenneté de l'Union ?

Le droit de libre circulation et de libre séjour sur le territoire des Etats membres constituait déjà l'une des libertés fondamentales liées à l'établissement du marché commun. Qu'il se présente à travers la liberté de circulation des travailleurs, le droit d'établissement, la liberté des prestations de services, ce droit avait une finalité essentiellement économique ; son insertion parmi les attributs de la citoyenneté de l'Union lui a donné une portée plus générale. La question connexe de la suppression des contrôles aux frontières et du franchissement des frontières extérieures de la

Communauté a été traitée sur une base purement interétatique par l'accord de Schengen du 14 juin 1985, signé par la France, l'Allemagne et les pays du Bénélux. Le traité d'Amsterdam a donné compétence à la Communauté pour les « mesures d'accompagnement... concernant les contrôles aux frontières, l'asile et l'immigration ». La Convention propose la mise en place progressive d'une gestion commune des frontières extérieures de l'Union, malgré les réticences marquées de certains Etats, scandinaves en particulier.

Le droit de vote et d'éligibilité au Parlement européen des citoyens de l'Union, dans l'Etat membre où ils résident et dans les mêmes conditions que les ressortissants de cet Etat, était acquis dès l'élection du Parlement au suffrage universel. Ces droits auraient dû être insérés dans une procédure électorale uniforme – mais, en l'absence d'un accord des Etats sur une telle procédure, il a semblé plus facile de les instituer en en faisant une conséquence de la citoyenneté. En application du traité de Maastricht, la directive du 6 décembre 1993 du Conseil a permis l'entrée en vigueur de ces droits lors des élections européennes de juin 1994 : tout citoyen européen peut voter et est éligible dans l'Etat membre de résidence ; le double exercice de ces droits dans l'Etat de résidence et l'Etat d'origine est évidemment exclu. Un Etat membre peut adopter une mesure dérogatoire si la proportion de citoyens de l'Union non nationaux et en âge de voter dépasse les vingt pour cent.

D'autres droits des citoyens de l'Union s'exercent dans la mouvance du Parlement européen : le droit de pétition, qui était déjà prévu par le réglement intérieur du Parlement ; le recours au médiateur, créé sur le modèle de l'*ombudsman* scandinave et à l'initiative du Danemark, par une décision du 9 mars 1994 du Conseil. Le médiateur est élu par le Parlement européen, au scrutin secret et à la majorité des suffrages exprimés, au début de chaque législature européenne. Il est habilité à recevoir les plaintes des citoyens de l'Union (voire des résidents étrangers dans un Etat membre), relatives à des cas de mauvaise administration dans l'action des institutions communautaires. Après enquête, il saisit l'institution concernée... L'article II-41 de la Constitution européenne précise les divers aspects du « droit à la bonne administration » de la part des « institutions, organes et agences de l'Union » : droit d'accès au dossier, obligation pour l'administration de motiver ses décisions, droit du plaignant à réparation.

Le droit de vote et d'éligibilité aux élections municipales, dans l'Etat de résidence et dans les mêmes conditions que les ressortissants de cet Etat, a été organisé par une directive du Conseil du 19 décembre 1994. Comme pour l'élection au Parlement européen, le principe est celui du « traitement national ». Mais, à la différence de l'élection au Parlement européen, l'exercice de ces droits n'est pas lié à l'activité d'une institution communautaire : on peut donc considérer le droit de vote et d'éligibilité aux élections municipales de l'Etat de résidence comme une « conséquence intrinsèque de la notion de citoyenneté de l'Union » (Philippe Manin). Les Etats membres peuvent, cependant, réserver à leurs seuls ressortissants les fonctions de chef ou de membre d'un exécutif local. Ainsi, l'article 88-3 de la Constitution française, issu de la révision du 25 juin 1992, autorise expressément le droit de vote et d'éligibilité aux élections municipales des « citoyens de l'Union résidant en France », mais ces derniers ne peuvent être élus maires ou adjoints, ni participer à la désignation des électeurs sénatoriaux et à l'élection des sénateurs.

Les citoyens de l'Union bénéficient, sur le territoire d'un pays tiers où l'Etat membre dont ils sont ressortissants n'est pas représenté, « de la protection des autorités diplomatiques et consulaires de tout Etat membre, dans les mêmes conditions que les nationaux de cet Etat ». Cette situation, prise en compte par le traité de Maastricht et par une décision du Conseil du 19 décembre 1995, sera de plus en plus fréquente : dans l'Union « à quinze », la totalité des Etats membres n'était représentée que dans cinq pays tiers, et nombre de nouveaux membres de l'Union « à vingt-cinq » sont de petits Etats qui entretiennent peu de représentations diplomatiques.

Il s'agit de l'assistance sur place aux citoyens européens en difficulté, non de la « protection diplomatique » au sens strict du droit international : cette dernière a pour effet de rattacher à l'Etat, sujet du droit international, les dommages subis par son ressortissant, de faire endosser par l'Etat la réclamation de son ressortissant. Au demeurant, l'exercice de la protection diplomatique au sens strict n'est pas conditionné par une présence diplomatique sur place de l'Etat concerné : elle est exercée à partir de l'administration centrale du ministère des Affaires étrangères intéressé.

Mais l'innovation la plus forte aménagée par la Constitution européenne réside dans la possibilité ouverte aux citoyens de l'Union de soumettre aux institutions européennes une proposition législative. C'est « l'initiative citoyenne » de l'article I-46 « d'au moins un million de citoyens de l'Union issus d'un nombre significatif d'Etats membres ».

La Charte des droits fondamentaux

Etait-il nécessaire, pour l'Union européenne, d'élaborer sa propre « déclaration des droits » ? Sur cette question, le débat entre fédéralistes et souverainistes s'est longtemps figé en un double monologue fermé.

Le député européen Georges Berthu mène l'assaut, dans son intervention parlementaire du 3 octobre 2000 : « Les droits des personnes sont déjà bien protégés en Europe, à la fois par les systèmes juridiques nationaux et par la Convention européenne de sauvegarde des droits de l'homme et des libertés fondamentales, qui en est une extension. Nous n'avons pas besoin d'un instrument supplémentaire, qui aurait surtout pour effet de renforcer le pouvoir supranational des institutions communautaires. » La Charte des droits fondamentaux, qui est au centre du débat, « recèle une contradiction fondamentale : ses dispositions s'adressent aux institutions et organes de l'Union, mais de nombreux articles évoquent des compétences purement nationales, n'ayant rien à voir avec celles de l'Union ». Et l'orateur de contre-attaquer. Il discerne une lacune, un « déficit démocratique », dans le catalogue de la Charte : le droit de chaque citoyen européen de s'exprimer démocratiquement dans son cadre national, de ne déléguer que ce qu'il a choisi de déléguer. « Nous aurions besoin d'une Charte des droits des nations qui rappellerait l'attachement primordial des citoyens à la volonté démocratique exprimée dans le cadre national, et qui affirmerait que l'Union est une association de nations. »

Emmanuelle Bribosia, de l'Institut d'études européennes de Bruxelles, avait soutenu le point de vue inverse, en novembre

1999, lors du colloque de Bruxelles, dirigé par Paul Magnette, sur les perspectives de constitution européenne : en l'absence de déclaration des droits, les Communautés et l'Union européenne constituent une « union de droit incomplète » ; l'adoption d'une Charte des droits fondamentaux de l'Union serait « une étape majeure dans le processus de contractualisation ». Le rapporteur esquisse un parallèle avec les constitutions nationales : « Les droits fondamentaux constituent un volet essentiel des constitutions étatiques européennes... Si les traités communautaires ont pu être présentés comme la charte constitutionnelle de base de la Communauté européenne, force est de constater qu'ils ne contiennent pas de catalogue ou de déclaration des droits fondamentaux. » Elle évoque l'élaboration jurisprudentielle d'un catalogue de droits par la Cour de justice des Communautés : la Cour a été contrainte de créer un système de protection des droits dans le cadre communautaire car les cours constitutionnelles de certains Etats, les cours allemande et italienne notamment, ne pouvaient tolérer, en l'absence d'une telle garantie des droits fondamentaux, la primauté inconditionnelle du droit communautaire.

Cette jurisprudence a été progressivement « constitutionnalisée » par les traités sur l'Union européenne. Selon le traité de Maastricht, « l'Union respecte les droits fondamentaux tels qu'ils sont garantis par la Convention européenne des droits de l'homme et tels qu'ils résultent des traditions constitutionnelles communes aux Etats membres » ; et le traité d'Amsterdam consacre le respect des droits de l'homme et des libertés fondamentales comme principe fondateur de l'Union, au même titre que l'Etat de droit et la démocratie, un respect assuré par la Cour de justice des Communautés, dont la compétence est reconnue formellement. Mais cette construction jurisprudentielle et cette constitutionnalisation « rampante » présentent encore des imperfections : les juridictions constitutionnelles de certains Etats menacent de ne pas appliquer le droit communautaire s'il porte atteinte au noyau dur constitutionnel des droits fondamentaux reconnus au plan national ; les droits fondamentaux reconnus dans les Etats membres continuent donc de constituer une limite à la primauté absolue du droit communautaire.

La Charte des droits fondamentaux comme moyen d'assurer la

suprématie de l'ordre juridique communautaire sur les ordres nationaux ? L'analyse serait donc finalement identique, de la part de la chercheuse bruxelloise et du député européen – chez celui-ci pour déplorer les perspectives qu'elle ouvre, chez celle-là pour les louer...

Sur le contenu de la Charte des droits fondamentaux, le débat est parfois aussi vif. Michel Clapié, professeur à l'université de Montpellier, salue une innovation heureuse en matière de bioéthique : l'interdiction du clonage reproductif des êtres humains (art. 3-2 de la Charte) ; mais il relève ce qu'il estime être « un recul dans la protection des droits garantis aux citoyens de certains Etats membres ». Et notre auteur de souligner que l'article 22 sur le respect de la « diversité culturelle, religieuse et linguistique » peut encourager le communautarisme, et ébranler la conception française, républicaine, de la nation ; et que l'article 17 ne qualifie pas le droit de propriété de « droit inviolable et sacré », comme le fait la déclaration française de 1789, sa jouissance étant conditionnée par la loi et non protégée par la Constitution. On pourra, certes, objecter à Clapié que la conception française de la nation est tout aussi menacée par la réglementation nationale, foisonnante, en matière de discrimination positive ; et que, sur le droit de propriété, le même recul était opéré par la Convention européenne des droits de l'homme puisque le protocole additionnel du 20 mars 1953 joignait aux diverses libertés reconnues le « droit au respect des biens », une formule-compromis qui, à distance de l'exaltation de 1789, la propriété apparaissant alors comme une condition essentielle de la liberté et un prolongement de la personne humaine, permettait de mettre l'accent sur la conception sociale de la propriété, l'expropriation étant admise en cas d' « utilité publique » et la définition de cette notion étant renvoyée à la loi nationale... Au demeurant, Michel Clapié avait déjà relevé que les rédacteurs de la Charte avaient choisi « le plus grand dénominateur commun » et que l'équilibre recherché pouvait donc prendre l'allure, au regard de certaines déclarations de droit nationales, d'un nivellement par le bas.

Georges Berthu recense les articles qui tendent à instituer des obligations nouvelles non fondées (tel l'article 45-2, selon lequel la liberté de circulation et de séjour « peut être accordée... aux ressortissants de pays tiers résidant légalement sur le territoire d'un Etat membre »), ceux qui figent des situations qui peuvent se révéler évolutives (l'article 29 prévoit que « toute personne a le droit d'accéder à un service gratuit de placement », et le parlementaire européen estime que cette gratuité n'est pas nécessairement assurée), ceux qui « méconnaissent les règles naturelles de la vie des sociétés » (l'article 24, relatif aux droits de l'enfant, ignore, malgré les demandes du député, le droit de tout enfant à vivre avec ses parents). Comme on pouvait s'y attendre, les critiques des « altermondialistes » sont le plus souvent diamétralement opposées : sous la plume d'Anne-Cécile Robert, *Le Monde diplomatique* de décembre 2000 s'inquiète de la mention du « droit à la vie », « sans mention du droit à la contraception et à l'avortement », et de la réduction du droit à la protection sociale à un « droit d'accès aux prestations de sécurité sociale et aux services sociaux » et à celui « d'accéder à un service gratuit de placement ».

La défense est, ici, discrète. Sans doute ne s'agissait-il pas d'innover dans le contenu des droits, mais « avant tout de rendre plus visibles pour les citoyens les droits existants », plaide Jean-Paul Jacqué. Etienne de Poncins constate simplement que « l'Union devient ainsi l'espace démocratique où les droits fondamentaux sont le mieux et le plus complètement garantis. Elle s'érige en modèle en la matière ». Un autre plaidoyer, plus pragmatique, vient de la Confédération européenne des syndicats qui regroupe, depuis la fin de la guerre froide, la quasi-totalité des centrales syndicales nationales du continent : son secrétaire général, Emilio Gabaglio, observateur à la Convention sur l'avenir de l'Europe, se félicite de l'entrée de la Charte « par la grande porte » dans le projet de constitution ; par ce biais, « l'insertion de la Charte dans le corps même de la Constitution envoie un signal aux Etats les plus frileux ».

De fait, le contenu de la Charte importait moins que son insertion dans la Constitution : l'Union se dote ainsi d'une déclaration des droits, attribut essentiel de toute constitution. Adoptée conjointement, le 7 décembre 2000, par le Parlement européen, le Conseil et la Commission – parallèlement au Conseil européen de Nice – la Charte n'avait encore que le caractère d'un « accord interinstitutionnel », à portée simplement politique, d'un acte déclaratoire sans valeur normative. L'insertion de ce texte dans une éventuelle constitution européenne avait été combattue, particulièrement par le Royaume-Uni. L'examen de la portée de la Charte avait donc été remis, par le Conseil européen de Nice, à la Conférence intergouvernementale projetée pour 2004.

La pression exercée par la Convention sur l'avenir de l'Europe a fait céder les Britanniques : insérée dans la Constitution, à l'article I-7 et dans la deuxième partie, aux articles 1 à 54, la Charte acquiert une portée obligatoire. Non sans contrepartie : la Convention n'a pas modifié la substance du texte de la Charte ; mais elle rappelle, avec force, que la Charte n'a pas pour effet de modifier le partage des compétences entre l'Union et les Etats. La Charte ne concerne pas les actes des Etats membres pris dans leur champ de compétence nationale ; elle ne s'impose qu'aux actes de l'Union ou des Etats membres agissant dans le cadre de la législation européenne. Un rappel « codé » est introduit dans le préambule (modifié) de la Charte : « Dans ce contexte, la Charte sera interprétée par les juridictions de l'Union et des Etats membres en prenant dûment en considération les explications établies sous l'autorité du présidium de la Convention. » C'est la garantie que réclamait le député européen Berthu, à propos des articles qui empiètent sur les compétences des Etats : « Un cas typique présenté par l'article 2-2, nul ne peut être condamné à la peine de mort, ni exécuté. Cette affirmation ne correspond à aucune compétence européenne. » Les « explications » du présidium sont autant d'assurances : la Charte bannit la peine de mort ; l'Union n'a pas pour autant la possibilité de légiférer dans ce domaine.

La Convention européenne des droits de l'homme

La Constitution fait référence, aux alinéas 2 et 3 de l'article I-7, à la Convention européenne des droits de l'homme : d'une part, pour indiquer que les droits fondamentaux garantis par la Convention « font partie du droit de l'Union en tant que principes généraux », d'autre part pour annoncer que « l'Union s'emploie à adhérer à la Convention ».

Un demi-siècle avant la Charte des droits fondamentaux, la

Convention européenne a ouvert le grand mouvement qui tend à faire du concept de l'Etat de droit un élément de la légitimité internationale. L'Etat – puissance souveraine, dont l'action n'est subordonnée à aucune norme – les fins à atteindre suffisant à justifier les moyens qui sont purement discrétionnaires –, l'« Etat de police » s'efface progressivement. Une conception nouvelle des rapports de l'Etat et du citoyen apparaît, qui implique que l'Etat enchaîne son action sur ses ressortissants – voire dans certains cas sur les étrangers résidant sur son territoire – par des règles interétatiques. Le Congrès des mouvements européens, réuni les 7-10 mai 1948 à La Haye, venait de réclamer une Charte des droits de l'homme ; à partir de l'été 1949, la commission juridique de l'Assemblée consultative du Conseil de l'Europe, dont le rapporteur est Pierre-Henri Teitgen, commence l'élaboration d'un avant-projet qui, après de nombreuses révisions par le Comité des ministres, sera concrétisé, le 4 novembre 1950, à Rome, par la signature, par quinze Etats, de la Convention européenne.

La Convention européenne de sauvegarde des droits de l'homme et des libertés fondamentales est entrée en vigueur le 3 septembre 1953, une fois réalisée la condition posée par son article 66, qui consistait dans le dépôt de dix instruments de ratification. Elle réalise pour la première fois, dans le domaine des droits de l'homme et au niveau interétatique, cette conjonction de l'éthique et du pouvoir qu'évoquait Georges Scelle : de l'éthique, c'est-à-dire de la prise de conscience par la société concernée de la nécessité de la reconnaissance de droits fondamentaux à l'individu ; du pouvoir, c'est-à-dire de l'existence de mécanismes de contrôle et de sanction, juridictionnels et exécutifs, qui seuls imprimeront aux droits formellement proclamés un caractère véritablement juridique, et non pas simplement esthétique ou moral. Normalement, dans la société internationale, l'éthique semble bien précéder le pouvoir : le milieu social international peut bien ressentir certaines normes comme fondamentales, et le caractère essentiel de certains comportements à imposer aux Etats, soit dans leurs rapports mutuels, soit même vis-à-vis de leurs ressortissants ; il n'en reste pas moins que l'absence de juridiction internationale obligatoire, l'absence d'une véritable fonction sanctionnatrice ne permettent guère d'assurer la suprématie des normes considérées comme fondamentales : en fait preuve le caractère non obligatoire de la Déclaration universelle des droits de l'homme, que tentent de compléter les deux pactes et le protocole facultatif votés par l'Assemblée générale des Nations unies le 16 décembre 1966... Au contraire, la Convention européenne institue des mécanismes de contrôle et de sanction développés, qui donnent un aspect quasi fédéral à l'ensemble formé par les Etats membres du Conseil de l'Europe, à une communauté européenne virtuelle des droits de l'homme.

La Convention reconnaît un certain nombre de droits qui apparaissent comme autant de confirmations des « libertés classiques », conçues par la philosophie politique du XVIIIe siècle : libertés négatives qui ont pour objet de protéger l'individu contre les empiétements de l'Etat ou, pour reprendre la phrase de Tocqueville dans son essai sur *L'Etat social et politique de la France*, libertés qui tendent à assurer à chaque homme « un droit égal et imprescriptible à vivre indépendant de ses semblables, en tout ce qui n'a rapport qu'à lui-même, et à régler comme il l'entend sa propre destinée » – libertés négatives par opposition à l'idée, esquissée à partir de 1848, d'un « statut positif », l'idée que l'individu peut exiger de l'Etat, particulièrement dans le domaine social, certaines prestations. Mais ces libertés négatives ne sont pas, pour autant, exclusivement « passives » : elles incluent l'ensemble des droits « actifs » que comporte la participation à la gestion des affaires publiques. Benjamin Constant pouvait bien opposer la liberté qu'il qualifiait de « moderne », c'est-à-dire le droit pour chacun de n'être soumis qu'aux lois et d'échapper à tout arbitraire, à la « liberté des Anciens », qui consistait dans le droit pour le citoyen, membre du souverain, de participer à la décision et au pouvoir. Dans la réalité, la liberté-indépendance, celle que Montesquieu aurait appelée « sécurité » ou « absence d'arbitraire », ne s'accomplit pleinement que dans la liberté proprement politique, dans la participation du citoyen à la gestion de la chose publique. La Convention ne se contente donc pas d'énumérer les droits fondamentaux de l'individu, les droits de la personne humaine : droit à la vie et à l'intégrité physique ; interdiction de l'esclavage et du travail forcé ; principes fondamentaux concernant la sûreté individuelle, l'organisation du procès, la légalité des peines ; droit au respect de la vie privée ; droits de la famille. Elle envisage, également, les plus importantes des « libertés du citoyen » : droit à des élections libres à des intervalles raisonnables – le vote obligatoire étant compatible avec des élections libres, dans la mesure où le dépôt d'un bulletin blanc est toujours possible ; libertés d'opinion, de réunion, d'association, liberté d'expression – le monopole étatique de la radio et de la télévision apparaissant compatible avec la Convention, à condition que la liberté d'expression soit sauvegardée. Plus généralement, les divers aspects du pluralisme sont garantis, depuis l'arrêt Handyside du 7 décembre 1976. La protection de la liberté syndicale est étendue jusqu'à la liberté négative de ne pas adhérer à un syndicat en position de monopole, depuis l'arrêt Sirgurjonsson du 30 juin 1993.

Cependant, l'originalité de la Convention est moins dans les droits garantis que dans la garantie des droits. Toute personne dont « les droits et libertés reconnus [...] ont été violés » a, certes, droit à un recours effectif devant une instance nationale. Mais, au-delà, les auteurs de la Convention ont aménagé un véritable contrôle international, répondant à deux préoccupations fondamentales : permettre aux citoyens européens de soumettre leurs griefs à une instance internationale, en les dispensant de demander à leur gouvernement un appui, une « protection », qui érigerait leur plainte en un conflit interétatique – la technique traditionnelle de la « protection diplomatique » est ici totalement abandonnée ; mais aussi garantir les Etats contre les recours abusifs, les éventuelles susceptibilités étatiques ne pouvant, au moment de la rédaction de la Convention, être totalement négligées. La Convention a donc prévu, en 1950, un mécanisme de protection en deux phases : le stade préliminaire et préparatoire de la Commission, qui peut aboutir à une conciliation ; le stade du règlement qui se dédouble en deux virtualités : l'une à caractère juridictionnel, confiée à la Cour, l'autre à caractère politique, reconnue au Comité des ministres.

Dans le système de 1950, la Commission européenne des droits de l'homme est celle des trois instances qui assure en pratique, le rôle le plus important ; elle est aussi la plus marquée par les deux préoccupations, en partie contradictoires, des rédacteurs de la Convention. Juridiction, la Commission est érigée en pouvoir distinct, et son activité s'exerce dans des formes qui sont autant de garanties pour le justiciable ; elle est susceptible d'être saisie non seulement par les Etats mais aussi par les individus – innovation la plus importante au regard du droit international classique, même si le droit d'adresser des requêtes individuelles est subordonné à une déclaration de l'Etat en cause. Mais la juridiction ainsi établie joue surtout le rôle d'une « chambre des requêtes », chargée de filtrer les seules plaintes juridiquement recevables, d'un « barrage » préliminaire dressé face au flot prévisible des recours. Et la mission qui lui est assignée est seulement de conciliation : habilitée à qualifier le comportement des Etats à l'égard des droits et libertés garantis par la Convention, la Commission doit émettre un avis ; mais, auparavant, elle s'efforce de conduire les parties à un règlement amiable ; en cas d'échec – hypothèse la plus fréquente – elle adresse au Comité des ministres un rapport sur l'exposé des faits et un avis sur la violation des droits de l'homme – documents qui ne sont ni publiés ni communiqués aux intéressés, afin de permettre au Comité des ministres un ultime effort de conciliation.

On a parfois soutenu que la compétence du Comité des ministres était, ici, de nature juridictionnelle et qu'elle impliquait une procédure particulière. En réalité, les gouvernements ont voulu que la vérification de la légalité conventionnelle confiée à la Commission se termine par une décision revenant au Comité des ministres, afin de ne pas exclure totalement les considérations politiques. Une telle démarche peut être jugée regrettable sur le plan théorique ; dans la pratique, elle n'a pas soulevé de difficulté, l'organe intergouvernemental entérinant toujours les avis de la Commission. Le Comité des ministres, statuant en matière de droits de l'homme, siège donc dans sa composition ordinaire – il comprend les représentants des Etats parties au litige ; il entend éventuellement la Commission mais non les individus ; il prend sa décision à la majorité des deux tiers – l'une des rares décisions à caractère obligatoire que puisse prendre le Comité à l'encontre des Etats membres du Conseil de l'Europe. S'il y a eu violation des droits reconnus, le Comité des ministres détermine les mesures que l'Etat en cause doit prendre et lui fixe un délai ; si les mesures satisfaisantes ne sont pas prises en temps voulu, le Comité décide des suites à donner à sa décision initiale et publie son rapport. Mais ce contrôle politique n'a qu'un caractère subsidiaire : le Comité des ministres ne rend sa décision finale que si la Cour européenne n'est pas compétente ou que, si l'étant, elle n'a pas été saisie dans les trois mois qui suivent la communication du rapport de la Commission.

La Cour européenne des droits de l'homme, qui comprend un juge ressortissant de chaque Etat membre du Conseil de l'Europe, assure le seul véritable contrôle juridictionnel de l'application de la Convention. La Cour n'a eu, longtemps, qu'une activité restreinte : juridiction rendant des arrêts définitifs et obligatoires, elle insère les Etats dans une procédure contraignante ; les Etats avaient, dès lors, tenu à conserver, dans le système de 1950, le principe du droit international général selon lequel ne va devant le juge international que l'Etat qui y consent – la compétence de la Cour est donc facultative ; la Cour ne pouvait être saisie que si sa juridiction a été acceptée par une déclaration particulière souscrite par l'Etat défendeur. On peut même déceler, dans cette première époque, de la part des Etats, la tentation de manifester des réflexes défensifs identiques à ceux qui illustrent le droit procédural de la Cour internationale de justice : ainsi la Belgique a-t-elle soulevé devant la Cour, dans l'affaire linguistique belge, une exception préliminaire tirée d'une incompétence *ratione materiae* – les libertés reconnues impliquant, dans tous les cas, selon le gouvernement belge, un simple devoir d'abstention pour les pouvoirs publics –, exception rejetée par la Cour par un arrêt avant dire droit, rendu à l'unanimité le 9 février 1967. Mais l'alignement sur le droit international général se manifeste surtout par le fait que l'individu, qui avait accès devant la Commission, disparaît devant la Cour, l'Etat lui étant alors substitué ; l'Etat est le seul des trois acteurs auquel la conjonction de l'intérêt et de l'action confère la qualité de partie – la Commission n'ayant pas d'intérêt, « ne joue pas le rôle d'une partie litigeante mais un rôle auxiliaire », précise son représentant dans l'affaire Lawless ; l'individu, n'ayant pas d'action, retrouve son statut diminué traditionnel et ne peut même pas se désister puisqu'il n'est pas juridiquement partie à l'instance ; le raisonnement a été opposé au sieur de Becker dans... l'affaire de Becker. Il est vrai qu'il ne faut pas s'arrêter ici à la lettre des textes : la Convention n'a pas seulement pour fin la protection d'un intérêt étatique ; son but fondamental reste la protection de l'individu. C'est pourquoi on assiste, dans le cadre de la Cour européenne, à une véritable novation de la notion de partie, c'est-à-dire de personne juridique qui agit en justice en vue de faire valoir un droit. Ainsi la défense de l'intérêt n'est-elle pas réservée exclusivement aux parties : l'individu reste le premier intéressé au procès ; le règlement de la Cour, voire la Convention ouvrent à la Cour la possibilité d'entendre à titre de témoin ou d'expert toute personne dont la déposition est utile à l'accomplissement de sa tâche, et la Cour a décidé – dès son premier arrêt sur l'affaire Lawless – d'offrir cette voie moyenne à tout individu requérant ; l'individu est donc tout de même associé au déroulement de l'instance, sa « quasi-participation » est assurée. De même, l'action n'est pas exclusivement réservée aux parties : la Commission, dont la mission présente des analogies avec celle du ministère public des juridictions internes, a la faculté de saisir la Cour, en déposant non une requête mais une demande – c'est l'équivalent du droit de recours individuel primitivement prévu. Enfin, le rôle de l'Etat luimême se trouve transformé : le stade de l'action diplomatique pour la protection de droits subjectifs et réciproques est dépassé ; le respect de la Convention constitue, à lui seul, un intérêt suffisant pour agir ; les obligations souscrites par les Etats contractants ont essentiellement un caractère objectif ; l'Etat qui saisit la Cour déclenche une action publique dans l'intérêt de toute la communauté européenne des droits de l'homme.

Le 11e protocole de la Convention, entré en vigueur le 1er novembre 1998, a profondément réformé la procédure semi-juridictionnelle de 1950 qui, par sa lourdeur, entraînait un allongement excessif des délais de jugement. En outre, les précautions à prendre à l'endroit des Etats apparaissent moins évidentes qu'il y a un demi-siècle... Les différentes phases de la procédure – recevabilité, conciliation, décision – sont maintenues, mais la Commission et le filtrage politique sont supprimés ; la Cour, dont les règles de désignation sont inchangées, devient un organe véritablement permanent et elle écarte, elle-même, les requêtes manifestement infondées. Surtout, l'acceptation du droit de recours individuel est devenue obligatoire pour tout Etat partie à la Convention, et les requêtes individuelles sont les plus nombreuses.

Les Etats membres de l'Union sont tous adhérents à la Convention européenne des droits de l'homme. La question d'une adhésion de l'Union elle-même suscitait cependant des réticences de la part de certains Etats membres, telle la France. La jurisprudence de la Cour des Communautés n'allait-elle pas être subordonnée à celle de la Cour des droits de l'homme ? La Cour des Communautés ne serait-elle pas amenée à renvoyer certaines affaires à la Cour des droits de l'homme, dans le cadre d'une question préjudicielle ?

A l'expérience, la non-adhésion de l'Union posait problème : les Etats membres pouvaient être tenus d'endosser la responsabilité de violations de la Convention qui résulteraient de l'action de l'Union et donc être condamnés par la Cour des droits de l'homme pour s'être conformés aux obligations des traités fondateurs ; la Cour européenne des droits de l'homme semblait s'engager dans cette voie avec l'affaire Matthews du 18 février 1999, au détriment du Royaume-Uni.

Par ailleurs, l'adhésion de l'Union à la Convention permettrait de garantir le respect des droits fondamentaux par un organe extérieur à l'Union : une contrainte imposée aux Etats membres et candidats à l'entrée dans l'Union. La Convention a sauté le pas, même si la prudence dicte une formule insolite dans un texte constitutionnel : « l'Union s'emploie à adhérer à la Convention européenne »...

XIX

Scénarios pour l'avenir de l'Union

La conférence intergouvernementale commence ses travaux à Rome, le 4 octobre 2003. Les gouvernements vont-ils « détricoter » le projet de constitution élaboré par la Convention ? Chacun défend ses intérêts nationaux : l'Espagne et la Pologne refusent la nouvelle répartition des voix au Conseil des ministres, car le traité de Nice leur accordait plus de poids ; les nouveaux Etats membres, conduits par les « anciens » de 1995, la Suède, la Finlande et l'Autriche, et par trois anciens des premier et deuxième élargissements, le Danemark, l'Irlande et la Grèce, refusent la réduction de la Commission à quinze membres et soupçonnent les Etats les plus peuplés d'intentions hégémoniques ; la Commission Prodi poursuit son travail de sape en préconisant, contre toute logique, que la future Commission compte un ressortissant de chaque Etat ; la Grande-Bretagne durcit le jeu lorsque le secrétaire au Foreign office assène ses « lignes rouges », le maintien du principe d'unanimité, donc du droit de veto, dans les six domaines clés de la politique étrangère, de la fiscalité, de la justice, de la sécurité sociale, de la définition des ressources propres de l'Union et de l'autorisation des coopérations renforcées. Seule exception à cette foire d'empoigne : les six Etats fondateurs, soutenus par le Portugal, tentent de maintenir l'essentiel du projet constitutionnel en limitant la révision gouvernementale à des « ajustements » et « clarifications ». Au sein des Etats fondateurs, la France se tient audessus du débat : si elle déploie une grande énergie contre l'inscription de la « référence chrétienne » dans le préambule de la

Constitution... elle laisse passer l'occasion de réintroduire dans la future commission deux commissaires pour chacun des Etats les plus peuplés, ce qui aurait donné une Commission de trente et un membres, un compromis que les petits Etats étaient prêts à accepter contre l'assurance de compter un de leurs ressortissants dans l'exécutif supranational.

Le 18 juin 2004, les Vingt-Cinq adoptent le texte constitutionnel. Giuliano Amato, l'un des deux anciens vice-présidents de la Convention, s'interroge dans le quotidien milanais *Il Sole* : « Mais qu'ont-ils fait de ma Constitution ? » Il déplore que les gouvernements n'aient pas choisi entre les deux visions qu'ils peuvent avoir de l'Union : « une architecture commune qui rend chacun plus fort dans les domaines où il n'est plus possible d'agir seul, efficacement » ; ou « une superstructure envahissante contre laquelle il convient de se défendre ». Mais il reconnaît que les Vingt-Cinq n'ont pas « totalement cédé aux exigences particularistes » ; ils ont maintenu l'abolition des piliers et l'unification de l'Union et des Communautés, la simplification des instruments juridiques, la présidence à temps plein du Conseil européen et la création d'un ministre des Affaires étrangères de l'Union, le début de démocratie participative offert aux citoyens européens. Par contre, la présidence tournante réapparaît, à peine dissimulée, pour la plupart des formations du Conseil des ministres ; la réforme de la Commission n'entrera en vigueur qu'en 2014, avec un nombre de commissaires égal aux deux tiers des Etats membres ; le principe de l'unanimité regagne du terrain, au détriment du Parlement européen qui n'est colégislateur que lorsque le Conseil décide à la majorité, le veto d'un seul parlement national interdisant le passage de l'unanimité à la majorité ; le principe de la double majorité est maintenu dans les conseils, mais avec des seuils relevés et des restrictions supplémentaires qui obscurcissent les règles du jeu.

Le 29 octobre 2004, les vingt-cinq chefs d'Etat et de gouvernement signent la Constitution au Capitole, l'hôtel de ville de Rome – qui abrita déjà, le 25 mars 1957, la cérémonie de signature des traités fondateurs du Marché commun et d'Euratom. L'Italie entend être la première à ratifier le texte, par la voie parlementaire. Le Portugal et l'Espagne ouvriront la série des référendums, décidés dans huit Etats membres. Mais la fête de la Constitution est troublée par une crise institutionnelle inédite : le président désigné de la Commission, José Manuel Barroso, a renoncé à soumettre la nouvelle équipe au vote du Parlement européen.

De fait, un ultime combat s'engage, au sein des parlements nationaux – et des opinions publiques pour ceux des Etats qui ont choisi la procédure référendaire : celui de la ratification du traité constitutionnel. Un combat incertain : le traité doit être ratifié, en principe, par les vingt-cinq Etats membres. Loin de se tenir au débat sur les mécanismes constitutionnels, les nouveaux opposants invoquent leur désaccord avec telle politique commune ou avec ce qu'ils estiment être la philosophie politique dominante de l'Union : en France, l'ancien Premier ministre Laurent Fabius, au profil si « européen », provoque une manière de séisme en préconisant le rejet du traité... et l'une de ses lieutenantes, Pervenche Berès, parlementaire européenne et ancien membre suppléant de la Convention, le suit dans son option négative, quelques semaines après avoir dénoncé « ce gauchisme aigre-doux qui dit non à la Constitution européenne ». La perspective de nouveaux élargissements, désapprouvés par une partie des opinions publiques nationales, vient également « polluer » le débat constitutionnel : dans bien des Etats membres, le référendum sur la Constitution peut recouvrir un référendum officieux sur la Turquie.

Au-delà du traité constitutionnel, quel avenir peut-on imaginer pour l'Europe organisée ? Nous proposerons trois scénarios, fondés sur la stabilisation institutionnelle de l'Union, sur sa déliquescence, sur sa refondation.

Le vrai modèle, pour une Union européenne sortie de l'Histoire, ce fleuve de sang selon saint Augustin, une Union post-historique selon les schémas néo-hegéliens de Francis Fukuyama, une Union pacifiée, consensuelle, au « pouvoir doux » selon l'expression de Joseph Nye, doyen de l'Ecole d'administration de Harvard, serait, en fait, le modèle « helvétique » : une Union élargie, fondée sur les principes du pluralisme culturel et linguistique, du gouvernement collégial, de la stricte subsidiarité. Un triangle équilibré, Conseil européen-Commission-Parlement, serait porteur d'efficacité et de légitimité ; l'Union serait, en outre, présente dans la vie des citoyens européens, par le biais de la défense de leurs droits fondamentaux. Un bilan à deux entrées : l'Union élabore un minimum de règles communes pour la vie économique, avec recours possible à la Cour des Communautés. Elle pacifie l'espace européen et élabore un ensemble de normes pour la sécurité en Europe.

Une « Europe helvétique » ? L'expression n'a rien de péjoratif : elle signifie le respect de la dignité et du bien-être des personnes, au sein d'une « puissance civile » exemplaire. Déjà Max Weber comparait la difficulté d'être du sujet allemand de Guillaume II, qui payait au prix fort les ambitions du Kaiser, à la félicité des petites communautés... suisses. Il faut avoir assisté à la conclusion des accords bilatéraux entre l'Union européenne et la Confédération helvétique, le 26 octobre 2004 à Luxembourg, pour prendre conscience de la connaissance intime que les dirigeants suisses ont déjà des mécanismes européens...

L'Union européenne a renoncé à créer de la puissance, à constituer un pôle de puissance. Mais ce renoncement peut être un avantage dans un monde « orphelin de puissance » (Bertrand Badie). Faute d'apparaître comme une superpuissance, l'Union s'insère différemment sur la scène internationale – dans l'arène commerciale, dans celle des droits de l'homme et comme modèle d'intégration proposé aux autres continents... C'est le temps de « l'espace public » européen et du « patriotisme constitutionnel » à la Habermas.

Le deuxième scénario est celui d'une lente déliquescence de l'Union, menant à la formation d'un « monstre institutionnel », d'un nouveau Saint Empire. « Monstre institutionnel » : c'est ainsi que Samuel Pufendorf qualifiait le Saint Empire romain germanique ; l'expression a été reprise, dans les années 1990, à propos de l'Union européenne, par Jacques Robert, alors membre du Conseil constitutionnel, et par Gilles Briatta, dans une consultation pour le Centre d'analyse et de prévision du Quai d'Orsay.

Le triangle parfait du modèle helvétique se délite : il n'y a pas vraiment d'identité européenne ; les replâtrages institutionnels ne peuvent masquer les contradictions entre Europe fédérale et intergouvernementale. L'Union continue à fonctionner, mais sans légitimité ; elle n'est plus présente sur la scène internationale ; elle ne peut présenter de réponse crédible aux défis qui l'assaillent ; elle s'enfonce dans un débat sans fin... sur sa réforme.

L'Union européenne connaît ainsi le destin du Saint Empire aux XVIIe et XVIIIe siècles. Le « Saint Empire romain de nation allemande » dérive de l'*Imperium romanum*, mais dans son propre champ d'action territorial, l'Allemagne et quelques annexes non allemandes, comme la Bohème, les influences de la France et de l'Angleterre l'emportent. Une scission s'est produite, jusque dans les institutions de l'Empire, entre l'Empereur et son entourage immédiat d'un côté et les princes de l'Empire de l'autre : ces derniers, réunis dans les diètes impériales, se considèrent comme le Reich, l'Empire, face au Kaiser, l'Empereur. Un dualisme apparaît : les organes d'administration générale de l'Empire dépendent, les uns du Reich, les autres du Kaiser, avec des capitales de droit ou de fait séparées. L'administration du Reich est assurée par la chancellerie d'Empire, confiée à l'Electeur de Mayence ; elle entre en concurrence avec le Conseil privé du Kaiser. La Cour suprême impériale (Reichskammergericht) siège à Spire, puis à Wetzlar ; elle s'appuie sur le Reich, les territoires d'empire, qui nomment la majorité de ses membres. Un tribunal concurrent, le Conseil aulique (Reichshofrat) dépend totalement du Kaiser.

Pourtant, l'Empire n'a pas perdu toute signification. Il reste, selon Georges Duby, « le mythe où l'Occident retrouve l'unité foncière dont il rêve ». Même réduit à la nation allemande, le rêve impérial reste l'aspiration commune des Européens : Dante nous montre comment les espoirs d'un nationalisme italien naissant ont pu s'associer à l'idée impériale. Malgré sa constitution « monstrueuse », l'Empire est un bloc non négligeable, certes inoffensif pour l'extérieur, mais admiré pour son étendue, son poids démographique, ses ressources économiques. Avec, tout de même, un aspect négatif : alors que les puissances occidentales s'engagent dans l'expansion sur les mers et la modernité, le Saint Empire est absent, tourné vers le passé, entraînant le déclin des terres et du peuple allemands. L'Union déclinante, pourrait donc, à la manière du Saint Empire, rester en scène pendant des décennies, avec un prestige presque inentamé, suscitant nombre de candidatures pour entrer en son sein parmi les Etats restés à l'extérieur...

Une variante de ce deuxième scénario est celui de la rupture interne, de « l'implosion » de l'Union. Le consensus européen est brisé : les refontes institutionnelles sont rejetées par certains des Etats membres, alors que chacune des institutions de l'Union tente d'affirmer son pouvoir ; les marchandages budgétaires se succèdent, l'affrontement pour les ressources est assorti de chantages au maintien dans l'Union ; la méfiance des « petits » Etats membres, convaincus que leur souveraineté est menacée, provoque leur raidissement tandis que les « Grands » divergent âprement sur l'appréciation de la situation internationale. Dans le cercle même des Etats ayant adopté l'euro, les conflits d'intérêts s'accusent entre pays membres qui voudront tirer la politique monétaire commune dans leur sens – comme l'a déjà montré la révocation de fait du Pacte de stabilité par la France et l'Allemagne. L'Union élargie à l'infini – avec des statuts dérogatoires pour les nouveaux venus, ce qui ajoute encore à sa complexité – accumule les contradictions internes et les frustrations. Dans ce contexte d'une Union sans identité commune et sans influence internationale, l'élément détonateur pourrait être une scission entre Etats membres sur une énième candidature à l'entrée dans l'Union, et surtout une scission entre gouvernements et opinions publiques, la tentation de certains gouvernements de « passer en force » étant révélatrice du vrai déficit démocratique européen.

Contrairement aux slogans habituels pour consultations référendaires, l'échec de l'Union ne signifierait pas nécessairement la montée des tensions en Europe. La famille des nations européennes, telle qu'elle s'est constituée à partir de 1950 à l'ouest du continent, puis étendue aujourd'hui à l'est, est une réalité incontournable : la paix en Europe ne dépend pas d'un certain type d'institutions européennes. Proposons un exercice de rétro-politique fiction : si le général de Gaulle n'avait pas quitté le pouvoir en 1946, les nations européennes se seraient, de toute manière, constituées en une communauté pacifique, en une famille de nations, à partir de la réconciliation franco-allemande et de l'aspiration à l'unité européenne. Mais cette marche vers l'unité aurait pris une tout autre forme : non celle de la supranationalité, à la Jean Monnet, mais celle d'un nouveau concert européen, dont le général de Gaulle allait livrer la formule en pointillé, lors des négociations dites du plan Fouchet.

Le troisième scénario serait celui de la refondation d'une Union politique, par le « premier cercle » des Etats membres, par le « noyau cristallisateur » qui se dégagerait de l'Union élargie d'aujourd'hui.

Le Marché commun de 1957 avait un caractère volontariste. Une volonté politique, le souci d'une identité européenne, apparaissaient à travers la mise en place de politiques communes et l'existence d'un tarif douanier commun aux frontières de la Communauté. Cet aspect volontariste, la Grande-Bretagne, partisan du « grand large », avait tenté de l'éliminer lors des négociations dites du « comité Maudling », mais ses prétentions avaient été rejetées... Près d'un demi-siècle plus tard, il faut reconnaître que la thèse britannique a triomphé. La politique agricole, la plus importante des politiques communes, est « réformée ». Depuis Maastricht, les traités européens ne font plus allusion au tarif douanier commun. Le perfectionnisme en matière de règles de concurrence internes atteint son paroxysme et semble se substituer à l'ancien mot d'ordre de politiques communes. L'entrée de nombreux Etats neutres, le refus, lors des travaux de la Convention européenne, de tout engagement solidaire face à l'agression – cet engagement minimal de toute alliance ! – révèlent un retour au vieux projet britannique de « grande zone européenne de libre échange ».

Face à une Europe-espace passif, ouvert au libre-échange par un ensemble de règles de droit, un groupe d'Etats (les six Etats fondateurs, sans les Pays-Bas, tentés par le « grand large », mais avec le concours de l'Espagne et du Portugal ?) peut avoir l'ambition d'organiser l'Europe en une puissance politique et militaire, de l'ériger en acteur de poids sur la scène internationale. D'autant que la chute du Mur de Berlin et la fin de la guerre froide ont modifié la nature du système international : non plus le face-à-face de deux alliances à vocation mondiale, mais le retour de l'Etat-nation sur le fond, souvent tragique, des guerres, guerres civiles et autres convulsions au sein du « huis clos planétaire ».

Deux variantes possibles, dans ce troisième scénario – selon les voies et moyens choisis pour cette relance de l'Europe politique. Le cercle restreint de l'Union politique se réalisera-t-il par l'extension quasi automatique des compétences communautaires, le

« noyau cristallisateur » utilisant les « coopérations renforcées », prévues à des conditions très étroites, par le nouveau traité constitutionnel ? Ou naîtra-t-il d'un acte de volonté des Etats du noyau cristallisateur, et se développera-t-il en dehors du cadre juridique et institutionnel communautaire, comme le préconisait le général de Gaulle ?

ANNEXE

PROJETS POUR L'EUROPE, DEPUIS ROBERT SCHUMAN

I. La déclaration de Robert Schuman pour une Haute Autorité européenne du charbon et de l'acier

La paix mondiale ne saurait être sauvegardée sans des efforts créateurs à la mesure des dangers qui la menacent.

La contribution qu'une Europe organisée et vivante peut apporter à la civilisation est indispensable au maintien des relations pacifiques. En se faisant depuis plus de vingt ans le champion d'une Europe unie, la France a toujours eu pour objet essentiel de servir la paix. L'Europe n'a pas été faite, nous avons eu la guerre.

L'Europe ne se fera pas d'un coup, ni dans une construction d'ensemble : elle se fera par des réalisations concrètes – créant d'abord une solidarité de fait. Le rassemblement des nations européennes exige que l'opposition séculaire de la France et de l'Allemagne soit éliminée : l'action entreprise doit toucher au premier chef la France et l'Allemagne.

Dans ce but, le Gouvernement français propose de porter immédiatement l'action sur un point limité mais décisif

Le Gouvernement français propose de placer l'ensemble de la production franco-allemande de charbon et d'acier, sous une Haute Autorité commune, dans une organisation ouverte à la participation des autres pays d'Europe.

La mise en commun des productions de charbon et d'acier assurera immédiatement l'établissement de bases communes de développement économique, première étape de la Fédération européenne, et changera le destin de ces régions longtemps vouées à la fabrication des armes de guerre dont elles ont été les plus constantes victimes.

La solidarité de production qui sera ainsi nouée manifestera que toute guerre entre la France et l'Allemagne devient non seulement impensable, mais matériellement impossible. L'établissement de cette unité puissante de production ouverte à tous les pays qui voudront y participer, aboutissant à fournir à tous les pays qu'elle rassemblera les éléments fondamentaux de la production industrielle aux mêmes conditions, jettera les fondements réels de leur unification économique.

Cette production sera offerte à l'ensemble du monde sans distinction ni exclusion, pour contribuer au relèvement du niveau de vie et au progrès des œuvres de paix. L'Europe pourra, avec des moyens accrus, poursuivre la réalisation de l'une de ses tâches essentielles : le développement du continent africain.

Ainsi sera réalisée simplement et rapidement la fusion d'intérêts indispensable à l'établissement d'une communauté économique et introduit le ferment d'une communauté plus large et plus profonde entre des pays longtemps opposés par des divisions sanglantes.

Par la mise en commun de productions de base et l'institution d'une Haute Autorité nouvelle, dont les décisions lieront la France, l'Allemagne et les pays qui y adhéreront, cette proposition réalisera les premières assises concrètes d'une Fédération européenne indispensable à la préservation de la paix.

Pour poursuivre la réalisation des objectifs ainsi définis, le Gouvernement français est prêt à ouvrir des négociations sur les bases suivantes :

La mission impartie à la Haute Autorité commune sera d'assurer dans les délais les plus rapides : la modernisation de la production et l'amélioration de sa qualité ; la fourniture à des conditions identiques du charbon et de l'acier sur le marché français et sur le marché allemand, ainsi que sur ceux des pays adhérents ; le développement de l'exportation commune vers les autres pays ; l'égalisation dans le progrès des conditions de vie de la main-d'œuvre de ces industries.

Pour atteindre ces objectifs à partir des conditions très disparates dans lesquelles sont placées actuellement les productions des pays adhérents, à titre transitoire, certaines dispositions devront être mises en œuvre, comportant l'application d'un plan de production et d'investissements, l'institution de mécanismes de péréquation des prix, la création d'un fonds de reconversion facilitant la rationalisation de la production. La circulation du charbon et de l'acier entre les pays adhérents sera immédiatement affranchie de tout droit de douane, et ne pourra être affectée par des tarifs de transports différentiels. Progressivement se dégageront les conditions assurant spontanément la répartition la plus rationnelle de la production au niveau de productivité le plus élevé.

A l'opposé d'un cartel international tendant à la répartition et à l'exploitation des marchés nationaux par des pratiques restrictives et le maintien de profits élevés, l'organisation projetée assurera la fusion des marchés et l'expansion de la production.

Les principes et les engagements essentiels ci-dessus définis feront l'objet d'un traité signé entre les Etats et soumis à la ratification des Parlements. Les négociations indispensables pour préciser les mesures d'application seront poursuivies avec l'assistance d'un arbitre désigné d'un commun accord ; celui-ci aura charge de veiller à ce que les accords soient conformes aux principes et, en cas d'opposition irréductible, fixera la solution qui sera adoptée. La Haute Autorité commune chargée du fonctionnement de tout le régime sera composée de personnalités indépendantes désignées sur une base paritaire par les gouvernements ; un président sera choisi d'un commun accord par les gouvernements ; ses décisions seront exécutoires en France, en Allemagne et dans les autres pays adhérents. Des dispositions appropriées assureront les voies de recours nécessaires contre les décisions de la Haute Autorité. Un représentant des Nations unies auprès de cette Autorité sera chargé de faire deux fois par an un rapport public à l'ONU, rendant compte du fonctionnement de l'organisme nouveau, notamment en ce qui concerne la sauvegarde de ses fins pacifiques.

L'institution de la Haute Autorité ne préjuge en rien du régime de propriété des entreprises. Dans l'exercice de sa mission, la Haute Autorité commune tiendra compte des pouvoirs conférés à l'Autorité internationale de la Ruhr et des obligations de toute nature imposées à l'Allemagne, tant que celles-ci subsisteront.

(9 mai 1950)

II. La construction de l'Europe selon Jean Monnet

Pour la première fois, les relations traditionnelles entre les Etats sont transformées. Selon les méthodes du passé, même lorsque les Etats européens sont convaincus de la nécessité d'une action commune, même lorsqu'ils mettent sur pied une organisation internationale, ils réservent leur pleine souveraineté. Aussi l'organisation internationale ne peut ni décider, ni exécuter, mais seulement adresser des recommandations aux Etats. Ces méthodes sont incapables d'éliminer nos antagonismes nationaux qui s'accusent inévitablement tant que les souverainetés nationales elles-mêmes ne sont pas surmontées.

Aujourd'hui, au contraire, six parlements ont décidé, après mûre délibération et à des majorités massives, de créer la première Communauté européenne qui fusionne une partie des souverainetés nationales et les soumet à l'intérêt commun.

Dans les limites de la compétence qui lui est conférée par le Traité, la Haute Autorité a reçu des six Etats le mandat de prendre en toute indépendance des décisions qui deviennent immédiatement exécutoires dans l'ensemble de leur territoire. Elle est en relations directes avec toutes les entreprises. Elle obtient des ressources financières, non de contributions des Etats, mais de prélèvements directement établis sur les productions dont elle a la charge.

Elle est responsable, non devant les Etats, mais devant une Assemblée européenne. L'Assemblée a été élue par les Parlements nationaux ; il est déjà prévu qu'elle pourra être élue directement par les peuples. Les membres de l'Assemblée ne sont liés par aucun mandat national ; ils votent librement et par tête et non par nation. Chacun d'eux ne représente pas son pays, mais la Communauté entière. L'Assemblée contrôle notre action. Elle a le pouvoir de nous retirer sa confiance. Elle est la première Assemblée européenne dotée de pouvoirs souverains.

Les actes de la Haute Autorité sont susceptibles de recours en justice. Ce n'est pas devant les tribunaux nationaux que de tels recours seront portés, mais devant un tribunal européen, la Cour de justice.

Toutes ces institutions pourront être modifiées et améliorées à l'expérience. Ce qui ne sera pas remis en question, c'est qu'elles sont des institutions supranationales et, disons le mot, fédérales. Ce sont des institutions qui, dans la limite de leur compétence, sont souveraines, c'est-à-dire dotées du droit de décider et d'exécuter.

Le charbon et l'acier ne sont toutefois qu'une partie de la vie économique. C'est pourquoi une liaison constante doit être assurée entre la Haute Autorité et les Gouvernements qui demeurent responsables de la politique économique d'ensemble de leurs Etats. Le Conseil de ministres a été créé, non pour exercer un contrôle ou une tutelle, mais pour établir cette liaison et assurer l'harmonie entre la politique de la Haute Autorité et celle des Etats membres.

Ce vaste marché, origine et but de notre entreprise, est la mise en commun de marchés nationaux qui étaient auparavant séparés. Notre expérience quotidienne confirme que, pour le réaliser, pour qu'il produise ses effets, il faut des règles qui gouvernent son fonctionnement, des ajustements graduels dans son établissement et des institutions qui veillent à ces règles et à ces transitions.

Il ne sert de rien, en effet, de supprimer les contingents s'ils peuvent être remplacés par un rétablissement ou un relèvement de droits de douane.

Il ne sert de rien d'éliminer, à la fois, les contingents et les droits de douane si l'on maintient les discriminations dans les tarifs de transport, dont l'effet est équivalent.

Il ne sert de rien d'éliminer ces barrières et ces discriminations si l'on laisse le champ libre à une répartition des marchés convenue entre les cartels de producteurs.

Ces mesures sont inséparables les unes des autres ; ce sont elles qui distinguent la création d'un marché commun des mesures fragmentaires de libération des échanges, toujours révocables et presque toujours compensées par d'autres moyens de protection.

Le marché commun ne provoque les transformations de structures et les changements d'attitude nécessaires au progrès que si chacun, producteur et consommateur, sait qu'il est définitif.

Mais on ne peut demander aux Etats de renoncer à toute protection s'ils n'ont, en même temps, une garantie qu'aucun d'entre eux n'abusera de cette ouverture du marché par des actes d'agression économique.

On ne peut demander aux producteurs de se soumettre à cette concurrence élargie, à moins qu'ils n'aient des garanties contre les pratiques déloyales et les moyens discriminatoires.

On ne peut demander aux travailleurs de s'associer aux transformations nécessaires que s'ils ont l'assurance, non seulement que tous les moyens seront mis en œuvre pour les mettre à l'abri des charges de la réadaptation, mais aussi qu'ils bénéficieront personnellement du progrès général que ces transformations entraînent.

Et l'ensemble des consommateurs ne forme véritablement un marché et ne bénéficie des avantages de la Communauté que si les discriminations sont interdites, si toutes les activités sont traitées sur le même pied et obtiennent les mêmes chances de se développer. C'est seulement si la concurrence entre les utilisateurs n'est pas faussée par des discriminations exercées par les producteurs ou par les Etats, que la mise en communication des marchés assure la répartition la plus rationnelle des activités et le plus grand progrès de la productivité.

Ces transformations ne peuvent se développer et se maintenir que si, en cas de nécessité, elles s'effectuent par étapes. Des mesures de transition et des clauses de sauvegarde sont nécessaires ; mais leur application ne se négocie pas. Ainsi, pour établir le marché commun, il faut nécessairement établir des règles communes qui se substituent aux règles propres aux marchés cloisonnés.

Que signifiera dans la vie quotidienne des citoyens de nos six pays ce marché unique du charbon et de l'acier pour 160 millions de consommateurs ? On dira sans doute que peu d'entre eux achètent du charbon et de l'acier en quantités importantes. Mais le charbon et l'acier interviennent dans la fabrication de tout ce dont l'homme moderne a besoin : le gaz, l'électricité, les outils, les machines, les automobiles. Par la charrue et le tracteur, par l'équipement textile ou la machine à coudre, par l'armature du béton, par l'échafaudage ou la charpente métallique, ils ont leur part essentielle jusque dans nos maisons, nos vêtements et notre nourriture. Le charbon et l'acier plus abondants, de meilleure qualité, à un prix plus bas, c'est la possibilité pour chacun d'acheter davantage, et pour chaque famille d'obtenir un niveau de vie plus élevé. C'est l'ampleur et la liberté du marché unique qui permettront de développer une production de masse, seul moyen d'obtenir la diminution des prix de revient, le développement des débouchés et l'expansion de la production.

Mais ce marché unique qui englobe les territoires de nos six pays a encore une autre signification. Comment ne pas être frappé, en considérant les activités soumises à la Communauté, par cette extraordinaire concentration de fer et de charbon, par la densité de ces ressources minières et de ces installations industrielles qui, dans un espace aussi limité, constituent sans doute un ensemble unique au monde.

Voyez comme le bassin du nord de la France se prolonge vers la Belgique, comme les charbonnages belges se raccordent aux charbonnages d'Aix et de la Ruhr, regardez la Campine partagée entre la Belgique et les Pays-Bas, et ce même charbon réparti entre la Sarre et la Lorraine, ce même minerai de fer entre la Lorraine et le Luxembourg ! Ces ressources dont la nature a fait l'actif industriel essentiel de l'Europe ont été l'enjeu des luttes entre Etats et des entreprises de domination. En effaçant les divisions que les hommes ont arbitrairement introduites, il s'agit aujourd'hui de recréer ce bassin naturel dont ils ont morcelé l'unité et limité le développement.

(Séance d'installation de la Haute Autorité du charbon et de l'acier, Luxembourg, 10 août 1952)

III. La critique du général de Gaulle

Du moment que je suis Français, je suis Européen. Etant donné que nous sommes en Europe – et je dirai même que la France a toujours été une partie essentielle, sinon capitale, de l'Europe – par conséquent, bien sûr, je suis Européen. Alors, vous me demandez si je suis pour une organisation de l'Europe et, si je vous entends bien, vous voulez parler d'une organisation de l'Europe occidentale. A cet égard, je ne sais pas s'il vous arrive de relire les déclarations que j'ai pu faire depuis des années et des années. Si cela vous arrive, vous vous apercevrez que j'ai parlé de l'Europe, et en particulier de la conjonction, du groupement de l'Europe occidentale avant que personne n'en parle, et même en pleine guerre, parce que je crois que c'est en effet indispensable. Dès lors que nous ne nous battons plus entre Européens occidentaux, dès lors qu'il n'y a plus de rivalités immédiates et qu'il n'y a pas de guerre, ni même de guerre imaginable entre la *France et l'Allemagne*, entre la France et l'Italie, et, bien entendu, entre la France, l'Allemagne, l'Italie et *l'Angleterre*, eh bien ! il est absolument normal que s'établisse entre ces pays occidentaux une solidarité. C'est cela l'Europe, et je crois que cette solidarité doit être organisée. Il s'agit de savoir comment et sous quelle forme. Alors, il faut prendre les choses comme elles sont, car on ne fait pas de politique autrement que sur des réalités. Bien entendu, on peut sauter sur sa chaise comme un cabri en disant « l'Europe ! », « l'Europe ! », « l'Europe ! », mais cela n'aboutit à rien et cela ne signifie rien. Je répète : il faut prendre les choses comme elles sont. Comment sont-elles ? Vous avez un pays *français*, on ne peut pas le discuter, il y en a un. Vous avez un pays *allemand* on ne peut pas le discuter, il y en a un. Vous avez un pays *italien, vous* avez un pays *belge*, vous avez un pays *hollandais*, vous avez un pays *luxembourgeois* et vous avez, un peu plus loin, un pays *anglais* et vous avez un pays *espagnol, etc.* Ce sont des pays, ils ont leur Histoire, ils ont leur langue, ils ont leur manière de vivre et ils sont des *Français,* des *Allemands,* des *Italiens,* des *Anglais,* des *Hollan*dais, des *Belges,* des *Espagnols,* des *Luxembourgeois.* Ce sont ces pays-là qu'il faut mettre ensemble et ce sont ces pays-là qu'il faut habituer progressivement à vivre ensemble et à agir ensemble. A cet égard, je suis le premier à reconnaître et à penser que le *Marché commun* est essentiel car si on arrive à l'organiser, et par conséquent, à établir une réelle solidarité économique entre ces pays européens, on aura fait beaucoup pour le rapprochement fondamental et pour la vie commune.

Alors, il y a le domaine politique ! Que peuvent-ils faire, en commun, *politiquement* ? Il y a deux choses à considérer : quand on parle de politique, de tout temps, et notamment par les temps qui courent, il y a à considérer la *défense* – dans le cas où l'on serait obligé de se défendre – et puis il y a à considérer l'action, c'est-à-dire ce que l'on fait au-dehors. Du point de vue de la défense, si cette Europe occidentale devait être attaquée – et par qui pourrait-elle l'être ? jusqu'à présent, ou plutôt jusqu'à ces derniers temps, on pouvait imaginer qu'elle risquait de l'être à partir de l'Est et ce n'est pas encore absolument impossible – dans ce cas-là, il y a une solidarité de défense entre les Six et cette solidarité, je le crois, peut, et doit être organisée. Et puis, il y a l'action, c'est-à-dire, ce que cet ensemble devrait faire dans le monde. Alors, à cet égard, c'est beaucoup plus difficile, car il faut bien convenir que les uns et les autres ne font pas tous la même chose et ne voient pas tous les choses de la même façon. Les *Allemands*, que voulez-vous, ils se voient comme ils sont, c'est-à-dire coupés en deux et même en trois si l'on tient compte du statut de *Berlin* et ils se retrouvent avec une puissance économique renaissante qui est déjà considérable. Forcément, ils ont des ambitions. Est-il nécessaire que les ambitions de l'Allemagne soient automatiquement les nôtres ? Les *Anglais* ont à faire un peu partout et on le voit bien, ils ont des embarras, actuellement en Afrique, avec la Rhodésie ; ils en ont dans les pays arabes, avec Aden ; ils en ont en Extrême-Orient, avec la Malaisie, et ainsi de suite. Est-ce que ces ennuis, ces inconvénients, doivent être nécessairement les nôtres, en même temps ? Vous voyez ce que je veux dire, il n'est pas si facile que cela d'ajuster les politiques. Alors j'ai fait, peut-être vous en souvenez-vous, c'était en 1961, la première de toutes les *propositions* qui aient été faites de réunir périodiquement ensemble les chefs d'Etat et de gouvernement et puis les différentes sortes de ministres et notamment les ministres des Affaires étrangères pour confronter la situation de chacun, les vues de chacun et les accorder.

Question : Oui, c'est ce que l'on avait appelé, bien que vous n'ayez pas je crois, prononcé la formule, ce que l'on avait appelé l'« Europe des patries ».

Réponse : Je n'ai jamais parlé de « l'Europe des patries », c'est comme « l'intendance suit ». Chacun a sa patrie. Nous avons la nôtre, les Allemands ont la leur, les Anglais ont la leur, et c'est ainsi. J'ai parlé de la coopération des Etats, alors cela oui, j'en ai parlé, et je crois que c'est indispensable et nous avons tâché de l'organiser à cette époque mais cela n'a pas réussi et depuis on n'a plus rien fait, excepté nous, qui avons fait quelque chose avec *l'Allemagne,* car nous avons solennellement, et c'était incroyable après tout ce qui nous était arrivé, nous avons solennellement fait avec l'Allemagne un *traité* de réconciliation et de coopération. Cela n'a pas non plus jusqu'à présent donné grand-chose. Pourquoi ? Parce que les politiques sont les politiques des Etats, et qu'on ne peut pas empêcher cela.

Alors, vous en avez qui crient : « Mais l'Europe, l'Europe *supranationale, il* n'y a qu'à mettre tout cela ensemble, il n'y a qu'à fondre tout cela ensemble, les *Français* avec les *Allemands,* les *Italiens* avec les *Anglais,* etc. Oui, vous savez, c'est commode, et quelquefois c'est assez séduisant, on va sur des chimères, on va sur des mythes, mais ce ne sont que des chimères et des mythes. Mais il y a les réalités et les réalités ne se traitent pas comme cela. Les réalités se traitent à partir d'elles-mêmes et c'est ce que nous nous efforçons de faire, et c'est ce que nous proposons de continuer de faire. Si nous arrivons à surmonter l'épreuve du *Marché commun* – j'espère bien que nous le ferons – il faudra reprendre ce que la France a proposé en 1961 et qui n'avait pas réussi du premier coup, c'est-à-dire l'organisation d'une coopération politique naissante entre les Etats de l'Europe occidentale, et, à ce moment-là, il est fort probable qu'un peu plus tôt, un peu plus tard, l'*Angleterre* viendra se joindre à nous et ce sera tout naturel. Bien entendu, cette Europe-là ne sera pas comme on dit *supranationale.* Elle sera comme elle est. Elle commencera par être une *coopération,* peut-être qu'après, à force de vivre ensemble, elle deviendra une *confédération*. Eh bien ! je l'envisage très volontiers, ce n'est pas du tout impossible.

(Dialogue télévisé avec Michel Droit,
10 décembre 1965)

IV. La construction de l'Europe selon Georges Pompidou

Chacun sent la nécessité d'une liaison de plus en plus étroite entre les Etats européens, d'une collaboration accrue dans le domaine économique, monétaire, scientifique, technique entre pays que le Marché commun rend solidaires. Chacun sent la nécessité d'avancer résolument sur la voie d'une union dégagée des rêves et des abandons, mais reposant sur la confiance, sur les réalités, sur des rapports étroits entre gouvernements responsables, prêts à s'imposer à eux-mêmes des disciplines communes. C'est ce résultat que nous avons cherché à La Haye en même temps que nous obtenions l'engagement de nos partenaires d'adopter dans les prochaines semaines le règlement financier définitif qui assure la continuité du Marché commun agricole et doit rendre l'espérance à nos agriculteurs dont je comprends l'inquiétude et dont je saurai défendre les intérêts.

Cette conférence, où s'est établi un climat de compréhension réciproque entre les Six, a également montré la solidité de la coopération entre notre pays et la République fédérale d'Allemagne telle que l'ont instaurée le général de Gaulle et le chancelier Adenauer.

Elle a enfin montré, à tous, la sincérité des déclarations que j'avais faites dès mon arrivée aux affaires lorsque j'avais annoncé que la France n'opposait pas de veto à l'entrée de l'Angleterre dans le Marché commun. je souhaite que les négociations qui devraient s'ouvrir dans le courant de l'année prochaine prouvent que l'Angleterre est réellement décidée à se tourner vers l'Europe. La France, pour sa part, ne pourra que s'en réjouir.

(Allocution télévisée du 15 décembre 1969
au retour du sommet de La Haye)

Question : Monsieur le président, estimez-vous que la politique du chancelier Brandt peut faciliter la construction d'une Europe telle que vous la définissiez à Strasbourg ?

Réponse : Si je croyais le contraire, madame, les entretiens que j'aurai demain avec le chancelier Brandt risqueraient d'être difficiles. Mais je crois profondément que la politique de rapprochement avec l'Est qu'a entreprise le chancelier Brandt est dans l'intérêt général de l'Europe, de l'Europe de l'Ouest, de l'Europe de l'Est et de l'Europe tout entière. Je le crois.

II va de soi que je lis partout que la France redoute la puissance économique allemande. Bien entendu, les nations sont comme tout le monde, et l'on préfère avoir des voisins moins grands que des voisins trop grands. Mais nous ne nous inquiétons nullement de la puissance économique allemande, et je dirai même que nous préférons que ce soit la forme moderne de la puissance allemande. Ce qui est important pour nous, c'est de faire que notre puissance économique nous permette de tenir notre place dans cette Europe, nous permette de faire face à cette concurrence, et la puissance économique allemande doit être pour nous un aiguillon et non pas une terreur.

Question : Pour le cas où, après de longues négociations, le gouvernement britannique se trouverait dans l'impossibilité d'accepter intégralement les mécanismes financiers du Marché commun, seriez-vous en faveur d'un compromis ou estimez-vous que, dans ce cas, il serait nécessaire d'écarter la candidature britannique ?

Réponse : C'est une question qui pèsera sur nous pendant longtemps, pendant toute la durée des négociations. Si je vous comprends bien, il s'agit de savoir si on peut avoir un pied dedans et un pied dehors. Or il faut être dedans, ou il faut être dehors. Ceci étant dit, même quand on est dehors, il peut y avoir des possibilités d'accommodement mais nous n'en sommes pas là. Les conversations s'ouvrent. Nous avons dit à La Haye que nous étions prêts à cette ouverture. Ce sera l'attitude du gouvernement français, tout au long de la négociation, mais il ne faut pas s'attendre à ce qu'il fasse tous les pas en avant.

Question : Le Premier ministre de la Grande-Bretagne, M. Heath, a dit, il y a deux ou trois ans, qu'il croyait possible qu'il y ait une collaboration entre les deux pays sur le plan nucléaire, pour la défense de l'Europe. Je me suis renseigné, il est toujours de cet avis. Quel est le vôtre ?

Réponse : Tout est dans la manière, monsieur King. Qu'il puisse y avoir des accords en matière nucléaire entre la France et la Grande-Bretagne, c'est en effet possible. C'est même probablement souhaitable. Mais il y a des limites qu'il ne faut pas espérer nous faire franchir et, en particulier, on ne nous fera pas rentrer dans l'OTAN.

Question : Monsieur le président, compte tenu de tous les problèmes européens évoqués, quelles sont, d'après vous, les chances actuelles d'une coopération dans le domaine politique entre les pays européens à l'Ouest ?

Réponse : Tout dépend de ce qu'on appelle « une coopération politique ». Je suis partisan, et nous l'avons d'ailleurs accepté, que les gouvernements et les ministres des Affaires étrangères se rencontrent pour parler non pas de leurs problèmes internes, mais de la politique générale, des problèmes de politique générale, et qu'au cours de ces rencontres non seulement ils s'informent, mais se consultent et que chaque fois que c'est possible on cherche à harmoniser les positions, voire à les unifier.

Quant à penser qu'il puisse y avoir, demain, une politique européenne... Il y aura une politique européenne le jour où il y aura, à tout le moins, une confédération européenne, et, pour ma part, je crois possible et souhaitable de parvenir à une confédération européenne, mais je crois que le meilleur moyen de la tuer, c'est de vouloir brûler les étapes.

A l'heure actuelle, que voyons-nous ? Nous voyons la République fédérale préoccupée avant tout des problèmes avec l'Est, et des problèmes qui lui viennent de la division allemande. Nous voyons la Grande-Bretagne qui veut entrer dans la Communauté, mais qui, en même temps, garde des relations particulières avec les Etats-Unis, qui ne sont pas en Europe, et nous rappelle tous les intérêts qu'elle possède dans le monde entier, et notamment dans le Commonwealth. La France elle-même a des intérêts un peu partout dans le monde, et des habitudes qui ne sont pas forcément les mêmes que celles de ses partenaires européens. Par conséquent, vouloir du jour au lendemain dire qu'il y aura une union politique, c'est purement illusoire. Il n'y a aucune chance à l'heure actuelle que nous ayons la même politique.

Le problème de la coopération, c'est précisément de se rencontrer, de discuter, de s'informer, de se rapprocher, pour aboutir un jour à cette politique unique. Le jour, en effet, où on aurait une confédération européenne, ou quelque chose qui lui ressemblerait, le jour où on aurait une union politique européenne, à coup sûr l'Europe pèserait d'un grand poids dans le monde.

Mais le passé est là, qui est lourd ; la géographie est là, qu'on ne peut pas non plus éliminer, et qui n'a pas fait une Europe unie au cours des siècles. Il faut donc beaucoup de patience, mais il faut aussi la foi. Patience et foi, c'est ma devise, si vous voulez.

(Conférence de presse du 2 juillet 1970)

Question : Vous avez proposé aux Européens de faire pour 1980 une Union européenne, mais vous n'avez pas précisé ce que vous placiez sous ce terme. En quoi une Union européenne est-elle plus qu'une Communauté et en quoi est-elle une étape vers une sorte d'Etat européen avec son contrôle démocratique, son gouvernement et sa compétence à la fois économique et politique ?

Réponse : C'est un problème d'adjectif. Union européenne ou Communauté européenne, cela peut vouloir dire la même chose, mais il se trouve que la Communauté s'appelle économique et que l'Union européenne que nous avons définie dans ses grandes lignes lors de la conférence au sommet n'a pas cet adjectif. Par conséquent, elle déborde, elle veut déborder le problème économique. Cela veut dire obligatoirement qu'elle veut déboucher sur le domaine politique. C'est le plus difficile, cela va de soi.

Nous sommes six, et maintenant neuf Etats qui ont des traditions, qui ont des situations différentes, des habitudes différentes et harmoniser les politiques n'est pas facile. Il n'y aura véritablement d'Union européenne que le jour où il y aura une politique européenne et, croyez bien que, contrairement à ce qu'on pense, la France n'y est pas hostile, bien au contraire, et si, par exemple, on estime que la coopération politique doit, pour pouvoir se développer plus rapidement, être de temps à autre, à des intervalles pas trop fréquents, mais tout de même réguliers, traitée entre les plus hauts responsables, entre eux et entre eux seuls, j'en suis pour ma part partisan et je suis prêt, non pas à en prendre l'initiative, mais à en parler avec nos partenaires. Si nous arrivons effectivement à avoir une politique européenne vis-à-vis de tous les autres, de tous les tiers, à ce moment-là la voie sera ouverte.

En ce qui concerne le contrôle, eh bien c'est une affaire difficile. Chaque fois que l'on propose des solutions, on s'aperçoit qu'elles ne sont pas adéquates. je dirai simplement que, tant qu'il n'y aura pas un exécutif européen réel, il ne peut pas y avoir un Parlement européen réel. Cela n'enlève rien aux possibilités de développement de l'action de l'Assemblée parlementaire de Strasbourg, mais cela marque les limites dans lesquelles cette action, actuellement, ne peut pas ne pas être enfermée.

(Conférence de presse du 27 septembre 1973)

V. L'Union européenne selon Altiero Spinelli

Après avoir donné, en juillet 1982, à la Commission institutionnelle certaines orientations générales pour guider son action, le Parlement s'apprête à discuter une longue résolution, préparée par la Commission institutionnelle et qui expose dans le détail le contenu du futur traité.

Lorsqu'en septembre prochain le Parlement aura approuvé cette résolution, la Commission la concrétisera dans un projet de traité instituant l'Union européenne. Le Parlement devra alors examiner et voter en dernière lecture ce projet au début de 1984, couronnant ainsi, avec cette proposition de réforme institutionnelle, son mandat, qui expirera en juin 1984.

Examinons rapidement le projet dont la Commission institutionnelle a déjà formulé le contenu, même si ce texte n'est pas encore définitif.

Le premier problème qu'elle a dû résoudre a été de conserver les réalisations communautaires – ce qu'on appelle l'acquis communautaire – et de redéfinir en même temps les institutions compétentes et les procédures de décision.

Il a fallu écarter l'hypothèse de la rédaction d'un traité contenant une liste d'amendements aux traités existants. On aurait, en effet, obtenu un document incompréhensible pour la majorité des gens, étant donné les références continuelles à d'autres textes. Ensuite, pour amender les traités existants, ces derniers eux-mêmes prévoient une procédure exigeant une initiative de la Commission (laquelle s'est toujours refusé à faire de telles propositions) confinant le Parlement dans son rôle habituel consultatif et subalterne, attribuant au Conseil le pouvoir de faire des propositions d'amendements (lequel a montré maintes fois et est en train de montrer actuellement une fois de plus, par la façon dont il traite le projet

Genscher-Colombo, qu'il n'est pas à la hauteur de sa tâche), et laissant ensuite les Etats membres organiser entre eux une conférence diplomatique et se faire préparer le texte des amendements éventuels par leurs diplomaties.

L'impraticabilité de la voie des amendements a conduit la Commission institutionnelle à envisager de rédiger un nouveau traité instituant officiellement l'Union *ex novo* et à déterminer avec cohérence sa structure, ses *compétences,* les étapes et modalités de sa réalisation.

Elle s'est ainsi donné les moyens de présenter un texte compréhensible en soi et a évité de devoir recourir à la procédure absurde de décision prévue pour les amendements aux traités communautaires.

La nouvelle entité politique s'appellera Union, car ceci est l'expression adoptée depuis 1952 pour décrire l'aboutissement de la construction européenne.

Afin de conserver l'acquis communautaire, le traité précise que les institutions, les objectifs et les compétences de l'Union se substitueront totalement aux institutions, aux objectifs et aux compétences de la Communauté, de la coopération politique et du SME, mais toutes les indications de nature législative contenues dans les traités qui ont institué la Communauté ainsi que tous les règlements, directives, décisions de la Communauté, de la coopération politique et du SME resteront en vigueur tant que l'Union ne les aura pas modifiés par ses procédures propres.

Garantissant ainsi la continuité juridique et politique entre les anciennes Communautés et l'Union, notre résolution met fin à la pluralité de Communautés, Coopération, Système monétaire, en plaçant la construction européenne tout entière sous le signe de l'Union et établissant que tout acte d'unification sera accompli dorénavant dans son cadre, dans les formes et selon les procédures prévues par le traité instituant l'Union.

Une des caractéristiques importantes du projet est que, d'une part, il définit avec précision les institutions de l'Union et leurs compétences, et, de l'autre, il prévoit une gradualité diversifiée de l'intégration.

Le domaine d'intégration nécessairement élémentaire et aléatoire qu'est la coopération intergouvernementale est reconnu.

Au-delà de cette coopération, il y a un domaine où les actions sont destinées à devenir des actions communes, c'est-à-dire décidées et mises en œuvre par les institutions de l'Union, mais qui continueront à être exercées par les Etats membres tant que l'Union ne leur aura pas substitué ses propres décisions. Et il y a enfin un domaine dans lequel seule l'Union peut agir par ses propres décisions.

Le passage d'un domaine à l'autre est soumis au principe de la subsidiarité, c'est-à-dire intervient seulement quand la réalisation en commun d'une tâche est plus adéquate que sa réalisation séparée et quand la réalisation ne peut être envisagée qu'en commun. Des procédures et des garanties spéciales sur lesquelles je ne m'attarderai pas ici sont prévues pour assurer le passage à un stade supérieur d'unification.

On a ainsi évité, d'une part, l'erreur qui consiste à vouloir fixer de manière rigide et définitive ce qui ressort de la compétence commune et ce qui appartient à la compétence nationale, ce qui aurait probablement eu comme conséquence, dans les circonstances actuelles, une méfiance excessive devant toute définition et la prévalence facile d'interprétations restrictives et d'assignations erronées.

D'autre part, ont été mises en place des procédures plus rapides que celles de la révision des traités pour faire avancer l'élaboration des politiques et des législations communes.

La résolution de la Commission institutionnelle propose que les institutions de l'Union soient, dans la mesure du possible, celles de la Communauté, mais avec d'importantes modifications.

Le Conseil européen devient une institution de l'Union, mais nettement distincte du Conseil de l'Union. Le Conseil européen est composé de chefs d'Etat et de gouvernement, il est le lieu au sein duquel s'effectue la coopération.

Il peut décider de transformer certaines formes de coopération en actions communes en en confiant la gestion aux organes législatifs et exécutifs de l'Union. On compte sur le fait que très souvent la force des choses fera comprendre aux chefs de gouvernement la nécessité d'entreprendre des actions communes, mais que, dans ce cas, ils devront charger non pas leurs ministres ou leurs fonctionnaires nationaux de réaliser leurs conceptions parce que alors tout réintégrerait rapidement le cadre national traditionnel, mais d'en charger les institutions de l'Union.

Le Conseil européen assume également un rôle analogue à celui des chefs d'Etat, en nommant le président de la Commission et le chargeant de constituer cette dernière.

Le Conseil de l'Union, distinct du Conseil européen, est composé de représentants des gouvernements qui voteront à la majorité pondérée plus ou moins qualifiée selon le traité, mais jamais à l'unanimité. Le Conseil de l'Union partagera avec le Parlement le pouvoir législatif, l'adoption du budget et l'investiture de la Commission. Le Parlement cessera définitivement d'être un organe simplement consultatif et deviendra une branche de l'autorité législative et de l'autorité budgétaire. La Commission deviendra un véritable exécutif à visage et à responsabilités politiques. Son président sera nommé par le Conseil européen et formera la Commission. La Commission n'assumera ses fonctions qu'après avoir présenté au Parlement et au Conseil son propre programme et après avoir reçu l'investiture. La durée de son mandat sera égale à celle du Parlement, mais elle pourra être censurée par ce dernier à une forte majorité qualifiée et sera alors contrainte de démissionner. En conservant la formule actuelle de la censure, la Commission institutionnelle a cherché à concilier l'habitude du vote de censure existant dans tous nos pays avec l'idée d'un gouvernement directorial tel qu'il existe en Suisse. La censure n'est pas possible à n'importe quelle occasion. Elle n'est possible qu'en cas de divergence profonde entre le Parlement et la Commission.

La Commission devient le seul organe exécutif de l'Union. Elle a, en particulier, le pouvoir d'arrêter les règlements d'application, ce qui met fin tant à l'obligation qu'elle a actuellement de soumettre pratiquement tous les règlements d'application à l'avis du Parlement et à la décision du Conseil qui a usurpé l'habitude de retirer la réglementation à l'exécutif et de s'en approprier, par le biais de ses comités consultatifs.

La Cour de justice verra ses pouvoirs renforcés. Ils seront fondés sur la priorité du droit de l'Union par rapport au droit national.

Les domaines auxquels l'Union étendra ses compétences tantôt potentielles, tantôt concurrentes, tantôt exclusives, et agira avec ses institutions sont la politique économique, la politique de la société, la politique extérieure et la politique de sécurité. Mais à ces domaines s'ajoute l'engagement qui manquait à la Communauté actuelle de tous les Etats membres de respecter et de faire respecter les droits civils et politiques ainsi que les droits sociaux et économiques.

L'autonomie financière de l'Union est garantie mais, grâce à des consultations périodiques et à l'élaboration de programmes financiers pluriannuels, un lien permanent est assuré entre les exigences de la fiscalité européenne et celles des fiscalités nationales.

Telle est, dans ses lignes générales, la physionomie du projet de la Commission institutionnelle. Il constitue sans doute une grande amélioration de la structure des institutions parce qu'il reconnaît l'importance de la représentation des gouvernements des Etats membres et lui laisse entière souveraineté dans le domaine de la coopération, mais dans le domaine des actions communes, il lui retire le monopole du pouvoir législatif et lui refuse le vote à l'unanimité.

Ce projet constitue également un important progrès, pour ce qui est de la conception des compétences auxquelles il fixe des limites assez larges, étant donné qu'il est impossible d'établir préalablement et dans l'abstrait jusqu'où il convient d'aller, mais il exige l'existence d'un large consensus tant au sein du Parlement qu'au sein du Conseil, chaque fois qu'il s'agira de faire un grand pas en avant.

Ce projet est fondé, avec réalisme, sur l'idée que la construction effective d'une économie européenne, d'une société européenne, d'une politique étrangère et d'une politique de défense au niveau européen est nécessairement progressive. Il fixe donc des phases de transition, des étapes et exige un consensus réel. Mais ce faisant, il exclut l'actuelle distorsion dans la formation de la volonté politique, distorsion qui étouffe la volonté européenne et exalte la volonté nationale. Elles seront au moins sur le même plan, et il faudra prouver chaque fois la prédominance de l'une sur l'autre, au lieu de supposer automatiquement comme aujourd'hui que c'est la volonté politique nationale qui est la plus forte.

(Sixième conférence Jean Monnet,
Institut universitaire européen de Florence, le 13 juin 1983)

VI. Présentation de l'Acte unique par Jacques Delors

La signature et la prochaine entrée en vigueur de l'Acte unique européen, l'accession à la Communauté de l'Espagne et du Portugal (venant après celle de la Grèce en 1981) ont modifié profondément la structure de la Communauté et les obligations des Etats membres. L'Acte unique européen améliore de manière significative le système institutionnel et fixe à la Communauté de nouveaux objectifs, tout particulièrement la réalisation du marché intérieur d'ici la fin de 1992 et le renforcement de la cohésion économique et sociale. Atteindre ces deux objectifs sera aussi répondre aux aspirations et aux espérances des pays qui viennent de rejoindre la Communauté et qui attendent légitimement que leur participation à la Communauté contribue à leur développement et au relèvement de leur niveau de vie par la combinaison de leurs propres efforts et du soutien de leurs partenaires.

Pour faire face à ses responsabilités nouvelles, la Communauté doit d'abord achever les réformes qu'elle a entreprises, notamment depuis 1984, pour adapter ses anciennes politiques aux conditions nouvelles : réforme de la politique agricole commune en réponse aux nouvelles conditions de la production et des échanges, réforme des fonds structurels pour en faire des instruments du développement économique, réforme des règles financières pour assurer une discipline budgétaire aussi rigoureuse que celle que s'imposent les Etats membres.

Ces réformes acquises, la Communauté devra disposer des ressources nécessaires pour être en mesure de réaliser les objectifs de l'Acte unique.

En modifiant ainsi le traité de Rome, les pays membres ont tracé une nouvelle frontière à la construction européenne. II s'agit d'un saut qualitatif, dont le caractère vital doit être souligné, pour donner à nos économies les moyens de relever les défis extérieurs et de retrouver les voies d'une croissance économique plus forte et plus créatrice d'emplois.

C'est pourquoi la Commission considère de son devoir de faire connaître les conditions auxquelles ce pari pourra être tenu. Tel est le sens des propositions qu'elle soumet au Conseil et au Parlement, propositions qui se situent dans une perspective à moyen terme, avec comme échéance l'achèvement du grand marché sans frontières en 1992.

Avant d'exposer les réformes, en cours ou à entreprendre, qui permettront la mise en œuvre de l'Acte unique, il n'est pas inutile de rappeler brièvement les perspectives qui s'offrent à nous et les conditions du succès. Est-il nécessaire d'indiquer que cette « nouvelle frontière » implique la mise en œuvre simultanée des six politiques mises en exergue par l'Acte unique : la réalisation d'un grand marché sans frontières, la cohésion économique et sociale, en d'autres termes plus de convergence dans les moyens mis en œuvre comme dans les résultats, une politique commune de développement scientifique et technologique, le renforcement du Système monétaire européen, l'émergence d'une dimension sociale européenne et l'action coordonnée en matière d'environnement ? II est aisé de démontrer que l'une ne va pas sans les autres, si l'on veut réellement aboutir à la création d'un espace économique commun, seule issue compatible avec la grande idée d'une Union européenne, confirmée solennellement dans le préambule de l'Acte unique. La réussite ne serait pas au bout de nos efforts si parallèlement nous n'avions pas une politique extérieure commune, cohérente et ferme.

Politiquement, il ne s'agit pas d'une conception nouvelle. L'article 2 du traité de Rome indiquait que la Communauté entendait réaliser « un développement harmonieux des activités économiques dans l'ensemble de la Communauté, une expansion continue et équilibrée, une stabilité accrue, un relèvement accéléré du niveau de vie ».

Economiquement, il est superflu de démontrer qu'un grand marché sans frontières ne pourra être pleinement achevé, ni ne pourra correctement fonctionner, que si, au niveau communautaire, existent les instruments permettant d'éviter les déséquilibres qui affecteraient la compétitivité et la croissance de l'ensemble.

Entendons-nous bien. II n'est pas question de transférer tous les pouvoirs de la politique économique et sociale à l'échelon européen. Mais l'expérience nous enseigne qu'il n'est pas possible d'obtenir la liberté de circulation des personnes, des biens, des services et des capitaux sans une discipline commune des taux de change et sans une coopération accrue entre les politiques nationales. S'il en était besoin, les récentes difficultés rencontrées par le Système monétaire européen en fourniraient une preuve supplémentaire.

En d'autres termes, il faut un pilote dans l'avion européen. Le grand marché sans frontières ne peut, à lui seul, assurer valablement les trois grandes fonctions de la politique économique : la recherche d'une plus grande stabilité (lutte contre l'inflation et contre les déséquilibres extérieurs), l'allocation optimale des ressources pour bénéficier de l'effet de dimension et stimuler l'innovation et la compétitivité, la distribution équilibrée des richesses qui est aussi fonction des mérites de chacun.

C'est ainsi, par exemple, que la Communauté devra décider, cette année, l'ultime étape en matière de libération des mouvements de capitaux. Sa réalisation implique un renforcement du Système monétaire européen, de façon à pouvoir réguler les marchés de capitaux et faire face à des situations de déséquilibre. De même, il conviendra simultanément de veiller, pour une concurrence loyale et saine, à une harmonisation des règles de base en matière de législation bancaire et de normes prudentielles. Enfin, les politiques monétaires nationales devront être compatibles entre elles, afin d'assurer le maximum de stabilité à cet espace financier commun.

Autre exemple tiré aussi des expériences passées : l'intégration économique créée par le grand marché procurera de grands bénéfices économiques. Encore convient-il que toutes les régions de la Communauté puissent progressivement y participer. La diffusion à tous du progrès ne va pas de soi, qu'il s'agisse des avancées techniques, des effets de la concurrence pour des produits moins chers et de meilleure qualité ou encore des innovations financières indispensables pour l'investissement et le développement. D'où la nécessité de faciliter cette transparence du grand marché en appuyant les efforts des régions aux structures inadaptées et des régions en proie à de douloureuses reconversions. Des politiques communautaires peuvent aider ces régions, ce qui ne les dispense en rien d'assumer leurs propres responsabilités et de faire l'effort indispensable. C'est dans cet esprit que la Commission a pensé les politiques dites structurelles avec la volonté de leur conférer un véritable impact économique, et non de réaliser simplement – ce qui serait à la fois trop coûteux et insuffisant – de simples transferts budgétaires.

Pour parler clairement, les instruments communautaires doivent cesser d'être considérés comme les éléments d'un système de compensation financière. Ils sont appelés à jouer, à côté des politiques nationales et régionales et en harmonie avec elles, un rôle important pour la convergence des économies.

Plus de réalisme économique pour les actions communautaires, plus de coopération entre les politiques nationales, telles sont les deux conditions auxquelles nous pouvons espérer tirer tous les bénéfices, et pour tous, d'un grand marché sans frontières. Mais en allant à l'essentiel, c'est-à-dire en laissant la plus grande marge de manœuvre aux actions décentralisées, la « Communauté de la nouvelle frontière » a plus besoin d'impulsions et d'actions sélectives que d'un surcroît d'interventions et de règlements. Le bon sens le commande, le fonctionnement du grand marché l'exige.

Pour concilier efficacité de l'action communautaire et décentralisation, plusieurs inflexions sont proposées. Par exemple :

– En ce qui concerne le grand marché, sélectionner les actions les plus importantes pour assurer le mouvement indispensable, comme l'ouverture des marchés publics, la libération des mouvements de capitaux. Adopter le principe de reconnaissance mutuelle des normes ou des règles, plutôt que s'épuiser, sans succès, à rechercher la norme commune, la règle commune.

– En ce qui concerne le contrôle des aides et l'objectif de cohésion, s'assurer que les conditions d'une concurrence loyale sont réunies, et dans ce cadre tenir compte du niveau de développement des régions et montrer la flexibilité nécessaire pour tenir compte de l'évaluation du contexte local.

– Substituer, pour l'essentiel, la notion de programme à celle de projets. Plutôt que de gérer des milliers de dossiers, la Commission s'attacherait, comme elle le fait pour les Programmes intégrés méditerranéens, à venir en appui de programmes pluriannuels élaborés par les régions en retard et les régions de reconversion.

– Concentrer sur une ou deux priorités la politique sociale et donc tourner le dos à l'émiettement des actions engendré par la multiplicité des objectifs et des critères. Mais faire de ces priorités des grands chantiers de l'Europe, innovateurs, efficaces, perceptibles par les bénéficiaires comme par les opinions publiques. Or quel est le problème central ? Quelle est la question la plus angoissante ? Le chômage. La Communauté doit démontrer, par la mise en œuvre de deux grandes politiques, sa capacité à contribuer à la solution de ce problème. Par une politique de l'insertion professionnelle des jeunes. Par une lutte active contre le chômage de longue durée.

Le mot routine a été prononcé à propos de la procédure dite de convergence des politiques économiques. Il pourrait s'appliquer à l'ensemble de la vie communautaire. L'Europe décide mal et trop tard, elle est rarement d'une grande efficacité dans l'application des décisions prises. Et c'est ainsi que naît un processus de bureaucratisation, à la fois paralysant et trop interventionniste.

L'Acte unique entend remédier à ces défauts. Encore faut-il avoir la volonté de l'appliquer dans le meilleur esprit. Sans quoi, l'Europe ne sortira pas de sa maladie congénitale : une succession de bonnes résolutions qui s'enlisent dans les sables de délibérations trop longues et parfois sans conclusion. Pour casser ce funeste engrenage, il convient que le Conseil utilise pleinement le vote à la majorité qualifiée, que la Commission soit enfin dotée des moyens d'exécution qui lui font actuellement défaut, que le Parlement européen prenne ses pleines responsabilités de colégislateur dans la procédure de coopération.

L'intérêt européen commanderait même d'aller plus loin dans un meilleur fonctionnement du triangle institutionnel Conseil/Parlement/Commission. Nous songeons tout particulièrement à la question budgétaire, en vue d'une meilleure maîtrise de la recette et de la dépense, pour atteindre les objectifs de l'Acte unique, tout en s'assurant de la meilleure utilisation possible de l'argent du contribuable européen. La Commission fait des propositions dans le domaine de la discipline budgétaire qui n'impliquent pas le rebondissement de la querelle institutionnelle. Autrement dit, elle ne souhaite pas, pour le moment, ajouter à la difficulté du « Grand Rendez-Vous » sur l'exécution de l'Acte unique, mais elle est persuadée qu'il faudra bien, un jour, revoir les dispositions du traité de telle sorte qu'à l'instar de la procédure dite de coopération la Commission puisse jouer pleinement son rôle d'initiative et que le Conseil et le Parlement soient associés, à parts égales, dans toutes les étapes de la procédure budgétaire.

Mais, sans attendre, le Conseil devrait se pencher sur ses propres mécanismes internes, pour remédier à ce que l'on doit appeler un « éclatement du processus de décision ». Pour continuer sur la question budgétaire, il n'existe pas actuellement d'instance d'arbitrage à l'intérieur du Conseil, ce qui est une des raisons de l'échec de la discipline budgétaire décidée à Fontainebleau en juin 1984. En effet, chaque Conseil fixe ses orientations et ses actions. Le Conseil de l'Agriculture est relativement autonome pour sa politique et les dépenses qui en découlent. Le Conseil des ministres de l'Economie et des Finances fixe, de son côté, le niveau maximum des dépenses... mais c'est le Conseil du Budget qui met en œuvre, dans une bataille contentieuse et souvent dérisoire avec le Parlement. Aucun ensemble politique ne peut fonctionner valablement dans de telles conditions.

(Parlement européen, 15 février 1987)

VII. Le « discours de Bruges » de Margaret Thatcher

Vous m'avez invitée à parler de la Grande-Bretagne et de l'Europe. je devrais peut-être vous féliciter de votre courage. Si vous croyez certaines choses qu'on raconte ou qu'on écrit au sujet de mon opinion sur l'Europe, c'est presque inviter Genghis Khan à parler des vertus de la coexistence pacifique !

La Communauté européenne appartient à tous ses membres, et doit pleinement refléter les traditions et aspirations de chacun.

Je tiens à préciser que la Grande-Bretagne ne songe nullement à une autre formule que la Communauté européenne, à une existence douillette et isolée, en marge. Notre destin est en Europe, car nous sommes membres de la Communauté. Cela ne signifie pas qu'il se limite à l'Europe, pas plus que celui de la Grande-Bretagne, de l'Espagne et de tous les autres Etats membres.

La Communauté n'est pas une fin en soi. Ce n'est pas un gadget institutionnel, destiné à être constamment remanié selon les préceptes d'une quelconque théorie abstraite. Il ne faut pas non plus qu'elle soit pétrifiée par des règlements infinis.

Elle est l'outil qui permettra à l'Europe d'assurer la prospérité future et la sécurité de son peuple, dans un monde peuplé d'autres puissances – nations ou groupes.

Nous, Européens, ne pouvons pas nous permettre de gaspiller notre énergie dans des querelles internes ou dans d'obscurs débats institutionnels. Rien ne peut remplacer l'action concrète.

L'Europe doit être prête, non seulement à contribuer pleinement à sa propre sécurité, mais aussi à rivaliser – à rivaliser dans un monde où réussissent les pays qui encouragent l'initiative individuelle et l'entreprise, et non ceux qui cherchent à les entraver.

Ce soir, je voudrais énoncer quelques idées-forces pour l'avenir qui, je le pense, garantiront le succès de l'Europe, non seulement en matière d'économie et de défense, mais aussi en termes de qualité de vie et d'influence dans le monde.

Ma première idée-force est celle-ci : une coopération volontaire et active entre Etats souverains indépendants est le meilleur moyen de construire une Communauté européenne réussie. II serait hautement préjudiciable de tenter de supprimer la nationalité et de concentrer le pouvoir au centre d'un conglomérat européen ; en outre, cela compromettrait les objectifs que nous poursuivons. L'Europe sera plus forte si elle compte précisément en son sein la France en tant que France, l'Espagne en tant qu'Espagne, la Grande-Bretagne en tant que Grande-Bretagne, chacune avec ses coutumes, traditions et particularités. Ce serait de la folie que d'essayer de les faire entrer dans une sorte de portrait-robot européen.

Certains des pères fondateurs pensaient que les Etats-Unis d'Amérique pourraient servir de modèle. Mais toute l'histoire de l'Amérique est très différente de celle de l'Europe. Les gens y sont allés pour échapper à l'intolérance et aux rigueurs de l'existence dans les pays européens. Ils recherchaient la liberté et la chance ; et leur forte détermination les a aidés pendant deux siècles à créer une unité nouvelle, la fierté d'être américain, comme on est fier d'être britannique, belge, néerlandais ou allemand.

Je suis la première à dire que les pays d'Europe devraient parler d'une seule voix sur de nombreuses grandes questions. je voudrais nous voir coopérer plus étroitement dans les domaines où nous pouvons faire mieux ensemble que seuls. L'Europe est alors plus forte, qu'il s'agisse de commerce, de défense ou de nos relations avec le reste du monde. Mais coopérer plus étroitement n'exige pas que le pouvoir soit centralisé à Bruxelles, ni que les décisions soient prises par une bureaucratie en place par voie de nomination.

Au moment précis où des pays comme l'Union soviétique, qui ont essayé de tout diriger de manière centralisatrice, prennent conscience que le succès provient de la dispersion du pouvoir et de la décentralisation des décisions, il est paradoxal que certains pays de la Communauté semblent vouloir aller dans le sens opposé.

Si nous avons réussi à faire reculer chez nous les frontières de l'Etat, ce n'est pas pour les voir réimposées au niveau européen, avec un super-Etat européen exerçant à partir de Bruxelles une domination nouvelle. Nous voulons assurément voir une Europe plus unie, avec une plus grande détermination. Mais il faut que ce nouvel état de choses se fasse en préservant les différentes traditions, les pouvoirs parlementaires et les sentiments de fierté nationale, car tel a été, au cours des siècles, le nerf de l'Europe.

Ma deuxième idée-force est la suivante : les politiques communautaires doivent s'attaquer aux problèmes actuels d'une manière pratique, aussi difficile que cela puisse être.

Si nous ne parvenons pas à réformer les politiques communes qui sont manifestement mauvaises ou inefficaces et qui inquiètent à juste titre l'opinion, nous n'obtiendrons pas le soutien du public pour le développement futur de la Communauté.

C'est pour cela que les réalisations du Conseil européen, en février dernier, à Bruxelles, sont tellement importantes.

II n'était pas juste que plus de la moitié du budget communautaire soit consacrée à stocker des excédents alimentaires et à les écouler. Aujourd'hui une forte réduction de ces stocks est en cours.

II était tout à fait justifié de décider que la part du budget consacrée à l'agriculture soit réduite afin de libérer des ressources, en faveur d'autres politiques, en aidant par exemple les régions défavorisées à améliorer la formation professionnelle. On a également eu raison d'introduire une discipline budgétaire plus stricte afin de mettre ces décisions en application et de mieux contrôler les dépenses. Ceux qui se plaignaient de ce que la Communauté consacrait autant de temps aux détails financiers étaient à côté de la question. On ne peut pas construire sur de mauvaises fondations, et ce sont les réformes fondamentales, adoptées l'hiver dernier, qui ont ouvert la voie aux progrès remarquables qui ont été réalisés, depuis, au sujet du Marché unique.

Nous ne pouvons pas nous contenter de ce que nous avons réalisé jusqu'à présent. Par exemple, la réforme de la politique agricole commune est une tâche qui est loin d'être terminée. L'Europe a assurément besoin d'une industrie agricole stable et efficace. Mais la PAC est devenue lourde, inefficace et extrêmement coûteuse. Et la production d'excédents ne garantit ni les revenus ni l'avenir des agriculteurs eux-mêmes.

Nous devons continuer à poursuivre des politiques établissant un rapport étroit entre l'offre et la demande du marché, pour réduire la surproduction et limiter les frais..

Il s'agit de véritables conditions requises, car c'est ce dont les milieux d'affaires de la Communauté ont besoin pour pouvoir effectivement concurrencer le reste du monde. Et c'est ce que le consommateur européen veut, car cela lui permettra d'étendre son choix et de vivre à moindre coût

C'est sur de telles mesures concrètes fondamentales que la Communauté doit porter son attention.

Lorsqu'elles auront été réalisées et maintenues pendant une certaine période, nous serons en meilleure position pour juger de la marche à suivre ensuite.

Il en va de même avec les frontières entre nos pays. Il est évident que nous devons faciliter le passage des marchandises aux frontières. Il est évident aussi que nous devons faciliter les déplacements de nos ressortissants à l'intérieur de la Communauté. Mais nous ne pouvons pas totalement abolir les contrôles aux frontières si nous voulons protéger nos citoyens contre la criminalité et empêcher la circulation de la drogue, des terroristes et des immigrants clandestins. C'est une simple question de bon sens. On l'a vu clairement, il y a trois semaines seulement, quand un seul et courageux douanier allemand, faisant son devoir à la frontière entre la Hollande et l'Allemagne, a porté un sérieux coup aux terroristes de l'IRA.

Avant de quitter le sujet du Marché unique, je voudrais souligner que nous n'avons pas besoin de nouveaux règlements qui augmentent le coût de la main-d'œuvre et qui rendent le marché européen du travail moins souple et moins concurrentiel face aux fournisseurs étrangers.

Si nous voulons avoir un statut européen des sociétés, il faut qu'il comporte un minimum de règlements. En Grande-Bretagne, nous nous opposerons assurément à toute tentative d'introduction du corporatisme au niveau européen – quoique ce que chacun veut faire dans son propre pays ne concerne que lui.

Ma quatrième idée-force est que l'Europe ne doit pas être protectionniste.

L'expansion de l'économie mondiale exige que nous poursuivions le processus d'élimination des barrières commerciales, et ceci dans le cadre des négociations multilatérales du GATT. Ce serait une trahison si, tout en réduisant les contraintes commerciales en vue du Marché unique, la Communauté érigeait une plus grande protection externe. Nous devons tout faire pour que notre approche du commerce mondial soit compatible avec la libéralisation que nous préconisons chez nous. Nous avons la responsabilité de montrer le chemin en ce domaine, responsabilité qui est tout particulièrement dirigée vers les pays les moins développés. Ceux-ci n'ont pas seulement besoin d'aide. Il leur faut surtout de meilleures perspectives commerciales pour accéder à la dignité de l'indépendance économique et de la puissance.

Ma dernière idée-force porte sur la question la plus fondamentale, le rôle des pays européens en matière de défense. L'Europe doit continuer de maintenir une défense sûre par l'intermédiaire de l'OTAN. Il ne peut être question de relâcher son effort, même si cela implique des décisions difficiles et un coût élevé.

Nous sommes reconnaissants à l'OTAN d'avoir maintenu la paix depuis quarante ans.

Le fait est que les choses vont bien dans le sens que nous voulions : le modèle démocratique d'une société de libre entreprise a fait la preuve de sa supériorité ; la liberté a pris l'offensive, une offensive pacifique, dans le monde entier pour la première fois de son existence.

Nous devons faire notre possible pour maintenir l'engagement des Etats-Unis envers la défense de l'Europe. Cela signifie reconnaître la charge que représente pour eux le rôle mondial qu'ils assument, de même que leur point de vue sur le rôle des Alliés dans la défense de la liberté, particulièrement au moment où l'Europe devient plus riche.

Ils se tournent de plus en plus vers l'Europe pour qu'elle ait sa part dans la défense des régions hors zone, ainsi que nous l'avons fait récemment dans le Golfe.

L'OTAN et l'UEO savent depuis longtemps où se trouvent les problèmes sur cette question et ont défini des solutions. Le moment est venu de prouver le bien-fondé de nos déclarations sur la nécessité de faire un effort en matière de défense et de mieux utiliser nos moyens.

Ce n'est pas un problème institutionnel. Il ne s'agit pas de rédiger des rapports, mais de quelque chose de beaucoup plus simple et plus profond. C'est une question de volonté et de courage politique, de conviction aussi : nous ne pouvons pas compter éternellement sur les autres pour notre défense, et chaque membre de l'Alliance doit assumer une part équitable de la charge.

(Cérémonie de rentrée du Collège d'Europe, Bruges, 20 septembre 1988)

VIII. Le projet de « Confédération européenne » de François Mitterrand

Si je laissais l'imagination dessiner toute seule les lignes de force de cette Europe future, je dirais d'abord : que viennent des Etats, assurés de leur sécurité et de leur intégrité, unis par des liens librement consentis, sur une base d'égalité et de réciprocité, liens dans lesquels seront résolus les tensions et les conflits par la voie de la conciliation et de l'arbitrage. On commence à bien s'en occuper.

Que viennent ensuite des sociétés pacifiées où chaque citoyen reconnu pour ce qu'il est, dans un état de droit dûment établi, doit pouvoir s'épanouir pleinement, où les minorités devront jouir de garanties et de protection pour que nul ne se sente laissé sur le bord du chemin de l'histoire.

Que vienne un espace unifié où la géographie retrouvera ses droits trop longtemps occultés par l'idéologie, par la puissance dominante. Il serait bon que le voisinage soit praticable, sans être obligé de s'abaisser devant le seigneur d'à côté, que les femmes et les hommes circulent, communiquent librement.

Que viennent de grands chantiers d'intérêt commun, de dimension continentale, qui restituent à notre territoire sa continuité physique.

Enfin, que vienne une civilisation avec ses cultures, qui, mettant les technologies d'avenir au service de notre patrimoine, retrouvera vigueur et rayonnement.

Je pense que tous les Etats démocratiques ont vocation à appartenir au même ensemble. Je n'exclus personne des échanges, des relations humaines, des pactes, des accords. Mais, s'il s'agit de créer un ensemble structuré, il s'agit bien, nul ne s'y méprendra, d'Etats démocratiques.

L'Europe a besoin d'un horizon, elle a besoin d'une méthode de travail, elle a besoin d'une ambition mobilisatrice, elle a besoin d'actions immédiatement utiles. A vrai dire, peu importe le nom : l'invention est libre [...]. L'histoire se fait comme cela, souvent d'elle-même, et les mots viennent à l'esprit quand la chose se fait. J'ai employé le nom de confédération parce que cela représente un minimum de contenu juridique. Cela m'a été reproché. Constatons simplement qu'il faut des structures très souples, limitées, pour éviter le retour en masse de toute bureaucratie, qui elle-même serait étouffante.

On se demande s'il y a place pour de nouvelles institutions en Europe. Je crois plutôt que l'Europe s'édifiera sur des fondations diverses, sur de nombreux piliers, sans quoi elle serait bien fragile. Elle a d'abord besoin de la Communauté européenne et d'une Communauté européenne plus forte et plus soudée. Je suis de ceux qui aspirent à son unité économique, monétaire et politique. Ce n'est donc pas par soustraction que j'imagine une confédération. Ce n'est pas que je tienne les autres pour négligeables ou destinés à un rôle second. Si, au bout d'un certain temps, le plus bref possible – cette possibilité sera examinée par ceux qui en ont la charge : Conseil européen, Commission, Parlement –, l'ensemble des pays démocratiques d'Europe étaient en mesure d'adhérer à la Communauté, et d'y adhérer pleinement, et si les membres de la Communauté étaient eux en mesure de l'accepter aussi, alors le problème serait réglé. Nous nous retrouverions tous dans le même organisme, la même institution.

(Prague, 12 juin 1991)

IX. La critique de Vaclav Havel

Le doute le plus fréquemment émis à l'encontre de la Confédération européenne concerne l'utilité d'ajouter une nouvelle institution à la panoplie d'institutions internationales qui ont déjà fait leurs preuves. Ne risque-t-on pas d'accroître inutilement leur nombre et de contrecarrer leur efficacité ?

Je prends donc la liberté de vous présenter mon opinion personnelle à ce propos. Je pense qu'à ce stade, il n'est sensé de prévoir l'institutionnalisation d'une Confédération européenne – aussi modeste et embryonnaire qu'elle soit – qu'à condition d'avoir dit clairement dès le premier instant qu'il ne s'agirait nullement de suppléer aux fonctions des institutions existantes, éprouvées ou en projet mais au contraire de compléter leur action, de s'appuyer sur elles, de développer une coopération polyvalente avec elles et d'établir des liens entre les résultats de leur travail. Bref, pour compter sur une institutionnalisation de la Confédération européenne, il est nécessaire dès aujourd'hui de donner une définition claire et nette des relations qu'aurait cet organisme embryonnaire avec toutes les autres unions supranationales.

Je vais tenter de présenter brièvement quelques exemples :

1. J'estime que la Confédération européenne ne devrait pas s'occuper de sécurité. En effet, je suis convaincu que la sécurité en Europe doit rester le souci de la CSCE ; je suis tout aussi convaincu que cette dernière recèle d'énormes possibilités inexploitées pour mettre en place un système foncièrement nouveau de garanties de sécurité paneuropéenne, système qui soit en outre associé au continent nord-américain, composante inévitable et entièrement logique, aujourd'hui comme demain, d'un aménagement européen efficace en matière de sécurité. De plus, l'Organisation du traité de l'Atlantique Nord, qui est loin d'être une formation paneuropéenne, remplit des fonctions inappréciables et constituera pendant longtemps encore le premier pilier de la sécurité de l'Europe. Il n'est pas exclu que l'OTAN se transforme un jour en structure paneuropéenne, prenant la place de la CSCE, ou qu'elle s'intègre dans une telle structure ; mais à l'heure actuelle elle constitue un facteur imprescriptible de la stabilité de l'Europe. Il serait donc insensé d'essayer de doubler l'OTAN, d'autant que tout ce qui peut s'envisager dans ce domaine a déjà été pris en charge par la Conférence sur la sécurité et la coopération en Europe.

2. Le travail important et de longue haleine qu'a accompli le Conseil de l'Europe constitue une base solide pour le système européen des droits et libertés civiques, pour l'unification paneuropéenne de la jurisprudence et, d'une manière générale, pour la formation et le développement de la

culture politique européenne. Il serait également insensé de concurrencer le Conseil de l'Europe. Au contraire : il y a lieu de s'appuyer systématiquement sur son œuvre, de renouer avec lui et d'encourager les pays qui n'en sont pas encore membres à en faire partie. J'ai déjà esquissé plus haut la possibilité de voir le Conseil de l'Europe prendre dans la future Europe confédérée la place de centre politique, législatif et idéologique.

3. Et, en dernier lieu, les Communautés européennes constituent la plus intégrée des formations européennes. J'estime que le concept de Confédération européenne non seulement ne doit pas négliger l'existence des CE ni les considérer comme un organisme parallèle, comme un organisme à part dans l'ensemble qu'est l'Europe, comme un club exclusif sans lien avec les autres ; au contraire, il faut les concevoir comme un moteur, un porte-drapeau et un modèle pour l'avenir.

Ce que la Confédération européenne, ou plutôt son germe ou son embryon ne devrait pas être à mes yeux, ce vers quoi elle ne doit pas se diriger, ressort sans doute assez clairement de ce que je viens de dire quant à sa relation avec les autres formations internationales.

1. Il me semble que le lien qui unit l'Europe et le continent nord-américain en matière de sécurité est et restera logique, inévitable et légitime pour des raisons historiques et géopolitiques. Même s'il s'avère avec le temps qu'il est possible de le relâcher, même si l'alliance se transforme en traité libre, même si un jour il n'y a plus aucune raison que le dernier soldat américain reste en Europe, cela ne changera rien à la proximité spirituelle, culturelle, politique et économique entre l'Europe, les Etats-Unis et le Canada ; cela ne changera rien au besoin vital des deux partenaires de maintenir une liaison fructueuse. J'estime que toute démarche conduisant à la Confédération européenne ne devrait pas être conçue ni comprise comme une tentative de séparer deux continents dont les civilisations sont aussi étroitement liées : l'idée de la Confédération européenne procède simplement de la volonté d'endosser une responsabilité plus grande, plus appropriée, face à sa destinée propre.

2. Je pense également qu'il serait peu indiqué, voire néfaste pour la stabilité de l'Europe, que la formation de la Confédération européenne freine en quelque manière que ce soit le rapprochement entre les démocraties de l'Europe centrale et orientale et les Communautés européennes, ou que l'appartenance à la Confédération européenne soit offerte aux pays d'Europe centrale et orientale à seule fin de calmer leurs ambitions par rapport aux Communautés européennes. En ce cas, la formation de la Confédération européenne aurait pour effet de pérenniser leur position de pays de seconde catégorie. Dans la phase actuelle de transformation économique des pays post-communistes, tout projet qui entraînerait,

autour des pays prospères des Communautés européennes et de l'Association européenne de libre-échange, l'institutionnalisation d'une zone de pays semi-développés serait extrêmement périlleux pour tous ; une réforme artificiellement freinée ou même non facilitée dans ces pays pourrait facilement conduire à une instabilité sociale et politique qui finirait par gagner le reste de l'Europe. La Confédération naissante devrait au contraire frayer à ces pays un chemin vers les Communautés européennes, préparer en quelque sorte leur intégration ou s'en faire le porte-parole. Chacun sait que l'ensemble de l'Europe, et c'est peut-être plus clair encore en ce qui concerne les pays qui viennent de se débarrasser du communisme, ne peut devenir membre des Communautés européennes en un jour. Néanmoins, l'espace économique et politique que celles-ci représentent aux côtés des pays de l'Association européenne de libre-échange devrait s'ouvrir plutôt que se replier sur lui-même et ceci dans son propre intérêt. En agissant dans ce sens, la Confédération européenne mettrait toutes les chances de son côté, dès sa phase embryonnaire, pour devenir ce qu'elle se propose d'être, à savoir l'infrastructure de l'intégration européenne.

Après avoir longuement parlé de ce que la Confédération ne devrait pas être et des objectifs qu'elle ne devrait pas s'assigner, il me reste à résumer ce qu'elle pourrait devenir :

1. Elle peut rapidement s'enraciner dans la conscience européenne comme un objectif à long terme vers lequel les efforts les plus variés devraient se porter et avec lequel il y aurait moyen de compter.

2. Cet objectif à long terme pourrait se concrétiser dès maintenant, en dehors de toute tentative d'éclipser ou de concurrencer des institutions existantes, par l'élaboration des premiers projets d'intégration européenne, sans grands gestes, sans faste et sans clichés. Les travaux concrets dans le domaine des réseaux et systèmes qui, faute d'une institution explicitement européenne et unie pour les parrainer, n'ont pas pu voir le jour jusqu'ici sont la condition première, discrète mais vitale, de toute intégration ultérieure, économique et politique. Ils seront le point de départ, la première démonstration pratique de ce que nous soupçonnons seulement, à savoir que l'Europe se dirige vraiment vers l'unité sur une base confédérative.

(Prague, 12-14 juin 1991
Actes des Assises de la Confédération européenne,
Editions de l'Aube)

X. Le discours de Joschka Fischer à l'université Humboldt de Berlin

Tout cela ne sonnera pas pour autant le glas de l'Etat-nation. Car pour le « sujet » de cette Fédération finale, l'Etat-nation avec ses traditions culturelles et démocratiques demeurera irremplaçable, pour légitimer une union des citoyens et des Etats qui soit pleinement acceptée par les populations. Je dis cela en pensant en particulier à nos amis britanniques car je sais que la notion de « fédération » les provoque. Je n'ai pourtant jusqu'à présent pas trouvé d'autre mot. L'idée n'est pas de provoquer qui que ce soit.

Même dans la finalité européenne, nous resterons donc britanniques et allemands, français et polonais. Les Etats-nations perdureront et ils conserveront au niveau européen un rôle bien plus important que celui qui revient aux Länder allemands. Et puis le principe de subsidiarité aura un rang constitutionnel dans cette union de demain.

Ces trois réformes, le règlement du problème de démocratie, la nécessité de redistribuer entièrement les compétences tant au niveau horizontal, c'est-à-dire entre les institutions européennes, qu'au niveau vertical, c'est-à-dire entre l'Europe, les Etats-nations et les régions, ne pourront être menées à bien qu'en refondant l'Europe au plan constitutionnel, ou en d'autres termes en réalisant le projet d'une constitution européenne qui devra essentiellement ancrer les droits fondamentaux et les droits de l'homme et du citoyen, de même qu'une séparation équilibrée des pouvoirs entre les institutions européennes et une délimitation précise des domaines régis par l'Europe ou par les Etats-nations. Les rapports entre la Fédération et l'Etat-nation constitueront le grand axe de cette constitution européenne. Pour être clair, je tiens à préciser que cela n'a rien à voir avec une renationalisation, au contraire !

La question qui se pose maintenant avec une acuité croissante est la suivante : cette vision d'une Fédération d'Etats et de citoyens démocratique et unie au plan politique sera-t-elle réalisable selon la méthode de l'intégration appliquée jusqu'à présent, ou bien faut-il remettre en question cette méthode elle-même en tant qu'élément central de l'actuel processus d'unification ?

Dans le passé, c'est essentiellement la « méthode Monnet » qui dominait le processus d'intégration européenne avec son approche de la communautarisation des institutions et des politiques européennes. Cette intégration progressive dépourvue de modèle augurant du résultat final a été conçue dans les années cinquante pour l'intégration économique d'un petit groupe de pays. Même si cette méthode s'est avérée efficace alors, elle a été seulement d'une utilité limitée pour l'intégration politique et la démocratisation de l'Europe. Là où il n'était pas possible aux membres de l'Union européenne de progresser ensemble, des groupes formés différemment ont avancé, comme pour l'Union économique et monétaire ou pour Schengen.

Une telle différenciation, une coopération renforcée dans des secteurs partiels, est-elle donc la réponse au double défi de l'élargissement et de l'approfondissement ? Précisément dans une Union élargie et par conséquent plus hétérogène, une différenciation plus poussée deviendra indispensable. L'un des objectifs centraux de la Conférence intergouvernementale est donc de la faciliter.

Néanmoins, une différenciation de plus en plus marquée posera aussi de nouveaux problèmes : une perte d'identité européenne et de cohérence interne ainsi que le risque d'une érosion interne de l'Union européenne si des domaines de plus en plus vastes de la coopération intergouvernementale devaient venir s'ajouter au cadre de l'intégration. Dès aujourd'hui il n'est plus possible d'ignorer une crise de la « méthode Monnet » qui ne peut plus être résolue dans les limites de sa propre logique.

Compte tenu de la situation, on pourrait donc imaginer bien au-delà de la décennie prochaine le développement futur de l'Europe en deux ou trois étapes.

Tout d'abord, le développement de la coopération renforcée entre les pays désireux de coopérer plus étroitement que d'autres, comme c'est d'ores et déjà le cas dans l'Union économique et monétaire et pour Schengen. Cet instrument nous permet d'avancer dans bien des domaines : le développement de la zone euro à onze vers une union politico-économique, la protection de l'environnement, la lutte contre la criminalité, le développement d'une politique commune en matière d'immigration et d'asile et bien sûr également en politique étrangère et de sécurité. Ce faisant, il est très important de ne pas concevoir la coopération renforcée comme un abandon de l'intégration.

La formation d'un centre de gravité pourrait constituer plus tard une étape intermédiaire sur la voie du parachèvement de l'intégration politique. Un tel groupe d'Etats conclurait un nouveau traité fondamental européen qui serait le noyau d'une constitution de la Fédération. Sur la base de ce traité fondamental, la Fédération se doterait de ses propres institutions, d'un gouvernement qui, au sein de l'Union européenne, devrait parler d'une seule voix au nom des membres du groupe dans un nombre de questions aussi grand que possible, d'un parlement fort et d'un président directement élu. Un tel centre de gravité devrait être l'avant-garde, la locomotive du parachèvement de l'intégration politique et comprendre déjà tous les éléments de la future Fédération.

Je suis entièrement conscient des problèmes institutionnels qu'un tel centre de gravité poserait à l'Union européenne actuelle. C'est pourquoi il serait décisif de veiller à ce que l'acquis de l'Union européenne ne soit pas compromis, à ce que l'Union européenne ne soit pas divisée et à ce que le lien qui retient l'Union européenne ne soit pas endommagé ni au plan politique ni au plan juridique. Il faudra élaborer des mécanismes qui assurent la coopération du centre de gravité dans une Union élargie sans pertes de friction.

Il est impossible de dire à l'heure actuelle quels seront les Etats qui participeront à un tel projet : les membres fondateurs de l'Union européenne, les onze membres de la zone euro ou encore un autre groupe. Dans toute réflexion portant sur l'option du centre de gravité, une chose doit être bien claire : cette avant-garde ne devra jamais être exclusive, elle devra être ouverte à tous les Etats membres et à tous les pays candidats de l'Union européenne lorsqu'ils exprimeront à un moment donné le désir d'en faire partie. Et pour ceux qui voudront participer mais ne remplissent pas les conditions, il devra y avoir des possibilités de rapprochement. La transparence et une option de participation pour tous les membres de l'Union européenne constitueraient des facteurs essentiels pour faire accepter et réaliser le projet. Cela doit aussi s'appliquer précisément à l'égard des pays candidats. Car il serait absurde d'un point de vue historique et absolument insensé que, juste au moment où elle est enfin réunie, l'Europe soit de nouveau divisée.

Un tel centre de gravité devra donc avoir un intérêt actif à s'élargir et il devra être attrayant pour les autres membres. Si l'on applique le principe de Hans-Dietrich Genscher qui veut qu'aucun Etat membre ne puisse être contraint d'aller plus loin qu'il ne peut et ne veut mais que celui qui ne veut pas continuer d'avancer ne puisse pas non plus empêcher les autres de le faire, ce centre de gravité se constituera au sein des traités, sinon en dehors.

La dernière étape serait alors la pleine intégration de la Fédération européenne. Pour éviter tout malentendu, je tiens à préciser que la coopération renforcée n'y mène pas automatiquement, que ce soit sous forme de centre de gravité ou directement comme majorité des membres de l'Union. La coopération renforcée ne signifiera tout d'abord rien d'autre qu'une « intergouvernementalisation » renforcée sous la contrainte des circonstances et en raison de la faiblesse de la méthode Monnet. Le pas qui va de la coopération renforcée à un traité constitutionnel – et c'est exactement cela qui sera le préalable à la pleine intégration – présuppose en revanche un acte de refondation politique délibéré de l'Europe.

Voilà ma vision personnelle de l'avenir : de la coopération renforcée à un traité constitutionnel européen, et le parachèvement de la grande idée d'une Fédération européenne que nous devons à Robert Schuman. Cela pourrait être la bonne voie.

(Berlin, le 12 mai 2000)

Bibliographie

Sur les « Pères fondateurs »... et leurs opposants

K. Adenauer, *Mémoires*, trois volumes, Hachette, 1965-1969.
H. Alphand, *L'Etonnement d'être*, Fayard, 1977.
V. Auriol, *Mon septennat*, Gallimard, 1970.
R. Coudenhove-Kalergi, *J'ai choisi l'Europe*, Plon, 1942.
M. Debré, *Projet de pacte pour une union d'Etats européens*, Nagel, 1950.
M. Debré, *Trois Républiques pour une France*, trois volumes, Albin Michel, 1984-1988.
P. Fontaine, *Jean Monnet, l'inspirateur*, J. Grancher, 1988.
C. de Gaulle, *Mémoires d'espoir*, Plon, 1970.
J.-P. Gouzy, *Les Pionniers de l'Europe communautaire*, Centre de recherches européennes, Lausanne, 1968.
R. Massigli, *Une comédie des erreurs*, Plon, 1978.
J. Monnet, *Les Etats-Unis d'Europe ont commencé*, Laffont, 1955.
J. Monnet, *Mémoires*, Fayard, 1976.
R. Poidevin, *Robert Schuman, homme d'Etat*, Imprimerie nationale, 1986.
E. Roussel, *Jean Monnet*, Fayard, 1996.
R. Schuman, *Pour l'Europe*, Nagel, 1963.
P.-H. Spaak, *Combats inachevés*, deux volumes, Fayard, 1971.
P.-H. Teitgen, *Les Etapes de l'idée européenne*, Etudes et Documents du Conseil d'Etat, 1963.
P.-H. Teitgen, *Faites entrer le témoin suivant*, Ouest-France, 1988.

Sur la naissance des Communautés

J.-B. Duroselle, *L'Idée d'Europe dans l'Histoire*, Denoël, 1965.
C. Réveillard, *Les Premières Tentatives de construction d'une Europe fédérale (1940-1954)*, F.-X. de Guibert, 2001.
E. Van der Beugel, *From Marshall Aid to Atlantic Partnership*, Elsevier, Amsterdam, 1966.
R. Poidevin et D. Spierenburg, *Histoire de la Haute Autorité de la CECA*, Bruylant, Bruxelles, 1993.
P. Reuter, *La CECA*, LGDJ, 1953.
P.-J.-G. Kapteyn, *L'Assemblée commune de la CECA*, A.W Sijthoff, Leyde, 1962.
P. Gerbet, *La Genèse du plan Schuman*, Centre de recherches européennes, Lausanne, 1962.
F. Rosenstiel, *Le Principe de supranationalité*, Pedone, 1962.
K. von Lindeiner-Wildau, *La Supranationalité en tant que principe de droit*, A.W Sijthoff, Leyde, 1970.
G. Frély, *Les Communautés supranationales et la Constitution française*, thèse, Lyon, 1955.
R. Aron, M. Lerner et autres, *La Querelle de la CED*, Armand Colin, 1956.
J. Moch, *Le Problème crucial de la CED*, Laffont, 1954.
J. Legaret et E. Martin Dumesnil, *La CED*, Vrin, 1953.
F. Dehousse, *L'Assemblée « ad hoc » et la Communauté politique européenne*, LGDJ, 1960.
C. Delmas, *Histoire des projets d'union politique de l'Europe*, UGA, Courtrai, 1971.
Comité d'action pour les Etats-Unis d'Europe, Recueil des déclarations, Centre de recherches européennes, Lausanne, 1965.
R. Poidevin, D. Spierenburg et autres, *Histoire des débuts de la construction européenne*, Bruylant, Bruxelles, 1986.
P. Drouin, *L'Europe du Marché commun*, Julliard, 1968.
P. Pflimlin et R. Legrand-Lane, *L'Europe communautaire*, Plon, 1966.
P. Gerbet, *La Construction de l'Europe*, Imprimerie nationale, 1983.
R. Toulemon, *La Construction européenne*, Le Livre de Poche, 1999.
E. Haas, *The Uniting of Europe*, Stevens, Londres, 1958.
G. Bossuat, *La France, l'aide américaine et la construction européenne (1944-1954)*, Imprimerie nationale, 1992.
P. Mélandri, *Les Etats-Unis face à l'unification de l'Europe (1945-1954)*, thèse, Paris IV-Sorbonne, 1977.
H. Michel, *Les Courants de pensée de la résistance*, PUF, 1962.

F.-G. Dreyfus, *Histoire de la démocratie chrétienne en France*, Albin Michel, 1988.
S. Berstein, J.-M. Mayeur, P. Milza et autres, *Le MRP et la construction européenne*, Complexe, Bruxelles, 1993.
P. Manin, *Le RPF et les problèmes européens*, PUF, 1966.
R. Pinto-Lyra, *La Gauche en France et la construction européenne*, LGDJ, 1978.
A. Greilsammer, *Les Fédéralistes européens en France depuis 1945*, Presses de Sciences-Po, 1972.
E. Bjol, *La France devant l'Europe, la politique européenne de la IVe République*, Munksgaard, Copenhague, 1966.

Sur la « grande querelle » des années soixante

E. Jouve, *Le Général de Gaulle et la construction de l'Europe*, deux volumes, LGDJ, 1967.
P. Maillard, *De Gaulle et l'Europe*, Taillandier, 1995.
P.-B. Cousté et F. Visine, *Pompidou et l'Europe*, Litec, 1974.
E. Kolodziej, *French International Policy under de Gaulle and Pompidou*, Cornell Univ. Press, Ithaca (N-Y), 1974.
R. Bloes, *Le Plan Fouchet et le problème de l'Europe politique*, Collège d'Europe, Bruges, 1970.
S. Bodenheimer, *Political Union : a Microcosm of European Politics*, A.W Sijthoff, Leyde, 1967.
F. Fabers, K. Neunreither et autres, *Die politische Union*, Westdeutscher Verlag, Cologne, 1965.
J. Newhouse, *Collision in Brussels, the Crisis of June 30*, Twentieth Century Fund, New York, 1967.
D. Calleo, *Europe's Future*, Horizon Press, New York, 1965.
G. Liska, *Europe Ascendant*, John Hopkins Univ. Press, Baltimore, 1964.
L. Lindberg, *The Political Dynamics of European Integration*, Stanford Univ. Press, 1963.
A. Beaufre, *L'OTAN et l'Europe*, Calmann-Lévy, 1966.
W. Hallstein, *L'Europe inachevée*, Laffont, 1970.
H. Kuby, *Défi à l'Europe*, Le Seuil, 1967.
J. Lecerf, *La Communauté en péril*, Gallimard, 1975.
M. Camps, *Britain and the European Community*, Princeton Univ. Press, 1964.
U. Kitzinger, *Diplomatie et persuasion*, A. Moreau, 1973.

M. Beloff, *The United States and the Unity of Europe* Faber and Faber, Londres, 1963.
K. Kaiser, *L'Europe et les Etats-Unis*, Laffont, 1973.
H. Kissinger, *The troubled Partnership*, Laffont, 1973.
E. Schulz, *Moskau und die europaïsche Integration*, Oldenburg Verlag, Munich, 1975.

Sur l'Acte unique et les traités d'Union européenne

A. Spinelli, *Agenda pour l'Europe*, Hachette, 1972.
J. Delors, *Le Nouveau Concert européen*, Odile Jacob, 1992.
J. de Ruyt, *L'Acte unique européen*, Edit. de l'Université de Bruxelles, 1989.
G. Berman, *The Single European Act*, Columbia Univ. School of law, New York, 1989.
J.-L. Clergerie, *Le Principe de subsidiarité*, Ellipses, 1997.
M.-F. Labouz et autres, *Les Accords de Maastricht et la constitution de l'Union européenne*, Montchrestien, 1992.
D. Vignes, J. Weyland, *Le Traité de Maastricht*, Bruylant, 1994.
P. Léger et autres, *Union européenne, Communauté européenne*, Commentaire article par article des traités, Dalloz-Bruylant, 2000.
V. Constantinesco, R. Kovar et D. Simon, *Traité sur l'Union européenne (Maastricht)*, Economica, 1995.
J. Cloos et autres, *Le Traité de Maastricht, commentaire*, Bruylant, 1993.
M. Telo et P. Magnette, *De Maastricht à Amsterdam*, Complexe,1998
G. Berthu, *Le Traité d'Amsterdam contre la démocratie*, F.-X. de Guibert, 1998.
F. de La Serre, C. Lequesne et autres, *Quelle Union pour quelle Europe ? L'après-traité d'Amsterdam*, Complexe, 1998.
G. Berthu, *Le Traité de Nice. L'Europe sans repères*, F.-X. de Guibert, 2001.

Sur le droit et le système politique européens

J. Boulouis, *Droit institutionnel de l'Union européenne*, 6e édit. Montchrestien, 1997.
L. Cartou, J.-L. Clergerie, A.Gruber et P. Rambaud, *L'Union européenne*, 5e édit., Dalloz, 2002

M. Clapié, *Institutions européennes*, Flammarion, 2003.
J. Dutheil de La Rochère, *Introduction au droit de l'Union européenne*, 3e édit., Hachette, 2002.
J.-M. Favret, *Droit et pratique de l'Union européenne*, 3e édit., Gualino, 2001.
J.-C. Gautron, *Droit européen*, 10e édit., Dalloz, 2002.
G. Isaac, M. Blanquet, *Droit communautaire général*, 8e édit., Armand Colin, 2001.
J.-P. Jacqué, *Droit institutionnel de l'Union européenne*, Dalloz, 2001.
M.-F. Labouz, *Le Système communautaire européen*, 2e édit., Berger-Levrault, 1988.
P. Manin, *Les Communautés européennes, L'Union européenne*, 5e édit.. Pedone, 1999.
P. Moreau-Defarges, *Les Institutions européennes*, 4e édit., Armand Colin, 1999.
A. Pécheul, *Droit communautaire général*, Ellipses, 2002.
J. Rideau, *Droit institutionnel de l'Union et des Communautés européennes*, 3e édit., LGDJ, 1999.
J.-L. Sauron, *Cours d'institutions européennes*, Gualino, 2000.
D. Simon, *Le Système juridique communautaire*, 3e édit., PUF, 2001.
C. Blumann, *La Fonction législative communautaire*, LGDJ, 1995.
R. Corbett et autres, *The European Parliament*, Routledge, Londres et New York, 2000.
A. Kreppel, *The European Parliament and Supranational Party System*, Cambridge Univ. Press, 2001.
J. Dondelinger, *Le Conseil européen*, Bruxelles, 1975.
B. Taulègne, *Le Conseil européen*, PUF, 1993.
R. Dehousse, *La Cour de justice des Communautés européennes*, 2e édit., Montchrestien, 1997.
G. Braibant, *La Charte des droits fondamentaux*, Le Seuil, 2001.
J.-L. Quermonne, *Le Système politique de l'Union européenne*, 3e édit., Montchrestien, 1998.

Sur le débat politique européen

M. Allais, *L'Europe face à son avenir*, Laffont, 1991.
G. Berthu, *Europe, démocratie ou super-Etat*, F.-X. de Guibert, 2001.
J.-L. Bourlanges, *Le diable est-il européen ?*, Stock, 1992.

M. Croizat et J.-L. Quermonne, *L'Europe et le fédéralisme*, Montchrestien, 1996.
R. Hureaux, *Les Hauteurs béantes de l'Europe*, F.-X. de Guibert, 1999.
F. de La Serre, C. Lequesne et J. Rupnik, *L'Union européenne, ouverture à l'Est ?*, PUF, 1994.
P. Sabourin, *L'Etat-nation face aux Europes*, PUF, 1994.
P. Sabourin, *Le Destin du continent européen*, Bruylant, 1999.
C. Réveillard, *Sur quelques mythes de l'Europe communautaire*, F.-X. de Guibert, 1998.
B. Colson, *Europe : repenser les alliances*, Economica, 1995.

Sur la « Constitution » européenne

M. Telo, P. Magnette et autres, *Repenser l'Europe*, Edit. de l'Université de Bruxelles, 1996.
P. Magnette et autres, *La Constitution de l'Europe*, Edit. de l'Université de Bruxelles, 2000.
J. Weiler, *The Constitution of Europe*, Cambridge Univ. Press, 1998.
J.-D. Giuliani, *Quinze + Dix, le grand élargissement*, Fondation Robert Schuman, Albin Michel, 2003.
V. Giscard d'Estaing, *La Constitution pour l'Europe*, Fondation Robert Schuman, Albin Michel, 2003.
A. Lamassoure, *Histoire secrète de la Convention européenne*, Fondation Robert Schuman, Albin Michel, 2004.
O. Duhamel, *Pour l'Europe*, Le Seuil, 2003.
P. Norman, *The Accidental Constitution*, Eurocomment, Bruxelles, 2003
E. de Poncins, *Vers une constitution européenne*, 10/18, 2003.

Table

TITRE III

LE DÉVELOPPEMENT POLITIQUE DES COMMUNAUTÉS

TITRE IV
DES COMMUNAUTÉS À L'UNION EUROPÉENNE

TITRE V
L'AVENIR DE L'UNION EUROPÉENNE

DU MÊME AUTEUR
(principaux ouvrages)

L'Avenir de la sécurité internationale, Presses de Sciences-Po, 2003

Histoire politique et constitutionnelle de la France, Ellipses, 2002

Histoire de l'OTAN, Complexe, 2002

Delcassé, Olbia, 2002

Theodor Herzl, l'aventurier de la Terre promise, Tallandier, 2000

Wilson, un croisé à la Maison Blanche, Presses de Sciences-Po et Grand livre du mois, 1998. Traduction roumaine

La France, l'ONU et le maintien de la paix, PUF, 1996

L'Impérialisme, PUF, 1996

Histoire des relations internationales, 4 volumes, Hachette-Pluriel, 1994-1995. Traduction espagnole

Le Droit d'ingérence, PUF 1994

Histoire de la construction européenne, PUF, 1993, 2e édition 1997. Traductions italienne, chinoise, polonaise et roumaine

L'Après-Guerre froide dans le monde, PUF, 1993, 2e édition 1997. Traductions brésilienne et chinoise

L'Après-Guerre froide en Europe, PUF, 1993

De Gaulle, Mitterrand et l'esprit de la Constitution, Hachette-Pluriel 1993

Géopolitique et histoire du Golfe, PUF, 1991, 2e édition 1995. Traduction turque

Terres trop promises, La Manufacture, 1990, 2e édition 1991

Dictionnaire de politique internationale, PUF, 1988. Traduction portugaise

Les Organisations internationales, PUF, 1986, 4e édition 1997. Traductions suédoise et grecque

Les Derniers Jours de l'Afrique du Sud, PUF, 1986

Nuages de guerre sur les émirats du Golfe, Publications de la Sorbonne, 1984

La Paix, PUF, 1984. Traduction chinoise

Les Politiques étrangères des grandes puissances, PUF, 1984

Les Alliances dans le système mondial, PUF, 1982. Traduction mexicaine

Vanuatu, naissance d'un Etat, Economica, 1981

La Méditerranée sans les Grands ?, PUF, 1980, réédition Quadrige 1997

Le Monde depuis 1945, PUF, 1980, 5e édition 1995. Traduction chinoise

Les Relations internationales, PUF, 1975, 5e édition 1995. Traduction chinoise

La Guerre civile, PUF, 1975. Traductions espagnole, portugaise et libanaise

L'Insécurité européenne, PUF, 1974

La Question de Berlin, Armand Colin, 1970

La Fondation Robert Schuman, reconnue d'utilité publique par décret en date du 18 février 1992, a notamment pour mission de participer au développement et à l'avenir de l'Europe en coopération avec les autres fondations européennes.

Fondation Robert Schuman, 29, bd Raspail, 75007 Paris
www.robert-schuman.org

DÉJÀ PARUS

Valéry Giscard d'Estaing
LA CONSTITUTION POUR L'EUROPE

Jean-Dominique Giuliani
QUINZE + DIX
LE GRAND ÉLARGISSEMENT

Denis Badré
L'ATTENTE D'EUROPE

Alain Lamassoure
HISTOIRE SECRÈTE DE LA CONVENTION EUROPÉENNE

Joachim Bitterlich
FRANCE-ALLEMAGNE : MISSION IMPOSSIBLE ?

Composition Nord Compo
Impression Bussière, mars 2005
Éditions Albin Michel
22, rue Huyghens, 75014 Paris
www.albin-michel.fr
ISBN : 2-226-15865-0
N° d'édition : 23298 – N° d'impression : 051118/1
Dépôt légal : avril 2005
Imprimé en France